U0918509

"十四五"时期国家重点出版物出版专项规划项目

深中通道建设关键技术丛书

广东省重点领域研发计划项目（2019B111105002）

钢壳混凝土沉管钢结构长寿命耐久性设计方法与防护技术

王康臣　宋神友　赵永韬　黄　一　金文良◎著

人民交通出版社股份有限公司

北　京

内容提要

本书共分为7章，围绕钢壳混凝土沉管钢结构耐久性设计，阐述了钢壳混凝土沉管的材料特点、结构特征及环境特征，重点介绍了长寿命周期服役工况下钢壳混凝土沉管钢结构腐蚀机理研究、防腐设计及试验研究、防腐监测技术研究及应用，并通过深中通道项目钢壳混凝土沉管隧道的设计及建设示例，展示了钢壳混凝土沉管隧道钢结构长寿命耐久性设计应用的具体方法。

本书可作为近岸海港工程、桥梁工程、隧道工程、海洋工程专业相关人员的学习及参考用书。

图书在版编目(CIP)数据

钢壳混凝土沉管钢结构长寿命耐久性设计方法与防护技术／王康臣等著. — 北京：人民交通出版社股份有限公司，2023.7

ISBN 978-7-114-18624-0

Ⅰ.①钢… Ⅱ.①王… Ⅲ.①沉管隧道—钢结构—耐用性—设计②沉管隧道—钢结构—腐蚀机理 Ⅳ.①U459.9

中国国家版本馆 CIP 数据核字(2023)第023193号

Gangqiao Hunningtu Chenguan Gangjiegou Chang Shouming Naijiuxing Sheji Fangfa yu Fanghu Jishu

书　　名：钢壳混凝土沉管钢结构长寿命耐久性设计方法与防护技术

著 作 者：王康臣　宋神友　赵永韬　黄　一　金文良

责任编辑：郭晓旭

责任校对：赵媛媛　魏佳宁

责任印制：张　凯

出版发行：人民交通出版社股份有限公司

地　　址：(100011)北京市朝阳区安定门外外馆斜街3号

网　　址：http://www.ccpcl.com.cn

销售电话：(010)59757973

总 经 销：人民交通出版社股份有限公司发行部

经　　销：各地新华书店

印　　刷：北京交通印务有限公司

开　　本：787×1092　1/16

印　　张：19.5

字　　数：424千

版　　次：2023年7月　第1版

印　　次：2023年7月　第1次印刷

书　　号：ISBN 978-7-114-18624-0

定　　价：72.00元

丛书编审委员会

本书编写组

组　　长：王康臣　宋神友　赵永韬　黄　一　金文良

参与人员：

深中通道管理中心

冯胜坤　刘　迪　刘　健　许晴爽　芮伟国

杨茨祥　杨福林　张长亮　张文明　陈　越

姜　凡　莫　钧　夏丰勇　彭英俊

青岛双瑞海洋环境工程股份有限公司

于　林　王　辉　王海涛　许　实

大连理工大学

刘　梁　宋世德　张　崎　徐云泽

交通运输部公路科学研究院

毛　燕　曹　健　霍思达

中冶建筑研究总院有限公司

王　真　刘媛媛　张晓虎　高倩钰　曹　航

大连科迈尔防腐科技有限公司

朱东旭　刘　鹏　刘　磊　张馨予　邵彦峥

封加全　秦铁男

中交公路规划设计院有限公司

许　昱　秦辉辉　姬　海　黄清飞

序　言

深中通道是集超大跨径桥梁、特长双向八车道海底沉管隧道、海中人工岛和水下互通为一体的大型跨海交通集群工程，是“十三五”时期国家重大工程，也是继港珠澳大桥之后又一世界瞩目的百年工程。深中通道的建设，对广东省实现“四个走在全国前列”、当好“两个重要窗口”具有重要战略意义，对构建和完善粤港澳大湾区综合立体交通网络，提高大湾区的“硬联通”和“软联通”水平具有重大意义。

深中通道海底隧道长约6.8km，沉管段长约5km，由32个管节和1个最终接头组成，是国内首座，也是世界规模最大的钢壳混凝土沉管隧道，其钢结构在海洋环境下服役寿命要求达到百年。

深中通道钢壳混凝土沉管隧道深埋于伶仃洋入海口，穿越多个复杂地质层，处于海水/海泥/抛石耦合介质环境，且腐蚀介质及环境复杂多变。隧道一旦回填结束，钢壳外壁腐蚀情况几乎不可检查、维护。对于设计寿命达到百年及以上的钢壳混凝土沉管隧道来说，钢壳外壁的防腐蚀是保障其耐久性的关键。

本书基于广东省重点领域研发计划“复杂海洋环境下钢壳混凝土沉管隧道建设关键技术”——课题三“钢壳混凝土沉管钢结构长寿命耐久性设计方法与防护技术”相关科研成果，围绕钢壳混凝土沉管材料特点、结构及服役环境特征，总结了其在长寿命周期服役工况下的腐蚀机理研究、牺牲阳极与防腐涂层联合保护设计、阴极保护数值仿真及物模试验验证、防腐监测评估技术研究及实海工程应用等方面的研究成果；确定了采用“重防腐涂层＋牺牲阳极阴极保护＋钢材腐蚀余量”的联合防腐措施；揭示了钢壳混凝土沉管在海水/海泥/抛石耦合介质环境下钢壳电化学腐蚀发生/发展机制及影响因素；建立了钢壳混凝土沉管外壁的防腐健康监测系统及评估方法。

本书集所有参编专家、学者与工程咨询专家等集体智慧，是我国第一部针对钢壳混凝土沉管钢结构耐久性及防护技术的专著，为我国跨海桥隧工程的耐久性保障提供了系统、全面的理论支撑和技术指导，可为从事桥、岛、隧、人工岛设计、施工及科研的工程技术人员及管理人员提供科学参考。

中国工程院院士、俄罗斯工程院外籍院士

深圳大学土木与交通工程学院院长

深圳大学未来地下城市研究院院长

矿山深井建设技术国家工程研究中心主任

2023 年 3 月

前　　言

《钢壳混凝土沉管钢结构长寿命耐久性设计方法与防护技术》是"十三五"时期国家重大工程"深圳至中山跨江通道项目"的创新成果之一，也是广东省重点领域研发计划"复杂海洋环境下钢壳混凝土沉管隧道建设关键技术"的科技成果之一。本书是"深中通道建设关键技术丛书"系列之一，入选国家新闻出版署"十四五"时期国家重点出版物出版专项规划，是我国第一部针对钢壳混凝土沉管钢结构耐久性及防护技术的专著。

本书依托深中通道项目前期科研、设计及试验成果，联合行业内多家科研院所，系统阐述了钢壳混凝土沉管的材料特点、结构特征及环境特征，突出长寿命周期服役工况下钢壳混凝土沉管钢结构腐蚀机理研究、防腐设计及试验研究、防腐监测技术研究及应用，较为全面地介绍了钢壳混凝土沉管隧道耐久性保障的系统解决方案，为我国跨海桥隧工程的耐久性保障提供系统、全面的理论支撑和技术指导。

本书编写单位有深中通道管理中心、青岛双瑞海洋环境工程股份有限公司、大连理工大学、交通运输部公路科学研究院、中冶建筑研究总院有限公司、大连科迈尔防腐科技有限公司、中交公路规划设计院有限公司等。主要内容共分为7章。其中，第1章第1.1节由交通运输部公路科学研究院毛燕、霍思达和深中通道管理中心金文良负责编写；第1.2节和第1.3节由青岛双瑞海洋环境工程股份有限公司赵永韬，中交公路规划设计院有限公司黄清飞、姬海、秦辉辉、许昱负责编写；第1.4节由大连理工大学黄一、宋世德和深中通道管理中心张长亮、芮伟国负责编写；第2章由中冶建筑研究总院有限公司高倩钰、曹航和深中通道管理中心刘健、彭英俊、冯胜坤、刘迪负责编写；第3章第3.1节由大连科迈尔防腐科技有限公司秦铁男、邵彦峥和深中通道管理中心夏丰勇负责编写，第3.2节和第3.3节由青岛双瑞海洋环境工程股份有限公司赵永韬、王辉和中交公路规划设计院有限公司黄清飞、姬海负责编写；第4章第4.1节和第4.2节由交通运输部公路科学研究院毛燕、曹健和深中通道管理中心金文良、杨福林、张文明、姜凡负责编写，第4.3节由中冶建筑研究总院有限公司高倩钰、曹航、王真、张晓虎、刘媛媛负责编写；第5章、第6章由青岛双瑞海洋环境工程股份有限公司赵永韬、王辉、王海涛、于林、许实和深中通道管理中心彭英俊、冯胜坤、许晴爽等负责编写；第7章第7.1节由大连理工大学黄一、徐云泽、刘梁、张崎负责编写，第7.2节和第7.3节由大连科迈尔防腐科技有限公司秦铁男、刘磊、张馨予、封加全、朱东旭、刘鹏和深中通道管理中心杨茨祥、莫钧负责编写。全书由深中通道管理中心王康臣、宋神友、陈越、许晴爽等负责统稿、校对。感谢人民交通出版社股份有限公司为本书的出版所付出的辛勤劳动。

本书作为国内首部系统介绍钢壳混凝土沉管隧道耐久性的专著，可作为从事跨海桥、岛、隧、人工岛设计、施工及科研的工程技术人员及管理人员的参考用书。本书汇集了编写组的集体智慧。尽管编写组对于本书的编写投入了大量的时间及精力，但由于认识的局限及书稿涉及内容之广泛，书中难免存在不足之处，恳请专家及读者谅解、指正。

谨以此书献给深中通道项目的建设者们，他们克服了极端环境、新型冠状病毒感染疫情、发达国家技术壁垒等重重困难，构筑了一条深入联通、融合粤港澳大湾区城市群的重要纽带。

编写组

2023年3月

目　　录

第 1 章　概述 ……………………………………………………… 1

1.1　沉管隧道的应用及发展 ………………………………………… 1

1.2　钢壳混凝土沉管隧道材料及结构特征 ………………………… 7

1.3　钢壳混凝土沉管隧道的耐久性设计 …………………………… 14

1.4　钢壳混凝土沉管隧道耐久性保障存在的困难 ………………… 18

本章参考文献 ………………………………………………………… 19

第 2 章　海洋腐蚀环境及腐蚀特征 ……………………………… 22

2.1　海洋工程钢结构防腐蚀的重要性 ……………………………… 22

2.2　海洋腐蚀环境 …………………………………………………… 22

2.3　海洋环境腐蚀类型及电化学腐蚀特征 ………………………… 30

2.4　深中通道气象水文地质调查及分析 …………………………… 35

本章参考文献 ………………………………………………………… 40

第 3 章　海洋工程基础设施的防腐蚀技术 ……………………… 42

3.1　海洋工程基础设施用钢铁材料 ………………………………… 42

3.2　海洋工程基础设施涂层保护 …………………………………… 54

3.3　海洋工程基础设施阴极保护技术 ……………………………… 63

本章参考文献 ………………………………………………………… 76

第 4 章　钢壳混凝土沉管外壁腐蚀性能 ………………………… 81

4.1　涂层破损钢壳混凝土沉管外壁腐蚀发生发展规律 …………… 81

4.2　流动海水条件下钢壳混凝土沉管外壁腐蚀性能 ……………… 104

4.3　流动海水条件下钢壳混凝土沉管外壁腐蚀理论 ……………… 115

本章参考文献 ………………………………………………………… 120

第 5 章　沉管钢壳外壁牺牲阳极阴极保护 ……………………… 121

5.1　沉管钢壳牺牲阳极保护设计、制造与安装 …………………… 121

5.2　沉管钢壳用牺牲阳极的电化学性能 …………………………… 141

5.3　砂石环境牺牲阳极腐蚀行为 …………………………………… 148

5.4　沉管钢壳不同阶段阴极保护效果 ……………………………… 154

5.5 沉管钢壳阴极保护效果加速模拟与验证 …… 162
本章参考文献 …… 166
第 6 章 沉管钢壳外壁阴极保护数值仿真模拟 …… 168
6.1 数值模拟技术原理及其在腐蚀研究中的应用 …… 169
6.2 沉管钢壳数值仿真模型和边界条件 …… 173
6.3 仿真模拟对沉管钢壳阴极保护设计的优化与评价 …… 182
6.4 仿真模拟的物模实验验证 …… 195
本章参考文献 …… 203
第 7 章 钢壳混凝土沉管钢结构耐久性监测 …… 207
7.1 钢质结构防腐监测方法及发展现状 …… 208
7.2 钢壳混凝土沉管耐久性长寿命周期管理策略 …… 235
7.3 钢壳混凝土沉管外壁防腐监测系统实施案例——深中通道 …… 242
本章参考文献 …… 281
附录 A 牺牲阳极安装后钢壳阴极保护电位检测 …… 289
附录 B 阳极检验项目、频次和技术要求 …… 291
附录 C 牺牲阳极的数量和使用年限核算 …… 293
附录 D 牺牲阳极铁脚与牺牲阳极支座接触电阻 …… 295

第1章 概　　述

1.1 沉管隧道的应用及发展

1910年美国率先采用沉管法建成穿越美国和加拿大之间的底特律河的钢壳铁路隧道，其后约30年间建造的沉管隧道基本都在美国。美国修建的沉管隧道跨越海湾较多，海湾水深一般大于内河，从结构受力角度考虑，圆形钢壳或椭圆形钢壳比矩形钢壳更为有利。1944年日本开始采用钢壳混凝土法修建沉管隧道，这与引进美国技术、自身拥有良好的造船设备有关。基本在同一时间段，荷兰等西欧国家开始采用沉管法建设隧道，并在马斯河隧道取得成功。因为矩形断面的空间利用率高于圆形断面，矩形断面隧道的高度和覆盖层厚度都比圆形断面隧道小，隧道总长度也相应减短，运营维护费用较低，所以之后一直沿用矩形断面钢筋混凝土管节。因钢材昂贵，而西欧国家混凝土作业一贯坚持高标准，混凝土浇筑质量可得到良好保障，满足经济发展、交通发展、河网密集地理特点的需求，钢筋混凝土管节生产得到大规模发展。

20世纪60年代，我国开始引进沉管隧道技术，并对其进行开发研究，先后建成红磡海底隧道、珠江隧道、甬江水底隧道、外环隧道、洲头咀隧道、中央大道海河隧道等，基本都采用钢筋混凝土管节结构（仅香港地铁跨港隧道为单层钢壳混凝土管节）。这和我国当时钢材紧缺、大型设备装备制造能力不足等历史背景有很大关系，正是这些工程建设直接推动了我国钢筋混凝土沉管隧道修建技术的发展。

20世纪90年代后期，欧洲首创了工厂化生产管节法，并于2000年建成厄勒海底隧道。2009年我国开工建设港珠澳大桥，首次在亚洲采用工厂法预制节段式管节技术修建海底沉管隧道。2010年韩国首次在亚洲采用干坞内预制节段式管节技术建成釜山-巨济沉管隧道。可见，沉管隧道建设选用哪种结构不但与所拥有的设计、施工技术及现有设备有关，还与当地习惯、产业布局、技术优势和工程经验有很大关系，最终决策都是综合权衡各种因素后确定的。

截至2018年，世界各国已建、在建的沉管隧道超过150座，其中钢筋混凝土隧道90多座，钢壳混凝土隧道50多座，横向预应力钢筋混凝土隧道3座。徐兆象[1]对世界范围内143条知名沉管隧道进行了梳理，给出了沉管隧道建设速度的统计，如图1-1所示。美国早期沉管隧道发展较快，且沉管隧道总里程居于世界首位，但进入21世纪后，荷兰、日本等国家沉管隧道得到快速发展，我国沉管隧道也进入快速发展时期。

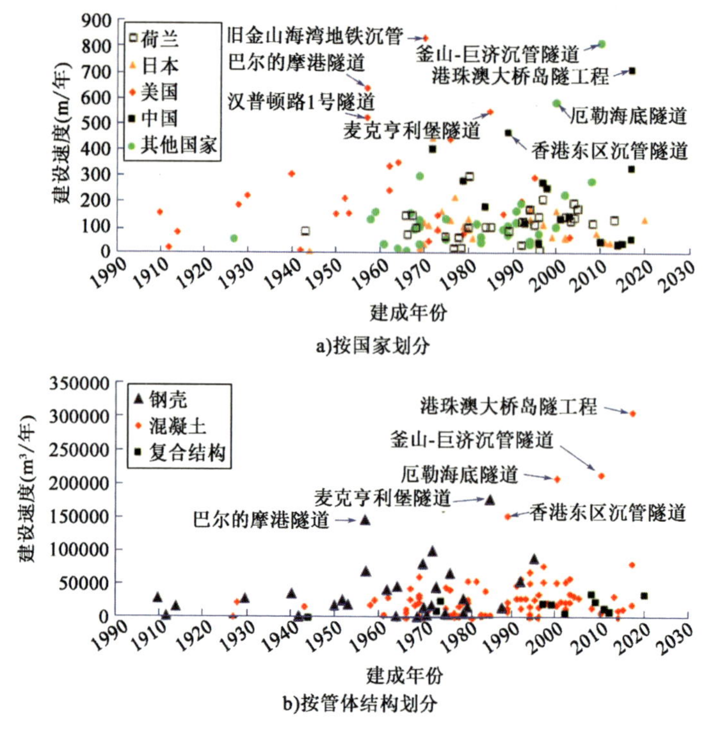

图 1-1　沉管隧道建设速度统计

注:a)中建设速度指沉管段的长度除以建设周期,b)中建设速度指沉管段长度与其断面宽度和高度的乘积除以建设周期。

1.1.1　钢壳混凝土沉管隧道的主要结构形式

钢壳混凝土沉管隧道断面形式多样,有圆形、八角形、箱式矩形等。沉管隧道钢壳混凝土管节可分为单层钢壳、双层钢壳、三明治结构三种结构形式。

单层钢壳通常采用10mm厚钢板,在船坞或干坞内分片焊接而成,并在钢壳内侧设置加劲系统,施工期当作浇筑混凝土时的外模,混凝土浇筑后便成为钢壳混凝土组合结构。

与单层钢壳不同,双层钢壳通常在其内部焊接8mm厚的内钢壳,加劲系统设置在内层钢壳的外侧,外层钢壳称为模板,采用6mm厚钢板制作,顶板不封闭,以便高流态免振捣自密实混凝土能从上面顺利充填内、外钢壳之间的空隙。这种结构既可作为管体的防水系统,又可作为承力构件。钢壳混凝土管节是钢壳与混凝土构成的组合结构。钢壳可作为防水层并有明显的结构承载能力。混凝土主要承受压力和用作镇重物,也可满足结构上的需要。由于钢壳具有良好的弹性,因此软基上建成后的钢壳混凝土沉管隧道可视为弹性支承的长条形柔性结构。位于美国弗吉尼亚州的第二汉普顿公路隧道、巴尔的摩的麦克亨利堡隧道(图1-2)都采用双层钢壳结构,顶部和底部位于钢壳之外的混凝土也是结构部分。钢壳多在船厂分段制作、水平拼接成整体,外层钢壳充当水下镇重混凝土浇筑时的模板,内部钢壳则与钢筋混凝土构成复合结构。在下水之前,为了增强拖运和舾装时管节稳定性,往往先浇底部龙骨混凝土或内部设置加强支架,因此双层钢壳刚度要大于单层钢壳结构。为增大管节刚度,纵向和横向都要划分隔舱,设置T形或L形加劲肋板。

三明治结构则提供两道钢板防水,对预制加工和混凝土浇筑工艺要求精细、严格,必须严格按设计要求的步骤实施。如果因焊接造成节段扭曲变形或焊点质量有瑕疵,会给后续施工带来安全隐患,处治代价很高。日本有新若户隧道(图1-3)、那霸港隧道采用此形式。土耳其马尔马拉隧道浮态舾装如图1-4所示。

图1-2 麦克亨利堡隧道

图1-3 新若户隧道钢壳混凝土管节

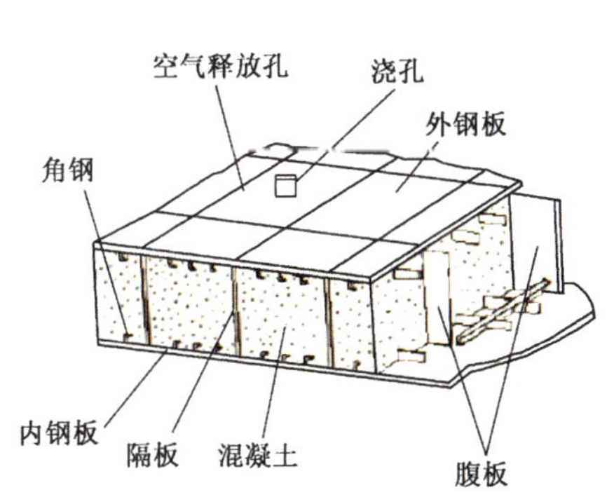

图1-4 土耳其马尔马拉隧道三明治结构

1.1.2 钢壳混凝土沉管隧道的应用

随着钢板防腐技术的发展,钢壳混凝土沉管隧道得到广泛应用。部分典型工程案例见表1-1。

钢壳混凝土沉管隧道的工程案例 表 1-1

序号	隧道名称	隧道类型	管节数（个）	管节长度（m）	高度（m）	宽度（m）	全长（m）	埋深（m）	国家	完工年份（年）
1	底特律河隧道	钢壳内衬混凝土	11	80	9.4	17	800	24.2	美国	1910
2	拉萨尔海峡隧道	单层钢壳	1	84.8	7.3	12.5	84.8	15.5	美国	1912
3	哈勒姆河隧道	钢壳	5	67	7.5	23.2	329	15.2	美国	1914
4	底特律温莎隧道	双层钢壳	9	76	10.6	10.6	670	18.5	美国/加拿大	1930
5	班克赫德隧道	双层钢壳	7	90.8	10.4	10.4	610	25	美国	1940
6	斯泰特街隧道	双层钢壳	1	61	7	12	61	15.8	美国	1942
7	沃什本隧道	双层钢壳	4	114.3	10.4	10.4	457	—	美国	1950
8	伊丽莎白河隧道	双层钢壳	7	91.5	11	10.8	638	29	美国	1952
9	贝敦隧道	单孔单层钢壳	9	90.3	10.62	10.62	780	33.5	美国	1953
10	巴尔的摩港隧道	双孔双层钢壳	21	91.4	10.7	21.3	1920	30	美国	1957
11	汉普顿公路跨湾隧道	单孔双层钢壳	23	91.5	11.3	11.3	2091	37	美国	1957
12	伊丽莎白河2号隧道	双层钢壳	12	91.5	10.7	10.7	1056	30	美国	1962
13	切萨皮克湾隧道	双层钢壳	19	91.4	11.3	11.3	1750	32.6	美国	1964
14	羽田公路隧道	长方形钢壳	1	56	7.4	20	56	12	日本	1964
15	羽田铁路隧道	单层钢壳箱形	1	56	7.4	10.95	56	11.7	日本	1964
16	道顿崛河隧道	单层钢壳箱形	1	24.9	6.96	9.65	25	10	日本	1969
17	羽田铁路(多摩川)	单层钢壳双孔断面	6	80	7.95	13	480	17	日本	1970
18	羽田铁路(京滨海峡)	单层钢壳双孔断面	4	82	7.97	12.74	328	17.7	日本	1970
19	海湾地区快速交通隧道	单层钢壳双孔断面	58	111	6.5	14.6	5825	40.5	美国	1970
20	查尔斯河隧道	双层钢壳双孔断面	2	73	6.86	11.4	146	12.3	美国	1971
21	东63号街道隧道	单层钢壳	4	114.3	11.2	11.7	229	30	美国	1973
22	莫比尔隧道	双层钢壳双孔断面	7	106	12.2	24.5	747	30	美国	1973
23	衣浦港隧道	单层钢壳箱形管段	6	80	7.1	15.6	480	21.7	日本	1973
24	扇岛隧道	单层钢壳	6	110	6.9	21.6	664	21	日本	1974
25	阳田河隧道	单层钢壳	3	67	7.8	10.3	201.5	—	日本	1975
26	第二汉普顿公路隧道	双层钢壳管段	21	105	12.3	12	2229	37	美国	1976
27	华盛顿地铁河床隧道	双层钢壳管段	3	103.6	6.7	11.3	311	—	美国	1979

续上表

序号	隧道名称	隧道类型	管节数（个）	管节长度（m）	高度（m）	宽度（m）	全长（m）	埋深（m）	国家	完工年份（年）
28	大场隧道	单层钢壳双孔断面	7	96.6	8.05	12.68～17.53	672	23.9	日本	1980
29	麦克亨利堡隧道	双层钢壳双孔断面	32	104.8	12.7	25.1	1646	31.7	美国	1987
30	第二条闹市区隧道	双层钢壳马蹄形管段	8	101.5	10.5	12.2	765	13.7	美国	1988
31	州际公路664隧道	双层钢壳双孔断面	15	95	12	24	1425	36	美国	1992
32	第三座港湾隧道	双层钢壳双孔断面	12	98.3	12.29	24.43	1172.9	30	美国	1994
33	特德·威廉姆斯隧道	单层钢壳双圆断面	12	97.6	9.2	24.4	1171	27.43	美国	1995
34	大西港扇岛隧道	双层钢壳箱形断面	10	103	8.6	35.2	1025	22	日本	1997
35	神户港港岛隧道	双层钢壳箱形断面	6	78.5～98.5	9.1	34.4～34.6	520	18.6	日本	1999
36	那霸港隧道	双层钢壳箱形断面	8	90～92	8.7	36.94	724	—	日本	2004
37	小托马斯、奥尼尔隧道	双层钢壳	—	—	—	—	2400	—	美国	2003
38	大阪港渔岛隧道	双层钢壳箱形断面	8	100	8.6	35.4	806	15	日本	2004
39	新和道海底隧道	双层钢壳箱形断面	—	81	8.4	28	—	—	日本	2007

(1)深中通道钢壳沉管隧道

深中通道位于粤港澳大湾区核心区域，是集“桥、岛、隧、水下互通”于一体的超大型集群工程[2]。该项目采用“东隧西桥”方案，路线起终点桩号为K5+695—K29+669，全长23.974km。项目东接机荷高速公路（K5+695），由东向西设置东人工岛、机场枢纽互通立交、海底隧道、西人工岛、非通航孔桥、伶仃洋大桥（主跨1666m海中悬索桥）、万顷沙互通、中山大桥（主跨580m斜拉桥）、非通航孔桥、马鞍岛陆域段桥梁，止于横门互通立交（K29+669）。其中海底隧道全长6845m（沉管段长5035m），钢壳沉管隧道概算总额约103.59亿元。

海底隧道起终点全长6485m。其中沉管曲线段长约536.5m（以右幅计），半径5000m，直线段长4498.5m。根据管节体量、浮运沉放设备能力、工期要求及施工组织等，标准管节长165m，曲线变宽管节长123m，管节划分为：26×165m+2.2m（最终接头）+6×123.8m=5035m。平面布置情况如图1-5所示。

隧道纵面形式直接关系到隧道最大埋深、最大及最小纵坡、水下作业难度以及基槽开挖量等。根据隧道区航道布置情况，为了尽可能提高隧道设计高程、减少基槽开挖量，并满足隧道内最小排水纵坡0.3%的需要，本项目纵断面采用非对称W形设计。在保证航道最小安全航深前提下，隧道顶部最小回填厚度 2m；两主航道间采用 W 形纵断面，尽可能减少在两航道间的开挖疏浚深度，保证行车的舒适性，在机场支航道与浅滩区之间采用 0.54% 的最小纵坡，满足纵向排水的需求；西岛洞口段以 2.98% 起坡，以便尽快出洞，最大程度缩短西人工岛长度，有效降低阻水率，并保证相接的非通航孔桥桥面合理高程。

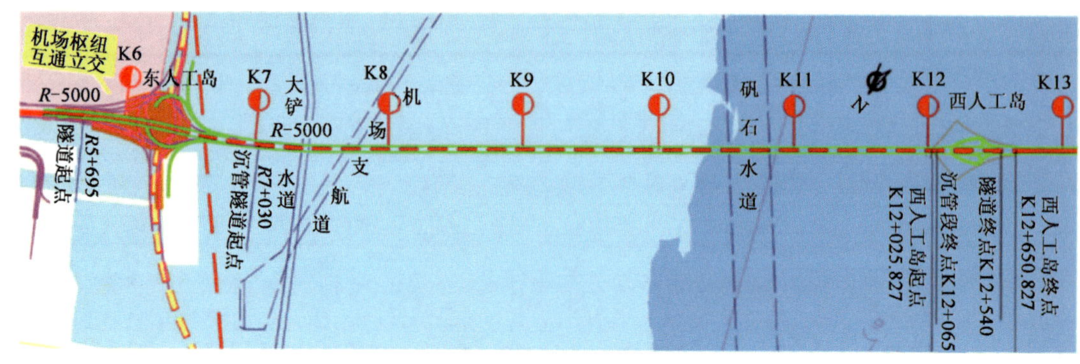

图 1-5　沉管隧道平面布置图

管节主体结构：钢壳混凝土沉管隧道采用新型组合结构形式，管节构造是由内、外面板，横、纵隔板，横、纵加劲肋及焊钉组成。横隔板间距为 3m，纵隔板间距为 3.5m，组成封闭的混凝土浇筑隔仓。内、外面板作为主受力构件，承受拉压应力。横、纵隔板为受剪主要构件，且连接内、外面板成为受力整体。纵向加劲肋 T 型钢、角钢及焊钉作为抗剪、抗拔复合连接件，以保证面板和混凝土的有效连接。纵向加劲肋与横向扁肋共同作用增强面板刚度。主体结构内外侧面板采用 Q420C，最大板厚 40mm；横向隔板采 Q390C，最大板厚 30mm；其余采用 Q345C，填充混凝土采用 C50 自流平混凝土。沉管横断面如图 1-6 所示。

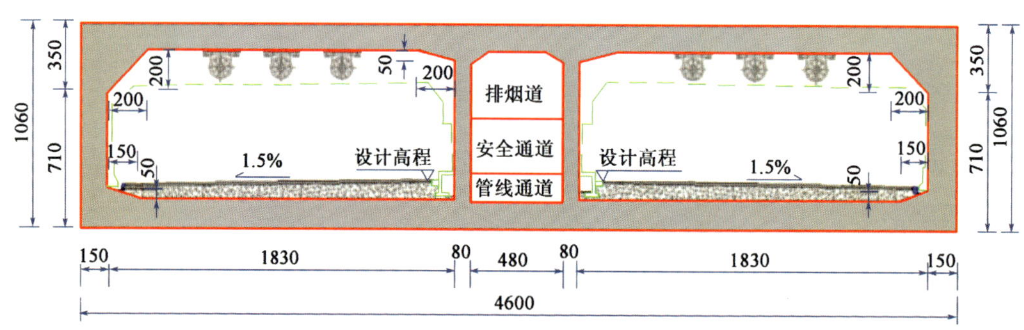

图 1-6　沉管隧道横断面图(尺寸单位：cm)

(2)麦克亨利堡隧道

麦克亨利堡隧道[3]入口之间的距离约为 2.2km，双孔隧道承载 4 条向北和 4 条向南的交通车道。建成后，这座沉管隧道成为当时世界上最长的八车道公路隧道。

麦克亨利堡隧道内每条巷道的全横向通风系统设有独立的送排风管道，如图 1-7 所示。送风通过外围烟道从道板下方的送风管道引入，污浊的空气通过天花板通风口排入吊顶上方的排风管道。供水和排气管道都位于隧道内车道上方。

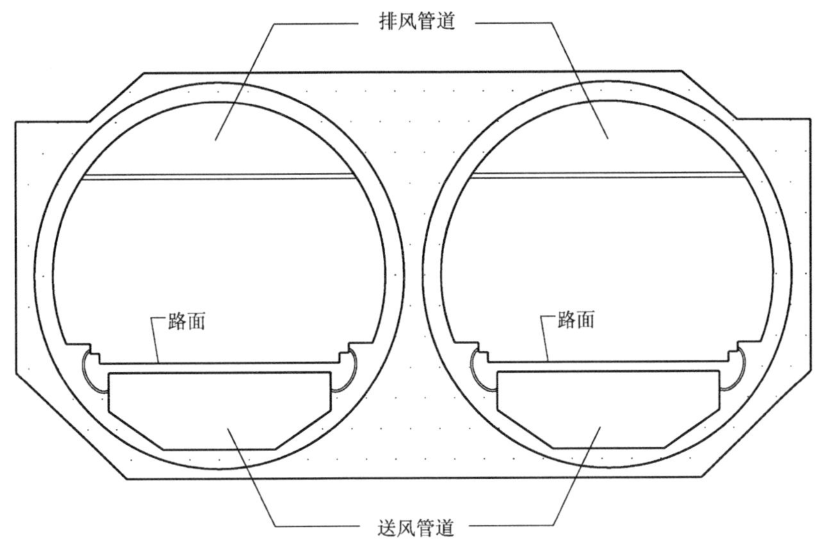

图 1-7　麦克亨利堡隧道横断面示意图

1.2　钢壳混凝土沉管隧道材料及结构特征

1.2.1　沉管隧道设计

19 世纪初,英国工程师提出采用铸铁管节法修建连接英国与法国、下穿泰晤士河隧道的设想,最终因各种原因未能成功实施[4]。第一条用沉管法建造的隧道是美国底特律河隧道,于 1910 年完工。另一条早期的沉管隧道是纽约地铁哈勒姆河隧道,于 1914 年完工。1930 年,底特律温莎隧道采用的横截面法开启了隧道设计师对未来几代隧道的想象。其后,多条建设的隧道在最初设计的基础上进行了创新,例如旧金山海湾地区快速交通(BART)隧道的双轨、单壳设置,纽约市东 63 号街道隧道的单层钢壳横截面,以及麦克亨利堡隧道在巴尔的摩八车道交通中的双孔双壳截面等。

自 20 世纪初到 20 世纪 60 年代,沉管隧道工程一直处于技术摸索、经验积累阶段,各设计公司借鉴桥梁、水工结构等经验开展沉管隧道设计工作。美国对多年设计理论进行总结,形成 AASHTO LRFD(load and resistance factor design),并不断更新,指导沉管隧道设计。2009 年 3 月美国联邦公路局(FHWA)发布《公路隧道手册》,其中一章阐述了沉管隧道工程进展荷载及其组合、结构设计、基槽浚挖与回填、防船撞防落锚冲击、防水与管节接头等内容。日本土木工程协会(JSCE)于 1971 年成立了一个研究沉管隧道抗震设计的委员会,1975 年完成了《沉管隧道抗震设计规范》,包括设计范围和条款、地质和地震调查(地震和地层运动、地层和土层工程特征、地震时地层破坏和土层稳定性等)、抗震设计和动力分析、防震措施和抗震设计实例等内容[5-6]。这是一部较为系统的沉管隧道抗震设计的指导性文件,在日本按此标准设计完成的多座沉管隧道工程至今运营状况良好，经受住了数次地震的考验。1997 年，国际隧道协会（ITA）发布了《沉管隧道和悬浮隧道》报告，对沉管隧道的结构设计进行了较为全面总结，该技术报告重点对沉管结构设计、防水与外包设计、环境问题、风险问题、管节浮运、地震设计进行了分析与说明。欧洲国家普遍使用 Eurocodes，并有详细的技术文本。英标（BS）在东南亚、中国香港等地得到应用。上述规范不能涵盖沉管隧道设计的所有内容，如波浪工况下沉管动载计算可参考 BS 6349 提出的波浪作用下静态浮体的简单分析方法以获得初步的相对保守的动力分析结果；接头止水带设计要了解材料特性。还要考虑水头压力、施工阶段、温度差、安装误差；耐久性设计普遍采用 DuraCrete、Life365，以确保到达设计使用年限后仍具有必要的服役能力水平；临时或永久预应力设计、接头抗震设计须参照更加详细的专业规范。

荷载及其组合方面，须针对沉管隧道可能遇到的多种极限状态，认真评估各荷载组合发生的概率和严重程度，如水、土荷载等。ITA 于 1993 年发表沉管隧道结构计算用的荷载及其分项系数，现在这种基于极限状态设计的方法已经研发了很多，原发布的指南已经过时。Eurocodes 和 AASHTO LRFD 成为当今世界最广泛应用的两种设计规范。

我国于 2002 年依托广州珠江沉管隧道出版了国内第一部沉管隧道专著《沉管隧道设计与施工》，全面总结了沉管隧道建设经验，包括基本资料、沉管隧道可行性论证、几何设计、基础设计、结构与防水设计、管节预制、基槽开挖以及管节浮运、沉放和水下对接、岸上段等内容。2008 年 7 月，上海市建设和交通委员会颁布了地方性设计规范《道路隧道设计规范》（DG-TJ 08-2033—2008），包含沉管隧道设计内容，总结了上海外环等沉管隧道设计与施工经验。2009 年初，我国交通运输部下达了编制《水下公路隧道设计规范》的任务，其中包括沉管隧道勘测与设计内容。2012 年 2 月，交通运输部下达《公路隧道抗震设计细则》的编制任务，按照钻爆法、盾构法、沉管法、堰筑法分别阐述隧道抗震设计特点、适用方法和采取的工程措施等。2012 年 6 月，住房和城乡建设部下达编制《隧道工程沉管法施工和质量验收规范》的任务，承担单位系统总结了内河沉管隧道施工经验，较好地反映了近年来我国取得的主要研究和建设成果。2013 年 8 月 29 日，天津市城乡建设和交通委员会发布地方工程建设标准《内河沉管法隧道设计、施工及验收规范》（DB/T 29-219—2013），是国内内河沉管隧道建设方面的系统性规范，包括总则、术语与符号、调查、测绘和勘察、设计、施工、检测与监测、工程质量验收等，汇总提炼了海河等沉管隧道的工程建设经验，内容较为全面、系统，对指导内河沉管隧道尤其是整体式管节建设起到了良好作用。2014 年 12 月，国内出版《沉管隧道施工手册》。2015 年 1 月，港珠澳大桥管理局发布实施《港珠澳大桥沉管隧道设计施工指南（试用稿）》，对当时国内外，尤其是国内内河沉管隧道施工技术进行了系统总结，具体针对港珠澳大桥沉管隧道设计与施工进行专门性规定，也是我国第一部外海沉管隧道设计指南。2016 年住房和城乡建设部颁布《沉管法隧道施工与质量验收规范》（GB 501201—2016），2019 年住房和城乡建设部颁布《沉管法隧道设计规范》（GB/T 51318—2019），系统总结了我国内河沉管隧道建设经验，主要内容包括调查、测绘、勘察，几何设计，荷载与组合，结构设计，干坞设计，管段制作，管段浮运、沉放，水下基槽开挖,护岸及接口段,防水与耐久性设计等。2019 年交通运输部颁布《公路隧道抗震设计规范》(JTG 2232—2019),按照钻爆法、盾构法、沉管法、堰筑法分别阐述隧道抗震设计特点、适用方法和采取的工程措施等等。

2022 年交通运输部颁布《公路水下隧道设计规范》(JTG/T 3371—2022)、《公路沉管隧道设计规范》(JTG/T 3371-01—2022),系统总结了我国内河、外海沉管隧道尤其是最近竣工通车的港珠澳大桥沉管隧道设计技术,代表了我国沉管隧道目前最新成果。

在钢壳混凝土复合材料研究方面,英国 Cardiff 一家咨询公司最早设计出双层钢壳结构并用于 Conway 沉管隧道施工[7]。1989 年 Oduyemi 和 Wright 发表了双层钢壳结构试验结果[8]。1991 年 Wright 等开展了 1:2 缩尺模型和 1:1 足尺模型试验[9-10]。1990 年日本混凝土委员会成立钢壳混凝土结构研究委员会,通过为期两年研究,开展大比尺试样荷载试验,审查了构件极限强度设计公式,通过开展组合结构管节试设计,证明其相对于钢筋混凝土结构具有竞争性[11-13]。钢壳混凝土结构设计规范和试设计获得了研究委员会和混凝土委员会审查和批准。1992 年 7 月,日本钢壳混凝土组合结构委员会(JSCE)发布《三明治结构设计规范》(试行),由东京大学 Hajime Okamura 和北海道大学 Yoshio Kakuta 主持完成,包括总体要求、设计原理、设计前提条件、结构断面计算、材料参数值选取、荷载及组合、结构分析与计算、承载能力极限状态、细部结构等[12]。1995 年 Jianguo 等发表了双层钢壳结构设计准则[14]。1996 年 Roberts 发表了小、大高跨比时双层钢壳结构梁承受两点或四点荷载情况下一系列准静态荷载试验,发现主要破坏模式是屈服后沿拉伸板滑移。小跨距梁发现显著的剪裂纹不是破坏主因,剪力钉承受了充足的横向剪力,外层钢板对抗剪的贡献很小[15]。1997 年,美国钢结构施工研究所(SCI)发表《钢-混凝土-钢三明治管节施工应用指南》(技术报告),对设计流程、横断面设计、荷载及其组合、材料性质、内力确定、抵抗纵向效应的抗力设计、抵抗平面作用的抗力设计、纵向和平面的组合抗力设计、施工要点进行了阐述,规范了三明治管节设计与施工程序[16-18]。1997 年,《沉管隧道结构设计》在《隧道与地下空间》杂志发表,该文回顾了钢筋混凝土、钢壳沉管隧道工程进展,着重总结了管节与接头防水、典型隧道段设计、纵向铰与接头、钢筋混凝土管节结构分析、复合式钢壳管节结构分析、荷载及其组合、典型材料参数。1998 年英国推出一种钢-混凝土-钢(Steel-Concrete-Steel)专利产品 Bi-Steel,两块平行钢板之间采用阵列形式的杆件焊接或栓接在一起。这种构件可在工厂内模块化生产,加工精度高,安装施工简便,经济合理[16-18]。2005 年,N. E. Shanmugam 和 G. Kumar 在《钢结构》上发表《三明治结构板的特性-实验研究》,表明三明治结构具有较好韧性、强度和抗挠曲性能,在外力作用下会出现不同破坏形式,分析了钢板厚度、混凝土性质、剪力钉布置等对双层钢壳结构变形与破坏特征的影响,并用 Abaqus 程序对试验结果进行了验证,发现影响三明治结构承载能力和变形性能的主要因素是顶钢板和底钢板厚度、剪力钉间距和混凝土强度。双层钢壳结构在水平力作用下会产生纵向和横向弯曲,这和梁、柱只发生一个方向的弯曲不同。由于双层钢壳结构研究成果尚不多见,有必要开展试验研究来揭示其弹性和非弹性变形特点、极限承载能力,再将试验结果与有限元计算结果进行对比[16]。

根据钢板厚度、混凝土性质、剪力钉布置等不同,双层钢壳结构表现出不同的变形与破坏特征。研究发现,许多试样出现混凝土压碎,边角部位出现宽裂纹。当混凝土强度高、剪力钉布置密集则出现较少裂纹。受压破坏时上层钢板均出现屈曲凸起,发现边侧剪力钉在破坏之前已发生过量变形,而跨中附近剪力钉完好。试验还发现上、下层钢板从试样中心焊点处开始屈服,迅速向外扩散。Abaqus 计算出的极限承载力常常大于试验结果,当剪力钉数量较少时更为显著。不过,有限元计算无法模拟混凝土渐进式开裂过程和钢板刚度损失程度,也看不到试验中发现的剪力钉诱发开裂的现象。

以往钢壳混凝土组合结构施工难度大、缺乏确定性的设计和施工方法,尽管发挥了钢结构和混凝土结构各自优势,但是很少应用。进入 20 世纪 90 年代,随着自密实、免振捣、高流动性混凝土技术的发展,钢壳混凝土组合结构施工难题不复存在,工程需求推动着技术标准、设计、施工规范化,因而研究和编写钢壳混凝土合理设计方法与规范成为可能,此后发表的相关研究成果与工程应用也逐渐增多起来。

1.2.2 钢壳混凝土沉管隧道结构和材料要求

1.2.2.1 钢壳混凝土组合结构管节

如第 1.1.1 节所述,沉管隧道钢壳混凝土管节可分为单层钢壳、双层钢壳、三明治结构三种结构形式,结构特点及典型案例不再赘述。当前实际工程中单层钢壳、双层钢壳沉管隧道几乎不再有应用,但三明治结构因其受力特性好、可适应横向超大跨等优点在我国呈现推广应用的趋势。深中通道沉管隧道采用三明治钢壳混凝土结构,管节已经完成全部沉放实施,另有跨广州珠江规划数条沉管隧道拟采用三明治钢壳混凝土结构。

钢壳混凝土沉管隧道具有以下特点[19-43]:

①钢材具有较好的延性,能够更好适应温度变化效应。

②外层钢壳既可作为施工时浇筑混凝土的模板,又可作为运营时的防水层。

③采用双层钢壳矩形断面,可在浮运时浇筑混凝土,能够较好解决附近没有场地建造干坞的问题。

④钢壳管节具有更好的防水性能。

⑤钢壳管节整体刚度大,对纵向不均匀沉降更加敏感,管底基础地层不应出现硬点。

⑥钢壳受力与变形受浮态浇筑混凝土顺序影响很大,必须仔细计算每个施工步骤,严格按照设计施工,保证混凝土分部浇筑引起的钢壳下沉带来的水压力增大不会使钢壳产生屈曲或压溃。

一般情况下,钢壳沉管隧道比混凝土沉管隧道造价低,但这并不绝对,环境、场地等都有可能影响总投资成本。例如,浇筑钢筋混凝土管节需要建造干坞,会增加总成本;而钢壳沉管隧道可能比钢筋混凝土沉管隧道埋深稍大,这会加大暗埋段长度,增加工程造价。此外,航道浚挖与清淤、抛泥等会对总投资有较大影响。因此,不能只简单地比较两种结构形式的造价。

两种结构在施工工艺上也有较大的差别。例如,美国钢壳沉管隧道一般采用钢板刮平的砾石基础,基槽浚挖好后,接着便在槽底铺层粗砂或砾石。而欧洲钢筋混凝土沉管隧道普遍使用喷砂和注砂基础。这和美国沉管隧道宽度较小、欧洲沉管隧道宽度相对较大有一定关系,目的都是获得均匀承载的平整基床。

两种结构形式的接头构造也有所不同,欧洲普遍采用 GINA、OMEGA 止水带,并采用水力压接技术连接相邻的管节,而日本则相继开发了适用于钢壳管节的波形钢板接头、钢板弹簧接头、大变形止水带、顶部密封接头等形式。

1.2.2.2 钢壳管节沉管隧道施工技术

钢壳混凝土管节结构是由钢壳和内填充混凝土组成的薄壁组合结构。钢壳提供防水屏障,把镇重混凝土浇筑在钢壳外面的结构隔板之间形成的空间内。通常单孔钢壳采用圆形断面,双孔钢壳采用双圆形断面,这两种形状对外部压力荷载都是最经济的,因为结构环或多环的绝大部分断面是受压的。另外,隧道行车道板与仰拱之间的空间以及吊顶之上的空间能够用于横向通风的送风和排气,下部空间也能用于安装公用管缆。

当公路隧道净空宽度较大时,常用单孔或双孔,每个孔可设两条及以上车道。管节结构由钢隔板加固的圆形钢壳组成。以双层钢壳为例,设置在壳内的钢筋混凝土环固定在钢壳上并与钢壳和隔板共同构成受力结构,用于抵抗施加的静水压力和土压力。焊在隔板外缘上的钢板是外壳,称之为“模板”,用于容纳镇重混凝土,其中部分混凝土要在沉入水前用水下导管法灌注混凝土,镇重混凝土提供所需的负浮力。单层钢壳管节常用于地铁交通隧道,圆形断面内部布置非常紧凑,钢壳与内部混凝土环共同受力,镇重混凝土量少于双层钢壳混凝土管节,设置在管节顶部以保持钢壳断面尽可能地小一些,如图 1-8 所示。

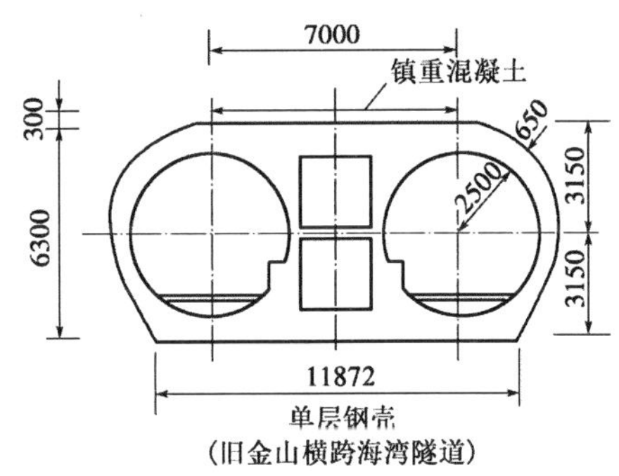

图 1-8 单层钢壳管节横断面示例(尺寸单位:mm)

图 1-9 为双层钢壳管节典型横断面,由内钢壳和钢筋混凝土内环所组成。外钢壳为模板,多为八角形,把内壳包围在内,钢壳和模板用中心距 4 ~ 5m 的钢隔板连接起来,通过浇筑混凝土来填充钢壳和模板之间的空间并覆盖内钢壳。外圈混凝土的底部和顶部是在干船坞内浇筑的,并与内壳混凝土环共同构成组合结构。两侧的混凝土是在浮态下浇筑的,用于抑制隔板翼缘随水压而产生的扭曲并起镇重作用。

内钢壳内表面焊有 J 形或 L 形加劲钢,对于单层钢壳管节通过加劲钢把混凝土环及其加固钢筋连接在壳体上以保证共同受力。该组合结构在陆上建造时,应完成其底部龙骨混凝土浇筑,作为具有龙骨的平底船,侧向或纵向下水,以便在水上拖运时保持平稳。内部的混凝土环和剩下的镇重混凝土应在浮态时完成浇筑。

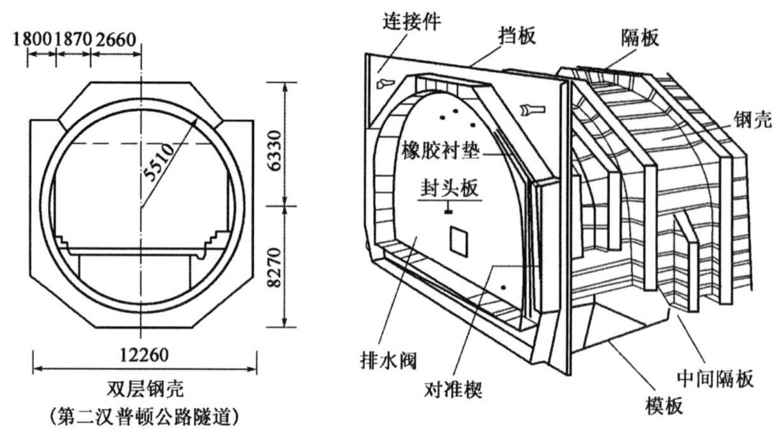

图 1-9 双层钢壳管节结构示例(尺寸单位:mm)

在随后的施工阶段,组合结构所受荷载十分复杂,随着施工的进行荷载变化较大,在下水、拖运和浇筑内部混凝土期间钢壳内应力比管节最终沉放到位时要严峻得多,是设计计算和加工预制的关键关注点。一般情况下外钢壳厚约 8mm,并在外侧焊接纵向加劲角钢。内层钢板一般厚 6mm。双层钢壳混凝土管节在钢壳四周外包厚的混凝土防护层组成,能对钢壳提供防止锈蚀的保护。

单层钢壳混凝土管节结构较简单,在下水阶段尽管内部混凝土尚未灌注,钢壳也要承受严峻的应力。为了加强下水阶段的管节稳定性,内部混凝土环的底部龙骨混凝土应在下水之前灌注好。钢壳要用加劲板和临时辐式钢架加强。双孔单壳管节可在两孔中心部位施作一个垂直的纵向钢桁架,此桁架将被埋在内部混凝土中,但在设计有人行横通道的部位则被拆除。当处于腐蚀性水域和地层时,对单层钢壳管节要求要求有阴极保护或牺牲阳极等保护措施。

不论是单层钢壳还是双层钢壳,都是由外层钢壳或内外层钢壳完全封闭实现防水,因而管体内一般不会出现渗漏水,钢壳沉管主要是管节之间的接头防水问题,防水性能取决于大量的焊缝质量。通常先将相邻沉管的接头对准后使用销钉扣紧,接着在接头的两侧安装模板,然后用导管法灌注自密实的混凝土,即可将接头部位完全包围住实现封水,再从内部打开端封门进行内部作业。

钢壳管节大体上有与混凝土管节相似的纵向刚度。由于钢壳具有较大的纵向应变能力,因此与混凝土管节相比,对基础的不连续性和温度变形不大敏感。钢壳内部的混凝土抵抗纵向拉应变导致的横向开裂设计不是控制因素,不影响组合环的环形抗力。通常把管节之间的钢壳做成全部连续并有特殊的接头或有套筒的接头。接头常常由两个内壳端头的插接式装置做成,通过从内侧焊在其上的钢裙板来搭接。临时性防水通过在钢壳和由挡板与侧面钢板组成的封闭空间的导管灌注水下混凝土来实现(图 1-10)。为了抵抗接头剪力,必须设置剪力键。双层钢壳管节接头的实例如图 1-11 所示。

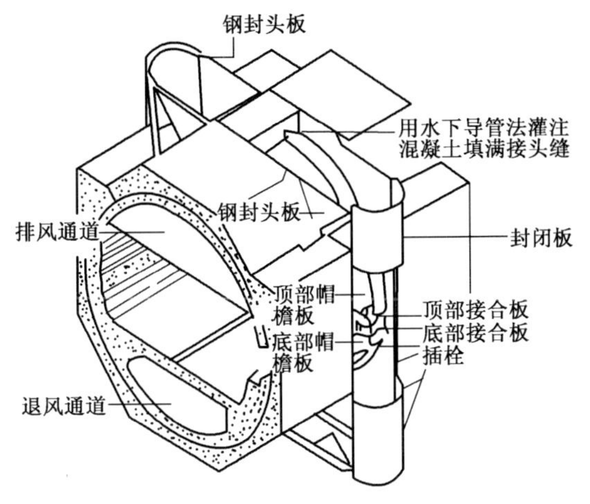

图 1-10 水下导管灌注混凝土接头

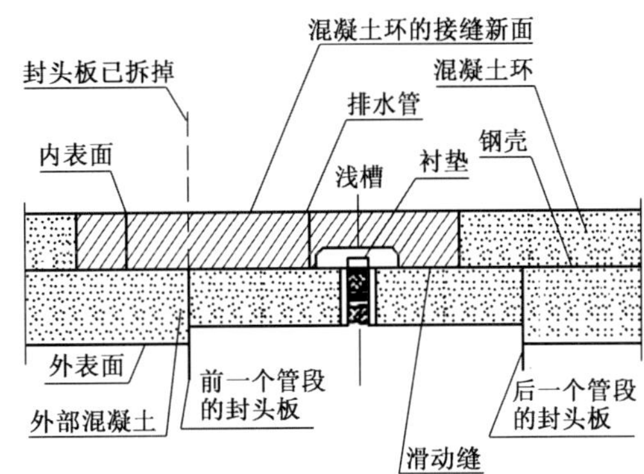

图 1-11 双层钢壳管节具有滑动装置的接头

钢壳管节的设计与建造方式不同于混凝土箱形管节。钢筋混凝土箱形管节常常在受庇护的湾口完成混凝土浇筑后，再出坞、浮运到预定位置进行安设和回填，过程中管节结构断面无多大的差别。相反，钢壳管节制作包括一系列阶段，每个阶段结构都有变化。

钢壳混凝土管节的隧道建造主要有三个阶段：①钢壳制作和下水；②内部注入混凝土；③沉放就位回填后。

如果钢壳管节在船台上建造，管节结构上的荷载大多受支承和下水方法的影响，无论是在受控或非受控的下水中，都可侧面下水或端头下水。比如美国弗吉尼亚哈浦顿路的 I-664 隧道的管节是在干船坞内预制并浮运出来，此时所有内部的混凝土是在安设端封板之前设置的。波士顿第 3 号海港隧道也在相似的干船坞内建造，尽管内部混凝土非常少，也在浮运之前设置。

在制作期间，每个钢质双圆或单圆管节组合段（每个管节约 8 个组合段）都必须支承牢靠、防止扭曲或局部弯曲。在某些情况下，内部需要用辐式支架才能保持钢壳板真圆度，以确保内部混凝土环的厚度均匀。

龙骨混凝土是一条纵向梁，与加劲的壳板和隔板共同受力，必须确认和计算在下水期间将要发生的静、动水压力。龙骨混凝土厚约 1.5m，是在管节下水前设置在模板底部的，其设置目的是在下水期间对管节底部提供保护并在浮运中降低重心，保持管节平稳。龙骨混凝土设置之后，管节重量被传递到下水的滑道上或端部下水前传递到从船头到船尾的托架上，无论何种情况，钢壳和隔板都要加固。

当管节结构设计对某些预计的下水荷载进行了计算后，施工人员必须按照设计所提出的支承和下水方法，对管节设计细节进行校核，而且必须提供一切可能需要的加强措施，因为浮运时可能会增大钢壳管节的纵向应力和弯矩。特别宽大的大型管节沿滑道轴向或侧向下水前，必须验算滑道数量、位置、摩擦力、拖曳力，防止下滑过快受到海水冲击而管内进入海水，甚至可能翻转。通常在管节自身漂浮、高干舷值（30 ~ 50cm）状态下进行拖运，管节在拖运时其内部混凝土尚未浇筑完成,底部混凝土仅有 2 ~ 3m 高。如果在海水环境中拖运管节,长周期波会导致管节发生显著的纵向弯矩,因此要对这种能导致壳体弯曲的弯矩进行计算。为了减少此影响,已有把管节放在巨型驳船上拖运的实例。

在内部舾装混凝土期间,壳体上的荷载情况随着混凝土的浇筑而变化。当管节以恒定的吃水深度漂浮时,管节被均匀地支撑着。端封门重量大,可能会对管节施加一个上拱弯矩。当分段灌注内部混凝土时,会对壳体施加附加弯矩和内力,因此分段灌注的顺序要精心设计,以抵消起拱效应、减少其挠度,直到灌注完成,管节尽可能保持平直。

当壳体内混凝土重量逐渐增加时,管节将向水中缓慢下沉,因此壳体板设计要考虑在舾装过程中承受足够大的水压力。分段浇筑混凝土的顺序需事先通过计算确定,以便能确定浇筑体积合理,同时又能限制壳板产生的弯矩和剪力大小。混凝土浇筑应以管节横向和纵向中线对称进行。当水头在壳板上逐渐增大时,圆周方向的弯矩必须由隔板和已固定埋在龙骨混凝土中的钢壳来抵抗,因此必须对浇筑顺序中的每一阶段进行校核。一般来说,浇筑沉管顶底折板段尤为关键。纵向荷载由壳板和径向加劲板来抵抗。要考虑合适的安全系数后确定壳体抗弯能力。

要研究在扭转荷载和横向剪力下钢壳的局部压曲、加劲板之间拱形板的压曲,壳板和纵向加劲板被看成是放在隔板之间的圆柱形壳体。仅壳板本身就如同一个环形结构和一个圆柱形梁一样能抵抗水压力。把隔板当环形结构设计,其端部固定在龙骨混凝土内。与每个隔板共同受力的壳板的有效宽度由壳体中心线半径和厚度来决定。

沉放就位回填后,运营阶段管节横向计算应考虑隧道在完全回填情况下承受的一系列荷载组合。通常这些荷载组合产生的弯矩在中墙附近的顶部和底部以及外墙的中心部位为负值(外侧为拉力),在其间的区域为正值(内侧为拉力)。这与双孔矩形箱顶部、底部受荷时的弯矩图形相似。初步设计阶段沉管板厚可基于以前经验或粗略计算拟定,再结合荷载与受力计算、干舷要求确定结构尺寸。开展三维隧道结构分析计算的目的是确定最大的弯矩、剪力和轴向荷载的包络线。用三维有限元模型可以很便利地分析诸如船舶碰撞、拖锚和内部爆炸效应。

1.3 钢壳混凝土沉管隧道的耐久性设计

1.3.1 总体设计思路

耐久性设计是一项系统性工程,耐久性设计包含耐久性分析、应对措施、施工标准、运营期维护保养、监测评估以及耐久性再设计,属于一种综合性体系设计。首先依据结构所处环境类别及作用等级进行耐久性分析,然后根据各结构构件不同的设计使用年限,对结构构造和材料分别提出耐久性要求,再施加合理的耐久性防护措施;施工时须达到既定的施工标准,并完成监测系统布设;运营阶段按照既定方案进行维护保养,结合监测结果进行结构状态评估,依据评估结果进行耐久性再设计。

1.3.2 与腐蚀相关的耐久性分析

参考国内规范,结合工程实际条件,基本环境类别划分和作用等级规定如表1-2和表1-3所示[44-45]。

基本环境类别划分 表1-2

环境类别	名称	腐蚀机理
Ⅰ	一般环境	保护层混凝土碳化引起钢筋锈蚀
Ⅱ	冻融环境	反复冻融导致混凝土损伤
Ⅲ	海洋氯化物环境	氯盐侵入混凝土内部引起钢筋锈蚀
Ⅳ	除冰盐等其他氯化物环境	氯盐侵入混凝土内部引起钢筋锈蚀
Ⅴ	化学腐蚀环境	硫酸盐等化学物质对混凝土的腐蚀

基本环境作用等级规定 表1-3

环境类别	环境作用等级					
	A 轻微	B 轻度	C 中度	D 严重	E 非常严重	F 极端严重
一般环境	Ⅰ-A	Ⅰ-B	Ⅰ-C	—	—	—
冻融环境	—	—	Ⅱ-C	Ⅱ-D	Ⅱ-E	—
海洋氯化物环境	—	—	Ⅲ-C	Ⅲ-D	Ⅲ-E	Ⅲ-F
除冰盐等其他氯化物环境	—	—	Ⅳ-C	Ⅳ-D	Ⅳ-E	—
化学腐蚀环境	—	—	Ⅴ-C	Ⅴ-D	Ⅴ-E	—

岛隧工程混凝土构件及钢构件涉及的环境类别和作用等级见表1-4。

岛隧工程基本环境作用类别与作用等级 表1-4

结构	环境类别	作用因素	作用等级	具体环境条件	具体构件
结合部非通航孔桥	Ⅲ海洋氯化物环境	海水、海浪和空气中的氯离子	Ⅲ-C	海洋氯化物环境水下区和土中区	承台(水下)、钢筋混凝土钻孔灌注桩
			Ⅲ-D	海洋氯化物环境大气区(轻度盐雾区)	多数箱梁、支座、伸缩缝、桥面铺装、防撞护栏、缘石及交通设施底座
			Ⅲ-E	海洋氯化物环境潮汐区、浪溅区	部分箱梁、少量支座、桥台、桥台位置伸缩缝
			Ⅲ-F	海洋氯化物环境潮汐区、浪溅区	桥墩

续上表

<table>
<tr><th>结构</th><th>环境类别</th><th>作用因素</th><th>作用等级</th><th>具体环境条件</th><th>具体构件</th></tr>
<tr><td rowspan="5">隧道</td><td rowspan="5">Ⅲ海洋氯化物环境</td><td rowspan="2">空气中的氯离子</td><td rowspan="2">Ⅲ-D</td><td rowspan="2">海洋氯化物环境大气区（轻度盐雾区）</td><td>沉管段结构内侧
（含管节接头中墙剪力键、侧墙钢剪力键、管节接头水平剪力键、节段接头中墙剪力键、预应力体系、压舱混凝土、路面层、路面伸缩缝、管内附属设施构件、中管廊上隔板、中管廊电缆隔板、立柱、内侧永久钢结构等）</td></tr>
<tr><td>暗埋段结构内侧
（含压舱混凝土、路面层、管内附属设施构件、中管廊上隔板、内侧永久钢结构）
敞开段结构内侧
（含压舱混凝土、路面层、结构附属设施构件）</td></tr>
<tr><td rowspan="3">海水中的氯离子</td><td rowspan="2">Ⅲ-E</td><td>海洋氯化物环境水下区和土中区，氯化物环境的混凝土</td><td>沉管段结构外侧
（含节段接头水平剪力键、节段接头侧墙剪力键、遇水膨胀胶条、中埋式可注浆止水带、GINA 及 OMEGA 止水带、外侧永久钢结构）</td></tr>
<tr><td>海洋氯化物环境土中区（考虑海水水位变动）</td><td>暗埋段结构外侧
（含结构变形缝及施工缝的中埋式止水带、钢板止水带、外侧永久钢结构、外侧临时钢结构）
敞开段结构外侧
（含结构变形缝及施工缝的中埋式止水带、钢板止水带）</td></tr>
<tr><td>Ⅲ-C</td><td>海洋氯化物环境土中区</td><td>预应力高强度混凝土管桩</td></tr>
<tr><td rowspan="3">人工岛</td><td rowspan="3">Ⅲ海洋氯化物环境</td><td>海浪和空气中的氯离子</td><td>Ⅲ-E</td><td>海洋氯化物环境大气区（重度盐雾区）</td><td>挡浪墙、沉箱上部挡墙</td></tr>
<tr><td>海水、海浪和空气中的氯离子</td><td>Ⅲ-F</td><td>海洋氯化物环境水位变动区、浪溅区（重度盐雾区）</td><td>扭工字块体、沉箱上部胸墙、预制减载沉箱、码头沉箱、钢圆筒</td></tr>
<tr><td>海水中的氯离子</td><td>Ⅲ-C</td><td>海洋氯化物环境水下区</td><td>预制栅栏板</td></tr>
<tr><td rowspan="2">岛上道路、排水等附属设施</td><td rowspan="2">Ⅲ海洋氯化物环境</td><td>空气中的氯离子</td><td>Ⅲ-D</td><td>海洋氯化物环境大气区（轻度盐雾区）</td><td>路面层及其他附属设施</td></tr>
<tr><td>海水和空气中的氯离子</td><td>Ⅲ-D</td><td>海洋氯化物环境土中区（考虑海水水位变动）</td><td>U 形槽结构、岛上排水管沟、岛上给排水管路</td></tr>
</table>

1.3.3 沉管钢壳防腐蚀措施

海洋环境中钢壳混凝土沉管隧道多数建造在日本，其迎水侧钢壳多数采用阴极保护技术，目前已完工的隧道案例见表1-5和图1-12。

迎水侧钢壳采用阴极保护的沉管隧道 表1-5

隧道名称	所在地	隧道长度		横断面				时间(年)	
		总长(m)	沉管段(m)	高(m)	宽(m)	管节长度(m)	管节数量(个)	开工	完工
咲洲隧道	大阪	2200	1025	8.5	35.2	103	10	1989	1997
港渔岛隧道	神户港	1600	520	9.1	34.6	78.5 87.5 98.8	1 4 1	1992	1999
衣浦港隧道	衣浦港	1141	448	8.45	13.5	112	4	1996	2002
那霸港隧道	那霸港	1040	724	8.7	36.9	90 92	4 2	1996	2004
新若户隧道	北九州	1181	557	8.4	27.9	66.5 79 80 100	7	—	2012

图1-12 日本沉管隧道钢壳牺牲阳极保护安装

对于设计使用年限达100年的钢壳混凝土组合结构沉管隧道，迎水侧钢壳的耐久性防护体系由涂层、阳极块及预留厚度三部分组成。其中，涂层的耐久性在40年左右，牺牲阳极保护作用需要考虑跨越全寿命周期。空气侧钢壳（车孔内底板顶上表面有压舱混凝土，采取临时车间底漆防腐措施）防腐采用“重涂装 + 定期维护”双重措施。

典型的涂装方案如图1-13所示：

(1)车孔底板顶上表面：临时防护漆。

(2)中管廊专用排烟道：防火漆。

(3)底板下表面除两侧各8m范围：3道玻璃鳞片漆，$2\times350\mu m+300\mu m=1000\mu m$；其余外露钢结构表面：双道玻璃鳞片漆，$2\times350\mu m=700\mu m$。

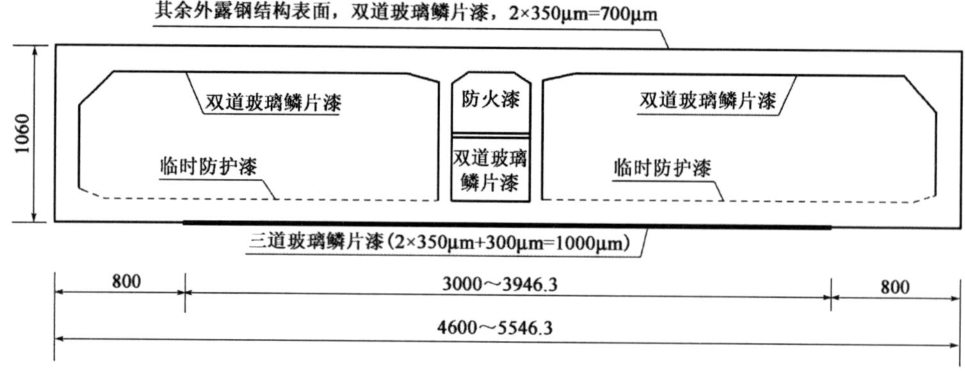

图 1-13　不同部位重涂装方案(尺寸单位:cm)

1.4　钢壳混凝土沉管隧道耐久性保障存在的困难

钢壳混凝土沉管隧道多位于经济发达的沿海海域及内陆河流入海口,淡水/海水交汇,丰雨季与枯雨季环境变化较大,腐蚀介质及环境复杂且变化明显,同时存在海泥冲刷与回淤的情况。钢壳混凝土沉管隧道深埋在入海口泥面以下,跨越了多个埋深的不同地质层,处于海水/海泥/抛石耦合的作用环境。在回填碎石/块石导致涂层缺陷及涂层老化等综合因素作用下,钢壳电化学腐蚀发生/发展机制复杂,需要研究各类因素对其发展机制的影响规律。揭示 100 年设计服役期内钢壳结构的腐蚀发展规律,是构建长寿命耐久性保障技术的关键科学问题。

针对超长服役保护周期的沉管钢壳防腐,通常采用"预留腐蚀厚度 + 重涂装 + 牺牲阳极阴极保护"的联合防腐措施。服役初期采用"涂层防护为主、牺牲阳极阴极保护为辅"的联合防护;服役中期采用"牺牲阳极阴极保护为主、涂层防护为辅"的联合防护;服役末期采用"预留腐蚀厚度为主、牺牲阳极阴极保护为辅"的联合防护。由于防腐涂层材料自身的降解老化,其保护年限往往只有 25～50 年,无法达到全寿期保护的目的,因此沉管钢壳耐久性的长期保障,需要牺牲阳极跨越全寿命周期持续有效工作。

不同于海洋平台、港口码头、舰船等常用海洋工程构筑物的服役环境,钢壳混凝土沉管的牺牲阳极服役于海水/海泥/抛石共存的深埋环境下,在该环境下牺牲阳极的电化学性能、保护电流分散能力、腐蚀产物溶解情况、长期服役性能及影响因素、使用年限等方面均存在较多的不确定性,缺少相关试验研究及工程案例。尤其是针对钢壳沉管隧道此类的大几何尺寸保护结构,牺牲阳极阴极保护能否在全寿命周期内实现对沉管钢壳所有保护区域的有效保护,尚需要进行深入研究及工程示范。

钢壳混凝土沉管结构一旦安装回填完成,其钢壳外壁的防腐系统修复成本极高,甚至可以说是不可修复的。无论是牺牲阳极阴极保护,还是外加电流阴极保护,均有必要建立长效的感知监测系统,在实际服役过程中对钢壳外壁防腐系统的工作状态进行全寿期监测和评估,这也是钢壳混凝土沉管隧道建设及长期服役的关键技术问题之一。但目前国内外在钢壳混凝土沉管外壁腐蚀监测领域的相关研究较少，尚缺少可长期有效监测的传感器、可借鉴的技术方案、工程应用案例及相关设计规范。

综上所述，无论从腐蚀理论研究、防腐工程设计，还是全寿命周期防腐手段及长效监测评估等方面，对于设计寿命达到百年及以上的钢壳混凝土沉管隧道来说，其全寿命周期的耐久性保障仍存在诸多瓶颈亟待解决的问题。

本章参考文献

[1] 徐兆象. 日本多摩川、川崎隧道沉设作业[J]. 中国市政工程,1994(4):34-38.

[2] 宋神友,陈伟乐,金文良,等. 深中通道工程关键技术及挑战[J]. 隧道建设(中英文),2020,40(1):143-152.

[3] HINKLEY P K. Fort McHenry tunnel ventilation system[J]. Transportation Research Record,1982(883):10-16.

[4] 傅琼阁. 沉管隧道的发展与展望[J]. 中国港湾建设,2004(5):43-49.

[5] 陈韶章,陈祕,张弥. 沉管隧道设计与施工[M]. 北京:科学出版社,2002.

[6] 杨文武. 沉管隧道工程技术的发展[J]. 隧道建设,2009,29(4):397-404.

[7] 聂建国,陶慕轩,黄远,等. 钢-混凝土组合结构体系研究新进展[J]. 建筑结构学报,2010(6):71-80.

[8] ODUYEMI T O S, WRIGHT H D. An experimental investigation into the behaviour of double-skin sandwich beams[J]. Journal of Constructional Steel Research,1989,14(3):197-220.

[9] WRIGHT H D, ODUYEMI T O S, EVANS H R. The experimental behaviour of double skin composite elements[J]. Journal of Constructional Steel Research,1991,19(2):97-110.

[10] WRIGHT H D, ODUYEMI T O S, EVANS H R. The design of double skin composite elements[J]. Journal of Constructional Steel Research,1991,19(2):111-132.

[11] 松石正克,岩田節雄. 鋼板とコンクリートから構成されるサンドイッチ式複合構造物の強度に関する研究(第4報)[C]//日本造船学会. 日本造船学会論文集. 东京:日本造船学会,1988.

[12] 土木学会. 鋼コンクリートサンドイッチ構造設計指針(案)[J]. コンクリートライブラリー73,1992,100:114-116.

[13] 木村秀雄,小島一雄,盛高裕生. 沈埋函の海上施工時の函体変形について[J]. トンネル工学研究発表会論文・報告集,2002,12:117-124.

[14] JIANGUO N. Application of steel-concrete composite structure in ocean engineering[J]. Steel Construction,2020,35(1):20-33.

[15] ROBERTS T M, EDWARDS D N, NARAYANAN R. Testing and analysis of steel-concrete-steel sandwich beams[J]. Journal of Constructional Steel Research,1996,38(3):257-279.

[16] 聂建国,陶慕轩,樊健生,等. 双钢板-混凝土组合剪力墙研究新进展[J]. 建筑结构,2011(12):52-60.

[17] 杨悦. 核工程双钢板-混凝土结构抗震性能研究[D]. 北京:清华大学,2015.

[18] 卢显滨. 双钢板-混凝土组合梁拟静力试验研究[D]. 哈尔滨:哈尔滨工业大学,2015.

[19] 李志军,王秋林,陈旺,等. 中国沉管法隧道典型工程实例及技术创新与展望[J]. 隧道建设(中英文),2018,38(6):879-894.

[20] 张志刚,刘洪洲. 公路沉管隧道的发展及其关键技术[J]. 隧道建设,2013,33(5):343-347.

[21] 李兴碧,王明洋,钱七虎. 沉管隧道的发展与琼州海峡的沉管隧道方案[J]. 岩土工程界,2003(7):7-11.

[22] 翟世鸿,吴海波,杨秀礼. 沉管工厂化预制技术在港珠澳大桥工程中的应用[J]. 水运工程,2015(8):1-5.

[23] 肖晓春. 大型沉管隧道管节工厂化预制关键技术[J]. 隧道建设,2011,31(6):701-705.

[24] 刘正根. 沉管隧道接头性态与安全评估[D]. 上海:同济大学,2009.

[25] 陈鸿,贺春宁,乔宗昭. 上海外环沉管隧道设计(十一)——管段接头设计[J]. 地下工程与隧道,2006(1):15-19.

[26] 刘鹏,丁文其,杨波. 考虑接头力学特性的沉管隧道计算方法[J]. 中南大学学报(自然科学版),2014(6):1983-1991.

[27] 禹海涛,袁勇,刘洪洲,等. 沉管隧道接头力学模型及刚度解析表达式[J]. 工程力学,2014,31(6):145-150.

[28] 萧文浩,柴瑞,禹海涛,等. 沉管隧道接头非线性力学性能模拟方法[J]. 力学与实践,2014,36(6):757-763.

[29] 章勇,王海龙,郭俊,等. 沉管隧道接头竖向压剪力学性能研究[J]. 地下空间与工程学报,2016,12(sl):24-31.

[30] 程轶康,禹海涛,罗健珲,等. 沉管接头混凝土剪力键力学性能模拟方法[J]. 结构工程师,2017,33(1):156-163.

[31] 黄小彬,余小强,罗健珲,等. 沉管隧道接头在压-扭-剪组合条件下的力学性能分析[J]. 隧道建设,2017,37(3):307-314.

[32] 姜志威,白云,苏权科. 大型沉管隧道管节接头刚度特性研究[J]. 现代隧道技术,2017,54(1):168-174.

[33] 萧文浩,徐国平,禹海涛,等. 沉管隧道大比尺管节接头压弯试验研究[J]. 结构工程师,

2014(5):181-186.

[34] 陆明.沉管法隧道防水设计技术综述[J].地铁与隧道防水,2015,8(13):25-32.

[35] 陆明,朱祖熹,张勇.大型沉管隧道管段接头防水试验研究[J].中国建筑防水,2003,(10):7-11.

[36] 陈绍章,苏宗贤,陈越.港珠澳大桥沉管隧道新技术[J].隧道建设,2015(5):396-403.

[37] 庄道庆.沉管隧道的防水技术[J].东海海洋,2001,19(3):32-38.

[38] 宁茂权.海底沉管隧道的防水设计[J].铁道建筑,2008,6(10):58-61.

[39] 何伟奇.沉管隧道的防水技术[J].交通工程科技,2002,(3):34-36.

[40] 冯海暴,苏长玺.沉管隧道基础处理方法研究分析[J].现代隧道技术,2019,56(1):33-38.

[41] 沈永芳.沉管隧道基础注浆效果等比例模型试验研究[D].上海:上海交通大学,2012.

[42] 刘健,邓斌,黄清飞.深中通道沉管隧道钢壳设计及制造关键技术[J].隧道建设(中英文),2021,41(8):1367-1374.

[43] 金文良,宋神友,陈伟乐,等.深中通道钢壳混凝土沉管隧道总体设计综述[J].中国港湾建设,2021,41(3):35-40.

[44] 中华人民共和国交通运输部.公路工程混凝土结构耐久性设计规范:JTG/T 3310—2019[S].北京:人民交通出版社股份有限公司,2019.

[45] 中华人民共和国住房和城乡建设部.混凝土结构耐久性设计标准:GB/T 50476—2019[S].北京:中国建筑工业出版社,2019.

第 2 章　海洋腐蚀环境及腐蚀特征

2.1　海洋工程钢结构防腐蚀的重要性

海洋面积约占地球表面积的 70%，蕴含各种丰富的资源，具有巨大的潜在经济利益和战略性的国防地位。海洋事业的发达程度是一个国家科技力量和技术水平的综合体现，也是一个国家经济发展水平和国际地位高低的标志。我国是一个海洋资源十分丰富的国家，拥有 18000 多千米的大陆海岸线，面积约 300 万 km^2 的海洋国土（包括领海、大陆架和专属经济区），以及 5000 多个面积 $500m^2$ 以上的岛屿，海域广阔，充满机遇。随着经济的发展和技术水平的提高，海港、采油平台、人工岛、海底隧道、跨海大桥以及海上风电等工程项目的建设不断增加，海洋工程钢结构的使用也越来越广泛。

然而，海水是一种溶有大量盐类的电解质溶液，是天然的腐蚀介质，处于其中的金属构件遭受腐蚀破坏的风险非常大。例如沿海地区的工厂用海水作为冷却介质，冷却器的铸铁管在海水作用下，一般只能使用 3～4 年就需要更换或维修。海水泵的铸铁叶轮只能使用 3 个月左右。碳钢冷却箱内壁腐蚀速度可达 1mm/年以上。海洋环境中有关开采、水下输送及储存等工作的金属构件受到海水和海洋大气腐蚀的威胁越来越受到重视。

在 ISO 12944 和 ISO 9223 中，大气腐蚀环境共分为 6 类。其中，海洋环境的腐蚀等级最高，最应值得注意。海水不同于简单的盐溶液，包含有大量悬浮物、溶解气体（O_2，CO_2，H_2S 等）、微生物及腐败的有机物等，使得海洋工程钢结构的腐蚀具有多样性和复杂性的特点，因此海洋工程钢结构的腐蚀与防护是一个复杂而严峻的问题[1]。

据统计，全球每年的钢材产量超过 10 亿 t，而每年仅因腐蚀而报废的钢铁设备大约相当于年产量的 30%。我国每年钢铁腐蚀总损失占国内生产总值（GDP）的 5% 左右，如果从钢结构建设初期就加强腐蚀防护，采取有效的保护措施，则可以避免 20%～40% 的经济损失。因此研究海洋工程钢结构的腐蚀防护技术，可以有效降低钢铁腐蚀对国民经济造成的损失，对于国家海洋资源的开发和发展有着重大的意义。

2.2　海洋腐蚀环境

海洋是对海洋大气、海水、海水中的溶解物和悬浮物、海洋生物（动物、植物和微生物）以及海底沉积物等所有物质的总称，是一个整体而又异常庞大、复杂的综合性系统。海洋环境相对其他自然环境的腐蚀性更强，常见的金属材料在海洋环境中都会发生不同程度的腐蚀，一般根据海拔高度和海水深度将海洋腐蚀环境分为5个区域，即海洋大气区、浪花飞溅区、海水潮差区、海水全浸区(包括海水表层浸泡区及海水深海区)和海底泥土区。

海洋大气区位于海平面平均高潮线以上，常年不接触海水。但金属表面会因沉降存有含盐粒子，其中的氯化物吸湿性强，易在金属表面形成湿膜，成为影响腐蚀的主要因素。除此之外，距离海面的高度、风速及风向、结露状况、降水量、温度、太阳照射、尘埃、季节变化和环境污染等因素也影响着该区的腐蚀行为。

浪花飞溅区位于海平面平均高潮线附近，海水飞溅可以喷到金属表面，涨潮时又不会被浸没。该区金属结构表面含盐粒子量大，浪花飞溅形成干湿交替，同时海水气泡会冲击破坏材料表面，加快腐蚀速度。该区的主要特点是腐蚀反应的阴极电流比在海水中还要大，其腐蚀速率也是各区中最快的。

海水潮差区位于海水平均高潮线与低潮线之间，该区域的金属结构涨潮时被淹没，退潮时暴露在空气中，干湿交替变化明显，加剧腐蚀。该区也存在海洋生物的附着，对于不锈钢等易钝化金属来说，易形成闭塞电池型的局部腐蚀。

海水全浸区是常年被海水浸泡的区域。海水表层浸泡区和海水深海区的海水溶氧量不一，海水表层浸泡区(水深 $<20m$)的溶氧量趋近于饱和，生物活性高，水温高，是该区中腐蚀最严重的地方。随着海水深度的增加，溶氧量逐渐减少，腐蚀程度也逐渐减弱。

海底泥土区位于海洋环境最底层，由海水和海底沉积物组成。该区情况复杂，海水浸渍了海泥，金属表面同时接触海水和海泥；同时，该区还含有丰富的微生物，其活动产生较多腐蚀性气体，如氨气(H_3N)和硫化氢(H_2S)气体，使腐蚀行为复杂化。

2.2.1 我国海域腐蚀特征

我国位于亚洲大陆的东部，面向太平洋，大陆边缘有渤海、黄海、东海、南海互相连成一片的四大海域，自北向南呈弧状分布，属于北太平洋西部的边缘海。南北跨度大，跨越温带、亚热带和热带，海水的温度、盐度等情况差异明显，且受寒潮、洋流及台风等条件的影响程度也各不相同。表2-1为我国四大海域气候环境参数数据。

我国四大海域气候环境参数数据 表2-1

四大海域	温度		相对湿度	降水量	盐雾	太阳辐射
	年均温度(℃)	气温大于30℃的天数(d)	年均相对湿度(%)	年降水量(mm)	年均盐雾浓度(mg/m^3)	年辐射总量(MJ/m^2)
渤海	10.1	6.3	68	656.0	0.0389	4707.17
黄海	11.9	22.4	74	777.4	0.1381	4498.02
东海	16.3	53.2	76	1201.2	0.1180	4353.28
南海	27.5	160.8	79	1600.0	0.1275	6850.13

(1)渤海

渤海是我国最北端的海域,被山东半岛、辽东半岛和华北平原环绕,仅东部通过渤海海峡与黄海相通,是一个半封闭的大陆架浅海,海水平均深度约 18m,平均水温 11℃,面积约 7.7 万 km^2。

渤海盐度比其他海域要低(盐度仅为 30‰左右)[2],主要受降水和大河流径流的影响,近海岸以及河口地区的盐度常年都非常低。同时由于降水和河流径流有明显的季节性变化,渤海海域的盐度随之呈现规律性变化。冬季整个区域内盐度基本相同,夏季海洋表面盐度降低。渤海区域主要降水时期为每年的 6—8 月。夏季和秋季风向多为偏南风,冬季和春季多为西北风或北风,波浪的情况与风向、风力直接相关。海雾主要在夏季出现,秋季和冬季少雾。海底被各种粒径的海砂、砾石、软泥等沉积物覆盖。

(2)黄海

黄海位于我国大陆与朝鲜半岛之间,北在鸭绿江口,南以长江口北角到韩国济州岛的西南角连线与东海分隔,西北以辽东半岛南端的老铁山角到山东半岛北岸的蓬莱角连线与渤海分隔,为半封闭的浅海,海水平均深度约 44m,面积约 38 万 km^2。黄海的水温年变化幅度小于渤海,为 15 ~ 24℃。黄海海水的盐度也较低,为 32‰。

受季风气候的影响,黄海海域具有冬季气候严寒干燥、夏季气候炎热潮湿的特征。降水量相对来说比渤海要高,但低于东海和南海,北部区域冬季偶尔会有降雪。温度和盐度在黄海海区表现出比较显著的地区性差异,具有较大的季节变化及日变化。其溶解氧含量由于受到温度、生物活动及环流、水团运动的影响也表现出明显的季节性规律[3]。黄海海区是我国近海相对多雾的区域。黄海海底地形为近似南北走向的浅海盆形貌,从西南位置和北部位置向东南方向和中部位置倾斜,但倾斜度变化很小。

(3)东海

东海位于我国大陆与台湾岛以及日本琉球群岛和九州岛之间,北与黄海相连,南以广东省南澳岛到台湾岛南端连线与南海分隔,是一个比较开阔的边缘海,海水平均深度约 370m,面积约 77 万 km^2。盐度为 31‰ ~ 32‰,东部为 34‰。海水平均温度 9.2℃[2]。

东海处于中低纬度地区,同时受到温带和亚热带气候洋流的影响,其温度、海水盐度和成分具有明显的周期性变化规律,降水丰富。海雾主要出现在东海西部和西北部地区,其中闽浙沿岸四季都会有雾,3—6 月份相对较多。由于温度、生物活动及环流的影响,海水溶解氧含量也表现出明显的季节性规律,这导致海水的腐蚀性有所不同[3]。据《2020 年中国海洋生态环境状况公报》显示的四大海域水质状况,黄海和南海海域水质良好,渤海海域水质一般,东海海域水质较差。东海沿岸无机氮和活性磷酸盐超标,这也大大增加了海水的腐蚀性能。

(4)南海

南海位于我国南部,南接大巽他群岛的加里曼丹岛,东邻菲律宾群岛,西面是中南半岛和马来半岛。南海海域辽阔,海水平均深度约 1212m,最深达到 5559m,面积约 350 万 km^2。南海是我国四大海域中最大、最深、自然资源最丰富的海域。南海地处低纬度地域，是我国海区中气候最暖和的热带深海。南海海水表层水温高（25～28℃），年温差小（3～4℃），终年高温高湿，长夏无冬。南海盐度最大（35‰），潮差2m[2]。

我国南海海域自然环境严酷，材料腐蚀问题十分突出。南海海域位于近赤道低纬地区，属热带季风气候和赤道气候，与其他海域的海洋环境相比，南海常年具有高日照辐射强度、高紫外含量、高湿热、高盐雾及高降雨量的特点。南海的年日照辐射总量接近7000MJ/m^2，约是其他海域的1.5～1.7倍；年平均温度高达27.5℃，约是其他海域的1.7～2.7倍；一年中气温大于30℃的天数高达160d，约是其他海域的3.0～25.5倍；年平均降雨量约是其他海域的1.3～2.4倍。特殊的强日照辐射、高湿热、多雨和高盐雾环境使得在南海海域服役的金属材料面临着异常严重的腐蚀问题[4]。

2.2.2　海洋环境的腐蚀特征

海洋环境是腐蚀性最为严酷的自然环境。金属在海洋环境中发生的腐蚀大多是电化学反应过程，在氧化还原的作用下被腐蚀。海洋的不同区域，由于环境存在着差异，对金属的腐蚀作用也存在差异[5]。通常可将海洋环境分为5个不同区带，即海洋大气区、浪花飞溅区、海水潮差区、海水全浸区和海底泥土区（表2-2和图2-1）[6]。

不同海洋环境区域的腐蚀特点比较　　表2-2

海洋区域	环境条件	腐蚀特征
海洋大气区	影响因素包括盐雾浓度、雨量、湿度、温度、阳光辐射等	发生腐蚀、老化，部分环境存在霉菌腐蚀
浪花飞溅区	材料表面受到海水冲击，潮湿、供氧充分	受到海水飞溅、干湿交替作用，腐蚀严重
海水潮差区	材料周期浸没，供氧充足	发生腐蚀及生物污损，腐蚀速率相对较低
海水全浸区	影响因素包括含盐量、压力、溶解氧、水温、海生物、细菌等	发生腐蚀及生物污损，腐蚀速率随温度、海水深度等因素变化
海底泥土区	存在大量厌氧微生物（如硫酸盐还原菌等）	发生典型的厌氧微生物腐蚀

2.2.2.1　海洋大气区腐蚀特征

海洋大气区是指由于海水的蒸发，形成的含有大量盐分的大气环境区域。金属材料在海洋大气环境中会发生化学或电化学作用而遭到腐蚀破坏。腐蚀反应过程涉及气、液、固三相及其相界面，是一个非常复杂的过程。海洋大气腐蚀大多发生在海上的船只、跨海桥梁、海上平台以及沿岸码头设施等金属结构。

海洋环境中大气是金属材料接触最多的环境介质，据统计，80%的金属构件是在大气环境中使用。大气腐蚀可分为三类：干大气腐蚀、潮大气腐蚀和湿大气腐蚀。由于海洋大气环境特殊性，潮大气腐蚀与湿大气腐蚀最为常见。对于在海洋中的钢结构来说，海洋大气中相对湿度较大，空气的相对湿度都高于钢结构的临界值。同时海洋大气和海水飞沫中富含多种盐粒，氯化物含量最多,夹杂着一些氮硫化物。海洋大气中的钢铁表面很容易形成有腐蚀性的水膜。这种具有高湿、高盐雾、高日照辐射强度的环境导致金属材料的腐蚀破坏非常严重[7-12]。

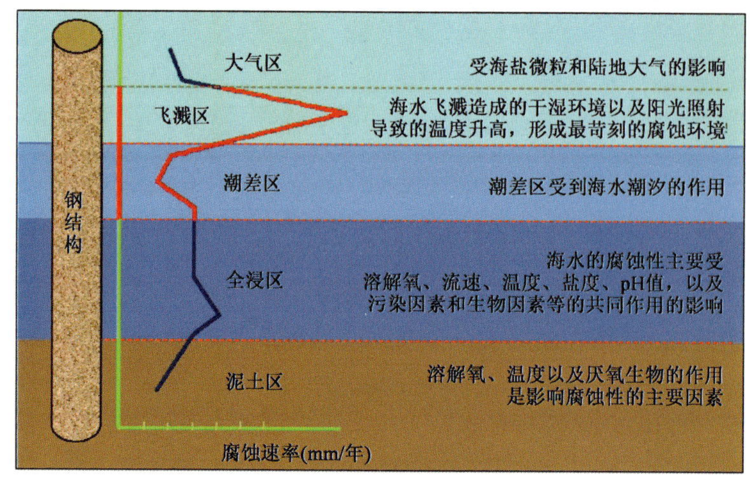

图 2-1 海洋环境分区示意图

降雨量是影响金属材料在海洋大气区腐蚀的重要影响因素。降水会将沉积在金属表面的盐类冲刷掉,使腐蚀程度减轻。同时,金属结构背风面的腐蚀程度要比迎风面更为严重。这是由于背风面的金属表面的沉积物没有及时被雨水冲刷掉的原因。

金属材料的大气腐蚀是以电化学机理进行的。金属暴露在大气环境中,会从大气环境中吸收水分,并在金属表面形成一薄层电解液膜。这层电解液膜的存在使得金属表面发生电化学反应成为可能。金属表面的吸水量与大气环境的相对湿度有关,在相对湿度为 75% 时,吸附的水分子层厚度约为 5 层。一般来讲,水膜的厚度大于 5 层,就可发生电化学腐蚀。同时,污染性大气及大气悬浮粒子会沉降在金属表面的薄液层中,影响并参与金属材料的大气腐蚀过程[6]。

与处在干净大气的冷凝水膜环境相比,钢在盐雾周期饱和的空气中的腐蚀速度增加了 8 倍[7]。普通碳钢在海洋大气中的腐蚀程度比沙漠大气中严重 50 ~ 100 倍。除了在强风暴的天气中,在距离海岸近的大气中的金属材料,特别是在距海岸 200m 以内的大气区域中,也会受到海洋大气强烈的影响,离海岸 24m 处钢的腐蚀程度比 240m 处严重 12 倍,海洋大气中金属材料腐蚀速率明显变化发生在距海岸线 15 ~ 25km 之间。因此,海洋大气的影响范围一般界定为 20km 左右。

2.2.2.2 浪花飞溅区腐蚀特征

海洋环境中,海水的飞沫能够喷洒到但在海水涨潮时又不能被海水所浸没的部位一般称为浪花飞溅区。

浪花飞溅区的范围是高潮线附近区域,由于波浪飞溅的情况,海水与空气中的氧气接触充分,使得这一区域的含氧量接近饱和。同时,在这一区域的材料长期处于干湿交替的环境中,使得氧气形成的水膜能够到达金属表面。而且,该区域的温度接近于气温,材料又会受到海水的冲击影响。水膜的作用时间长,含盐量高,使金属的腐蚀非常严重,一般为海水全浸区的5~10倍,是海洋环境中典型的强腐蚀区。若不施加有效的防护措施,将导致处于该区域的钢结构部件出现严重腐蚀。

同时,浪花中存在的气泡会在金属材料表面产生破坏作用,致使保护涂层破损或脱落,造成局部腐蚀,使腐蚀的发生加快[5]。此外,金属及合金材料表面锈层自身氧化剂的作用致使阴极电流变大,也会导致腐蚀加剧[13-15]。

2.2.2.3 海水潮差区腐蚀特征

海水潮差区处于平均高潮线与低潮线之间。处于该区域的金属结构涨潮时被海水浸没,落潮时又暴露在海洋大气中,处于周期性的干湿交替环境中。潮差区的海水冲击较弱,金属表面存在大量的溶解氧,在潮起潮落的过程中就会发生海水腐蚀。

潮差区金属结构常年处于潮汐运动中,干湿交替明显,与富氧海浪的接触十分频繁,即构成了腐蚀发生所需要的环境条件。另外在冬季北方海域会产生海洋流冰,海洋流冰也会与钢架涂层发成碰撞、刮擦,导致涂层大面积被破坏,使裸露的钢结构与海水直接接触,从而加剧腐蚀[13]。

金属材料在海水潮差区的腐蚀有两种情况,一种是孤立地只处于潮差区的构件的腐蚀,例如,位于潮差区的排污栅门等;另一种是类似钢桩类型的金属结构的腐蚀,金属结构会贯穿于海洋大气区、浪花飞溅区、海水潮差区、海水全浸区以及海底泥土区,整个结构属于一个整体,腐蚀规律完全不同于孤立于潮差区构件。

独立结构的腐蚀速度约为全浸区的5倍。而钢桩结构的金属水下部位和潮差区存在电池作用,可以降低潮差区金属的腐蚀速度[5]。该区域的金属结构作为氧浓差电池的阴极区而受到保护,腐蚀速率相对较低。同时,该区域存在海洋生物污损及好氧菌附着腐蚀现象。腐蚀生物会通过氧浓差电池等多种方式加速金属基体腐蚀,诱发局部腐蚀破坏等。据报道,微生物腐蚀所致腐蚀损失占总腐蚀损失的20%左右[6]。

2.2.2.4 海水全浸区腐蚀特征

平均低潮线以下直至海底的区域即为海水全浸区。处于海水全浸区中的金属结构的腐蚀行为受海水中含氧量、氯离子浓度、温度等因素的影响。此范围内的海水温度高,海水中富含溶解氧,海水电解质在持续发生作用,主要存在电化学腐蚀与生物腐蚀,腐蚀作用要强于海洋大气区[5]。

全浸区表层的海水含氧量及温度最高,因此发生腐蚀的程度也最为严重。随着海水深度的加深,海水中的含氧量逐渐减少,温度逐渐降低,海水作为腐蚀电解质的腐蚀性也逐渐变弱[14]。

由于腐蚀与氧含量密切相关,因此腐蚀速率随海水深度增加有所减轻。然而,该区域覆盖范围较广,随着深度的增加,海水压力、pH值、盐度、海洋生物和含氧量会发生明显的变化,均匀腐蚀速率降低,电偶腐蚀、缝隙腐蚀和点蚀等局部腐蚀加剧。另外,该区域腐蚀存在多因素交互作用的特点，氢致开裂、应力腐蚀和腐蚀疲劳规律与机理都会发生显著的变化，材料在海洋环境下发生环境敏感断裂的倾向更为严重[16]。

2.2.2.5 海底泥土区腐蚀特征

海底泥土区是在海水区以下的位置，主要由海底沉积物构成。含盐度高、电阻率低，是良好的电解质，对金属的腐蚀性高于陆地土壤。又由于其中氧浓度十分低，腐蚀速率通常较低，比全浸区要低。但是，在有腐蚀微生物存在条件下，微生物代谢活动又会加速金属的腐蚀，改变腐蚀机制[16]。

海底泥土区位于海洋环境的最底层，海底土壤长期浸泡于海水中，因此可以认为海底土壤是由固、液两相构成的特殊土壤[16]。海底土壤上方全部是海水，导致海底土壤中的缝隙完全被海水填充，不与空气直接接触，所以海水中的含氧量决定了海底土壤中氧含量，而且海底土壤与海水间的物质交换速率很低，同时海水又不能提供充足的氧气，所以海底土壤中的氧含量十分有限[14]。因此海泥泥土区腐蚀速度要低于海水全浸区。

海底沉积物存在多种细菌，细菌产生的各类气体会加剧金属的腐蚀作用[15]。海泥泥土区的氧在腐蚀过程中所起的作用很小，但在厌氧菌的作用下，会使材料的腐蚀增大，其典型特征是外观呈沾污的黑色糊。一些研究结果表明，在硫酸盐还原菌（SRB）大量繁殖的海泥中，钢铁的腐蚀速度要比在无菌海泥中高出数倍到数十倍，甚至还要高出在海水腐蚀速度的 2 ~ 3 倍。

2.2.3 海洋环境的腐蚀影响因素

与陆地环境的腐蚀相比，海洋环境中的腐蚀要更为复杂。主要影响因素包括海水的盐度、pH 值、溶解氧、海水温度、流速、海洋生物等，这些因素相互作用，使得在海洋环境中发生的腐蚀行为特别复杂。

2.2.3.1 盐度

盐度是海水的一项重要指标，海水的密度、导电性、溶解氧、海生物状况等性质都与盐度有关。

海水中盐的浓度值（盐类以 NaCl 为主）与钢在盐溶液中腐蚀速度最大的盐浓度区间范围相近，因此海水对钢铁造成的腐蚀特别严重。当溶盐浓度超过一定值之后，氧溶解度降低，金属腐蚀速度也会随之下降。图 2-2 为钢的腐蚀速度与 NaCl 浓度的关系。

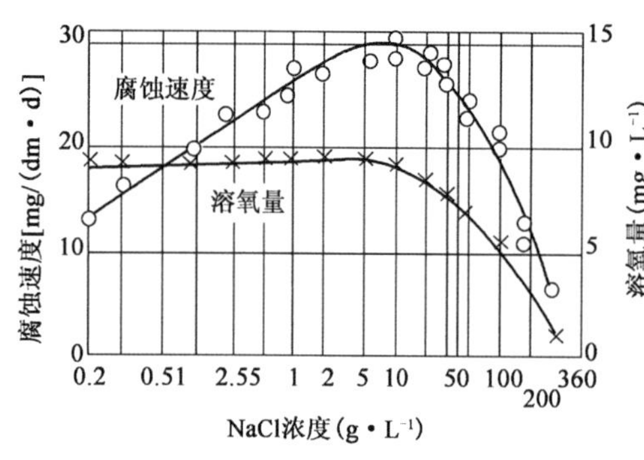

图 2-2 钢的腐蚀速度与 NaCl 浓度关系

2.2.3.2 pH 值

在电化学腐蚀中，溶液 pH 值的影响非常大，溶液 pH 值对腐蚀的影响主要与阴极反应有关。而海水的 pH 值在 7.2 ~ 8.6 之间,表层海水的 pH 值相对比较稳定,会因海洋中水生植物的光合作用而稍有变化;深海处 pH 值略有降低。低 pH 值不利于金属表面生成保护性的盐膜,而 pH 值的升高,有利于钙镁沉积物在金属表面形成,对阴极保护效果有利,但也有可能会导致局部腐蚀的发生或者加剧。

2.2.3.3　溶解氧

海水中的溶解氧是影响海水腐蚀的重要因素。氧是阴极反应中的去极化剂。大多数金属在海水中的腐蚀受氧去极化作用控制。氧在阴极区不断反应,产生很强的去极化作用,作为阳极的金属就不断溶解。

氧到达反应位置的速度及其聚集的浓度决定腐蚀反应的速度。海水流速、温度的高低等因素都会直接影响氧到达的速度和聚集的浓度,所示这些因素也都会直接影响金属的腐蚀速度。

另外,溶解氧含量也随海水深度变化而变化。海水表面与大气接触含氧量高达 $1.2 \times 10^{-5} cm^3/L$。海平面至 -800m 深处,含氧量逐渐减少并达到最低值。由 -800m 再降至 -1000m,含氧量又上升,接近海水表面的氧浓度,这是因为深海水温度较低、压力较高的缘故。

2.2.3.4　海水温度

通常,海水温度每升高 10℃,化学反应速度提高约 10%,海水中金属的腐蚀速度也同样随之增加。但海水温度升高,氧在海水中的溶解度就会下降。温度每升高 10℃,氧的溶解度约降低 20%,又会使金属的腐蚀速度略有降低。同时,温度的变化与海洋生物又有一定关系。因此,海水温度与金属腐蚀速度之间的关系是相当复杂的。

而且,温度的升高会影响金属的自腐蚀电位,但不同金属材料受影响变化程度并不一样,比如海水温度从 10℃升高到 30℃,钢铁的自腐蚀电位会负向偏移 70mV 左右。温度对电位的影响在进行阴极保护设计或者涂层保护时需要加以考虑。

2.2.3.5　流速

金属在海水中发生腐蚀与海水流速有较大关系,一般来说,海水的流动会促进水中腐蚀性成分的循环,加速氧的扩散,去除金属表面的腐蚀产物,从而促进腐蚀的进一步发展。但海水流速对腐蚀的影响程度不同材料的反应也各不相同。Fe、Cu 等常用金属存在一个临界流速,当流速超过临界流速时,金属表面的腐蚀产物膜被冲刷掉,同时表面也会受到磨损,这种腐蚀与磨损联合作用,使钢的腐蚀速度急剧增加。而含 Ti、Mo 的不锈钢以及钛合金等能够在海水中钝化的金属,在高流速的海水中的抗蚀性能较好。

2.2.3.6　海洋生物

处于海洋环境中的金属结构表面会有各种海洋生物(如贝类、藻类等)附着生长,海洋生物对腐蚀的影响较为复杂,主要因为金属表面所附着的海洋生物的种类不同,以及附着严重程度也不一样。生物的附着可能会减缓金属的腐蚀,但也会使涂层遭到破坏,加速腐蚀或产生孔蚀等情况。

海洋生物在船舶、海上构筑物或海洋工程钢结构表面附着形成缝隙,容易诱发缝隙腐蚀。微生物的理化作用还会产生 NH_3、CO_2 和 H_2S 等腐蚀性物质,如硫酸盐还原菌作用产生 S^{2-},会加速金属腐蚀进程。

2.3 海洋环境腐蚀类型及电化学腐蚀特征

2.3.1 海洋环境腐蚀类型

海洋环境中的腐蚀主要有化学腐蚀、生物腐蚀、机械作用腐蚀和电化学腐蚀。这些腐蚀一般是协同作用的,其中对材料影响最大的是电化学腐蚀。金属表面与离子导电的电解质发生电化学作用而产生的破坏称为电化学腐蚀,电化学腐蚀过程中伴有电流产生。由于海水是比较复杂的电解质溶液,并且溶解有一定量的氧,所以多数金属材料在海水会发生氧的去极化反应。

电化学腐蚀按金属表面被破坏的形式可分为全面腐蚀与局部腐蚀,其中全面腐蚀为腐蚀分布于金属的整个表面。局部腐蚀又称为不均匀腐蚀,由于电化学不均一性(如异种金属、表面缺陷、浓度差异、应力集中、环境不均匀等),会导致金属表面某些特定位置发生局部腐蚀。

局部腐蚀集中在个别位置,急剧发生,会明显加快材料的腐蚀破坏。同时,局部腐蚀还具有多样性、普遍性、腐蚀破坏快速、隐蔽性强、预估困难、控制难度大、危害性大、易突发灾难事故等特点。

海洋环境中常见的局部腐蚀类型主要有电偶腐蚀、点蚀、缝隙腐蚀、疲劳腐蚀和磨损腐蚀等。在海洋钢结构发生局部腐蚀不加外界干预的情况下,局部腐蚀最终会演变为全面腐蚀,无论是局部腐蚀还是全面腐蚀都会对钢结构产生很大的危害[14]。

2.3.1.1 均匀腐蚀

均匀腐蚀即为全面腐蚀,一般是指腐蚀以近似相同的速度在整个金属材料表面进行,导致金属结构均匀减薄。从可能造成的后果来看,均匀腐蚀导致严重事故的可能性较小,而且均匀腐蚀一般在结构表面产生,容易被发现和防护。

海洋环境中由于存在各种盐类、氯离子,以及受到阳光照射和海浪、海风的作用,即使采取了相应的防腐措施,也会发生严重的均匀腐蚀。

均匀腐蚀最明显的特征就是腐蚀导致的金属减薄是普遍而且接近的。从电化学腐蚀原理分析,均匀腐蚀阳极溶解反应和阴极去极化还原反应在金属材料的表面上是均匀发生的。均匀腐蚀只有在金属材料的组织和成分都比较均匀,并且所处的腐蚀环境介质也是均匀时才会发生。

均匀腐蚀的阳极反应区和阴极反应区通常难以区分,也就是说阳极和阴极在时间上和空间上没有明显区别。发生均匀腐蚀反应的整个金属表面是处于活化状态，不同点位的能量随着时间变化会有一定范围的起伏变化，使得整个金属表面均发生腐蚀。

2.3.1.2　点蚀

点蚀是指构件表面局部位置的腐蚀快速发生，形成坑状或者孔状。通常情况，点蚀形成的腐蚀深度要大于腐蚀直径。而且点蚀发生的位置通常在结构表面分布呈现不规则性，且腐蚀孔表面会有腐蚀产物覆盖，不易被发现，存在较高的安全风险。

处于海洋大气中的金属可能受到分散的盐粒的作用发生点蚀。而处在海水全浸区的金属，点蚀可能在含有重金属离子且海水处于相对停滞状态发生的区域发生，或者金属表面有其他物质的局部沉积也可能导致点蚀产生。点蚀类似于缝隙腐蚀，对点蚀敏感的金属通常对缝隙腐蚀也是敏感的。

(1)点蚀的机理。点蚀的过程一般分为两个阶段，即点蚀的形核和点蚀的生长。点蚀一般会在金属表面缺陷、晶界、内部夹杂、晶界沉积等位置优先形成。点蚀从发生到成核之前有一个很长的诱导期，可能会是几个月甚至长达几年。关于点蚀的形核原因，目前没有比较统一的说法，一种理论认为是氯离子和氧竞争吸附造成的；另一种理论认为是氯离子由于半径小，可以穿过钝化膜，使得在特定位置存在高的电流密度，当钝化膜与溶液界面的电场达到某一临界值时，就会发生点蚀。

(2)影响点蚀的因素。点蚀的发生会带来巨大的安全隐患，严重的话会引起金属结构的腐蚀穿孔导致结构功能失效。点蚀发生与金属本身的成分、微观组织形貌、结构表面状态、电解质的成分以及腐蚀环境的因素（如温度、pH 值和流速等）都有关。一般容易在含有卤族元素离子特别是氯离子溶液中发生，当离子的浓度超过一定临界值之后才有可能发生点蚀。因此，海洋环境中的金属材料极易发生点蚀。

(3)点蚀的防护措施。为降低点蚀发生的可能性，首先考虑优化金属的组分，使金属整体组分更加均匀化，并可适当地加入抗点蚀的合金元素，同时降低有害元素的含量。其次，可采取改善环境条件、添加缓蚀剂等措施。但后一种方法不适用于海洋环境。因此为降低海洋用结构材料的点蚀风险，应重点从优化材料的成分着手。

2.3.1.3　缝隙腐蚀

金属构件之间存在很小的缝隙，但宽度（约为 0.025 ~ 0.1mm）又能允许介质进入其中且保持相对静止，形成闭塞电池。外部区域内的氧气很难扩散进入，金属会作为阳极而发生腐蚀，这种腐蚀即为缝隙腐蚀。

缝隙腐蚀是一种非常常见的局部腐蚀，金属和金属之间以及金属和非金属之间都可能会因为形成缝隙而发生缝隙腐蚀，金属表面的附着物或者沉积层也有可能为缝隙腐蚀的发生提供有利条件。

海洋环境中，缝隙腐蚀一般在浪花飞溅区和全浸区最为严重。一般来说，不锈钢和某些铝合金等依靠氧来形成钝化膜的结构材料对缝隙腐蚀比较敏感。

(1)缝隙腐蚀与点蚀的异同。缝隙腐蚀与点蚀均是形成了闭塞电池而引发的金属的进一步腐蚀。而且缝隙内或者点蚀坑内的溶液不会流动,其成分与外部电解液相差很大。

不同的地方在于缝隙腐蚀是在腐蚀发生前缝隙就已经存在或者产生了;但点蚀的点蚀坑是由腐蚀作用产生的,而后才形成闭塞电池。并且,缝隙腐蚀相对于点蚀更容易发生。从形态上比较,点蚀是腐蚀深度更大,而缝隙腐蚀是腐蚀面积更大。

(2)缝隙腐蚀的影响因素。缝隙腐蚀发生的可能性与多种因素有关,不同金属材料耐缝隙腐蚀的能力也各不相同。一般来说,缝隙腐蚀的腐蚀速度与缝隙本身的大小直接相关,在一定范围内,缝隙尺寸越小,腐蚀速度越快。另外,电解质中的含氧量、氯离子含量和 pH 值等与缝隙腐蚀的速度也有很大关系。通常来说,pH 值越低、含氧量和氯离子含量越高,腐蚀速度越快。

(3)缝隙腐蚀的防护措施。由于工程结构组装中缝隙的存在是不可避免的,所以缝隙腐蚀的发生也很难消除。

为尽量降低缝隙腐蚀发生的概率,根据腐蚀原理和影响因素,可采取措施包括以下几点:优化设计,尽力减少缝隙的出现;选择合适的构件连接方式,比如焊接优于铆接或螺栓连接;螺栓连接位置选择适宜的垫片,如聚四氟乙烯等;对金属结构增加合适的阴极保护措施。

2.3.1.4 电偶腐蚀

当某一金属与电极电位更高的另一种金属或者非金属(如石墨等)接触而产生的腐蚀加速的现象即为电偶腐蚀。海水是一种强电解质,所以处于海洋环境中的两种金属会发生比较严重的电偶腐蚀。电位较负的金属作为阳极腐蚀加速,而电位相对较正的金属作为阴极腐蚀减慢甚至停滞。腐蚀的严重程度取决于两种金属在海水中的电位序差别和相对面积的大小。电位差越大,腐蚀越严重;阴极面积相对越大,腐蚀越严重。

(1)电偶腐蚀的影响因素。电偶腐蚀的影响因素比较复杂,除了与两种材料本身有关之外,还会与其他因素有关。

电偶腐蚀发生时,两种金属的面积比会直接影响腐蚀速度。比如“大阴极小阳极”的组合形式会大大提高阳极的腐蚀速度。

发生电偶腐蚀时的环境条件会直接影响腐蚀速度,如温度、pH 值以及溶液电阻等。在海洋环境中,自然条件很难改变。因此,对用于海洋环境中的构件材料的选用尤为重要。

(2)电偶腐蚀的防护措施。电偶腐蚀是发生在不同金属相连接的位置,所以要避免电偶腐蚀的方式,最直接有效的方法就是选择同种材料。在必须使用不同金属材料的位置,也尽量选择电位差比较小的两种金属。

同时,电偶腐蚀的发生与阴极和阳极之间的面积比有很大关系。要避免大阴极、小阳极的组合出现。且在设计时可以将易于更换的构件选择电位相对更负的金属材料制成。互相接触的异种金属之间设置绝缘处理,如增加绝缘垫片等。

2.3.1.5　腐蚀疲劳

海洋金属结构除了受到海水的侵蚀之外，还会遭受海浪、风力甚至地震等外力的作用，因此会有很大可能发生腐蚀疲劳。

金属结构由于环境腐蚀和循环载荷作用引起的腐蚀疲劳破坏要比单一因素的破坏更加严重。腐蚀会对疲劳损伤有加速作用，而疲劳载荷又会加速腐蚀进程。同时受到环境腐蚀和疲劳的综合作用使金属结构的耐疲劳性能显著降低称为腐蚀疲劳。

金属结构在海水环境中的疲劳破坏是典型的腐蚀疲劳破坏，同时，由于海水腐蚀与疲劳载荷共同作用的结果，疲劳荷载加速度腐蚀破坏的过程，而海水腐蚀进一步加速钢结构的疲劳破坏，从而使其寿命缩短。

2.3.1.6　冲击腐蚀

对某些金属来说，当海水速度超过某一临界值时，会对其造成冲击，进而发生快速的腐蚀的状况。同时，在水流湍急的情况下，会有气泡卷入其中，这样带有气泡的高速流动的海水会冲击金属结构的保护膜，产生破坏，造成局部腐蚀。再加上海水中悬浮的其他物质会对金属结构造成磨损，比单独腐蚀的作用要严重得多。很多时候，冲击腐蚀损坏和空泡腐蚀损坏难以区分，一般这两种损坏方式会同时起作用。

2.3.2　海水腐蚀的电化学特征

海水属于一种含有多种盐类接近中性的电解质溶液，并且还有一定量的溶解氧。因此，金属在海水中的腐蚀符合一般电化学的基本规律。但是，海水腐蚀的电化学也有一些明显特征：

(1)由于海水的电导率非常大，处于海洋腐蚀环境中的大多数金属(Fe、Cu、Zn 等)在腐蚀时的阳极过程的阻滞很小，微观电池和宏观电池活性都比较大，因而腐蚀速率就相当大。

同样由于海水的电导率大，导致两种金属在海洋环境中极易发生电偶腐蚀。即使两种金属间隔一定的距离，只要存在一定的电位差并且能够形成电连接，电偶腐蚀就有可能发生。

(2)多数金属在海洋环境中的腐蚀是氧的去极化腐蚀；而镁及其合金这种特别活泼的金属在海洋环境中的腐蚀是氢的去极化反应。在海水处于相对静止或流速不大的情况下，钢结构在海洋环境中腐蚀的阴极过程受氧的扩散速率限制，阴极阻滞决定其腐蚀速度。

(3)海水中氯离子的浓度非常高，这就会对金属表面的氧化膜起破坏作用，腐蚀性较强，不少金属(如 Fe、Cu 和 Zn 等)在海水中无法建立钝态，或者形成的钝化膜也不稳定(如不锈钢和铝合金等)。钝化膜遭到破坏之后极易在金属表面产生局部腐蚀。

(4)海洋环境中的金属除发生全面腐蚀外，还易发生各种类型的局部腐蚀，如点蚀、缝隙腐蚀、湍流腐蚀和空泡腐蚀等。

2.3.3 海洋环境腐蚀的复杂性

海洋中的金属材料在与环境介质间发生化学或电化学相互作用中会引起材料的破坏或变质,发生金属腐蚀现象。海水是一种多种组分的水溶液,溶解有多种无机盐类,平均盐度约35‰,这使得海水成为天然的强电解质,具有良好的导电性。海洋环境的复杂性决定了在其中发生的腐蚀的复杂性[17-22]。

海水溶有多种盐类,包括氯化钠以及含有K、Br、I等元素的盐类,pH值为8左右,并溶有一定量的氧气,是具有很强腐蚀性的电解质溶液。由于海水中氯离子含量很大,腐蚀反应中阳极极化阻滞小,腐蚀速度高;同时含盐量也会影响水的电导率,海水中的所含盐分几乎都处于电离状态,导致海水电导率很大,所以腐蚀微电池与宏电池的活性都很大。另外,大量的氯离子对金属的钝化起着破坏作用,进而加速了金属的腐蚀。

海水中溶解有O_2、NH_3、CO_2等气体,溶解氧的含量是影响海水腐蚀的主要因素,是引起海水中碳钢、低合金钢等金属结构物腐蚀的重要影响因素。表层海水氧气是饱和的,大约为8mg/L,腐蚀性更强。海浪、飞溅、流速等这些条件,都会促进氧的阴极去极化反应,加剧金属的腐蚀。海水温度有周期性的变化,一般来说,钢铁等金属材料的腐蚀速度会随着海水温度的升高而增加。另外,随着盐度的增加和温度升高,溶解氧含量会降低,在某一含量时会存在一个腐蚀速度的最大值。在海水表层,大气中有足够的氧溶入海水中,海水中的腐蚀与含氧量成正比关系。但是当海水中的含氧量达到一定值、可以满足扩散过程的需要时,含氧量的变化对腐蚀不再产生明显的作用。海水温度升高,氧的扩散速度加快,海水导电率增大,这促成了阴极和阳极的反应,即腐蚀加速。

另外,海水中含有丰富的微量元素和营养盐类等,这为海洋生物的生存和繁殖提供了必要的条件,而海洋生物的存在则会影响金属材料的腐蚀行为与机制。海洋中生长着多种动植物和微生物,它们的生命活动会改变金属-海水界面的状态和介质性质,对腐蚀产生不可忽视的影响。海洋生物的附着会引起附着层内外的氧浓差电池腐蚀。某些海洋生物的生长会破坏金属表面的涂料等保护层。在波浪和水流的作用下,可能引起涂层的剥落。在附着生物死后黏附的金属表面、锈层以下以及海泥里,都是缺氧环境,会促进厌氧的还原菌的繁殖,引起严重的微生物腐蚀。

造成金属材料在海水、海洋大气及海底泥土中发生腐蚀现象的环境因素,主要有化学因素、物理因素和生物因素。

化学因素的作用主要体现在海水中的溶解氧含量、含盐量及电导率等方面。溶解氧含量是影响海水腐蚀速率的重要因素,根据氧的作用可将金属分为活性金属(非钝化金属)和钝化型金属。对于前者,如铸铁、碳钢和低合金等,溶解氧含量越高则造成的金属腐蚀将越严重;反之,对于后者,如不锈钢、Al、Ti等,溶解氧有利于金属表面钝化膜的形成和维护,低浓度的溶解氧反而不利于钝化膜的形成而导致腐蚀。海水具有的高含盐量直接影响海水的电导率和含氧量,进而对腐蚀产生影响,海水的电导率增加将加速金属材料的腐蚀。而氯离子能破坏大多数金属,如钢、铸铁、Zn 等表面的氧化膜,使之在海水中无法钝化,加速局部腐蚀。

影响腐蚀的物理因素有海水流速、波浪、潮汐、温度等,这些因素都会影响到溶解氧的供给。有的金属是流速高时耐腐蚀性较好,如不锈钢等;有的则流速低时耐腐蚀性好,如铜合金等;对于钢铁则不论海水流速的快慢都将使腐蚀速度加快,这是因为海水中的高浓度盐离子使得钢铁无法建立钝态。此外达到一定流速的海水还将产生冲击磨损等多种腐蚀现象,使金属的腐蚀速度加快。飞溅的浪花供氧充足,并且在金属表面产生冲击磨损,破坏其上的保护膜和涂层,导致部分非钝性金属的腐蚀加重。潮汐的涨落将使得靠近海面的大气中有大量的水分和盐分,再加上有充足的氧气,它们加剧了金属的腐蚀。海水水温的升高对腐蚀起着加速的作用,但影响过程复杂。

在海洋金属上还附着有一些海洋生物,包括某些海洋动物、植物和微生物(如硫酸盐还原菌等),它们会在金属表面生长繁殖,产生腐蚀性物质或促进电化学腐蚀,在钢结构表面造成点蚀和缝隙腐蚀等局部腐蚀。其代谢物及尸体分解物中含有的硫化氢等酸性成分亦对金属的腐蚀起着加速的作用。某些海洋附着生物在生长过程中还能穿透金属表层的保护层,直接破坏保护涂层,引起严重的腐蚀[17-22]。

金属结构腐蚀的结果将使得金属材料发生生锈、开裂、变薄、局部穿孔等现象,使材料的强度降低,使用寿命缩短,甚至结构断裂而遭到破坏。腐蚀过程对海洋工程结构物的安全和经济成本造成严重影响,降低腐蚀速度可延长结构物的使用寿命,并减少昂贵的维修费用。因此,为了保证结构物的安全和使用寿命,在工程结构最开始的设计阶段,对结构构件的防腐蚀设计就是必不可少的。

2.4　深中通道气象水文地质调查及分析

2.4.1　华南沿海地区腐蚀现状调查及分析

我国华南沿海地区濒临南海,南海北面即为我国广东省、海南省和广西壮族自治区。华南沿海地区海洋环境特征及对腐蚀的影响因素如下[17-18]:

(1)温度

温度对材料的腐蚀和老化有着非常重要的影响。有研究表明,当环境温度为 -15~30℃且逐渐升高时,材料的腐蚀速率也随之增加。

华南沿海地区属于热带、亚热带,终年气温较高,同时因纬度、季风和海流的共同影响,气温的季节变化有较大差异。南海北部海面紧接亚洲大陆,东北季风时期常受来自北方干冷空气的影响,气温季节变化明显,冬、夏季风时期温差很大,北部沿岸尤为突出,年振幅可达 10℃以上。6—8 月份基本处于均温状态,各月平均气温大多在 28~29℃之间,冬季海区北部最低水温仍在16℃以上。夏季,南海表层水温均在28℃以上,且分布非常均匀,只是在海南岛东部、粤东等区域,存在着几个范围不大的低温区。

华南沿海地区海水温度较高,因此阴极和阳极过程的反应速度加快,金属更容易腐蚀。但海水温度变化会使其他环境因素随之变化。海水温度升高,氧的扩散速度加快,海水电导率增大,这将促进腐蚀过程进行。另一方面,海水温度升高,海水中氧的溶解度降低,同时促进保护性钙质水垢生成,这又会减缓钢在海水中的腐蚀。因此温度对腐蚀的影响是比较复杂的。对于在海水中可钝化的金属,温度升高,钝化膜的稳定性下降,点蚀和缝隙腐蚀倾向增加,不锈钢的应力腐蚀敏感性也增加。温度升高,海洋生物活性增强,海洋生物附着量增多,对钝性金属容易诱发局部腐蚀。

(2)海水盐度

海水中含盐量直接影响到海水的电导率和含氧量,因此必然对腐蚀产生影响。随着海水中含盐量的增加,海水的电导率增加而含氧量降低,同时,海水通常被碳酸盐饱和,钢结构表面沉积一层碳酸盐水垢保护层,降低了金属材料的腐蚀速度。所以在某一含盐量时,将存在一个腐蚀速度的最大值。

华南沿岸海区多为江河径流形成的低盐水系所控制,盐度较低,季节变化较大,盐度变化2‰~3‰。通常,近岸区域,尤其是河口附近海区,直接受陆地径流影响盐度变化剧烈,梯度大;我国近海全区盐度的变化总的趋势是表层低,下层高;盐度自近岸向外海渐趋增大,具有明显的季节性。下半年降水量增大,沿岸水势力旺盛,表层盐度普遍降低,最低盐度多出现在江河洪水期后的7—9月份;而冬半年沿岸水范围缩小,加之蒸发强烈,表层盐度普遍增大,最高盐度多出现于江河枯水期之后,即冬末至春末。

华南沿海地区盐度的季节性变化非常明显,冬季东北季风使海水蒸发增强,广东沿岸盐度为30.0‰~32.0‰,夏季西南季风带来雨季,降水量大于蒸发量,大陆径流增大,表层盐度普遍降低,珠江口有低盐水舌向外冲溢,洪水年份珠江口的最低盐度在7.0‰以下。

(3)溶解氧

由于绝大多数金属在海水中的腐蚀都属于氧去极化腐蚀,所以海水中溶解氧的含量是影响海水腐蚀性的重要因素。氧在海水中的溶解度主要取决于海水的盐度和温度,随海水盐度增加或温度升高,氧的溶解度都降低。

夏、秋季广东沿岸海区的底层常出现一些区域性的、间隙性的贫氧现象。夏季粤东沿岸和珠江口的某些海域(如粤东的柘林湾、海门湾、神泉-乌坎沿岸、后门湾和大鹏湾,珠江口的三灶岛-高栏岛之东南方和上川岛之东北方海域)的底层存在着明显的贫氧现象,在粤东沿岸观测到的最低氧含量为1.23mL/L、氧饱和度为26.6%,在珠江口观测到的最低氧含量为1.83mL/L、氧饱和度为38.1%。珠江口的贫氧现象是由于大量下沉海底的生物遗骸强烈分解,底层溶解氧大量被消耗,而且夏季海水分层明显,稳定度大,垂直交换差,底层氧消耗速率远大于氧补充速率,溶解氧含量急剧下降造成的;而粤东沿岸的贫氧现象主要是上升流所致。在夏季至仲秋大亚湾中,底层海水出现间隙性的贫氧现象,观测到最低氧含量为1.14mL/L,贫氧水体主要影响大亚湾的南部,有时也波及整个大亚湾的底层,其最大厚度约为12m,每年在大亚湾内停留50~60d左右。产生贫氧现象的主要原因是大亚湾夏季下进上出的双层流特征使粤东沿岸上升流的高盐低氧下层水体沿海底潜入大亚湾所。缺氧环境会促进厌氧的硫酸盐还原菌的繁殖,在硫酸盐还原菌催化作用下,腐蚀过程的阴极去极化反应更容易进行,从而大大加速了腐蚀。

(4)pH值

华南沿海地区海水pH值为8.0~8.2之间。一般说来,海水pH值升高,有利于抑制海水对钢的腐蚀。但海水pH值的变化幅度不大,所以不会对钢的腐蚀行为产生明显的影响。海水pH值远没有含氧量对腐蚀的影响大。尽管表层海水pH值比深处海水高,但由于表层海水含氧量比深处海水高,所以表层海水对钢的腐蚀性比深处海水大。海水的pH值主要影响钙质水垢沉积,从而影响海水的腐蚀性。因为在海水pH值条件下,海水中的碳酸盐一般达到饱和,以后pH值的变化会影响到碳酸钙水垢的沉淀。pH值升高,容易形成钙沉积层,使海水腐蚀性减弱。在施加阴极保护时,阴极表面处海水pH值升高,很容易形成这种沉积层,这对阴极保护是有利的。

(5)海洋生物

海洋生物的生命活动会改变金属-海水的界面状态和介质的性质,对腐蚀产生不可忽视的影响。海洋生物对腐蚀的影响很复杂。由于附着海洋生物对钢结构表面的覆盖作用,阻碍了氧的输运,有利于减少钢的腐蚀。但是,附着海洋生物很难形成完整致密的覆盖层,虽然钢的平均腐蚀比重减小了,但局部腐蚀倾向却增加了。对不锈钢等钝性金属,附着海洋生物使点蚀和缝隙腐蚀倾向增加。

华南沿海地区良好的气候条件,适宜海洋生物的生长,因此生物种类繁多。海洋生物的附着会对海洋工程造成破坏,随着时间的延长,生物附着逐渐加厚,同时,由于生物的呼吸作用,腐蚀过程中氧向金属表面的传输阻力增大,降低了氧的去极化过程,使钢的腐蚀减缓。对于易钝金属(铝合金及不锈钢),海洋生物的附着将导致其局部腐蚀敏感性增加:因生物污损,发生缝隙腐蚀和孔蚀;自催化效应引起蚀坑附近溶液酸化,进一步加速了腐蚀;生物死亡和腐烂,也会引起周围溶液pH值下降,使基体金属的钝化膜破损,出现活性溶解,造成严重腐蚀。

2.4.2 深中通道气象水文地质调查

1)高程及坐标系统

高程系统采用1985国家高程基准,坐标系统采用深中通道独立坐标系。

2)地质

根据《深圳至中山跨江通道(A合同段)施工图设计岛隧段工程地质勘察报告》,工程场区范围地层划分为4大岩土层,具体工程地质特征分述如下:

第2大单元层全新统海相沉积物(Q_4^m):岩性主要为淤泥,淤泥质粉质黏土,连续分布,局部尚夹有粉砂、细砂、中砂和粗砂等。

第 3 大单元层陆相沉积物(Q_3^{al}):岩性主要为软～可塑状黏土,其下部多分布有薄层稍密～密实状的粉砂～砾砂,局部夹有透镜体状的圆砾。呈断续分布,层厚较薄。

第 4 大单元层残积土(Q^{el}):为岩石风化残积物,呈硬～半坚硬状砂质黏性土状。

第 6 大单元层:燕山期侵入岩(晚期):为燕山期细～粗粒花岗岩($\gamma_5{}^{2(3)}$ 、$\gamma_{85}{}^{2(2)}$),基岩层可按风化程度进一步划分为全风化、强风化、中风化。

各土层常规物理力学指标平均值见表 2-3。

各主要土层物理力学指标平均值 表 2-3

层号	岩性名称	含水率	天然密度	孔隙比	塑性指数	液性指数	压缩系数	压缩模量	直剪快剪		固结快剪		标准贯入试验
									黏聚力	内摩擦角	黏聚力	内摩擦角	
		w	ρ	e	I_p	I_L	$a_{0.1-0.2}$	$E_{s0.1-0.2}$	c_q	φ_q	c_{cq}	φ_{cq}	N
		%	g/cm³	—	—	—	MPa⁻¹	MPa	kPa	°	kPa	°	击
②$_1$	淤泥	88.3	1.52	2.370	23.1	2.36	2.24	1.54	4.26	3.04	6.69	8.04	1
②$_2$	淤泥	73.5	1.55	2.080	21.9	2.07	1.90	1.62	4.98	3.27	8.01	9.17	1.5
②$_{2-2}$	粉质黏土	28.8	1.91	0.820	12.2	0.57	0.41	4.62	17.9	8.80	15.80	24.80	5.7
②$_{2-3}$	粉质黏土	30.3	1.85	0.916	12.1	0.83	0.56	3.41	14.48	9.10	5.60	14.20	4
②$_{2-4}$	粉砂	24.5	1.93	0.764	—	—	0.20	9.34	8.58	22.13	9.10	23.00	10.2
②$_{2-5}$	细砂	22.4	1.93	0.713	—	—	0.15	11.09	11.10	21.40	—	—	13.2
②$_{2-6}$	中砂	18.8	1.94	0.598	—	—	0.14	12.16	7.90	21.70	—	—	15.7
②$_{2-7}$	粗砂	15.2	1.97	0.518	—	—	0.10	15.73	8.10	28.40	3.70	27.40	24.6
②$_{2-8}$	砾砂	13.6	—	—	—	—	—	—	—	—	—	—	14.3
②$_3$	淤泥质粉质黏土	45.6	1.74	1.24	15.10	1.41	1.03	2.27	9.46	5.92	9.67	13.46	1.9
③$_1$	黏土	30.9	1.91	0.817	18.8	0.34	0.35	5.36	31.40	4.90	28.50	9.60	8.2
③$_2$	粉质黏土	27.0	2.01	0.680	13.4	0.30	0.33	5.47	21.50	9.20	25.70	16.90	7.8
③$_3$	淤泥质粉质黏土	43.6	1.74	1.210	16.9	1.37	0.96	2.56	8.50	11.60	16.80	10.00	2.6
③$_4$	粉砂	19.6	1.96	0.650	—	—	0.23	7.37	8.00	25.60	—	—	18.5
③$_5$	细砂	20.3	1.96	0.647	—	—	0.16	12.23	11.00	23.60	—	—	16.2
③$_6$	中砂	16.8	1.99	0.521	—	—	0.14	12.21	8.00	25.90	—	—	23.7
③$_7$	粗砂	13.6	1.99	0.554	—	—	0.12	13.05	5.70	26.50	—	—	25.3
③$_8$	砾砂	10	2.01	0.550	—	—	0.10	15.78	19.30	37.60	—	—	33.5
④$_1$	砂质黏性土	26.9	1.85	0.860	10.8	0.46	0.37	5.06	14.20	18.70	20.70	25.10	20.3
⑥$_{11}$	全风化花岗岩	22.3	1.90	0.736	10.9	0.32	0.34	5.24	14.40	23.60	19.50	31.40	40.3
⑥$_{12}$	砂土状强风化花岗岩	19.5	1.88	0.684	11.20	0.10	0.28	5.97	18.00	23.90	—	—	73.8

3)地震

按100年超越概率10%进行设防。

4)水文

根据《深圳至中山跨江通道水文分析计算专题报告》(珠科院)及《深圳至中山跨江通道项目水文分析计算专题报告》(南科院)研究成果,采用参数如下:

(1)设计水位

①平均海平面高程为+0.52m;

②100年海平面上升0.5m;

③100年重现期最高水位+3.34m,最低水位-1.38m;

④1000年重现期最高水位+3.84m,最低水位-1.45m。

(2)设计波高

①10年重现期:1.44m;

②100年重现期:2.31m;

③1000年重现期有效波高:3.31m。

5)气象

采用《深圳至中山跨江通道工程桥位气象观测及风参数研究报告》成果,设计基准风速取距离地面10m高处10min平均风速,施工期取30年重现期平均风速33.2m/s。

6)结构可适应的浮运、安装波浪条件

参考临近类似工程,浮运沉放天气窗口条件暂取见表2-4,施工联合设计阶段结合浮运沉放工艺可对天气窗口相关参数进行优化调整。

浮运沉放天气窗口　　表2-4

作业阶段和内容		流速(m/s)	波高 H_s(m)	波浪周期(s)	风速(级)	能见度(m)
浮运	航道浮运	0.8	0.8	≤6	≤6	≥1000
	基槽内纵拖	0.6	0.8	≤6	≤6	≥1000
	槽内系泊	0.6	0.8	≤6	≤6	≥1000
沉放	系泊等待	1.3	0.8	≤6	≤6	≥1000
	沉放实施	0.6	0.8	≤6	≤6	≥1000
潜水作业		0.5	0.8	≤6	≤6	≥1000

7)其他参数

(1)水重度9.894~10.060kN/m^3(参考临近工程监测数据);

(2)主体结构自密实混凝土密度(2325±25)kg/m^3(依据专题成果);

(3)压舱混凝土密度(2420±30)kg/m^3;

(4)回淤重度14~15kN/m^3(参考临近工程监测数据)。

本章参考文献

[1] 韩恩厚,陈建敏,宿彦京,等.海洋工程结构与船舶的腐蚀防护——现状与趋势[J].中国材料进展,2014,33(2):65-76,113.

[2] 地图技术审查中心.国家领土与版图[EB/OL].(2010-09-11)[2021-11-04].https://www.zrzyst.cn/gjbtdtzs/399.jhtml.

[3] 高杨.典型钢材在黄东海离岸海水中电化学腐蚀行为研究[D].青岛:中国科学院大学(中国科学院海洋研究所),2017.

[4] 陈卓元.被忽视的导致金属材料南海海洋大气腐蚀异常严重的"隐形杀手"——光照辐射[EB/OL].(2017-07-06)[2021-11-04].http://www.ecorr.org/news/industry/2017-07-06/166318.html.

[5] 戴克文,张晓军.海洋腐蚀防护的现状与未来[J].军民两用技术与产品,2018(16):273.

[6] 侯保荣,张盾,王鹏.海洋腐蚀防护的现状与未来[J].中国科学院院刊,2016,31(12):1326-1331.

[7] MORALES J,MARTIN K S,DIAZ F,et al. Atmospheric corrosion in subtropical areas:influences of time of wetness and deficiency of the ISO 9223 Norm[J]. Corrosion Science,2005,47(8):2005-2019.

[8] COMAKLI O,YAZICI M,YETIM T,et al. Effect of ti amount on wear and corrosion properties of ti-doped Al_2O_3 nanocomposite ceramic coated CP titanium implant material[J]. Ceramics International,2018,44(7):7421-7428.

[9] YASAKAU K A,KUZNETSOVA A,KALLIP S,et al. A novel bilayer system comprising LDH conversion layer and sol-gel coating for active corrosion protection of AA2024[J]. Corrosion Science,2018,143:299-313.

[10] WANG Y,ZHANG D,LU Z. Hydrophobic Mg-al layered double hydroxide film on aluminum:fabrication and microbiologically influenced corrosion resistance properties[J]. Colloids and Surfaces A:Physicochemical and Engineering Aspects,2015,474:44-51.

[11] IDEHRI, ERBILTHE M. Effect of relative humidity on the atmospheric corrosion of defective organic coating materials:an EIS study with a new approach[J]. Corrosion science,2000,42(6):969-978.

[12] 朱相荣,王相润.金属材料的海洋腐蚀与防护[M].北京:国防工业出版社,1999.

[13] 刘书法,李同跃,付春雷,等.海洋钢结构腐蚀原因及防腐蚀方法分析[J].石油和化工设备,2021,24(5):91-94.

[14] 冯立超,贺毅强,乔斌,等.金属及合金在海洋环境中的腐蚀与防护[J].热加工工艺,

2013,42(24):13-17.

[15] ZHANG P,XU D,LI Y,et al. Electron mediators accelerate the microbiologically influenced corrosion of 304 stainless steel by the Desulfovibrio vulgaris biofilm[J]. Bioelectrochemistry, 2015,1:14-21.

[16] 李延伟,李言涛,王路遥,等. 海底海泥区域管线钢腐蚀行为的研究现状及展望[J]. 材料保护,2012(3):56-58.

[17] 夏兰廷,黄桂桥,张三平,等. 金属材料的海洋腐蚀与防护[M]. 北京:冶金工业出版社,2003.

[18] 桂立丰. 机械工程材料测试手册 腐蚀与摩擦学卷[M]. 沈阳:辽宁科学技术出版社,2002.

[19] 曹楚南. 中国材料的自然环境腐蚀[M]. 北京:化学工业出版社,2005.

[20] 侯保荣,等. 海洋腐蚀环境理论及其应用[M]. 北京:科学出版社,1999.

[21] 侯保荣,郭公玉,马士德,等. 海洋环境中海-气与海-泥交换界面区腐蚀与防护研究[J]. 海洋科学,1993(2):31-34.

[22] 王光雍. 自然环境的腐蚀与防护大气·海水·土壤[M]. 北京:化学工业出版社,1974.

第 3 章 海洋工程基础设施的防腐蚀技术

3.1 海洋工程基础设施用钢铁材料

随着我国海洋经济的发展需要,近年来在新建海洋工程中大量采用具有优良物理、力学、施工性能的钢结构材料,包括钢管桩和钢板桩等。海水是腐蚀性很强的电解质,金属材料在海水环境和腐蚀性大气环境中将受到腐蚀,导致物理、力学性能下降,局部应力集中,严重影响结构的安全性、使用功能和使用寿命等问题。为保证海洋及近岸工程钢结构的安全并有效延长其使用寿命,研究钢结构在海洋环境中的腐蚀问题是非常必要的,是海洋工程合理选材首先要考虑的问题。本章主要介绍海洋工程结构常用钢铁材料及其在海洋环境中的腐蚀行为。

3.1.1 铸铁材料

3.1.1.1 铸铁分类

铸铁是以铸造生铁为主要原料,经过配料、高温炉熔化并浇筑成形的高碳系铁碳合金,是一种以 Fe、C、Si、Mn 为主要元素的多元合金,此外还含有少量的 Cr、Cu、Al、Ni 等合金元素。铸铁一般可以分为普通铸铁和合金铸铁。普通铸铁是指含 C 1.7% ~4% 、含 Si 1% ~3% 的碳铁合金,此外,还含有 Mn、P 和 S 等元素。普通铸铁可分为以下四种[1-2]:

(1)灰口铸铁。断口呈灰色,含 C 2.7% ~4% ,含 Si 1% ~3% ,Mn、P、S 的总含量低于 2% ,其显微组织由基体和片状石墨组成。

(2)白口铸铁。断口呈亮白色,含硅较少,在铸铁金属液凝固时,碳以莱氏体或莱氏体加渗碳体的形式存在。

(3)可锻铸铁。是由一定化学成分组成的白口铸铁经高温热处理得到的一种高强度铸铁,又称马铁,其显微组织结构为钢基体加团球状、团絮状、菜花状、聚虫状或枝晶状石墨组成,强度、塑性和韧性都好于灰口铸铁。

(4)球墨铸铁。是由与灰口铸铁成分相同的铁水经球化处理和孕育处理后,使石墨成球状而获得的,既有很高的强度,又有良好的塑性和韧性,生产方便,应用广泛。

普通铸铁如白口铸铁、球墨铸铁等都具有很好的铸造性能,但并不属于专门的耐蚀材料。虽然普通铸铁的耐蚀性能不佳,但是价廉易得,作为易损件可经常更换,具有很好的经济优越性。合金铸铁是通过对普通铸铁改变 C、Si 的平衡含量,改变熔炼浇铸和热处理方法而使其性能产生显著变化而获得；或通过单独或联合加入相当量的 Mo、Cr、Ni、Cu、Al 等，或加入 3% 以上的 Si 等合金元素获得，其耐蚀性和耐热性较之普通铸铁大大提高，目前应用较多的低合金铸铁有 Ni-Cr、Cu-Cr、Cu-Al、Cu-Sb-Cr 等，比较普遍的高合金耐蚀铸铁有如高硅铸铁、高铬铸铁和高镍铸铁等[3-4]。

3.1.1.2 石墨形态及基体组织对铸铁耐蚀的影响

铸铁中存在大量的石墨碳，石墨形态不同不仅会影响铸铁的力学性能，也会使它们表现出不同的腐蚀行为。铸铁通常由基体加“石墨空洞”组成，铸铁中含 C 量越高，石墨数量越多，尤其是当铁液进行良好的球化和孕育处理、在强烈过冷及外来形核的作用下，石墨细小，石墨数量(共晶团个数)会大幅增加，球墨铸铁共晶团数量是普通灰铁的 50 ~ 200 倍，孕育铸铁共晶团数量次之，普通灰铁共晶团数量最少。球状石墨表面积最小，且孤立分布的石墨球能在最大程度上保持基体的连续性，相反，片状石墨表面积较大，连续分布的片状石墨将基体分割成无数个不连续的“小格子”[5]。

夏兰廷等[6]在青岛海淡水全浸区研究了不同材质(普通灰铸铁、球墨铸铁和高 Si/C 铸铁)、不同石墨形态(片状、球状和细片状)铸铁的腐蚀行为。结果表明，石墨形态对铸铁均匀腐蚀影响较小，平均腐蚀速率在 0.16 ~ 0.20mm/年之间；由于局部坑蚀的不可预测性、自催化性、隐蔽性，其成为腐蚀失效中最具有破坏性的一种失效形式，而点蚀深度是评价钢铁材料腐蚀性能的主要依据，球墨铸铁的点蚀倾向远大于片状石墨铸铁，球墨铸铁的平均和最大坑蚀深度是片状铸铁的 2.85 倍，由此可见石墨形态不同能显著影响铸铁基体的局部腐蚀。

石墨的数量、大小和分布对铸铁的性能有显著影响。就片状石墨而言，石墨数量越多，对基体的削弱作用和应力集中程度越大，灰铸铁的抗拉强度和塑性越低。石墨数量一定时，石墨片越粗，虽然应力集中程度减弱，但在局部区域使承载面积急剧减少，性能显著下降；石墨片越细，石墨数量越多，应力集中程度增大，尤其当石墨片相互联结时，承载面积也显著下降。基体组织对铸铁力学性能也起着重要作用。铸铁中铁素体相越多，铸铁塑性越好；基体中珠光体相越多，则铸铁的抗拉强度和硬度越高。由于粗片状石墨对金属基体的割裂作用较大，即使得到全部铁素体基体组织，塑性和冲击韧度仍然很低。因此，只有当石墨为团絮状、蠕虫状或球状时，改变金属基体组织才能显示出其对力学性能的影响[7]。

3.1.1.3 铸铁中的合金元素对其耐蚀性的影响

铸铁中加入合金元素是为了提高其力学性能，并获得一定的耐热性、耐蚀性和耐磨性等特殊性能。合金元素在铸铁中的分布状况不仅与合金元素本身的特性、含量以及 C 的含量有关，而且受热处理工艺条件的直接影响。合金元素对铸铁耐腐蚀性影响主要体现在三方面[3]：

①Si、Cr、Mo、Ni、Cu 等合金元素提高铸铁基体自身的电极电位；

②Si、Cr、Al 等合金元素促进形成致密的保护膜；

③硅铁稀土、Mg 等元素改变铸铁的组织，形成奥氏体组织或石墨球化。

3.1.1.4 耐蚀铸铁

普通铸铁在碱性环境中有很好的耐腐蚀性能，在大气、土壤、海水、淡水中会发生不同程度的腐蚀，但是由于它价格低廉、加工性能优良、缺口敏感性低、耐磨和减震性能好，在工程中得到了广泛的应用，主要用于海水泵、阀门等零部件[8]。铸铁本身耐海水腐蚀能力较差，为提高其耐蚀性能，通常在铸铁中加入不同的合金元素，制备出各类耐蚀合金铸铁，主要有低合金耐蚀铸铁、高硅铸铁、高铬铸铁和高镍铸铁等[2-4]。

(1)低合金耐蚀铸铁

①镍铬铸铁

Ni 在氧化性环境中的热力学稳定性能高，属于易钝化金属，溶于基体可降低基体与石墨的电位差，减小腐蚀电流，改善材料的耐蚀性。少量 Cr 的加入可以细化石墨和基体晶粒，可以提高耐海水腐蚀性能。

②含铜铸铁

灰铸铁中 Cu 的含量低于 0.4% ~0.5%时，Cu 以固溶形式存在，提高固溶体的电极电位；Cu 含量高于 0.5%时，铸铁中出现自由状态的铜相，可产生坚固保护膜。但铸铁中同时有 Ni、Mn、Al、Cr 等存在时，Cu 的溶解度显著提高。Cu 能提高铸铁在海水、硝酸及盐酸介质中的耐蚀性。Sb 是一种强有力的珠光体稳定剂，作用比 Sn 强 1 倍，比 Cu 强 100 倍，为改善力学性能，一般采用 Sb、Cu 复合合金化。含 Cu 0.4% ~0.8%、含 Sb 0.1% ~0.4%的铸铁，可在近海污染的海水中使用。

(2)高硅铸铁

通常是指含 14% ~18% Si 的 Fe-Si-C 再加入少量 Cr、Mn 合金元素的铸铁材料。高硅铸铁之所以有较高的耐蚀性，是由于在适当的介质条件下，由于 Si 的加入使铸铁表面形成了一层较为致密的、具有较高电阻率、化学性质比较稳定的保护膜，这层保护膜主要由 SiO_2 构成，使其在海水介质中具有优良的局部耐腐蚀能力。通常 Si 含量控制在 14.5%以下，Si 含量过高会导致材质的力学性能和耐蚀能力下降。如果再加入 3.0% ~3.5%的 Mo 可进一步提高抗氯离子腐蚀能力，强化高硅铸铁的 SiO_2 保护膜。在高硅铸铁中加入 6.5% ~10%的铜元素，可以大大改善铸铁的耐热硫酸腐蚀能力。Cu 对高硅铸铁耐蚀性的改善被认为是 Cu 在晶界处的析出，成为铸铁基体中的阴极性元素而促进了阳极钝化。

高硅铸铁是外加电流阴极保护技术中常用的一种可溶性辅助阳极材料。

(3)高铬铸铁

铸铁中加入 14% ~36%的 Cr 后，在氧化性介质中铸铁表面能生成一层很薄而且紧密附着在合金表面的氧化膜，从而大大提高了铸铁的耐蚀性。高铬铸铁属于白口铸铁，其硬度较高，不但耐腐蚀性好，而且耐热性和耐磨性也很好。由于铸铁中含 C 量较高，因此必须加入足够量的 Cr 使所有的碳化物合成碳化铬以后，合金中留下的自由状态的 Cr 不低于 12% ~13%，这样高铬铸铁在很多介质中才能具有明显高的耐蚀性能。

(4)高镍铸铁

通常是指含14% ~30% Ni,并加入低于10%的Cr、Cu或Mo的铸铁合金,组织结构以奥氏体为主。Ni比Fe的活性低、热力学稳定性高,可提高铸铁的腐蚀电位,使铸铁易于钝化,可以减缓腐蚀。与普通铸铁相比,它的耐酸碱腐蚀性大大提高,随着Ni含量提高,耐碱腐蚀能力不断增强。高镍铸铁对海洋大气、海水都有非常好的耐蚀性,主要应用于海水制盐工业输送海水、盐浆等耐缝隙及冲刷腐蚀的设备中[4]。

3.1.2　碳钢和低合金钢

3.1.2.1　碳钢的分类及化学成分对其腐蚀的影响

(1)碳钢的分类

碳钢是指含C量低于1.7%的Fe-C合金,可分为低碳钢,含C量0.04% ~0.25%;中碳钢,含C量0.25% ~0.6%;高碳钢,含C量大于0.6%。低、中碳钢主要用于各种钢结构,也可称为结构用钢;高碳钢主要用来制造各种工具。碳钢又可分为普通碳素钢和优质碳素钢两类,普通碳素钢又有甲类钢(保证力学性能)和乙类钢(不保证力学性能,只规定化学成分)之分,而优质碳素钢则既保证机械性能,又必须保证化学成分,钢中的S、P等杂质比普通碳素钢低[9]。

(2)化学成分对碳钢腐蚀的影响[3-9]

影响碳钢耐蚀性的化学成分主要有C、Si、Mn、S、P五种元素。

C:一般来说,随着钢中含C量的增加,碳钢在酸性溶液中的腐蚀速率也相应增大,但在氧化性酸中含C量增加到一定程度,腐蚀速率反而下降。在非氧化性酸中,钢中含C量的增加使渗碳体量增多,渗碳体与钢的基体电位不同,这就给构成微电池提供了更多的机会,因而加剧了腐蚀。在其他条件相同时,含C量大于0.6%,腐蚀程度出现明显增大的趋势。

在大气及海水环境中,C对腐蚀的影响不大,影响腐蚀的限制性环节是氧的去极化作用,凡能阻止氧达到钢表面的因素,都会减缓钢的腐蚀速度[10]。

Si与Mn:碳钢中的Si、Mn含量一般是不高的,在规定范围内对其耐蚀性影响不大。在海水或大气中,Mn能改善硫的不利影响,因此含Mn较高的钢腐蚀情况能得到一定程度的改善。

S:碳钢中的S是影响其耐蚀性的不利因素,含S量过高,会大大提高钢在酸性溶液中的腐蚀速度。在大气或中性水溶液中,硫化物是局部腐蚀的诱发源。因此,碳钢中的含S量应越低越好。

P:P在碳钢中对腐蚀的影响因环境而异。在酸性溶液中P与S一样是极其有害的,这是因为钢中有磷化物存在,将促使析氢腐蚀加剧。但钢中的P能有效改善钢对大气、海水环境的耐蚀性。另外,P与S一样都会恶化钢的韧性,在碳钢中没有其他合金元素可以抵消或减轻钢的脆性。一般情况下,不提倡提高碳钢中的P含量,以改善钢的耐蚀性。

另外,夹杂物对碳钢腐蚀有较大的影响。由于夹杂物破坏了钢的连续性和均匀性,会在碳钢的微观组织中形成更多的腐蚀电偶对,这种夹杂物导致的组织不均匀性会加速钢的微观局部腐蚀。

3.1.2.2 低合金钢的分类及合金元素对其腐蚀的影响

(1)低合金钢的分类

碳钢中加入一定量的一种或几种其他金属元素(如Cr、Ni、Cu、Mo、V、Mn、Ti、W、Nb、B、P及稀土等)而成为合金钢,其机械强度、加工性能和耐蚀性能有明显提高。合金元素的总量小于3.5%的合金钢为低合金钢[10]。

低合金钢按主要质量等级可以分为普通质量低合金钢、优质低合金钢和特殊质量低合金钢;按主要性能及使用特性可分为可焊接的低合金高强钢、低合金耐候钢、低合金专业用钢;按主要用途可分为高强度钢、低温用钢、耐腐蚀用钢、钢筋用钢、钢轨用钢、耐磨和深冲用钢等。

(2)低合金钢中的合金元素对耐蚀性的影响[11]

低合金钢在其使用环境中通常不能钝化,合金元素的作用主要是提高表面锈层的致密性、稳定性和附着性,低合金钢的合金元素总量通常为2% ~3%。能改善钢的耐蚀性的元素有Cu、P、Cr、Ni、Mo和Ce等,其作用如下。

Cu:Cu能显著改善钢的抗大气和海水腐蚀性能,Cu促进钢表面的锈层致密且附着性提高,从而延缓进一步腐蚀,当Cu与P共同加入钢中时作用更显著。Cu含量为0.2% ~0.5%的钢与不含Cu的钢相比,在海洋中的耐蚀性提高50%以上。

P:P是改善钢的耐大气腐蚀性能的有效元素之一,促使锈层更致密,与Cu联合作用时效果更为明显。P的加入量一般为0.06% ~0.1%,加入量过多会使钢的低温脆性增大。

Cr:Cr是钝化元素,但在低合金钢中含量较低,不能形成钝化膜,主要作用仍是改善锈层的结构,经常与Cu同时使用,加入量一般为0.5% ~3%。

Ni:Ni化学稳定性比铁高,加入量大于3.5%时有明显的抗大气腐蚀作用,Ni含量在1%~2%时主要作用是改善锈层结构。

Mo:在钢中加入0.2% ~0.5%的Mo也能提高锈层的致密性和附着性,并促生产耐蚀性良好的非晶体锈层。Mo对改善飞溅区的点蚀很有效,当Mo与Si共存时,可进一步提高钢的抗点蚀能力。

Ce:少量的Ce(0.1% ~0.2%)与Cu、P、Cr等元素配合加入钢中,可显著改善锈层的致密性和附着性。

3.1.2.3 耐海水腐蚀低合金钢

在钢材中添加少量的P、Cu、Cr、Al等元素后,能明显提高其耐蚀性,这种低合金钢被称为耐海水腐蚀低合金钢。耐海水腐蚀低合金钢在飞溅区和海水中的耐蚀性为普通钢材的2倍以上。耐海水腐蚀低合金钢是海洋用钢(包括中、高合金钢)中比重最大的一类。

国外对耐海水腐蚀低合金钢的研究始于20世纪30年代,其中以美国和日本等国家为代表。国外耐海水腐蚀低合金钢主要有Ni-Cu-P系、Cu-Cr系和Cr-Al系[12-13]。其中,美国于1951年开发了Ni-Cu-P系Mariner钢,此类钢在海水飞溅区的耐蚀性比碳钢提高一倍,但因钢中含P量较高,低温冲击韧性和焊接性较差,主要用于钢桩等非焊接结构。在此基础上,世界各国相继开发了各种系列的耐海水腐蚀低合金钢种。日本从经济性、焊接性及耐蚀性等方面对耐海水腐蚀低合金钢性能进行了研究,研制的Mariloy(Cu-Cr-P、Cu-Cr-Al-P、Cu-Cr-Mo)系列低合金耐海水腐蚀低合金钢进一步提高了腐蚀性能、焊接性能、加工性能及经济性能。Mariloy系钢之所以具有很好的耐蚀性,主要原因有:①Cr、Si的共存促使在腐蚀过程中形成了稳定的硫酸盐膜,且还能阻止在污染海水中细菌的生长,从而减缓了钢的腐蚀;②由于Si、Cr、Cu在锈层中富集,并直接作用于金属表面,使紧贴基体锈蚀产物变得细小致密,阻碍了海水中溶解氧向钢的表面扩散,从而减缓了钢的腐蚀速度。法国的Cr-Al系低合金钢APS 20A,兼具良好的耐大气和海水腐蚀性能,在全浸区海水中耐蚀性比碳钢提高一倍以上,表3-1列出了国外典型耐海水腐蚀低合金钢的特点[14]。表3-2列出了国外主要耐海水腐蚀低合金钢种[14-15]。

国外典型耐海水腐蚀低合金钢的特点[13]　　表3-1

分　类	特　点
美国Mariner钢	Ni-Cu-P系钢,屈服强度355MPa以上,在飞溅区的耐海水腐蚀性能好,为普通碳素钢的2~3倍,即使在没有混凝土包履等防护措施的情况下,也能长期使用,且很少发生点蚀。但此类钢中P含量较高(0.08%~0.15%),厚度大于20mm的钢板不适宜焊接,不能用于焊接海洋结构物
日本Mariloy系钢	针对"Mariner"钢P含量高、焊接性能差而研制的P含量≤0.03%的Cr-Cu系低合金耐海水腐蚀钢。包括2个强度级别,3个不同海水部位(飞溅区、全浸区、飞溅区+全浸区)的6个钢号
法国APS Cr-Al钢	包括APS 20A、APS 20M、APS 25三个钢号,均含有4% Cr;APS 20A含有0.90% Al,APS 20M含有0.90% Al和0.15% Mo;APS 25含有0.60% Al、0.15% Mo及0.80% Ni。耐海水腐蚀性能为碳钢的2.18~3.23倍,在焊接时不需要预热或焊后热处理,但以650℃消除应力为宜;缺点是有晶粒长大倾向,因此要防止过热,并且除氩弧焊外,其他方式不能使焊缝中的Al均匀分布

我国研究耐海水腐蚀低合金钢始于20世纪60年代,经过各个单位的长期试验已从300多个钢种中筛选出16个钢种,并于1978年在全国3个海域进行了耐海水腐蚀的统一评定试验,4年的试验周期表明,Cr-Mo-Al系的10Cr2MoAlRe钢耐蚀性能最好[15]。我国耐海水腐蚀低合金钢主要有镍系、铜系、磷钒系、磷铌稀土系和铬铝系等类型,例如08PV、08PVRe、10CrPV等,含Cu、P的钢种一般耐飞溅区腐蚀性能较好,而含Cr、Al的钢种更耐全浸区腐蚀。表3-3列出了我国主要耐海水腐蚀低合金钢种[11,14-15]。

国外主要耐海水腐蚀低合金钢[14]

表 3-2

序号	商品名	研制单位	化学成分(%)								强度级别 σ(MPa)	主要用途
			C	Si	Mn	P	S	Cu	Cr	其他		
1	Mariner	美钢铁公司	≤0.22	≤0.10	0.60~0.90	0.080~0.150	≤0.040	≥0.50	—	Ni 0.40~0.65	353	钢板桩
2	Taicor	日神户制铁	≤0.15	≤0.55	1.0~2.0	≤0.040	≤0.040	≤0.40	≤0.50	Mo≤0.20	333~363	要求飞溅区耐蚀的结构
3	CR4 A-50	日住友金属	≤0.15	≤0.55	≤1.20	0.070~0.150	≤0.040	≥0.20	0.30~0.80	加 Ni、Nb、V	353	钢管桩
4	CR4 B-50	日住友金属	≤0.15	≤0.55	≤1.50	≤0.040	≤0.040	≥0.20	0.80~1.50	加 Ni、Nb、V	353	钢管桩
5	Mariloy S41	新日本制铁	≤0.14	≤1.00	≤1.50	≤0.030	≤0.030	0.15~0.40	0.30~0.80	—	314~324	系船桩等
6	Mariloy S50	新日本制铁	≤0.14	≤0.55	≤1.50	≤0.030	≤0.030	—	0.80~1.30	Nb≤0.10	314~324	上下水管、海中结构部分
7	Mariloy G41	新日本制铁	≤0.14	≤0.55	≤1.50	≤0.030	≤0.030	0.15~0.40	0.80~1.30	Mo≤0.30	235~245	飞溅区、全浸区均需耐蚀
8	Mariloy G50	新日本制铁	≤0.14	≤1.00	≤1.50	≤0.030	≤0.030	0.15~0.40	0.80~1.30	Mo≤0.30	314~324	飞溅区、全浸区均需耐蚀
9	NeP-Ten 50	日住友金属	≤0.13	≤0.50	≤0.60	0.080~0.150	≤0.030	0.60~1.50	0.50~3.00	Al 0.15~1.50	353	钢管桩

续上表

序号	商品名	研制单位	化学成分(%)								强度级别 σ(MPa)	主要用途
			C	Si	Mn	P	S	Cu	Cr	其他		
10	NeP-Ten 60	日住友金属	≤0.18	≤0.50	≤0.60	0.080 ~ 0.150	≤0.030	0.60 ~ 1.50	0.50 ~ 3.00	Al 0.15 ~ 1.50	392	钢管桩
11	CXJI-4	苏联	0.98	0.58	—	0.03	≤0.030	0.33	0.83	Ni 0.87	—	—
12	APS 20A	法国	≤0.13	≤0.50	≤1.50	≤0.030	≤0.25	—	3.9 ~ 4.3	Al 0.7 ~ 1.1	309	海水中
13	APS 20M	法国	≤0.10	—	≤0.40	—	—	—	4.0	Al 0.9 Mo 0.15	309	—
14	APS 25	法国	≤0.15	—	≤0.40	—	—	—	4.0	—	588	—

我国主要耐海水腐蚀低合金钢 表3-3

序号	钢种	研制单位	化学成分(%)									强度等级 σ(MPa)
			C	Si	Mn	P	S	Cu	Re	V	其他	
1	10MnPNbRe	包头冶金研究所	≤0.16	0.20~0.60	0.80~1.20	0.06~0.20	≤0.05	—	0.10~0.20	—	Nb 0.015~0.05	≥40
2	09MnCuPTi	武汉钢铁公司	≤0.12	0.20~0.55	1.00~1.50	0.05~0.12	≤0.040	0.20~0.45	—	—	Ti≤0.03	≥35
3	10NiCuAs	钢铁研究总院 韶关钢铁厂	≤0.12	0.17~0.37	≤0.60	0.045	≤0.045	0.30~0.50	—	—	As≤0.035	≥32
4	10NiCuP	钢铁研究总院 天津研究所	≤0.12	0.17~0.37	0.60~0.90	0.08~0.15	≤0.040	≤0.05	—	—	Ni 0.40~0.65	≥36
5	08PVRe	鞍山钢铁公司	≤0.12	0.17~0.37	0.50~0.80	0.08~0.12	≤0.045	—	0.20	≤0.10	—	≥35
6	10NbPAl	包头钢铁公司	≤0.16	0.30~0.60	0.80~1.20	0.06~0.12	≤0.05	—	—	—	Al 0.15~0.35	≥35
7	09CuWSn	武汉钢铁公司	≤0.12	0.17~0.37	0.50~0.80	≤0.04	≤0.04	0.20~0.50	—	—	W 0.10~0.30 Sn 0.20~1.40	≥38
8	08PV	鞍山钢铁公司	≤0.12	0.17~0.37	0.50~0.80	0.08~0.12	≤0.04	—	—	≤0.10	≥35	
9	12NiCuWSN	武汉钢铁公司	≤0.14	0.30~0.55	0.50~0.90	≤0.040	≤0.04	0.20~0.45	—	—	≥40	
10	10CrPV	马鞍山钢铁公司	≤0.12	0.17~0.37	0.60~1.00	0.08~0.12	≤0.04	—	—	≤0.10	≥35	
11	10Cr2MoAlRe	浙江冶金研究所 杭州钢铁厂	≤0.12	0.17~0.37	0.50~0.80	≤0.040	≤0.04	—	≤0.20	Mo 0.1~0.20	Cr 1.8~2.4	≥40
12	10AlCuP	钢铁研究总院 天津研究所	≤0.12	0.17~0.37	0.50~0.80	0.08~0.12	0.04	0.25~0.45	—	—	≥32	

3.1.3 不锈钢

3.1.3.1 不锈钢的分类

不锈钢是指含有 Cr、Ni、Mo 等易钝化金属的铁基耐蚀合金,其中 Cr 含量在 12% ~30%,Ni 含量在 5% ~12%,其他还有 Mo、Ti、Mn、Nb 等[3]。不锈钢可以按以下不同方式分类[16]:

①按显微组织可分为马氏体不锈钢、奥氏体不锈钢、铁素体不锈钢、奥氏体-铁素体双相不锈钢和沉淀硬化不锈钢等。

②按化学成分可分为铬不锈钢、铬镍不锈钢、铬锰氮不锈钢和铬锰镍不锈钢等。

③按用途可分为耐海水不锈钢、耐应力腐蚀破裂不锈钢、耐孔蚀不锈钢、高强不锈钢、易切削不锈钢和深冲用不锈钢等。

最常用的分类方法是按显微组织分类。

(1)马氏体不锈钢[3,17]

马氏体不锈钢的 Cr 含量在 13% ~18% 之间,C 含量较高,在 0.1% ~1% 之间,由于 Cr 能显著降低钢的临界淬火速度,马氏体不锈钢加热后只要经过空冷就可以得到马氏体组织。马氏体不锈钢 C 含量较高,耐蚀性差于 Cr 含量相当的奥氏体和铁素体不锈钢,不宜用于硫酸、磷酸、盐酸等强腐蚀介质。马氏体钢有较高硬度和耐磨性,适用于制作工具、刀具、泵、阀、螺栓、流体及固体输送装置等。

马氏体不锈钢列入国家标准的钢板牌号有 1Cr13、2Cr13、3Cr13、1Cr17Ni2 等[18]。

(2)奥氏体不锈钢[19-20]

在常温下其显微组织为奥氏体的不锈钢,具有面心立方晶体结构。为了在氧化性酸中能维持稳定钝化,为了在常温下获得奥氏体组织,含 Cr 量为 18% 时的钢中须加入 8% ~9% 的 Ni,这样构成的钢为 18-8 型铬镍奥氏体不锈钢。这种钢具有优良的抗氧化性、高温和低温力学性能及良好的焊接性能和加工性能,是各种不锈钢中用量最大、用途最广的一类钢种,其产量约占奥氏体不锈钢的 70%,占所有不锈钢的 50%。奥氏体不锈钢无磁性而且具有高韧性和塑性,但强度较低,不可能通过相变使之强化,仅能通过冷加工进行强化。加入 S、Ca、Se、Te 等元素,则具有良好的易切削性。其含 C 量若低于 0.03% 或含 Ti、Ni,就可显著提高其耐晶间腐蚀性能。由于奥氏体不锈钢全面和良好的综合性能,在各行各业获得了广泛的应用。

列入国家标准的奥氏体不锈钢钢板牌号有 1Cr17Mn6Ni5N、0Cr19Ni9N、0Cr18Ni9、0Cr19Ni10、0Cr17Ni12Mo2、00Cr17Ni14Mo2 等[18]。

(3)铁素体不锈钢[3,21]

铁素体不锈钢的 Cr 含量在 13% ~28% 之间,C 含量较低,一般在 0.1% 左右。铁素体组织与奥氏体组织相比难以发生塑性变形,因此铁素体钢的塑性、韧性低于奥氏体钢。铁素体不锈钢按其 Cr 含量可分为三类:第一类为低 Cr 钢,Cr 含量为 13% ~14%;第二类为中 Cr 钢,Cr 含量为 14% ~19%;第三类为高 Cr 钢,Cr 含量为 19% ~30%。钢的耐蚀性随 Cr 含量增加而增加。

铁素体不锈钢一般不含 Ni,价格低于奥氏体钢,综合耐蚀性介于奥氏体不锈钢和马氏体不锈钢之间,耐氯化物应力腐蚀破裂性能则显著优于奥氏体钢。但铁素体不锈钢的明显缺点是塑性、韧性差及焊接性能差,严重限制了其应有范围。钢中的 C、N、S、P 等元素对钢的塑性、韧性和焊接性都有不利影响,如果在冶炼过程中严格控制 C、N 等元素总量,得到的高纯或超纯铁素体不锈钢塑性、韧性和耐蚀性都明显提高。

铁素体不锈钢列入国家标准的钢板牌号有 00Cr12、1Cr17、00Cr17Mo、00Cr30Mo2 等。

(4)奥氏体-铁素体双相不锈钢[3,22]

在奥氏体不锈钢的基础上提高铁素体形成元素 Cr、Mo、Si、Nb 等元素含量,降低奥氏体形成元素 Ni、C、Mn、N 的含量,就得到奥氏体-铁素体双相组织,它兼有奥氏体钢和铁素体钢的性能特点。奥氏体相的存在降低了铁素体钢的脆性和晶粒长大速度,提高了韧性和可焊性;铁素体相的存在提高了奥氏体钢的屈服强度,耐应力腐蚀、晶间腐蚀和孔蚀性能也显著提高。双相不锈钢一般包含 18% ~28% Cr,Ni 含量不超过 8%,往往加入 Mo、Ca 等元素提高耐蚀性。由于 Ni 含量低,价格并不比奥氏体钢更高。双相不锈钢中铁素体一般占 50% ~70%,奥氏体占 30% ~50%。

双相不锈钢的物理性能介于奥氏体钢和铁素体钢之间。与奥氏体钢相比,导热系数大,热膨胀系数小,并具有铁磁性。双相不锈钢具有优良的冷热加工性能和焊接性能,焊接后热裂的倾向比奥氏体不锈钢低,脆化倾向比铁素体不锈钢低,而且也有很强的耐应力腐蚀破裂能力和优良的抗晶间腐蚀性能。

(5)沉淀硬化不锈钢[23]

沉淀硬化不锈钢(又称为 PH 不锈钢),是在普通不锈钢基础上加入能形成沉淀相的 Ti、Ni、Nb、Al、Mo、Co、Cu 等元素构成的一类高强不锈钢,特点是兼有马氏体不锈钢的强度高和奥氏体不锈钢耐蚀性好的优点。沉淀硬化不锈钢中的沉淀相有 Ni_3Ti、Ni_3Al、Ni_3Mo、Fe_3Mo、Ni_3Nb 及碳化物等。

沉淀硬化不锈钢的突出特点是高强度、高韧性、较高耐蚀性和易加工性,广泛用于要求高强度高耐蚀性的结构件。

沉淀硬化不锈钢列入国家标准钢板牌号的有 0Cr17Ni7A、0Cr17Ni4Cu4Nb 及 0Cr15Ni7Mo2Al。

3.1.3.2 合金元素在不锈钢中的作用

不锈钢的耐蚀性主要取决于其含 Cr 量。Cr 能和氧气快速反应而形成一层氧化铬薄膜,此氧化铬薄膜有很好的韧性,能有效阻止氧气的进一步腐蚀。在 Fe 和 Cr 的合金中,当 Cr 含量超过 12% 时,使合金具有极明显的耐蚀性,此时 Fe 的生锈现象基本上停止。通过抛光、研磨或表面处理,氧化铬保护膜可变得更加平整、光滑、坚硬厚实。

不锈钢的耐蚀性由 Cr 决定,不存在不含 Cr 的不锈钢。在 Fe-Cr 合金的基础上加入其他元素，可以改变不锈钢的组织、耐蚀性和物理、力学及加工性能[3]。

(1)Cr

Cr 是决定不锈钢耐腐蚀性能的主要元素。由于 Cr 能使铁基固溶体的电极电位提高，并且 Cr 能吸收铁的电子使铁钝化，促使其内部的矛盾运动向有利于抵抗腐蚀破坏的方面发展，因此添加 Cr 元素后，不锈钢的耐蚀性能极大地提高。但是当 Cr 的量超高 30% 时，耐蚀性反而会降低。

(2)Ni

Ni 是优良的耐腐蚀材料，也是合金钢的重要组成元素。Ni 在钢中是形成奥氏体的元素，不锈钢中加入 Ni 主要是为了获得奥氏体组织。Cr 含量为 18% 时，加入 8% Ni 即可得到单相奥氏体。此外，Ni 的热力学稳定性比铁高，能提高不锈钢耐还原性介质腐蚀的性能。

(3)C

C 是钢中最重要的合金元素之一，它在不锈钢中的作用具有两重性。C 在不锈钢中对组织的影响主要表现在两方面，一方面，C 是稳定奥氏体的元素，且作用效果明显(约为 Ni 的 30 倍)；另一方面，由于 C 和 Cr 的亲和力很大，能与 Cr 形成一系列碳化物。C 对不锈钢机械性能的影响表现在不锈钢的强度因含 C 量的增加而提高，而 C 与 Cr 形成的碳化物要占用不锈钢中一部分 Cr，含 C 量越高形成的碳化需要的 Cr 也越多，当钢中的总铬量一定时，形成碳化铬所占用的 Cr 多了，固溶体中的含 C 量必然相对减少，钢的耐蚀性能就会降低。除了少数马氏体钢以外，在大部分不锈钢中 C 含量都控制在 0.12% 以下，耐蚀级别较高的不锈钢甚至要求 C 含量低于 0.01% ~0.03%。

(4)Mo

Mo 能显著提高不锈钢在还原性介质和含氯离子介质中的耐蚀性，也是强碳化物形成元素和稳定铁素体相的元素。Mo 可以增加不锈钢的钝化作用提高耐腐蚀性能，特别是阻止点腐蚀的倾向。在 Cr、Ni 不锈钢中添加钼，不但可以提高其耐蚀性，也能提高其耐腐蚀磨损性能。

(5)Cu

Cu 与 Mo 类似，能提高不锈钢耐硫酸、磷酸、盐酸等非氧化性介质腐蚀的能力，与 Mo 联合作用时效果更显著。

(6)Ti 和 Nb

Ti 和 Nb 是强碳化物形成元素，可优先与钢中的 C 结合生成 TiC 或 NbC，防止因晶界析出碳化铬所引起的晶间腐蚀。

(7)Mn 和 N

Mn 和 N 都是奥氏体形成元素，主要应用于无 Ni 或节 Ni 的奥氏体不锈钢中，N 能提高不锈钢抗海水腐蚀的能力。

(8)Si 和 Al

Si 和 Al 能改善不锈钢抗氧化性介质腐蚀的能力。

(9)S 和 P

S 和 P 都是降低耐蚀性的有害元素,但它们能改善钢的切削性能,作为合金元素在易切削不锈钢中被采用。

3.1.3.3 耐海水不锈钢

不锈钢在海洋环境中的应用日益增加,广泛应用于海水环境的阀门、紧固件、泵体、船只设备的螺栓和系缆墩等[24-26]。不锈钢的特点是美观、有光泽、不易失光、不会生锈,其强度高于多数铜基合金。此外,由于大多数不锈钢 Fe 含量很高,故其成本也低于铜基合金。海洋中常用不锈钢的化学成分列于表 3-4[27-28]。

海洋环境中常用不锈钢的化学成分(%) 表 3-4

牌号	化学成分							
	C	Mn	Si	P	S	Ni	Cr	Mo	其他
2Cr13	0.16~0.25	≤1.00	≤1.00	≤0.035	≤0.035	—	12~24	—	—
F179*	0.009	0.53	0.21	0.036	0.016	—	16.37	—	Ti:0.24 Al:0.037
1Cr18Ni9Ti	≤0.12	≤2.00	≤1.00	≤0.035	≤0.030	8~11	17~19	—	—
00Cr19Ni10	≤0.08	≤2.00	≤1.00	≤0.035	≤0.030	9~13	18~20	—	—
0000Cr18Mo2*	0.003	0.1	0.11	0.01	0.015	—	18.92	1.92	—
0Cr18Ni12MoTi	≤0.08	≤2.00	≤1.00	≤0.035	≤0.030	11~14	16~19	1.8~2.5	—
00Cr18Ni5Mo3Si2	≤0.03	1~2	1.3~2	—	—	—	—	2.5~3.0	—

注:表中 * 为试验分析成分。

3.2 海洋工程基础设施涂层保护

3.2.1 海洋腐蚀环境及防腐涂层的要求

海洋环境是一个严酷的腐蚀环境口,根据钢结构在海洋中的腐蚀特点,可将海洋环境分为:海洋大气区、浪花飞溅区、海水潮差区、海水全浸区、海底泥土区。按照 ISO 12944 标准[29]对腐蚀环境的分类,海洋大气区处于海洋大气腐蚀环境(C5-M)、浪花飞溅区处于海洋大气腐蚀环境(C5-M)与海水全浸(Im2)交替的腐蚀环境、海水全浸区属于海水浸没 Im2 的腐蚀环境、海底泥土区属于海水浸没和土壤的腐蚀环境,海底泥土区既有土壤的腐蚀特点又有海水的腐蚀行为。

EGON Kunze[30]曾对低碳钢和非合金钢在不同部位海洋环境中的腐蚀速率进行统计,结果见表 3-5。可以看出,浪花飞溅区的腐蚀速率是最高的,其平均腐蚀速率比海水全浸区的高 3~10 倍[30-31]。

海洋环境不同部位的腐蚀速率(mm/年)　　表3-5

环境部位	腐蚀速率	环境部位	腐蚀速率
海洋大气区	0.05~0.07	海水全浸区	0.03~0.09
浪花飞溅区和海水潮差区	0.12~0.27	海底泥土区	约0.015

在海洋大气区,由于大气中湿度大、盐分高,在钢铁表面容易形成含有强电解质溶液,有利于电化学腐蚀的进行,钢结构在海洋大气(C5-M腐蚀等级)的腐蚀速率一般较内陆地区的大气(如C2腐蚀等级)的腐蚀速率快4~15倍。在浪花飞溅区,氧供应最为充分,氧的去极化作用促进了钢结构的腐蚀,同时在海水及海水中夹杂的泥沙冲刷下对腐蚀产物及防护层造成破坏,加速了腐蚀。在海水全浸区,钢结构长期浸泡在海水中,钢铁在海水中的腐蚀速度主要受海水的温度、溶解氧含量、盐度、污染物、海生物等因素的影响。海底泥土区位于海水全浸区以下,海底泥土区的土壤中含有大量的盐分,是一种比较复杂的腐蚀环境,既有土壤的腐蚀特点又有海水的腐蚀行为,钢结构在海底泥土区的腐蚀速度主要受海泥的孔隙率、导电性、溶解盐、pH值等因素的影响。

对于海洋环境中的结构物来说涂层防护是非常普遍而且经济有效的手段。在海洋腐蚀环境中作为基础设施的防腐蚀保护涂料,根据其所用的部位,必须具有足够的耐腐蚀性能和很高的机械强度。一般来说,所使用的涂料应符合下列技术要求:

①对钢材表面附着力良好;

②具有良好的力学性能,如耐海水冲刷、耐磨性、耐碰撞性好;

③优异的耐盐水、耐盐雾、耐化学品性能;

④外部面漆必须具有优异的耐候性、耐紫外线照射、保光保色性好:

⑤与电化学保护系统相容性好;

⑥符合健康、安全、环保的要求。

作为海洋环境防腐蚀涂料及其配套,一般都需要预先通过严格的质量试验和品质认可。试验项目最主要有下面三个方面:

①耐盐水(雾)试验;

②抗老化实验,考察粉化程度、附着力及其变化;

③耐阴极剥离性试验。

3.2.2　海洋环境用涂料性能及加速试验评价

与陆地环境不同,海洋环境中需要对涂料进行加强级设计并进行相关的试验评价。其中对海洋环境用涂层设计及加速性能评价标准主要有ISO 12944[29]、NACE SP0108[32]、NORSOK Standard M-501[33]、ISO 20340[34]、NB/T 31006[35]等。

ISO 20340是为海上离岸钢结构防腐蚀涂料制订的最低性能要求,它是ISO 12944针对海上钢结构防腐蚀涂料的补充性参考标准。NORSOK Standard M-501为北欧海上石油平台防腐蚀涂料与涂装的重要标准,因此也是海上风电场钢结构防护的重要参考标准。《海上风电场钢结构防腐蚀技术标准》(NB/T 31006—2011)是我国能源行业关于海上风电场钢结构防护的重要行业标准。在重防腐涂装保护中,涂料主要是富锌漆、环氧树脂涂料、聚氨酯树脂涂料和氟碳涂料等。风电防腐涂料的性能测试,在国际上有 ISO 12944、NORSOK Standard M-501 标准中有所规定,详见表 3-6;海上风电涂料性能在国内 NB/T 31006—2011 标准中的规定详见表 3-7。

ISO 12944 和 NORSOK Standard M-501 对涂料性能的要求 表 3-6

环境	ISO 12944		NORSOK Standard M-501
	内陆地腐蚀环境 C3	海上腐蚀环境 C5-M/Im2	海上大气环境和浸水环境
大气环境	480 h 盐雾试验	1440 h 盐雾试验; 720 h 水冷凝试验	循环老化试验 1 个循环: 72 h 紫外老化试验; 72 h 盐雾试验; 24 h 冷冻试验; 共计 25 个循环,4200 h
浸水环境	240 h 水冷凝试验	3000 h 浸泡试验; 1440 h 盐雾试验	4200 h 循环老化试验; 4200 h 阴极剥离试验; 4200 h 海水浸泡试验
典型的评价标准有: —起泡和开裂 —锈蚀和剥落 —粉化 —附着力,以及划痕两边的腐蚀蔓延			

NB/T 31006—2011 对涂料性能的要求 表 3-7

腐蚀环境	耐盐水试验(h)	耐湿热试验(h)	耐盐雾试验(h)	耐人工老化试验(h)	附着力(MPa)
内部区	—	—	1000	800	≥5*a*
海洋大气区	—	4000	4000	4200	
浪花飞溅区	4200	4000	4000	4200	
海水全浸区	4200	4000	—	—	

注:1. 耐盐水性能涂层试验后不生锈、不起泡、不开裂、不剥落,允许轻微变色和失光。
2. 人工老化性能涂层试验后不生锈、不起泡、不剥落、不开裂,允许轻度粉化和 3 级变色、3 级失光。
3. 耐盐雾性涂层试验后不起泡、不剥落、不生锈、不开裂。
4. *a*——无机富锌涂层体系附着力大于或等于 3MPa。

1994 年挪威国家石油标准化组织发布 NORSOK Standard M-501 标准,因该标准对涂料系统测试的严格性而被广泛用于海洋平台等苛刻腐蚀环境。NORSOK Standard M-501 标准具有 20 多年成功的应用业绩,被认为是恶劣环境下防腐涂料的保证。NORSOK Standard M-501 标准采用 ISO 20340 标准对涂层系统进行性能测试,表 3-8 为 ISO 20340 标准对防腐涂层的性能的加速测试防腐及测试时间。

ISO 20340 标准对防腐涂层性能的加速测试方法及测试时间　　表 3-8

腐蚀环境等级	循环老化测试 ISO 20340	阴极剥离测试 ISO 15711	海水浸泡 ISO 2812-2
C5-M	4200h	—	—
Im2	—	4200h	200h

3.2.2.1　海洋大气区涂料

《海上风电场钢结构防腐蚀技术标准》(NB/T 31006—2011)对海洋大气区的涂料要求经4000h 耐湿热试验、4000h 盐雾试验、4200h 耐人工老化试验测试,人工老化后涂层不生锈不起泡、不剥落、不开裂且允许轻度粉化和 3 级变色、3 级失光;盐雾试验后涂层不生锈不起泡、不剥落、不开裂。国外的 NORSOK Standard M-501 对海洋大气区涂层的性能要求主要参照 ISO 20340 标准的规定:经 4200h 循环老化试验即 25 周期的试验,其中 72h 紫外老化试验(340nm 波长紫外线光照射)—72h盐雾试验—24h 冷冻试验(-20℃ ±2℃)为 1 个周期。对于富锌体系的划线处的腐蚀蔓延≤3mm;对于非富锌体系的划线处的腐蚀蔓延≤8mm,粉化不超过 2 级;漆膜起泡、生锈、裂纹、剥落等级均为 0 级。ISO 20340 标准中的循环老化试验,是一个模拟海洋工程装备涂料在不同的服役环境中的一种非常有效的加速试验,综合考察了紫外光对涂层分子结构的破坏、盐雾对涂层侵蚀、温度交变对涂层应力的考验等因素,比单一的耐人工老化测试、盐雾测试等相比更能体现涂层的实际服役情况。阿克苏诺贝尔国际油漆英国中心实验室对于静态盐雾试验和动态循环腐蚀测试进行的多年对比测试,同样发现动态循环腐蚀试验对于防腐涂料的要求远远高于单纯的静态盐雾试验,而且动态循环试验与涂层的实际服役表现更为契合[36]。文献[37]表明,样板在不含有冻融过程进行 4200h 循环试验老化试验,样板的单边剥离为 7.3mm;样板在含有冻融过程进行 4200h 循环试验老化试验,样板的单边剥离为 13mm,可见冻融温度交变是影响涂层性能的决定因素。

3.2.2.2　浪花飞溅区和海水潮差区涂料

NORSOK Standard M-501 对浪花飞溅区和海水潮差区涂层的性能要求主要参照 ISO 20340 标准的规定:

①循环老化试验:经 4200h 循环老化试验即 25 周期的试验。划线处的腐蚀蔓延≤8mm;

②耐阴极剥离性能:耐 4200h 阴极剥离试验,剥离直径不超过 20mm;

③耐海水浸泡性能:经 4200h 海水浸泡试验,漆膜完好,划线处的腐蚀蔓延≤8mm。

3.2.2.3　海水全浸区涂料

NORSOK Standard M-501 标准对海水全浸区涂层的性能要求主要参照 ISO 20340 标准的规定:

①耐阴极剥离性能：耐4200h阴极剥离试验，剥离直径不超过20mm；

②耐海水浸泡性能：经4200h海水浸泡试验，漆膜完好，划线处的腐蚀蔓延≤8mm。

海洋工程及海洋装备的海水潮差区及海水浸没区的腐蚀防护一般采用阴极保护与涂层进行联合防护，要求相关的涂层具有极佳的阴极保护兼容性，在该部位采用涂层与阴极保护联合防护方案时需要对涂层的耐阴极剥离性能进行相关的认证。

3.2.3 海洋环境涂料的选用

3.2.3.1 海洋大气区涂料

对于海洋大气区涂料一般选择具有阴极保护效果的涂层作为底漆直接涂覆在金属上起到电化学保护的效果，如热浸涂金属、热喷涂金属、环氧富锌底漆、无机富锌底漆等产品。热浸涂金属涂层的厚度一般不低于125μm，而且热浸涂装前金属基材必须进行喷砂处理；富锌底漆的涂装厚度一般在60～80μm。采用金属热喷涂/浸涂的方式一般可以达到20年以上免维护、40年少维护的防腐使用寿命（其对防腐配套涂层的性能要求更高[38]）；采用富锌底漆一般可以达到15年以上的防腐蚀寿命。不同厂家提供的富锌底漆的性能相差较大，Knudsen等人[39]对不同的富锌底漆进行了5年实海暴露试验发现：①不同厂家的环氧富锌涂料性能差异较大，锌粉含量高，性能不一定好，涂料的防腐性能不仅取决于涂料自身的性能还取决于如何施工；②环氧富锌层的厚度是影响性能的关键因素，漆膜厚度越厚，实海测试越优异。

海洋工程装备用涂料通常选用合格厂家提供的经苛刻试验认证过的涂层体系。典型的海洋大气区环氧富锌配套涂料体系见表3-9[40-42]，根据海洋大气区配套涂料的性能测试数据（表3-10），其性能将满足NORSOK Standard M-501标准的要求。

海洋大气区涂料配套方案 表3-9

涂　层	产品配套	干膜厚度（μm）
底漆	环氧富锌底漆	60
中间漆	环氧中间漆	180
面漆	脂肪族聚氨酯面漆	40
总干膜厚度 T. D. F. T		280

注：1. 基材需要喷砂处理至Sa 2.5级，表面粗糙度50～85μm。
2. 上述膜厚仅为基本膜厚，可根据工程现状及防腐要求适当调整膜厚。

海洋大气区配套涂料性能测试 表3-10

测试项目	平均腐蚀蔓延	粉　化
ISO 20340循环老化试验	NORSOK Standard M-501要求<3.0mm	NORSOK Standard M-501要求2级

注：漆膜起泡、生锈、裂纹、剥落等级均为0级。

与一般大气中钢结构防腐涂层体系相比具有一些特点，具体表现为：

（1）环氧富锌底漆合理优化了不同分子量树脂的搭配，提高涂层的耐性及机械性能；对富锌涂料中的活性金属成分进行优化,提高了金属的阴极保护效果,使得漆膜较一般环氧富锌具有更为优异的防腐性能;增强环氧富锌层的致密性,使得漆膜屏蔽性能提高,有效延缓腐蚀介质侵入基材。

(2)环氧中间漆优化了各组分的构成,一方面可提高机械性能,使得涂层与底漆和面漆间配套性能更好;另一方面可提高中间漆的屏蔽性能,有效提高配套层的防腐性能。

(3)脂肪族聚氨酯面漆,采用高性能低黏度树脂材料制备的脂肪族聚氨酯面漆,不仅具有较高的固体分含量,而且具有优异的耐候性能,是传统的聚氨酯涂料耐候性能2~5倍;另外脂肪族聚氨酯面漆的复涂性能及与中间漆的配套性能优异,满足海工装备超长期服役的需求。

阴极保护性底漆中因含有活泼金属成分,在实际应用中一般不单独使用,需要配合中间漆和高性能耐候面漆一起使用。中间涂层主要采用高固体分环氧涂料,通常会采用云铁、铝粉或玻璃鳞片来加强涂层的屏蔽作用。高性能面漆的选用目前主要有3种类别:氟碳面漆、聚硅氧烷面漆、聚氨酯面漆(表3-11)。由于海洋装备往往处于人迹罕至的区域,涂层维护不便,要求面漆在紫外线下抵御褪色、变色、龟裂、粉化和剥落的能力强,以维持涂层防锈性能。几种高性能面漆的耐候性能及保光性能对比的一般顺序为:氟碳面漆 > 聚硅氧烷面漆 > 脂肪族聚氨酯面漆 > 聚氨酯面漆。氟碳涂料因氟原子电负性最高,氟碳键能最大,F—C键结合牢固的结构特点,性能上耐污染性好、阻挡紫外线侵蚀、耐化学介质性好、屏蔽作用好、耐高低温。QUV人工加速老化试验显示:氟碳涂料2500h保光性数值约为初始值的90%,是普通聚氨酯的2~3倍。

三种高性能面漆的基本数据对比 表3-11

型号	面漆参数			
	化学键	键能(kJ/mol)	体积固体分(%)	设计厚度(μm)
氟碳面漆	F—C	485	30~55	25~60
聚硅氧烷面漆	Si—O—Si	452	50~90	50~150
聚氨酯面漆	C—C	358	50~75	40~80

3.2.3.2 浪花飞溅区和海水潮差区及全浸区涂料

应用于浪花飞溅区和海水潮差区及全浸区的重防腐涂料以高固体分环氧涂料[43-46]作为代表,环氧树脂作为一种常用防腐涂料涂覆于耐蚀性较差的碳钢表面,因其具有较强的附着力、良好的稳定性、较高的性价比等优点被研究并推广使用[37-39]。但是环氧涂层在应用过程中存在一定问题,如耐候性差、涂层脆性大等;并且环氧树脂在固化过程中挥发会使涂层内部产生大量微孔[38],而腐蚀性离子可以通过这些微孔到达基体,降低涂层的耐腐蚀性能,限制了环氧涂层的广泛应用。为提升环氧涂层的耐腐蚀性能,通常添加固体组分填料改性涂层来改善这一问题。

高固体分涂料一直是船舶、海洋工程、海上风电等结构物的首选防腐涂料,具有优异的耐海水性能,且与阴极保护兼容性良好。在实际工程应用中浪花飞溅区和海水潮差区与全浸区一般采用重防腐涂料与阴极保护进行联合防护[50]，一方面可增强防腐的效果，另一方面可减少阴极保护的面积，减少牺牲阳极金属的使用量从而大幅降低成本。海水潮差区因潮水的冲刷，加速了腐蚀，需要采用超强耐磨性涂料并增加重防腐涂层的厚度。在全浸区，采用的重防腐涂料也需要与阴极保护有极强的相容性。海水潮差区的平均腐蚀速率比海水全浸区高 3 ~ 10 倍。同时由于海水夹杂着泥沙的冲刷，要求海水潮差区结构物的防腐涂层不仅具有优异的防腐性能，而且还应具有较高的耐磨性[44]。高固体分环氧涂料一般采用主要以铝粉、玻璃鳞片等片状屏蔽性能填料增强屏蔽性能，这些涂层具有收缩率低、热膨胀系数小等优点[49]，并且由于玻璃鳞片独特的层片状结构，其在涂层中具有类似“迷宫”效应的屏蔽作用[51]，使得腐蚀介质渗透至基体表面的途径变得更加曲折复杂，有效提高了涂层的抗腐蚀介质渗透能力，引起了人们的广泛关注[52-56]。

高固体分耐磨环氧涂料在海洋工程与风电领域有多年的应用记录，也是目前最主要的重防腐涂料。如英国 Greater Gabbard 海上风场采用了高固体分耐磨环氧涂料，宝钢原料码头钢管桩采用环氧重防腐涂料已有近 40 年的使用记录(图 3-1)，东海大桥海上风电场等项目也均采用高固体分环氧涂料。

a)宝钢原料码头1985年施工现场

b)2005年现场检查时情况

图 3-1　宝钢原料码头防腐使用记录

近年来，国内对系列高性能重防腐涂料进行优化升级，构建并完成了海水潮差区重防腐涂料体系。例如环氧玻璃鳞片涂料[41,44]研发成功后，已经广泛在工程中得到应用，取得了可观的经济效益。海洋海水潮差区与水下区的涂料配套体系见表 3-12，其改进后的性能测试数据见表 3-13。

环氧玻璃鳞片涂料参照 Norsok Standard M-501 设计的海水潮差区及全浸区专用涂料，采用高品质的环氧树脂和固化剂作为成膜物质，添加了玻璃鳞片，其特有的屏蔽、耐磨性能也赋予了涂料优异的性能。通过计算机模拟及试验相结合的手段，优化涂层中各组分的比例，满足苛刻环境防腐要求。涂层具有抗氯离子渗透能力强、耐磨性高、耐阴极剥离性能优异、耐酸、碱性好等特点，还具有突出的机械性能，满足海上工程装备的重防腐需求。图 3-2 是环氧玻璃鳞片涂料在海上风电与海洋平台中的应用。

浪花飞溅区和海水潮差区、全浸区涂料配套方案　　表3-12

方　案	涂层	产品配套	干膜厚度(μm)	总干膜厚度 T.D.F.T(μm)
浪花飞溅区和海水潮差区涂料配套方案	底漆	环氧玻璃鳞片涂料	300	600
	面漆	环氧玻璃鳞片涂料	300	
全浸区涂料配套方案	底漆	环氧玻璃鳞片涂料	175	350
	面漆	环氧玻璃鳞片涂料	175	

注:1. 基材需要喷砂处理至 Sa 2.5 级,表面粗糙度 50~85μm。
2. 上述膜厚仅为基本膜厚,可根据工程现状及防腐要求适当调整膜厚。

浪花飞溅区和海水潮差区、全浸区配套涂料性能测试(mm)　　表3-13

测试项目	平均腐蚀蔓延		阴极剥离		海水浸泡	
ISO 20340	NORSOK Standard M-501 要求 <8	实测 5.3	NORSOK Standard M-501 要求 <20	实测 8.0	NORSOK Standard M-501 要求 <8	实测 0.2

注:漆膜起泡、生锈、裂纹、剥落等级均为0级。

a)在海上风电中的应用

b)在海洋平台的应用

图3-2　环氧玻璃鳞片涂料在海上风电与海洋平台中的应用

3.2.4　深中通道沉管钢壳结构涂层设计

国内沉管以混凝土结构为主,深中通道沉管隧道外壳全钢结构为国内沉管隧道第一例,沉管钢壳的防腐无相关研究经验。沉管钢壳服役环境类似于海底采油金属结构和输油输水钢管,借鉴了海底管道防腐技术研究成果和工程经验。

海洋工程装备普遍采用涂层联合牺牲阳极的技术进行腐蚀防护,国外已颁布有一系列阴极保护设计标准,如挪威船级社标准 DNVGL RP-F103 *Cathodic Protection of Submarine Pipelines by Galvanic Anode*、DNVGL-RP-B401 *Cathodic Protection Design*,美国腐蚀工程师协会标准 NACE SP 0176 *Corrosion Control of Steel Fixed Offshore Structures Associated with Petroleum Production*,以及欧洲标准 ISO 13174—2012、*Cathodic Protection of Harbor Installation* 等。而国内相应的标准主要是《海港工程钢结构防腐蚀技术规范》(JTS 153-3—2007)[1]。

根据专题研究成果,钢壳混凝土沉管其迎水侧钢壳防腐采用"预留腐蚀厚度+重防腐涂

[1] 为深中通道开展前期研究与设计时所用标准,现正更新。本书有多处类似情况,下文不再赘述。请读者自行分辨。

装+外置牺牲阳极块”三重防腐措施,空气侧钢壳(车孔内底板顶上表面有压舱混凝土,采取50μm环氧富锌底漆防腐措施)防腐采用“重防腐涂装+定期维护”双重防腐措施。

图3-3是不同部位的重涂装方案示意图,具体方案如下:

①车孔底板顶上表面:环氧富锌底漆50μm;

②底板下表面除两侧各8m范围:三道玻璃鳞片漆,2×350μm+300μm=1000μm;

③其余外露钢结构表面:双道玻璃鳞片漆,2×350μm=700μm;

④车道孔表面的侧墙及顶板在喷涂永久玻璃漆之前应辅底漆,要求采用50μm环氧富锌底漆。

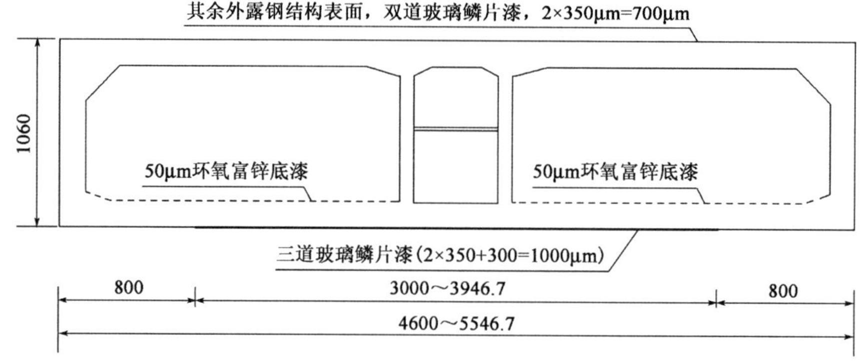

图3-3　不同部位重涂装方案(尺寸单位:cm)

3.2.4.1　重防腐涂装材料性能要求

沉管钢壳外壁采用玻璃鳞片漆重防腐涂层,其技术要求见表3-14。

沉管钢壳外壁防腐涂层　　表3-14

序号	项　目	性能指标	试验方法
1	重量固含量	≥85%	GB/T 1725—2007
2	体积固含量	≥80%	GB/T 9272—2007
3	挥发性有机化合物(VOC)	≤200g/L	GB/T 23985—2009
4	玻璃鳞片含量	≥8%	HG/T 4336—2012
5	玻璃鳞片厚度	(2±1)μm	—
6	附着力	≥8MPa	GB/T 5210—2010
7	抗冲击	≥50cm	GB/T 20624.1—2006
8	抗压	≥80MPa	HG/T 3829—2006
9	耐磨性(1000g/1000r CS-10)	≤40	GB/T 1768—2006
10	耐盐雾(4000h)	无起泡、生锈、脱落	GB/T 1771—2007
11	抗氯离子渗透性(30d)	$\leq 5.0\times10^{-4}$mg/(cm^2·d)	JTJ 275—2000附录C

续上表

<table>
<tr><th>序号</th><th>项　目</th><th colspan="2">性能指标</th><th>试验方法</th></tr>
<tr><td>12</td><td>耐阴极剥离性4200h</td><td colspan="2">人工漏涂孔,孔直径为6mm,
剥离距离≤20mm</td><td rowspan="3">ISO 20340—2009</td></tr>
<tr><td>13</td><td>耐海水浸泡性4200h</td><td colspan="2">划线处的锈蚀宽度≤8mm
附着力≥5MPa</td></tr>
<tr><td>14</td><td>老化试验4200h</td><td colspan="2">划线处的锈蚀宽度≤8mm
附着力≥5MPa</td></tr>
<tr><td rowspan="2">15</td><td rowspan="2">干燥时间
350μm,23℃</td><td>表干</td><td>实干</td><td rowspan="2">参照GB/T 1728—2020试验过程</td></tr>
<tr><td>≤4h</td><td>≤10h</td></tr>
</table>

3.2.4.2　防腐涂层质量控制

被涂装的钢板外露面应呈无氧化皮、无锈、无油脂、无其他杂质与污染的干燥表面,表面喷射除锈处理应达到《涂覆涂料前钢材表面处理　表面清洁度的目视评定　第1部分:未涂覆过的钢材表面的锈蚀等级和处理等级》(GB/T 8923.1—2011)标准中的Sa2.5级,未注明的表面粗糙度为R_y(轮廓最大高度)60~100μm。凡确定无法采用喷射除锈的钢结构件必须采用手工除锈与酸洗除锈时,应征得设计认可,并按相应标准进行。表面预处理与涂装之间的间隔时间应尽可能缩短,在一般现场作业环境条件下,应在4h内涂装完毕;车间作业或湿度较低的晴天,最长不应超过12h。涂料施工时,工作环境必须满足空气相对湿度低于80%,钢结构表面温度不低于露点以上3℃。对边、角、焊缝、切痕等部分,应预涂一道底漆,然后再进行大面积涂装;对于因烧焊导致涂料受损处,应采用同类涂料加以修补完整。涂膜总厚度应达到设计要求。85%测点膜厚应达到设计要求;局部未达到膜厚部位,其膜厚应不小于设计要求的85%。其他未尽事宜应按《海港工程钢结构防腐蚀技术规范》(JTS 153-3—2007)执行。

3.3　海洋工程基础设施阴极保护技术

3.3.1　阴极保护技术简介

3.3.1.1　阴极保护原理

金属材料在室温下的腐蚀大多是电化学过程。该过程可分为阳极反应和阴极反应两部分。对于钢材料(或更严格地说对于Fe)来说,两个反应可描述为[57]:

在阳极　$$2Fe \longrightarrow 2Fe^{2+} + 4e^- \tag{3-1}$$

在阴极　$$O_2 + 2H_2O + 4e^- \longrightarrow 4OH^- \tag{3-2}$$

由此可见,钢铁材料在阳极反应中释放的所有电子都消耗在阴极反应中,因此存在着电子的平衡。如果外界向Fe提供电子则可抑制阳极反应。阴极保护的原理即向被保护金属结构通以一定的阴极极化电流,使被保护的金属结构电位下降而得到保护。

如图 3-4 所示[58],在最初的腐蚀电池中,例如 Cu($-0.2V_{CSE}$)和 Fe($-0.6V_{CSE}$)组成的腐蚀电池,电流自 Fe 流向溶液,又从溶液中流向 Cu。电流之所以自 Fe 通过电解液流向 Cu,是因为 Cu 和 Fe 之间存在电位差。如果能让 Cu 的电位负向偏移,直到 Cu 和 Fe 的电位相同,此时,Fe 和 Cu 之间将不再存在电位差,也就没有腐蚀电流,Fe 的腐蚀将停止。当 Cu 的电位比 Fe 的电位更负时,Fe 开始吸收电流(电流自电解液流向金属),成为阴极。假设 Fe 和 Cu 是一个结构上的不同部位,此时,整个结构都在吸收电流,成为腐蚀电池中的阴极,而后加的电位更负的金属成为新的阳极。

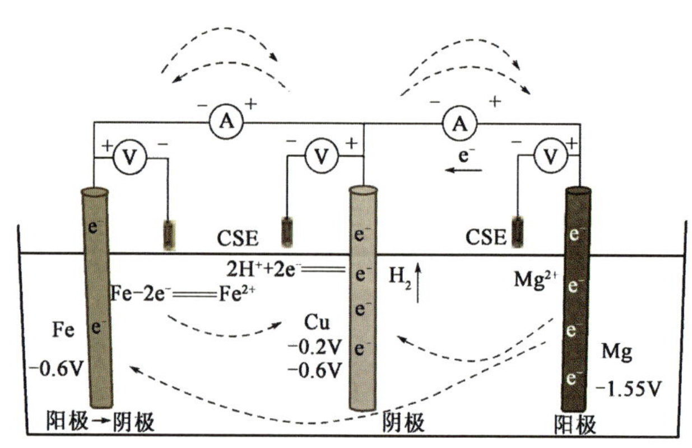

图 3-4 阴极保护原理

3.3.1.2 阴极保护的发展历史[59-61]

(1)起源

1823 年,英国学者汉弗里·戴维(Davy)接受英国海军部对木制舰船的铜护套的腐蚀的研究,用 Sn、Fe 和 Zn 对 Cu 进行保护,并将采用 Fe 和 Zn 对 Cu 保护的相关报告于 1824 年发表,这就是现代腐蚀科学中阴极保护的起点。

虽然戴维采用了阴极保护技术对 Cu 进行保护,但对其工作原理却并不清晰。1834 年,电学的奠基人法拉第奠定了阴极保护的原理;1890 年爱迪生根据法拉第的原理,提出了强制电流阴极保护的思路。

1902 年,K·柯恩采用爱迪生的思路,使用外加电流成功地实现了实际的阴极保护。1906 年,德国建立第一个阴极保护厂;1910—1919 年,德国人保尔和佛格尔用 10 年的时间,在柏林的材料试验站确定了阴极保护所需要的电流密度,为阴极保护的实际使用奠定了基础。

(2)现代技术的发展

1928 年,被称为美国"电化学之父"的罗伯特·J·柯恩(Kuhn)在新奥尔良的一条长距离输气管道上安装了第一套牺牲阳极保护装置,为阴极保护的现代技术打下了基础。此后,阴极保护在美国和一些发达国家得到快速推广,并于 1936 年成立了(美国)中部大陆阴极保护协会。

在 20 世纪 30—50 年代期间,比利时、苏联、英国先后对埋地管线采用了阴极保护技术。

从50年代开始，美国、西德、法国、日本等相继在海港工程上应用外加电流阴极保护技术。至1970年底，美国已有64万km的油气管道采用了阴极保护，而西德、苏联等在修建管道的同时就安装了阴极保护。

阴极保护在得到广泛应用的同时，相关技术也在不断提高。1971年，混合型金属氧化物阳极首次应用于海水中，埋在海床泥浆中发挥着阴极保护作用。1973年，太阳能电池开始为阴极保护装置提供能源。1979年布劳尔(Brauer)发表了使用有限元法进行阴极保护设计的第一篇论文，1982年菲尤发表了第一篇关于边界元法在阴极保护设计上应用的文章。1983年唐索(Danso)和沃恩(Warne)第一次采用“边界元法”这一名称对其在阴极保护设计上应用的原理进行论述，并报道了应用边界元法的现代设计方法对英国北海油田某一采油平台进行阴极保护系统设计的成功应用。

我国的阴极保护技术研究和应用始于1958年，上海船舶科学研究所率先在一艘钢壳船上安装锌合金牺牲阳极[62]。随后国内一些单位也开展了牺牲阳极研究，一些油田开始在埋地管道上采用牺牲阳极保护系统。同时，一些科研院所、高校和企业开展了外加电流阴极保护技术的开发研究和应用。

自20世纪70年代以来，我国的阴极保护技术和理论研究发展很快，开发了许多实用的阴极保护材料、设备和配套装置。相应的检测、监控技术和管理系统也尽可能采用国际先进技术，还陆续制定了一系列相关标准和规范。

3.3.1.3　阴极保护方法

阴极保护根据所提供电流的方式不同，可分为牺牲阳极阴极保护法和外加电流阴极保护法[62]。

(1)牺牲阳极阴极保护

牺牲阳极阴极保护法就是选择电位较低的金属材料(如Zn等)，在电解质中与被保护的金属相连，依靠其自身腐蚀所产生的电流来保护其他金属的方法。这种为保护其他金属而自身被腐蚀损耗的金属或合金，就被称为牺牲阳极。常用的有铝合金、Zn及其合金、Mg及其合金等。

牺牲阳极阴极保护法结构简单、安装方便，不需要外加电流，安全可靠，电位均匀，无须日常维护；但保护周期短，需要定期更换，电位不可调。主要适合于供电困难的场所，如海洋采油平台导管架、海底输运管线等，以及对保护方式有特殊要求的场合，如油库设施、储油罐等。

(2)外加电流阴极保护

外加电流阴极保护法是通过外加直流电源来提供所需的保护电流。将被保护的金属作为阴极，选用特定材料作为辅助阳极，电路接通后，电流从辅助阳极经海水等导电介质至金属构筑物形成电流回路，使得金属结构被阴极极化而得到保护的方法。

外加电流阴极保护法电位、电流可调，可实现自动控制，保护周期较长，辅助阳极排流量大而安装数量少，但一次性投资较大，设备结构复杂，需要管理维护；该方法更适用于结构复杂、面积较大的设备及港口工程建筑物与地下管道等。

3.3.1.4 阴极保护的应用范围

作为一种电化学保护方法,阴极保护技术必须在具有合适导电性的电解液时才可能发挥保护作用,其主要应用范围如下。

①水下(外表面):船舶、近海结构、船舶装置,海底管线;

②地下或埋入的钢制品(外表面):管线、下水道、水分配器、地下容器等;

③罐体、容器的内表面:冷凝器、热交换器等。

如果应用方法得当,阴极保护可以阻止任何形式的腐蚀,包括点蚀、缝隙腐蚀和微生物腐蚀等。凭借良好的使用效果,其在土壤和水环境及一些工业介质环境中得到广泛应用。

(1)船舶阴极保护

阴极保护技术已经成为世界各国舰船必不可少的防腐技术,在舰船壳体、推进器、内舱、冷凝器和海水管路系统等部位得到了广泛应用。船舶不同部位大多采用牺牲阳极系统,个别部位也有用到外加电流阴极保护系统。其明显的保护效果和经济效益得到了世界防腐领域及海军的普遍认可。

(2)长输管线阴极保护

长输管线普遍应用阴极保护技术,且运行良好。如西气东输一、二线,陕京一、二、三线,西南成品油管线等大量的油气输送管线和各种长距离输水供水压力管道等都采用了阴极保技术。油气田的集输管线大多实施了阴极保护,油田的外输管线在设计初期就进行了保护方案设计,并且在施工过程中做到了与主体管道同时施工。区域性阴极保护也越来越多地开展,城镇市政管网已更多地采用了阴极保护,以有效控制和减少腐蚀事故损失,确保生产安全。

(3)海洋工程阴极保护

海洋工程装备以及海洋工程设施,包括海上平台、海底管线、水下油气生产设施、浮式石油生产与储卸系统(FPSO)、跨海大桥、海港码头、海洋能源开发装置等。在海洋工程中,阴极保护技术已经得到广泛的应用。目前固定式海上平台的导管架、海底管线以及水下生产设施通常采用牺牲阳极保护,而钢筋混凝土结构物以及处于江河入海口的海洋工程设施则更多地采用外加电流阴极保护系统。近年来随着东海大桥、杭州湾大桥、青岛跨海大桥等跨海大桥的修建,阴极保护在桥梁、港口等众多领域都得到了推广。

(4)钢筋混凝土设施阴极保护

大量的调查研究显示,钢筋腐蚀是导致海洋环境钢筋混凝土结构腐蚀破坏的最主要原因。1973 年,Strufull 等人将外加电流阴极保护应用到加州斯莱公园的钢筋混凝土公路桥上,开辟了阴极保护在钢筋混凝土结构中的应用,此后,钢筋混凝土阴极保护在国外得到迅速发展和广泛应用,目前美国混凝土协会已经认可将该技术用于钢筋混凝土结构的维修和保护。美国联邦高速公路管理局(FIIWA)自 1975 年起,开始将阴极保护技术应用于钢筋混凝土的停车库、桥梁和隧道中,并于 1982 年指出:“阴极保护是已经被证实的唯一能够制止盐污染桥面板腐蚀的维修技术,无论混凝土中的氯化物含量如何”。

(5)杂散电流阴极保护

随着新时期的发展,地铁及特高压输电线路的发展,交直流杂散电流对阴极保护干扰日益突出,我国的一些高校、科研院所,乃至石油、天然气、地铁、电力等相关公司都陆续开展有关交直流杂散电流对阴极保护的干扰的相关研究和防止措施研究。在这方面,我国阴极保护技术和工程应用在许多方面已接近或达到国际先进水平。

尽管阴极保护技术已经积累了丰富的实际经验,但必须不断发展和完善,才能满足工程应用的需要。总体上阴极保护向着长寿命、高性能和高可靠性方向发展,满足新工况的新型牺牲阳极及辅助阳极的开发、高功率智能化的电源研制、基于数值模拟的阴极保护仿真设计、多参数在线监测技术等都将是未来的发展态势。

3.3.2　牺牲阳极阴极保护

3.3.2.1　牺牲阳极的性能要求

采用牺牲阳极阴极保护法对金属构件实施阴极保护时,牺牲阳极在电解质环境中与被保护金属构件电连接,作为牺牲阳极材料的金属或合金优先溶解,释放出电流使金属构件阴极极化到保护电位而实现保护。为了达到这一目的,牺牲阳极材料必须满足以下性能要求。

(1)电位足够负

牺牲阳极与被保护金属之间应有足够大的开路电位差。要达到完全的阴极保护,必须将被保护金属结构阴极极化到表面最活泼阳极点的平衡电位,而牺牲阳极的电位应该比这一平衡电位更负。这样它在阴极保护系统的电偶电池中才作为最有效的阳极而优先溶解。

(2)阳极极化小

牺牲阳极在工作时电位朝正向(阳极极化)移动小。牺牲阳极的工作电位足够负,就可以在阴极保护系统工作时保持有足够大的驱动电压,所调驱动电压是指阴极保护系统运行时被保护金属的保护电位与牺牲阳极工作电位之间的电位差,足够大的驱动电压用于产生足够大的阳极输出电流,克服保护系统的回路电阻,保障良好的阴极保护效果。

(3)电化学当量高

理论电容量是根据库仑定律计算的消耗单位质量金属产生的电量。对于牺牲阳极,是指消耗单位质量的阳极金属所产生的电量要大,这决定了阳极使用的寿命及经济性。

(4)电流效率高

实际电容量是实际测得的消耗单位质量金属所产生的电量,由于在阴极保护运行时牺牲阳极自身发生了局部腐蚀电池作用,阳极金属消耗所产生的电流不能全部用于对金属结构的阴极保护作用,实际电容量总是比理论电容量要小。从阴极保护效果和经济性考虑,要求实际电容量应尽可能大。

(5)腐蚀产物无毒无污染

每年有大量牺牲阳极置于船舶、海洋平台、码头等海洋结构物周围,其中至少 50% 以上被腐蚀溶解,以腐蚀产物形式进入环境,必须保证牺牲阳极的使用对环境是无害的,对人类是清洁卫生的。

(6)材料廉价易得

牺牲阳极的原材料应当丰富,生产加工容易,价格便宜,提高阴极保护的经济性。

3.3.2.2 牺牲阳极材料

目前常用牺牲阳极的种类有锌合金阳极、铝合金阳极和镁合金阳极,另外还有锰合金阳极和铁合金阳极。在海水中常用的牺牲阳极有锌合金阳极和铝合金阳极。

(1)锌合金阳极

锌合金阳极是使用较早且较普遍的一种阳极。锌合金阳极的种类很多,有纯 Zn 系,Zn-Al 系,Zn-Sn 系,Zn-Hg 系等等,但常用的锌合金阳极主要是纯 Zn 系和 Zn-Al-Cd 系,其化学成分和电化学性能见表 3-15 和表 3-16[63]。

锌合金阳极的化学成分(%) 表 3-15

化学元素	Al	Cd	杂质元素				Zn
			Pb	Cu	Fe	其他	
Ⅰ型	0.3~0.6	0.05~0.12	≤0.006	≤0.005	≤0.005	Si≤0.125	余量
Ⅱ型	0.1~0.5	0.025~0.07	≤0.006	≤0.005	≤0.005	≤0.1	余量
Ⅲ型	≤0.005	≤0.003	≤0.003	≤0.002	≤0.0014	≤0.005	余量

锌合金阳极的电化学性能 表 3-16

种类	介质	开路电位(V)	工作电位(V)	实际电容量(Ah/kg)	电流效率(%)	消耗率[kg·(A·a)$^{-1}$]	溶解性能
Ⅰ型、Ⅱ型	海水	≤-1.05	≤-1.00	≥780	≥95	≤11.23	表面溶解均匀,腐蚀产物容易脱落
	土壤	≤-1.05	≤-1.03	≥530	≥65	≤16.53	
	海泥	≤-1.05	≤-0.99	≥750	≥90	≤11.68	
Ⅲ型	海水	≤-1.05	≤-1.00	≥760	≥92	≤11.53	

注:1. 参比电极——饱和甘汞电极。

2. 介质——海水介质采用人造海水或天然海水,土壤介质采用潮湿土壤,且阳极周围添加填充料;海泥采用天然海泥或模拟电解液;介质温度为常温。

3. 工作电流密度——海水和海泥介质中取 1mA/cm^2,土壤介质中为 0.03mA/cm^2。

由于三元锌阳极的电化学性能优越,具有性能稳定,电流效率高,溶解性能好,有自动调节阳极电流的能力,因而被广泛用于船舶、海底管线、油舱、海水冷凝器及海上构筑物等方面。其缺点为:对杂质(钢和 Fe)较敏感,有效电量小,实际消耗率大,使被保护体负荷较重,保护寿命短。

(2)铝合金阳极

铝合金阳极是在锌合金阳极的基础上,为了发展长寿命的阳极而研制的,于 20 世纪 60 年代开始迅速发展,形成 Al-Zn-Hg 系、Al-Zn-Sn 系和 Al-Zn-In 三大系列阳极。铝合金阳极的特点是理论发电量大,密度小,可以设计成长寿命阳极,重量轻,制造工艺简便,材料来源充足,电化学性能优良,有自动调节电流和电位的作用,被广泛应用于海上石油设备、海底管线、海上构筑物、滨海电厂等保护。目前应用于全浸海水环境的牺牲阳极已发展的比较成熟,主要是 Al-Zn-In 系牺牲阳极,其化学成分、电化学性能见表 3-17、表 3-18[64]。

铝合金阳极化学成分(%)　　表 3-17

种　　类	化学成分										
	Zn	In	Cd	Sn	Mg	Si	Ti	杂质,不大于			Al
								Si	Fe	Cu	
铝锌铟镉 A11	2.5~4.5	0.018~0.050	0.005~0.020	—	—	—	—	0.10	0.15	0.01	余量
铝锌铟锡 A12	2.2~5.2	0.020~0.045	—	0.018~0.035	—	—	—	0.10	0.15	0.01	余量
铝锌铟硅 A13	5.5~7.0	0.025~0.035	—	—	—	0.10~0.15	—	0.10	0.15	0.01	余量
铝锌铟锡镁 A14	2.5~4.0	0.020~0.050	—	0.025~0.075	0.50~1.00	—	—	0.10	0.15	0.01	余量
铝锌铟镁钛 A21	4.0~7.0	0.020~0.050	—	—	0.50~1.50	—	0.01~0.08	0.10	0.15	0.01	余量

铝合金阳极电化学性能　　表 3-18

项　　目	阳极材料	开路电位(V)	工作电位(V)	实际电容量(Ah/kg)	电流效率(%)	消耗率[kg·(A·a)$^{-1}$]	溶解情况
电化学性能	1 型	-1.18~-1.10	-1.12~-1.05	≥2400	≥85	≤3.65	产物容易脱落,表面溶解均匀
	2 型	-1.18~1.10	-1.12~1.05	≥2600	≥90	≤3.37	

注:1. 参比电极——饱和甘汞电极。
2. 介质——人造海水或天然海水。
3. 阳极材料——表 3-17 中 A11、A12、A13、A14 为 1 型;A21 为 2 型。

上述阳极在全浸海水环境中均具有优异的电化学性能。海洋工程中应用较多的主要有 Al-Zn-ln 和 Al-Zn-ln-Mg-Ti。海底管线等设施位于海泥中,可用于海泥中的铝合金阳极有 Al-Zn-In 三元阳极、Al-Zn-In-Si 系阳极等,其开路电位为 -1.10V(相对于饱和甘汞电极)左右,电流效率可达到 85%,海底管线的阴极保护多选用 Al-Zn-In-Si 阳极。除上述材料外,近年来,针对特殊环境/材料的防腐需求,发展了一系列的新型铝合金牺牲阳极材料,包括干湿交替环境用高活化牺牲阳极、深海牺牲阳极、淡海水用高负电位铝阳极、低电位牺牲阳极等,使得牺牲阳极材料体系不断完善[65-71]。

深中通道项目使用了青岛双瑞海洋环境工程股份有限公司研制的适用于复杂海洋环境下

钢壳混凝土沉管隧道钢结构用 Al-Zn-In-Si-Sn-Ti 阳极[72]。在 70～80Ω·cm 海淡水中，阳极的工作电位负于 -1.05V，电容量高于 2600Ah/kg，一年期测试电容量达到 2300Ah/kg。对海底采油树、管汇以及海底沉管式隧道外壳等结构的阴极保护，这种阳极电化学性能显著优于现有的铝合金阳极材料。

3.3.2.3 牺牲阳极结构

用于海上构筑物的阳极主要有 3 种类型：细长加芯型，箍套型和镶嵌型。细长加芯型和镶装型阳极根据长宽比可进一步细分为“短型”和“长型”。阳极类型决定所用的阳极电阻公式和阳极利用率[73]。

典型的细长加芯型阳极为在一根芯管上铸上阳极材料，一般用在相对较大的阳极上，例如平台下部结构和水下基盘的阴极保护。这种阳极的利用系数（即电流输出与净阳极质量之比）高。加芯阳极可以制成净阳极材料达到数百公斤的阳极。钢壳混凝土沉管隧道钢壳外壁阴极保护即采用了细长加芯型阳极。

箍套型阳极主要用于管路，但在平台支柱上部区域有应用，有电流输出/重量比高、拖曳力低的优势。

镶嵌型阳极在面对保护对象的表面上应涂上适合的涂层，以避免阳极腐蚀产物堆积导致阳极固定装置变形甚至断裂。

在阴极保护总体设计期间应规定好阳极的类型和对阳极固定的特殊要求，将安装和运行期间阳极的受力考虑进去。对于细长加芯型阳极，设计时需要考虑采取预防措施，避免阳极布置妨碍水下作业。

3.3.3 外加电流阴极保护

与牺牲阳极不同，外加电流阴极保护所需的电流来自外部电源，通过将外部交流电整流为直流电，并经由辅助阳极向被保护的结构物提供阴极极化电流。外加电流阴极保护系统主要由电源设备、辅助阳极、参比电极和阳极屏蔽层构成[74]。

3.3.3.1 电源设备

外加电流阴极保护系统常用的电源设备有整流器和恒电位仪。整流器是最简单的阴极保护电源设备，采用手动控制，尽管简单可靠，但不太适于工况环境变化较大的场合。

恒电位仪是由闭环系统控制、调节输出量，使电极在离子导体中相对于参比电极自动保持恒定电位的直流供电设备[75]。按照工作原理不同，分为可控硅式和高频开关式。其中开关电源型恒电位仪由于具有重量轻、模块化、可靠性高等优点，在阴极保护工程中得到越来越多的应用。

恒电位仪有恒电位控制和恒电流控制两种工作模式。两种模式下，输出电压和输出电流应在额定值的 0～100%（或 1%～100%、2%～100%）范围内连续可调。恒电位控制应在 +3～-3V 范围内选取，且连续可调。当无法恒电位运行时，可自动转换成恒电流工作方式，也可手动调节输出的恒电流值。

恒电位仪需要具有良好的抗干扰能力,工作期间温升可控,具有雷电防护、过流保护、故障报警及外壳防护等功能。

智能化是恒电位仪的一个重要发展方向。智能化恒电位仪不仅可以自动采集和存储恒电位仪本身的工作状况以及被保护结构物的保护电位,而且可以实现对每组阳极输出电流的精确控制,以使海洋工程结构物表面获得最优的电位分布。

3.3.3.2　辅助阳极

理想的辅助阳极材料应具有如下性能:良好导电性和高电化学活性;低消耗速率和长寿命;有足够强度,不易损坏;重量轻,易于搬运和安装;易加工成型,具有高性价比[65,74]。

可用作辅助阳极的材料有很多,早期曾采用废钢铁等消耗性阳极,后来开始采用石墨、高硅铸铁、铅银合金等微溶性阳极,如今则主要采用铂复合阳极、混合金属氧化物阳极等不溶性阳极材料。在海洋工程中采用的辅助阳极主要有高硅铸铁、铅银合金、铂复合电极以及混合金属氧化物阳极[75-76]。

高硅铸铁尤其是含 Cr 和 Mo 的高硅铸铁,在海水和海泥中具有较好的电化学性能,但该材料硬度高、脆性大,易损坏。铅银合金在海水中具有良好的电化学性能,表面嵌入微量的 Pb 可以促进导电的 PbO 膜的形成,降低铅银合金阳极的消耗速率。但铅银合金比重大,不便于安装,并且对环境有污染,目前已较少使用。Pb 是一种优异的辅助阳极材料,但其价格高昂。为减少贵金属的使用,出现了铂复合电极材料,它是在 Ti、V、Nb 等金属基体上被覆铂层而构成。早期采用镀铂钛阳极,铂层易脱落,寿命较短。后来出现了采用爆炸焊接、冶金拉拔或轧制等工艺制备的铂复合阳极,消除了铂层脱落的缺陷。铂复合阳极在海水、海淡水等介质中均具有优异的电化学性能,并且消耗速率小、使用寿命长,但由于制备工艺较为复杂、价格较高,限制了其广泛的应用[75-76]。

混合金属氧化物阳极是高性能辅助阳极材料,它是在 Ti 基体上采用热烧结方法被覆导电的混合金属氧化物涂层而构成[77]。该阳极材料具有比铂复合阳极还优的性能,如极低的消耗速率和长寿命、优异的电催化活性、更高的性价比。由于其采用 Ti 为基体,所以易于加工成各种所需的形状,并且重量轻,具有足够的强度,易于安装。中国船舶集团七二五所自“九五”计划以来就一直开展混合金属氧化物阳极研究。近年来,又发展了新一代的纳米金属氧化物阳极材料,通过基体改性处理,使金属氧化物阳极耐击穿电压由传统氧化物阳极的 10V 左右提高到 40V 以上,使其可以在更高的电流密度下工作,提高了使用可靠性[77]。

3.3.3.3　参比电极

参比电极用于测量被保护结构物的电极电位,以评判保护效果。同时,也为恒电位仪提供控制信号,以调节输出,使被保护结构物处于要求的保护状态。工程用参比电极应具有足够的电位稳定性和测量精度,长寿命,并且不易损坏。

海洋工程用参比电极主要有 Cu/饱和 $CuSO_4$、Zn 及锌合金以及 Ag/AgCl(卤化银)参比电极[78]。Ag/AgCl(卤化银)固体参比电极是由金属 Ag 及其难溶盐所组成的可逆反应体系,适用于海水和海淡水等含有氯离子的介质中。该参比电极具有较高的电位稳定性和高的抗极化性能。Zn 参比电极可采用高纯 Zn(≥99.999%)或锌合金,其寿命较长,但电位稳定性及耐极化性能要差一些。Cu/饱和 $CuSO_4$ 电极寿命较短,主要用作临时测量的便携式参比电极。

3.3.3.4 阳极屏蔽层

在外加电流阴极保护系统中,阳极屏涂料是重要组成部分,起着绝缘、扩大电流分布范围及使电流分布均匀等作用[79-80]。阳极屏涂料在使用过程中会受到阴极剥离、碱性腐蚀、氯气和次氯酸根离子的作用,所以阳极屏涂料不仅要有良好的附着力和耐海水性,而且还必须具有绝缘、耐阴极剥离、耐碱、耐氯气和次氯酸根离子的作用。

3.3.4 阴极保护判据

3.3.4.1 碳钢、低合金钢和铸铁

施加阴极保护后,一般通过测量保护电位来判断金属结构物是否达到合理的保护效果。如果电位过正,则对金属结构物的保护不足;如果电位过负,会造成过保护现象,可能会引起结构物表面涂层的破坏。

在土壤或水环境中,目前广泛认可的判据主要有两个:一个是 -850m(相对于 Cu/饱和 $CuSO_4$ 参比电极)极化电位判据,另一个是 100mV 极化迁移判据[81]。-850m(相对于 Cu/饱和 $CuSO_4$ 参比电极)是库恩(Kuhn)于 1933 年首次提出的[82],当时并没有科学的论证。后来通过大量的实验测试和现场应用证实,当碳钢、低合金钢或铸铁被极化至 -850m(相对于 Cu/饱和 $CuSO_4$ 参比电极),金属结构物的腐蚀速率降低到一个可接受的水平。在现场测量结构物电位时,所测量的电位为腐蚀电位、阴极极化以及欧姆压降(IR 降)的和。

$$E_{\mathrm{meas}} = E_{\mathrm{corr}} + \eta_{\mathrm{c}} + V_{\mathrm{IR}} \tag{3-3}$$

式中:E_{meas}——测量电位(V);

E_{corr}——腐蚀电位(V);

η_{c}——极化值(V);

V_{IR}——电压降(V)。

如果通过中断电流或其他有效手段消除了 IR 降,剩下的值就代表了结构物的极化电位。

对于低碳钢而言,保护电位的下限为 -1.10V(Ag/AgCl/海水参比电极),这一下限值是铝合金阳极附近的裸露构筑物的电位[83]。随着电位不断负移,某些涂层可能会起泡,并对钢的抗疲劳性能产生不利影响,增加氢脆断裂的风险,实际使用中通常会限制保护电位的范围。

极化迁移判据(100mV)的理论基础首先是以腐蚀电池是阴极控制为前提。此外,还假定结构物上最活泼阳极的开路电位与结构物的腐蚀电位之差不超过 100mV。因此,如果结构物被外部电源阴极极化至少 100mV,结构物上的阳极和阴极之间将不存在电位差,腐蚀将会停止。大量理论研究和现场测试均证明了该判据的普遍有效性和适用性。

值得注意的是，以上两种判据都是基于常温下的土壤或天然水环境。当遇到温度升高、异常条件或化学环境时，判据也会发生变化。相关影响因素包括：温度、细菌、交流干扰、异金属、应力腐蚀开裂和涂层剥离等。

对于常温条件下，-850m（相对于 Cu/饱和 $CuSO_4$ 参比电极）极化电位判据，以及 100mV 极化迁移判据被广泛证明是有效的，但随着温度升高这些判据不再准确，当温度高于 60℃时，保护电位判据应修正为 -850m（相对于 Cu/饱和 $CuSO_4$ 参比电极）。在有硫酸盐还原细菌存在的情况下，推荐的保护电位判据为 -950m（相对于 Cu/饱和 $CuSO_4$ 参比电极），极化迁移判据为 -200mV。对于交流干扰、异金属、应力腐蚀开裂、涂层剥离等比较复杂的情况，需要参照相关标准及最新的研究成果[81]。

3.3.4.2　高强钢

高强钢（屈服强度 >700MPa）存在氢脆的风险。在实际应用中，高强钢在海水中的保护电位范围为 -0.80 ~ -0.95V（Ag/AgCl/海水参比电极）[53]。

3.3.4.3　不锈钢

不锈钢从微观结构和类型上分为奥氏体不锈钢、铁素体不锈钢、马氏体不锈钢和双相不锈钢（奥氏体和铁素体混合），其中海洋环境中主要使用奥氏体不锈钢和双相不锈钢。

如果不锈钢的抗点蚀当量（PREN）不低于 40（PREN = Cr% +3.3 × Mo% +16 × N%），那么当海水温度为 20℃时，不锈钢不易发生点蚀或缝隙腐蚀。

对于奥氏体不锈钢，PREN <40 时，最小阴极保护负电位为 -0.6V（Ag/AgCl/海水参比电极）；PREN≥40 时，最小阴极保护负电位为 -0.3V（Ag/AgCl/海水参比电极），最大负电位均没有限制，但由于奥氏体不锈钢本身具有高耐蚀性，在大多实际应用上，保护电位为 -0.3V。奥氏体不锈钢种类繁多，保护电位超出上述范围的，必须要有试验或现场使用数据支持。

由于具有良好的抗蚀性，双相不锈钢被广泛应用于近海区域，尤其是海底管线。双相不锈钢可抵抗海水的均匀腐蚀，但易发生局部腐蚀（如点蚀、高温时的缝隙腐蚀），这种情况下通常采用阴极保护。双相不锈钢保护电位的指导值可参照奥氏体不锈钢。在双相不锈钢的微结构或焊接区域处（成分不是最佳配比），保护电位下限指导值为 -1.05V（Ag/AgCl/海水参比电极）。

3.3.4.4　其他金属材料

（1）铜合金

Cu 和铜合金大量应用于海洋构筑物上的附属零件，不仅作为耐蚀性包覆层，而且作为液压波纹管和连接件。尤其常见于海底完整装置和良好的封闭组件，选择正确的 Cu 和铜合金不仅在海洋环境下具有良好的抗蚀性，而且铜离子还可抑制海洋生物在其表面聚集和生长。

Cu 或铜合金通常不要求采用阴极保护，然而钢结构上的铜零件受到阴极保护时，可能会引起构筑物表面抗污能力的下降。

(2)铝合金

尽管铝合金具有良好的抗蚀性,在实际使用中,也应该采用阴极保护。铝镁合金和铝镁硅合金在海水中的电位通常为 -0.70 ~ -0.90V(Ag/AgCl/海水参比电极)。铝合金的阴极保护电位的下限值通常为 -1.10V,应避免出现更负的电位,尤其是在静水中,否则 Al 将发生强烈的碱腐蚀生成铝酸盐。Zn、Al-Zn-In、Al-Zn-Sn 系阳极可用于铝合金的阴极保护。

3.3.5 阴极保护设计

3.3.5.1 阴极保护方法的选择

表 3-19 比较了两种牺牲阳极和外加电流阴极保护法的优缺点[61-62]。

电化学阴极保护法的优缺点比较 表 3-19

项目	牺牲阳极法	外加电流法
环境	只有在低阻抗的土壤和水中	不受土壤和水的阻抗限制,但在海水中可能产生 Cl_2
安装	安装简单	需要设计,很复杂
电源	不需要任何电源,不易被错误连接	需要外部电源,仔细安装,避免电流方向错误
阳极	块状的阳极材料可能限制水流,导致湍流和一些不良后果	所需数量少,通常设计阳极对水流产生较小影响
控制	一定的电流自调节能力	可实现连续的控制
相互影响	对临近的结构几乎不产生任何影响	需注意对阳极附近的其他构筑物产生的影响
维护	一般不需要维护,在某些环境下需要更换	设计使用寿命很长,需要定期检查电子设备,需要不间断电源
破坏	阳极本身不易受到机械破坏,如果一个由大量阳极构成的防护体系,个别阳极的破坏并不会对整个体系产生严重的影响,但阳极的连接处必须承受作用在构筑物上的外力	阳极很轻,对外部的机械破坏抵御较差,阳极的破坏对整个阴极保护体系产生重要影响

在选择阴极保护系统时,应该收集以下基础资料:所需保护电流量,介质电阻率,外加电流系统电源的有效性和位置,杂散电流的存在会限制牺牲阳极的使用,毗邻构筑物阴极保护系统的干扰电流可能会限制外加电流阴极保护系统的使用,考虑毗邻构筑物建造和维护所需的空间,本区域的远景规划和任何可预见的系统扩建,安装、操作和维护成本,整个系统的可靠性,外加电流阴极保护系统对同区域管道或者构筑物的影响。

以下情况可优先选择外加电流阴极保护系统:①与被保护体相连的结构物已安装外加电流系统或外加电流系统可在陆地上操作;②当被保护体牺牲阳极失效、过度消耗、涂层破损严重或需要延寿等情况时,可采用外加电流作为阴极保护系统修复方案;③海水电阻率较高时。

3.3.5.2 阴极保护设计参数

在设计阴极保护系统时可使用外加电流、牺牲阳极或两者组合的方式。海洋环境中,阴极保护设计的主要参数有设计寿命、设计电流密度、涂层击穿系数、牺牲阳极材料、阳极电阻、海水和沉积物电阻率、阳极利用率和电耗等。

(1)设计寿命

阴极保护系统的设计寿命通常由业主规定,需要考虑保护对象的设计寿命。设计寿命还需要考虑保护对象运行之前阴极保护系统已经在起作用的时间段。海工设施,特别是海工固定设施的阴极保护系统维护和修理成本很高,甚至无法修理。因此,通常的做法是阳极设计寿命至少与被保护体的设计寿命相同。如计划定期更换新阳极,更换方案应在最初设计和制造阶段完成。

(2)设计电流密度

在阴极保护设计中,电流密度通常包括初期设计电流密度、后期设计电流密度和平均设计电流密度3个参数。

初期设计电流密度指在开始时期对裸金属表面实现极化需要的阴极电流密度。典型的裸金属表面是有一些锈蚀和(或)轧制氧化皮的结构钢表面。初期设计阴极电流密度必定高于后期设计电流密度,因为在初始阶段生成的钙镁沉积层降低了被保护体的电流需求,初期设计电流密度应能够在被保护体表面快速形成钙镁沉积层。

后期设计电流密度时,被保护体表面生成了钙镁沉积层,需要考虑沉积层部分损坏,如定期去除海洋生物,表面重新极化需要的电流密度。适当的后期设计电流密度将进一步保证被保护体在整个设计寿命保持在 -0.95 ~ -1.05V 的极化电位。

平均设计电流密度是阴极保护系统一旦达到稳态保护电位后的预期阴极电流密度。这个电位比设计保护电位负0.15 ~0.20V。

表3-20是DNV-RP-B401[73]中推荐的海水环境中裸金属表面的初期、平均及后期设计电流密度。

暴露在海水中的裸金属表面推荐初期、平均及后期设计电流密度 表3-20

深度(m)	热带(>20°C)			亚热带(12~20°C)			温带(7~11°C)			寒带(<7°C)		
	初始(A/m^2)	平均(A/m^2)	后期(A/m^2)	初始(A/m^2)	平均(A/m^2)	后期(A/m^2)	初始(A/m^2)	平均(A/m^2)	后期(A/m^2)	初始(A/m^2)	平均(A/m^2)	后期(A/m^2)
0~30	0.150	0.070	0.100	0.170	0.080	0.110	0.200	0.100	0.130	0.250	0.120	0.170
>30~100	0.120	0.060	0.080	0.140	0.070	0.090	0.170	0.080	0.110	0.200	0.100	0.130
>100~300	0.140	0.070	0.090	0.160	0.080	0.110	0.190	0.090	0.140	0.220	0.110	0.170
>300	0.180	0.090	0.130	0.200	0.100	0.150	0.220	0.110	0.170	0.220	0.110	0.170

(3)涂层破损系数

阴极保护设计中,当被保护体使用涂层时,保护电流密度会相应减小。当涂层破损系数为0时,涂层为100%电绝缘的,阴极保护电流密度降至零;当涂层破损系数为1时,意味着涂层没有减小保护电流密度的作用。

涂层破损系数是涂层特性、运行参数和时间的一个函数。作为简单的工程手段,涂层破损系数 f_c 可表达为:

$$f_c = a + b \times t \tag{3-4}$$

式中:t——涂层寿命;

a、b——依赖于涂层特性和环境的常数。

设计过程中,最好根据具体涂层体系在特定环境中的实践经验指定计算涂层破损系数的常数 a 和 b。当没有任何数据时,也可参照采用 DNV-RP-B401 等标准给出的推荐值。

(4)牺牲阳极材料设计参数

牺牲阳极材料性能的阴极保护设计参数是设计电化学容量和设计工作阳极电位,两个参数被用于计算设计阳极电流输出及分别采用欧姆定律和法拉第定律计算需要的净阳极质量。年平均值 30℃及以下海水中,铝合金阳极的设计电容量为 2000Ah/kg,工作电位 −1.05V(Ag/AgCl/海水参比电极);锌合金阳极的设计电容量为 780Ah/kg,工作电位 −1.00V(Ag/AgCl/海水参比电极)。在海泥或沉积物环境中,铝合金阳极的设计电容量为 1500Ah/kg,工作电位 −0.95V(Ag/AgCl/海水参比电极);锌合金阳极的设计电容量为 700Ah/kg,工作电位 −0.95V(Ag/AgCl/海水参比电极)。

本章参考文献

[1] 徐增华. 金属耐蚀材料 第一讲铸铁[J]. 腐蚀与防护,2001,22(1):46-48.

[2] 宫长莲. 低合金耐海水腐蚀铸铁组织和性能研究[D]. 沈阳:东北大学,2013.

[3] 左禹,熊金平. 工程材料及其耐蚀性[M]. 北京:中国石化出版社,2008.

[4] 王艳芬,熊计,孙兰. 海洋环境下耐蚀铸铁的研究现状[J]. 热加工工艺,2008,37(22):95-98.

[5] 夏兰廷,王录才,黄桂桥. 我国金属材料的海水腐蚀研究现状[J]. 中国铸造装备与技术,2002(6):1-4.

[6] 夏兰廷,王凤英,韦华. 石墨形态对铸铁海水腐蚀性能的影响[J]. 腐蚀与防护,2002,23(12):532-534,547.

[7] 崔忠圻,覃耀春. 金属学与热处理[M]. 北京:机械工业出版社,1989.

[8] 师素粉,夏兰廷,李宏战. 铸铁材料在水环境中的腐蚀研究现状[J]. 铸造设备研究,2008(2):43-47.

[9] 徐增华. 金属耐蚀材料 第二讲 碳钢[J]. 腐蚀与防护,2001,22(2):87-90.

[10] 中国腐蚀与防护学会. 金属腐蚀手册[M]. 上海:上海科学技术出版社,1987.

[11] 徐增华. 金属耐蚀材料 第三讲 耐蚀低合金钢[J]. 腐蚀与防护,2001,22(3):135-138.

[12] 张国宏,成林,李钰,等. 海洋耐蚀钢的国内外进展[J]. 中国材料进展,2004,7(33):

426-435.

[13] 黄锦花,李自刚,钱余海.低合金耐海水腐蚀钢在模拟腐蚀环境下的耐蚀性能研究[J].上海金属,2006,28(4):6-8,13.

[14] 黄维,高真凤,何立波.海洋平台用钢板品种发展及研发概况[J].上海金属,2013,35(4):53-58.

[15] 纪世普.海洋用低合金钢的研究及进展[J].钢铁,1991,26(4):65-70.

[16] 马化雄.海港工程构筑物腐蚀控制技术及应用[M].北京:科学出版社,2018.

[17] 徐增华.金属耐蚀材料 第五讲 马氏体不锈钢[J].腐蚀与防护,2001,22(5):229-231.

[18] 全国标准化技术委员会.不锈钢和耐热钢 牌号及化学成分:GB/T 20878—2007[S].北京:中国标准出版社,2007.

[19] 徐增华.金属耐蚀材料 第六讲 奥氏体不锈钢[J].腐蚀与防护,2001(6):275-278.

[20] 孙卫红,赵先存.国内外耐海水腐蚀不锈钢的研究[J].特殊钢,1990(4):1-5.

[21] 徐增华.金属耐蚀材料 第四讲 铁素体不锈钢[J].腐蚀与防护,2001,22(4):184-186.

[22] 徐增华.金属耐蚀材料 第七讲 双相不锈钢[J].腐蚀与防护,2001,22(7):321-324.

[23] 徐增华.金属耐蚀材料 第八讲 沉淀硬化不锈钢[J].腐蚀与防护,2001,22(8):367-370.

[24] 张承忠.金属的腐蚀与防护[M].北京:冶金工业出版社,1985.

[25] 蒋官澄,张亚.海洋设备的腐蚀与防护[M].北京:中国石油大学出版社,2011.

[26] 曹楚南.中国材料的自然环境腐蚀[M].北京:化学工业出版社,2005.

[27] 舒马赫.海水腐蚀手册[M].李大超,杨荫,等译.北京:国防工业出版社,1985.

[28] 黄桂桥.不锈钢在海洋环境下的腐蚀[J].腐蚀与防护,1999,20(9):392-407.

[29] International Organization for Standardization. Corrosion Protection of Steel Structures by Protective Paint Systems-Part 1: General Introduction: ISO 12944-1: 2017 [S]. Zurich: [s. n.],2017.

[30] EGON K. Korrosion Und Korrosionsschutz, Band 4 Korrosion Und Korrosionsschutz in Verschiedenen GEBIETEN[M]. Weinheim: Wiley-VCH Verlag,2001.

[31] 李云飞,唐聪,陈韬.钢管桩阴极保护与 Denso 防腐蚀技术联合保护[J].中国港湾建设,2011(2):8-9.

[32] National Association of Corrosion Engineers. Corrosion Control of Offshore Structures by Protective Coatings:SP 0108—2008[S]. Houston:[s. n.],2008.

[33] Norweqian Oillndustry Association. Surface Preparation and Protective Coating: NORSOK Standard M-501-2004[S]. Oslo:[s. n.],2004.

[34] International Organization for Standardization. Paints and Varnishes—Performance Requirements for Protective Paint Systems for Offshore and Related Structures: ISO 20340—2009[S]. Zurich:[s. n.], 2009.

[35] 国家能源局. 海上风电场钢结构防腐蚀技术标准:NB/T 31006—2011[S]. 北京:原子能出版社,2011.

[36] SMITH C, SIEWERT T, MISHRA B, et al. Coatings for Corrosion Protection: Offshore Oil and Gas Operation Facilities, Marine Pipeline and Ship Structures[R]. Mississippi, 2004.

[37] 徐克文,李君,赵昌华. 海上风电防腐系统的选择与运用[C]//全国电力系统腐蚀控制及检测技术交流会论文集. 长沙:中国腐蚀与防护学会,2009:222-228.

[38] KNUDSEN O Ø. NACE international store-coating failure incidents on the norwegian continental shelf since the introduction of NORSOK M-501[C]//Corrosion 2013. Orlardo: Nace International Corrosion 2013, 2013.

[39] KNUDSEN O Ø. Zinc-rich primers—test performance and electrochemical properties[J]. Progress in Organic Coatings, 2005, 54(3): 224-229.

[40] 苏雅丽,蔡云露,方大庆. 一种不含有机树脂的无机硅酸锌车间底漆:201010604970.4[P]. 2010-12-25.

[41] 于海涛,陈凯峰,赵建南. 一种具有优异耐候性的舰船用可复涂有机硅丙烯酸面漆:201010252307.2[P]. 2010-08-06.

[42] 方大庆,温正明,高波. 一种具有坚韧性的环氧重防腐涂料制备方法:104530921A[P]. 2015-04-22.

[43] 张贤慧,李陈郭,方大庆. 一种海洋潮差/浪溅区用环氧玻璃鳞片涂料的制备方法:201510047560.7[P]. 2015-01-29.

[44] 张贤慧,方大庆,高波,等. 海洋钢结构用环氧玻璃鳞片涂料的开发[J]. 材料开发与应用,2015(1):15-19.

[45] 张贤慧,方大庆,赖国伟,等. PCCP 管用无溶剂环氧煤沥青重防腐蚀涂料[C]//第一届中国(石家庄)国际特种功能涂层技术论坛论文集. [S. l.:s. n],2014.

[46] CHRISTOPHER G, KULANDAINATHAN M A, HARICHANDRAN G. Comparative study of effect of corrosion on mild steel with waterborne polyurethane dispersion containing graphene oxide versus carbon black nanocomposites[J]. Progress in Organic Coatings, 2015, 89: 199-211.

[47] 郝松松,孙晓峰,宋巍,等. 石墨烯改性环氧树脂涂层的制备及其性能[J]. 中国表面工程,2018,31(3):108-115.

[48] 彭金花. 环氧玻璃鳞片涂料在重防腐领域中的应用[J]. 全面腐蚀控制,2009,23(3):32-34.

[49] Norweqian OilIndustry Association. Cathodic Protection: NORSOK Standard M-503[S]. Oslo: [s. n.],2007.

[50] 刘鸿铭,费逸伟,马军,等. 鳞片防腐涂料机理与其应用研究[J]. 化工时刊,2016,30(7):

35-41.

[51] 李敏,王秀娟,刘宝成,等. 海洋环境防腐蚀玻璃鳞片涂料的研制[J]. 涂料工业,2010,40(1):49-53.

[52] SATHIYANARAYANAN S, AZIM S S, VENKATACHARI G. Corrosion protection coating containing polyaniline glass flake composite for steel[J]. Electrochim Acta, 2008, 53: 2087-2094.

[53] 张昕,许季海,李红良,等. 聚苯硫醚掺杂改性玻璃鳞片防腐涂层耐腐蚀性研究[J]. 涂料工业,2013,43(7):33-37.

[54] 张贻刚,李淑英. 烟气脱硫装置中玻璃鳞片涂层的腐蚀行为[J]. 腐蚀与防护,2010,31:161-163.

[55] VAN ROOYEN L J, KARGER K J, VORSTER O C, et al. Helium gas permeability reduction of epoxy composite coatings by incorporation of glass flakes[J]. Jourral of Membrane Science,2013,430:203-210.

[56] 贝利斯,迪肯,等. 钢结构的腐蚀控制[M]. 北京:化学工业出版社,2005.

[57] 张宝宏,丛文博,杨萍. 金属电化学腐蚀与防护[M]. 北京:化学工业出版社,2005.

[58] 贝克曼,施克文,普林兹. 阴极保护手册:电化学保护的理论与实践[M]. 胡士信,王向农,等,译. 北京:化学工业出版社,2005.

[59] 刘晨秀,安成强. 金属腐蚀学[M]. 北京:国防工业出版社,2002.

[60] 朱相荣,王相润. 金属材料的海洋腐蚀与防护[M]. 北京:国防工业出版社,1999.

[61] 杜敏,孙明先. 海洋构筑物阴极保护[M]. 北京:科学出版社,2016.

[62] 冯洪臣. 阴极保护系统维护[M]. 北京:中国石化出版社,2021.

[63] 全国海洋标准化技术委员会. 锌合金牺牲阳极:GB/T 4950—2021[S]. 北京:中国标准出版社,2021.

[64] 全国海洋标准化技术委员会. 铝-锌-铟系合金牺牲阳极:GB/T 4948—2002[S]. 北京:中国标准出版社,2004.

[65] 许立坤,马力,邢少华,等. 海洋工程阴极保护技术发展评述[J]. 中国材料进展,2014,33(2):106-112.

[66] WAN H, HUANG F W, LIU Z. Influence of sea mud state on the anodic behavior of Al-Zn-In-Mg-Ti sacrificial anode[J]. Ocean Engineering, 2017(136): 11-17.

[67] 方志刚,刘斌,王涛,等. 铝基合金牺牲阳极在干湿交替环境中的耐腐蚀性能[J]. 腐蚀科学与防护技术,2013,25(1):39-44.

[68] 李威力,闫永贵,陈光,等. 合金元素对铝基牺牲阳极性能的影响[J]. 中国腐蚀与防护学报,2012,32(2):127-132.

[69] 黄燕滨,宋高伟,刘学斌,等. A1-Zn-In-Mg-Ga-Mn 牺牲阳极腐蚀防护行为研究[J]. 中国

腐蚀与防护学报,2012,32(1):44-47.

[70] 马力,李威力,曾红杰,等. 低驱动电位 Al-Ga 合金牺牲阳极及其活化机制[J]. 中国腐蚀与防护学报,2010,30(4):329-332.

[71] 王海涛,许实,王辉,等. Al-Zn-In-Mg 阳极低温海水环境电化学性能研究[J]. 腐蚀科学与防护技术,2018,30(4):413-418.

[72] ZHAO Y T,SONG S Y,SUN R X. Design on sacirificial anode protection of immersed tunnel and numerical modeling[C]//Corrosion 2021. Houston:NACE International,2021.

[73] DET NORSKE VERITAS. Cathodic Protection Design: DNV-RP-B401- 2021 [S]. Oslo: [s. n.],2021.

[74] 全国海洋标准化技术委员会. 滨海设施外加电流阴极保护系统通用要求:GB/T 17005—2019[S]. 北京:中国标准出版社,2019.

[75] 石油仪器仪表专业标准化技术委员会. 恒电位仪通用技术条件:SY/T 7326—2016[S]. [s. l.]:[s. n.],2017.

[76] TRASATTI S. Electrocatalysis: understanding the success of DSA[J]. Electrochimica Acta. 2000(45): 2377-2385.

[77] XIN Y I,XU L K,WANG J T,et al. Effect of sintering temperature on microstructure and electrocatalytic properties of Ti/IrO_2-Ta_2O_5 anodes by pechini method[J]. 2010,39(11): 1903-1907.

[78] 全国海洋船标准化技术委员会. 船用参比电极技术条件:GB/T 7387—1999[S]. 北京:中国标准出版社,2004.

[79] 全国涂料和颜料标准化技术委员会. 船舶及海洋工程阳极屏涂料通用技术条件: GB/T 7788—2007[S]. 北京:中国标准出版社,2007.

[80] 吴诤. 改性环氧腻子型阳极屏涂料[J]. 材料开发与应用,1999,14(2):22-24.

[81] International Organization for Standardization. General principles of cathodic protection in seawater:ISO 12473-2017[S]. Zurich:[s. n.],2017.

[82] ROBERT J, KUHN. Cathodic protection of underground pipe lines from soil condition[J]. API Proceedings,1933,14(4):153-167.

[83] National Association of Corrosion Engineers. Control of external corrosion on underground or submerged metallic piping systems:SP 0169—2013[S]. Houston:[s. n.],2013.

第4章 钢壳混凝土沉管外壁腐蚀性能

4.1 涂层破损钢壳混凝土沉管外壁腐蚀发生发展规律

近年来，随着交通基础设施的全面建设，沉管隧道在国内外应用越来越广泛，如港珠澳跨海通道工程、上海外环沉管隧道、宁波常洪沉管隧道、深中通道项目、美国切萨皮克跨海工程、韩国巨济-釜山连岛工程等一大批工程都采用了沉管隧道施工技术。深中通道是世界首条大规模采用钢壳混凝土组合结构的沉管隧道，其设计服役年限为100年，沉管隧道置于后期不易检查和维护的海泥区域，为满足耐久性要求，外钢壳外壁腐蚀防护采用涂层和阴极保护相结合的方式，此外钢壳还有一定的腐蚀余量。钢壳混凝土沉管隧道钢壳外壁处于复杂腐蚀环境中，形成了“复杂体系”的电化学腐蚀发生发展规律；沉管钢壳的耐久性防护体系由防腐涂层、牺牲阳极阴极保护及腐蚀余量三部分组成。目前，对沉管钢壳结构外壁在复杂海底环境中多种因素作用下的电化学腐蚀机理以及沉管钢壳外壁“不完整涂层 + 牺牲阳极”的复合防腐系统在复杂海底环境中电化学腐蚀发生发展规律的研究较少，同时针对深中通道钢壳混凝土沉管的服役环境及超高的耐久性要求等诸多特征，国内外可以借鉴的工程和研究也很少，因此研究揭示钢壳外壁在服役工况下的腐蚀机理、腐蚀发展规律及影响因素，是保障沉管隧道长寿命耐久性的关键。

本次试验研究未施加阴极保护的情况下，钢的电化学腐蚀发生的发展规律及机理。试验选取三种不同的涂层破损面积百分比制作带涂层样品，用于研究钢壳未受到阴极保护区域发生的腐蚀情况。在模拟的腐蚀环境中进行不同周期的腐蚀加速试验，对样品进行腐蚀动力学分析（动电位极化、交流阻抗、线性极化等电化学方法分析电化学行为），并进行腐蚀产物组成成分和腐蚀产物形貌分析，并结合锈蚀样品的宏观电化学及微区电化学分析，明确钢腐蚀发生的诱发机制，以及腐蚀产物的发展趋势，进而阐明钢壳混凝土沉管结构钢壳电化学腐蚀机理以及腐蚀发展规律。

本次试验同时研究沉管钢壳阴极保护欠保护区域的电化学腐蚀发生的发展规律及机理。采用外加电流法对试验样品施加稳定的阴极保护电流，模拟涂层破损。由于涂层破损面积越大，所须阴极保护电流越大，因此选取最大涂层破损面积（裸钢）制作样品，用于研究阴极保护欠保护区域（例如沉管钢壳侧面底部区域等边缘区域）发生的电化学腐蚀情况。施加稳定的直流电流，使试样阴极极化值分别为20mV、40mV、80mV，采用同未施加阴极保护试验相同的试验环境和取样周期，进行腐蚀模拟加速试验，对不同周期的样品进行腐蚀动力学分析，并进行腐蚀产物组成成分和腐蚀产物形貌分析,并结合锈蚀样品的宏观电化学及腐蚀产物微区电化学分析,明确钢腐蚀发生的诱发机制,以及腐蚀产物的发展趋势,进而阐明钢壳混凝土沉管结构钢壳电化学腐蚀机理以及腐蚀发生的发展规律。

4.1.1 涂层破损钢壳混凝土沉管外壁腐蚀模拟试验方法

4.1.1.1 样品制备

选择现场沉管用Q420C级钢作为基础研究材料,表4-1为所用钢材成分表。采用尺寸为10mm×10mm×3mm、孔径为ϕ2mm的正方形块状试样用于成分分析和形貌观察;采用尺寸为50mm×13mm×3mm、孔径为ϕ6mm的单侧孔挂片试样用于获取腐蚀速率等数据。电化学试样采用10mm×10mm×3mm的正方形块状试样、试样底面用铜导线焊接,然后用复合环氧树脂(100g环氧树脂+7g邻苯二甲酸二丁酯+10g乙二胺)封固。按照《金属和合金的腐蚀 金属和合金在表层海水中暴露和评定的导则》(GB/T 5776—2005)对试样进行处理。试验前将试样用SiC砂纸逐级打磨至1200号,用去离子水和酒精冲洗后,用丙酮除油、冷风吹干,存放于干燥皿中备用。称取原始重量(精度准确到0.1mg)、测量尺寸(精度准确到0.05mm),做好试验记录。用溶解氧仪测定海水中的溶解O_2浓度为8‰。模拟海水溶液pH值参考实海参数为7.8~8.2。

试验用低合金钢的化学成分(%) 表4-1

成分	C	Si	Mn	S	P	Cr	Ni	Ti	V	Al	Fe
质量百分比	0.19	0.50	1.21	0.022	0.025	0.25	0.68	0.12	0.08	0.018	余量

4.1.1.2 试验内容和方法

(1)腐蚀模拟加速试验

对试样进行不同周期的试验室内腐蚀模拟加速试验。通常,低合金钢的腐蚀失重曲线符合幂函数的关系($y=x^a$,$a<1$),即钢初期腐蚀速率较快,随着腐蚀时间的延长,腐蚀速率逐渐下降。因此,腐蚀初期取样的时间间隔较短,随着腐蚀时间的延长,取样的时间间隔不断地增大。因此,本试验取样周期设定为24h、168h、360h、1个月、3个月、6个月、12个月。

试验结束后对锈蚀样品进行除锈称重,以分析钢的腐蚀动力学规律。使用激光共聚焦显微镜观察除锈后钢的表面形貌,同时使用扫描电子显微镜(SEM)观察腐蚀产物的表面和截面来分析钢的腐蚀形貌,用能谱仪(EDS)分析锈层中元素的分布。通过Bruker D8 Advance型X射线衍射(XRD)分析腐蚀产物的相组成,研究钢的腐蚀发展机理,进而阐明钢在模拟典型工况腐蚀环境中的腐蚀发展规律。

(2)电化学试验

采用美国普林斯顿(型号:PARSTAT3000A-DX)电化学工作站对电化学试样进行极化

曲线测试。测试采用三电极体系,工作电极为电化学试样,测试面积为 $1cm^2$,参比电极为饱和甘汞电极(SCE),辅助电极为 Pt 电极,测试温度为室温,电介质与腐蚀模拟加速试验相同。

4.1.1.3　试验结果分析

(1)腐蚀失重分析

采用失重法计算平均腐蚀速率,使用测量精度为 0.1mg 的电子分析天平测量试验前后试样重量。将试验后的腐蚀试样非试验面上的残留 704 硅胶用小刀刮除干净。根据《金属和合金的腐蚀 腐蚀试样上腐蚀产物的清除》(GB/T 16545—2015),选用相对应的除锈液对试样表面的腐蚀产物进行清洗。腐蚀产物清洗剂(500mL 去离子水 +500mL 浓盐酸 +3.5g 六次甲基四胺)常温浸泡 15min,期间用软毛刷将试样表面腐蚀产物清洗干净,用清水清洗、丙酮除油干燥后称量。扣除空白试样在相同条件下的金属基体失重量,得到真实由于腐蚀过程中金属腐蚀溶解导致的材料损失重量。由腐蚀试验前后的试样重量差计算腐蚀速率 CR(mm/年),公式如下:

$$CR = 87600 \times W(\rho \times A \times T) \tag{4-1}$$

式中:W——试样失重(g);

ρ——金属密度(g/cm^3),一般钢取 $7.85g/cm^3$;

A——试样腐蚀面的面积(cm^2);

T——试验周期(h)。

(2)腐蚀产物分析

使用数码相机对腐蚀后的试样表面拍照,观察腐蚀加速试验后试样的宏观形貌,利用 SEM 观察除锈前试样表面的微观腐蚀形貌。腐蚀产物组成分析采用 XRD 分析。

(3)腐蚀形貌

使用数码相机对清除腐蚀产物后的试样表面拍照,观察腐蚀加速试验后试样的宏观形貌,利用激光共聚焦显微镜对除锈后的点蚀坑进行形貌观测及深度统计分析。

(4)电化学结果分析

测试不同试验周期后的电化学试样的极化曲线和电化学阻抗谱(EIS),分析腐蚀发生发展机理。

4.1.2　模拟服役工况下不同涂层破损率沉管外壁腐蚀发生机理

4.1.2.1　100%涂层破损

腐蚀模拟加速试验周期 24h、168h、360h、1 个月、3 个月、6 个月、12 个月后的试样宏观形貌如图 4-1所示。试样在海水中浸泡 360h 后,表面呈溃疡状不均匀腐蚀,有一层疏松海泥状的黄褐色腐蚀产物,部分表面有一层比较薄的黑色腐蚀产物。随着试验周期延长大约 1 个月后,试样表面全部被黄褐色腐蚀产物覆盖,腐蚀产物逐渐变厚。轻轻刮去表面的黄褐色腐蚀产物后,发现靠近里层的腐蚀产物致密、发黑,且与低合金钢基体结合非常紧密[2]。

图 4-2 为不同试验周期的试样在 SEM 下的微观形貌。试验前期形成的锈层表面形貌多为层片状和团簇状,锈层组成疏松,拥有很多空隙和孔洞。

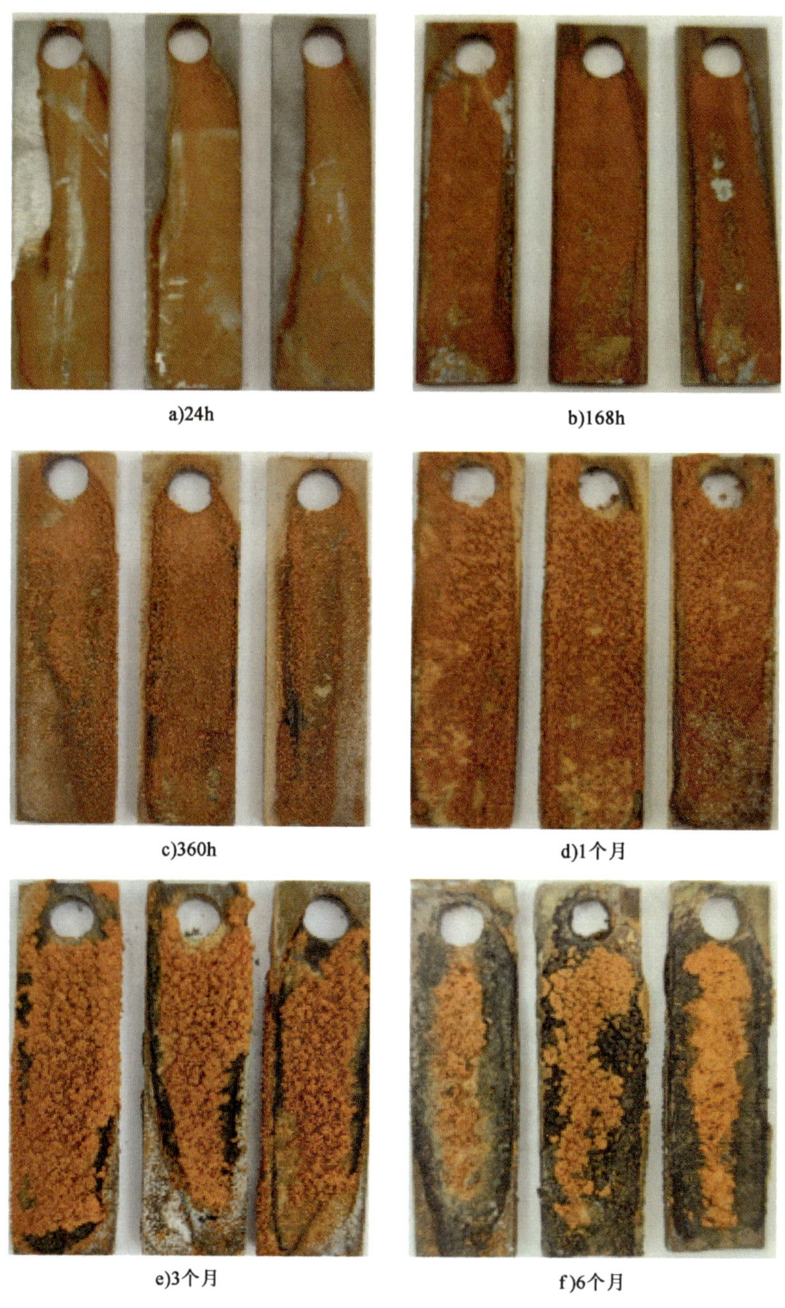

图 4-1

g)12个月

图4-1　100%涂层破损试样腐蚀模拟试验后宏观照片

但随着试验周期的延长,层片状减少,团簇状变多。图4-2g)可以看出团簇状产物部分相连,形成类似网状,空隙依旧存在,腐蚀速率有所降低,但腐蚀依旧会进一步发生。对试样进行EDS分析,试样表面腐蚀产物主要元素为Fe、O、Ca等。

a)24h　b)168h　c)360h　d)1个月

图　4-2

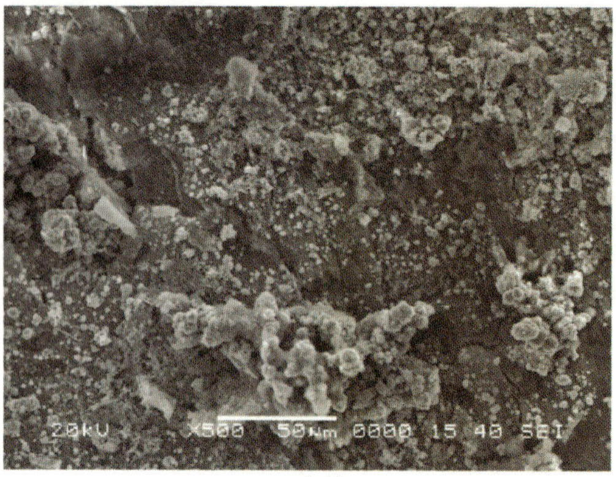

e)3个月

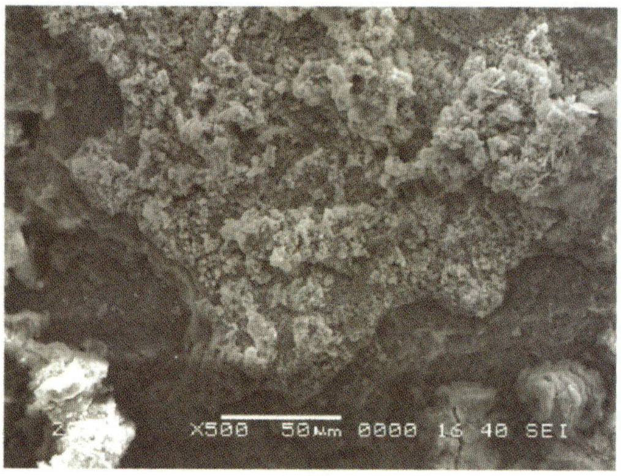

f)6个月

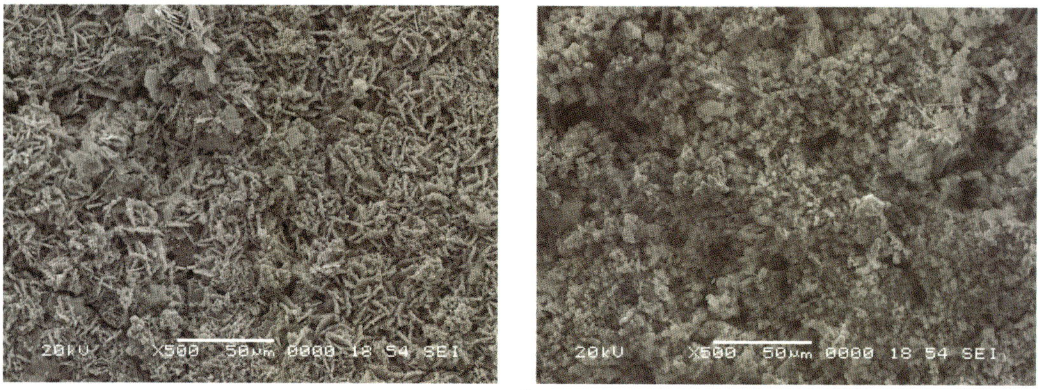

g)12个月

图4-2 100%涂层破损试样腐蚀模拟试验后微观照片

经过360h腐蚀试验的试样酸洗后在激光共聚焦显微镜下观察到了点蚀坑，且随着试验周期的延长，点蚀坑逐渐增多，深度也逐渐增加。试验周期3个月后以及试样酸洗后发现，试样表面有不均匀腐蚀，浸泡12个月的试样点蚀坑深可以达到99μm。激光共聚焦观察结果如图4-3所示。

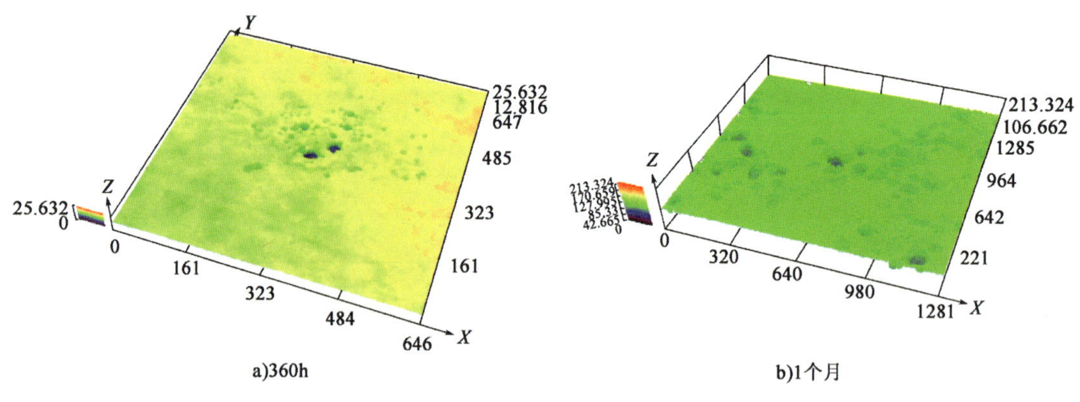

a)360h

b)1个月

图 4-3

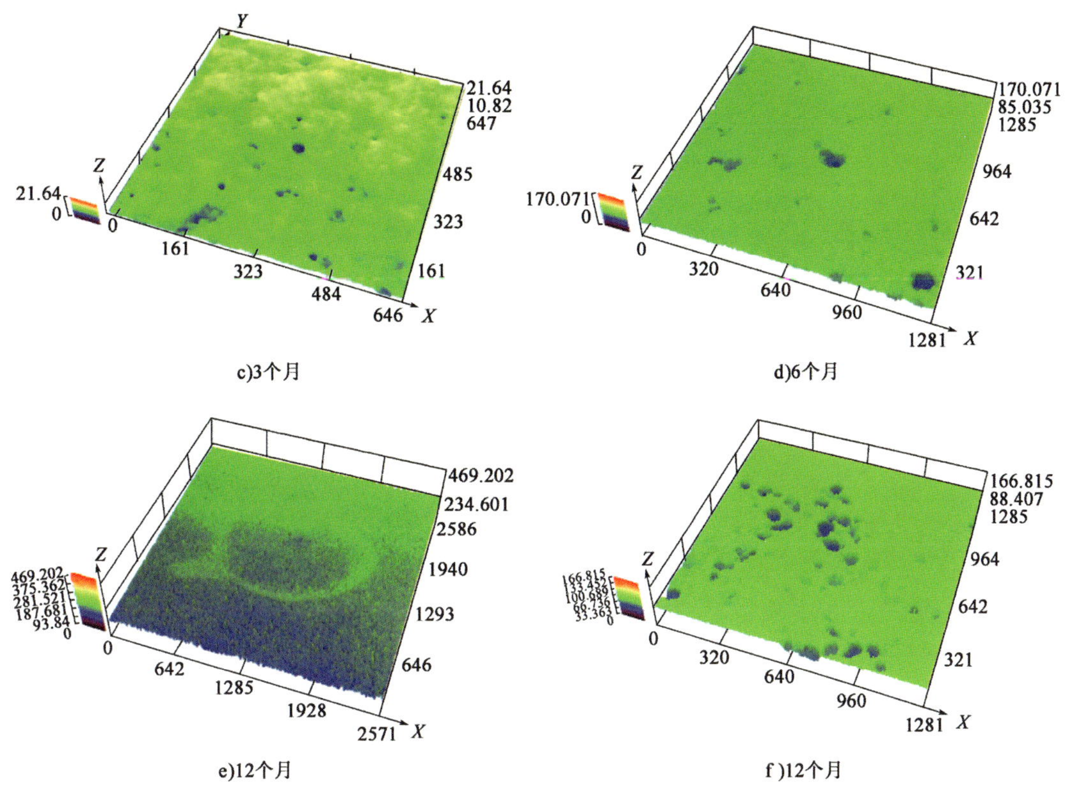

图 4-3　腐蚀模拟试验后激光共聚焦观察点蚀

羟基氧化铁(FeOOH)是钢材生成锈层的主要物质,具体存在形式有三种:①α-FeOOH,褐色,晶粒成针状,斜方晶结晶系;②β-FeOOH,淡褐色,晶粒成针状,正方晶结晶系;③γ-FeOOH,橙黄色,晶粒成针状,斜方晶结晶系[3],铁的(氢)氧化物(α-Fe_2O_3、α-FeOOH 和 γ-FeOOH)的单晶结构如图 4-4 所示。

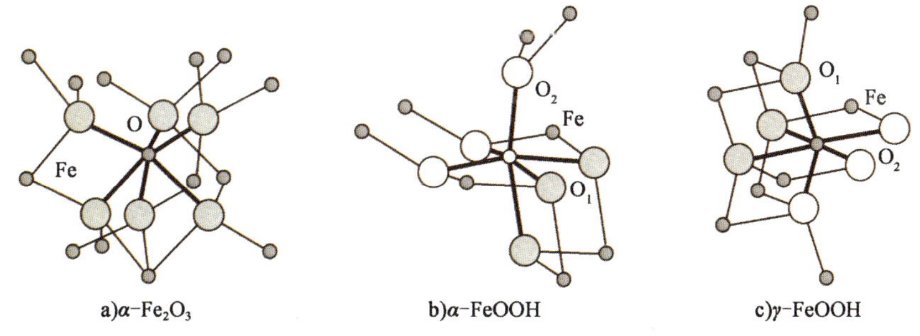

图 4-4　铁的(氢)氧化物(α-Fe_2O_3、α-FeOOH 和 γ-FeOOH)的单晶结构

采用 XRD 对腐蚀产物进行物相分析,如图 4-5 所示。从 XRD 分析结果来看,腐蚀产物主要由 Fe_3O_4、$CaCO_3$、α-FeOOH(Goethite)和 γ-FeOOH(Lepidocrocite)组成。经过对不同分层的腐蚀产物进行测试,可以得知,内部的黑色腐蚀产物为 Fe_3O_4,表层腐蚀产物为 FeOOH 和少量的 $CaCO_3$,该结果与推测相一致,并且与 SEM/EDS 结果相对应。

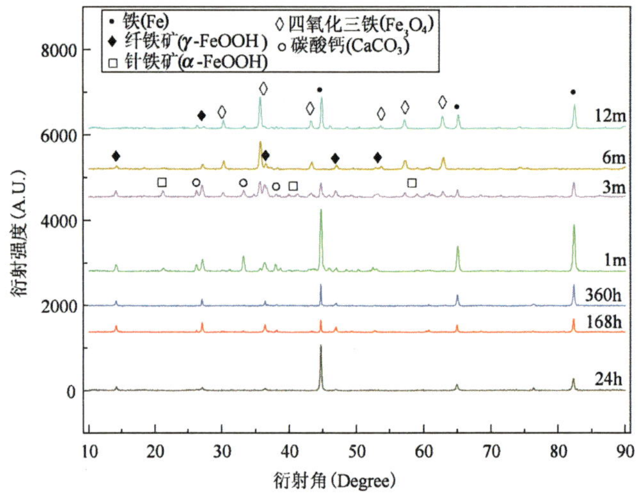

图 4-5　100%涂层破损试样在不同试验周期后腐蚀产物 XRD 图谱

4.1.2.2　10%涂层破损

10%涂层破损试样的腐蚀模拟试验周期 24h、168h、360h、1 个月、3 个月、6 个月、12 个月后的试样宏观形貌如图 4-6 所示。随着试验周期延长，破损区域被一层疏松海泥状的黄褐色腐蚀产物所覆盖，腐蚀产物逐渐变厚。经过对试样腐蚀产物进行 SEM/EDS、XRD 测试，腐蚀产物成分与 100%涂层破损条件下的相同。

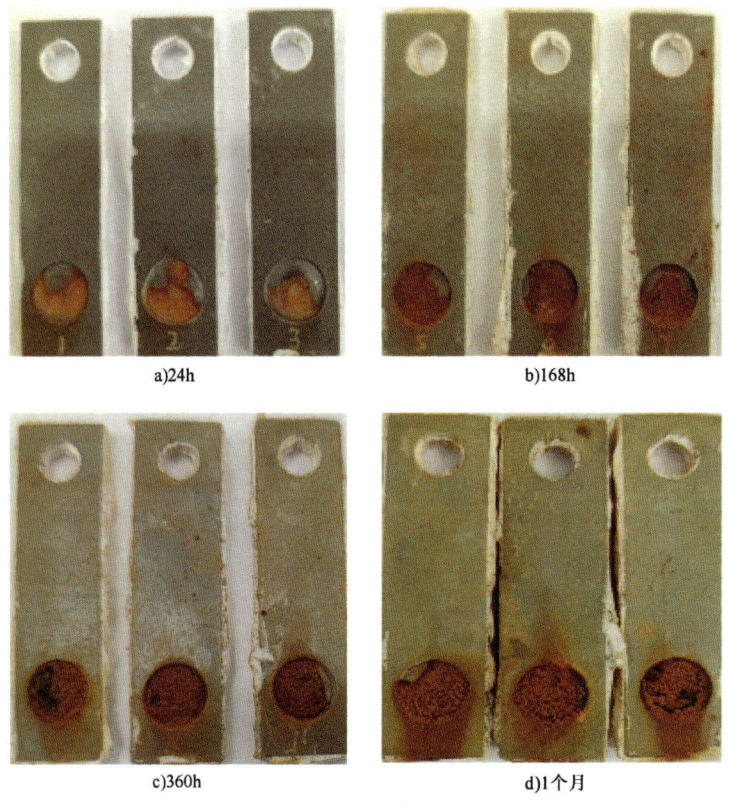

图　4-6

e)3个月

f)6个月

g)12个月

图4-6　10%涂层破损试样腐蚀模拟试验后宏观照片

4.1.2.3　2%涂层破损

2%涂层破损试样的腐蚀模拟试验周期24h、168h、360h、1个月、3个月、6个月、12个月后的试样宏观形貌如图4-7所示。随着试验周期延长，破损区域被一层疏松海泥状的黄褐色腐蚀产物所覆盖，腐蚀产物逐渐变厚，情况与10%涂层破损条件下的相同。经过对试样腐蚀产物进行SEM/EDS、XRD测试，腐蚀产物成分与100%涂层破损条件下的相同。

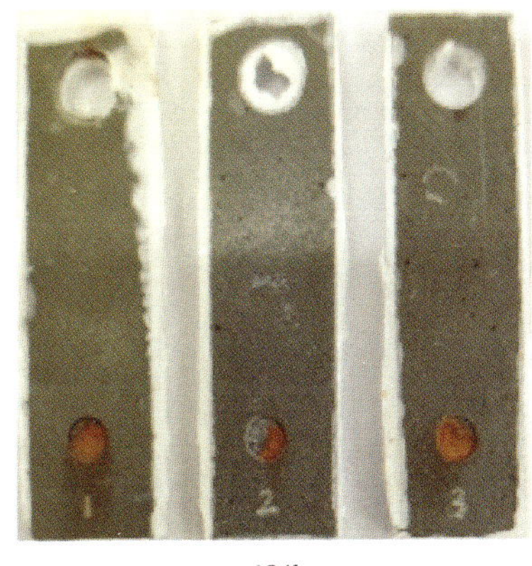

a)24h

b)168h

图　4-7

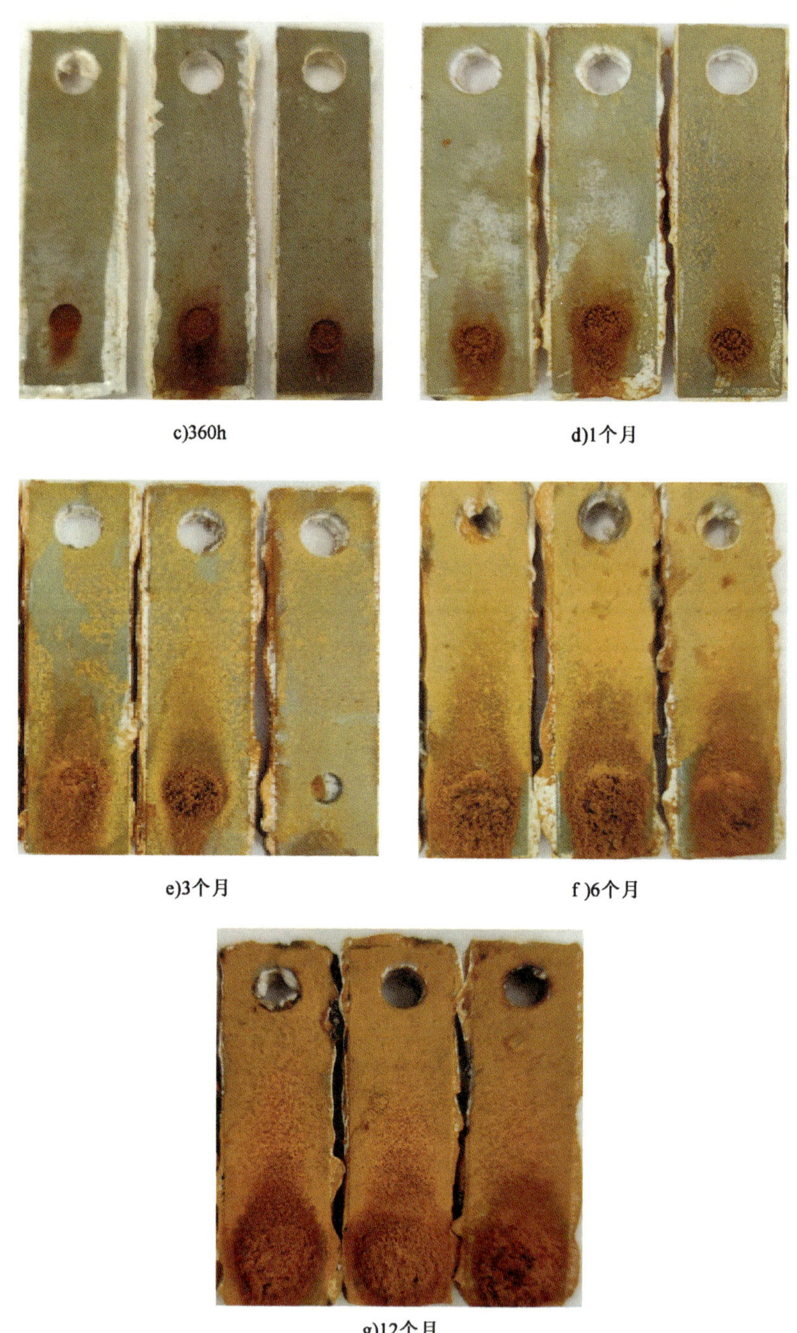

c)360h　　d)1个月

e)3个月　　f)6个月

g)12个月

图4-7　2%涂层破损试样腐蚀模拟试验后宏观照片

4.1.2.4　20mV 阴极极化

对试样进行20mV阴极极化，试验周期24h、168h、360h、1个月、3个月、6个月、12个月的试样宏观形貌如图4-8所示。腐蚀产物相对于裸钢而言少一些，但同样在试样表面呈溃疡状不均匀腐蚀,有一层疏松海泥状的黄褐色腐蚀产物。随着试验周期的延长,试样表面全部被黄褐色腐蚀产物覆盖,腐蚀产物逐渐变厚。里层的腐蚀产物致密、发黑,且与低合金钢基体结合非常紧密[2]。

a)24h　b)168h　c)360h　d)1个月　e)3个月　f)6个月

图　4-8

g)12个月

图 4-8　20mV 阴极极化腐蚀模拟试验后宏观照片

图 4-9 为 20mV 阴极极化腐蚀模拟试验后的 SEM 下的微观形貌。试验前期形成的锈层表面形貌多为层片状和团簇状，锈层组成疏松，拥有很多空隙和孔洞。

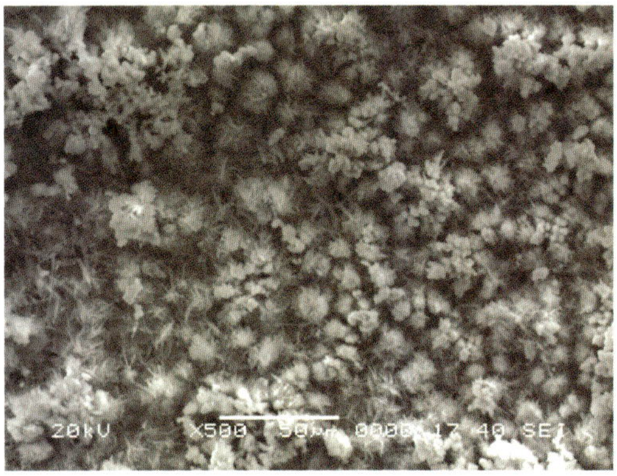

a)24h

b)168h

c)360h

d)1个月

图　4-9

e)3个月

f)6个月

g)12个月

图4-9　20mV阴极极化腐蚀模拟试验后微观照片

随着试验周期的延长,层片状减少,团簇状变多。对试样进行EDS分析,试样表面腐蚀产物主要元素为Fe、O、Ca等。

采用XRD对腐蚀产物进行物相分析,结果如图4-10所示。从XRD分析结果来看,腐蚀产物主要由$CaCO_3$和γ-FeOOH组成。对不同分层的腐蚀产物进行测试,发现内部的黑色腐蚀产物为Fe_3O_4,表层腐蚀产物为FeOOH和$CaCO_3$,由于阴极极化作用,Ca^{2+}、Mg^{2+}在表层沉积,该结果与推测相一致,并且与SEM/EDS结果相对应。

4.1.2.5　40mV阴极极化

对试样进行40mV阴极极化,试验周期24h、168h、360h、1个月、3个月、6个月、12个月的试样宏观形貌如图4-11所示。个别试样发生了呈溃疡状的不均匀腐蚀,有一层疏松海泥状的黄褐色腐蚀产物。根据宏观形貌可以看出,腐蚀过程为首先生成黑色的致密腐蚀产物跟试样基体附着,然后由于阴极极化作用生成了一些白色的钙镁沉积层,随着试验周期延长,试样表面被黄褐色腐蚀产物覆盖,腐蚀产物逐渐变厚。

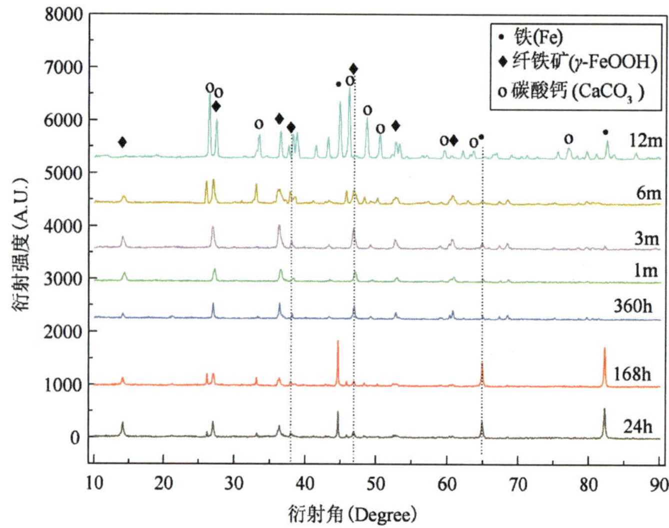

图 4-10　20mV 阴极极化不同试验周期后腐蚀产物 XRD 图谱

a)24h　b)168h　c)360h　d)1个月

图　4-11

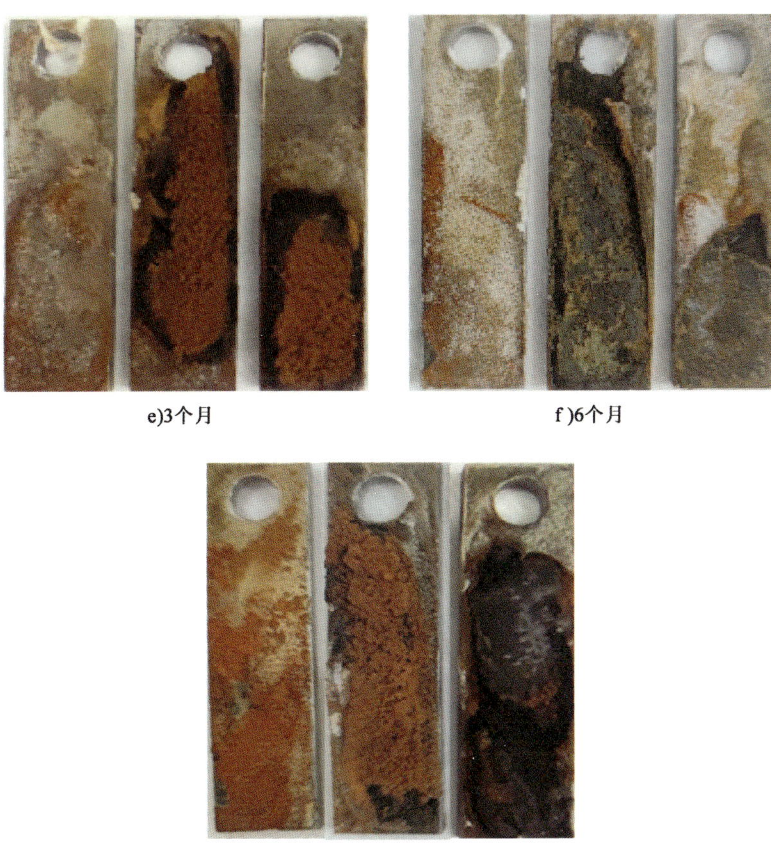

e)3个月　　f)6个月

g)12个月

图 4-11　40mV 阴极极化腐蚀模拟试验后宏观照片

图 4-12 为 40mV 阴极极化腐蚀模拟试验后的 SEM 下的微观形貌。试验前期形成的锈层表面形貌多为层片状和团簇状，锈层组成疏松，拥有很多空隙和孔洞。随着试验周期延长，试样表面生成了如图 4-12f) 所示的层片状腐蚀产物。对试样进行 EDS 分析，试样表面腐蚀产物主要元素为 Fe、O、Ca 等。

a)24h　　b)168h

图　4-12

c)360h

d)1个月

e)3个月

f)6个月

g)12个月

图4-12　40mV阴极极化腐蚀模拟试验后微观照片

采用XRD对腐蚀产物进行物相分析，结果如图4-13所示。从XRD分析结果来看，腐蚀产物主要由$CaCO_3$和γ-FeOOH组成。经过对不同分层的腐蚀产物进行测试，可以得知，内部

的黑色腐蚀产物为 Fe_3O_4，表层腐蚀产物为 FeOOH 和 $CaCO_3$，由于阴极极化作用，Ca^{2+}、Mg^{2+} 在表层沉积，经测试图 4-12 中层片状腐蚀产物主要成分为 $CaCO_3$。该结果与推测相一致，并且与 SEM/EDS 结果相对应。

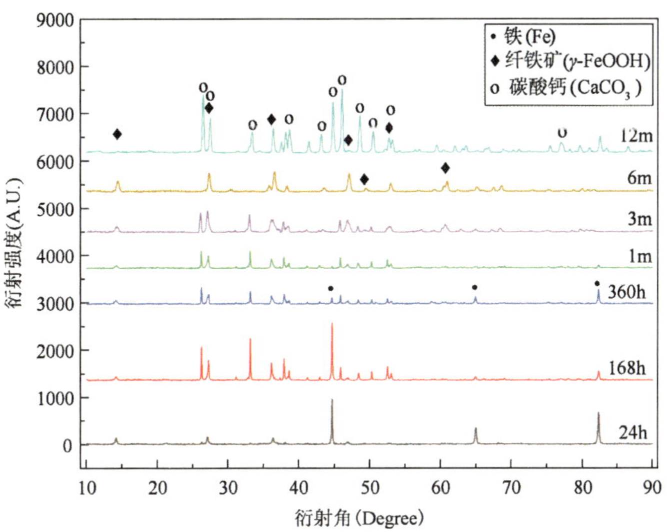

图 4-13　40mV 阴极极化不同试验周期后腐蚀产物 XRD 图谱

4.1.2.6　80mV 阴极极化

对试样进行 80mV 阴极极化，试验周期 24h、168h、360h、1 个月、3 个月、6 个月、12 个月的试样宏观形貌如图 4-14 所示。个别试样发生了呈溃疡状的不均匀腐蚀，有一层疏松海泥状的黄褐色腐蚀产物。根据宏观形貌可以看出，腐蚀过程为首先生成黑色的致密腐蚀产物跟试样基体附着，然后由于阴极极化作用生成了一些白色的钙镁沉积层，随着试验周期的延长，试样表面被黄褐色腐蚀产物覆盖，腐蚀产物逐渐变厚。

a)24h　　b)168h

图　4-14

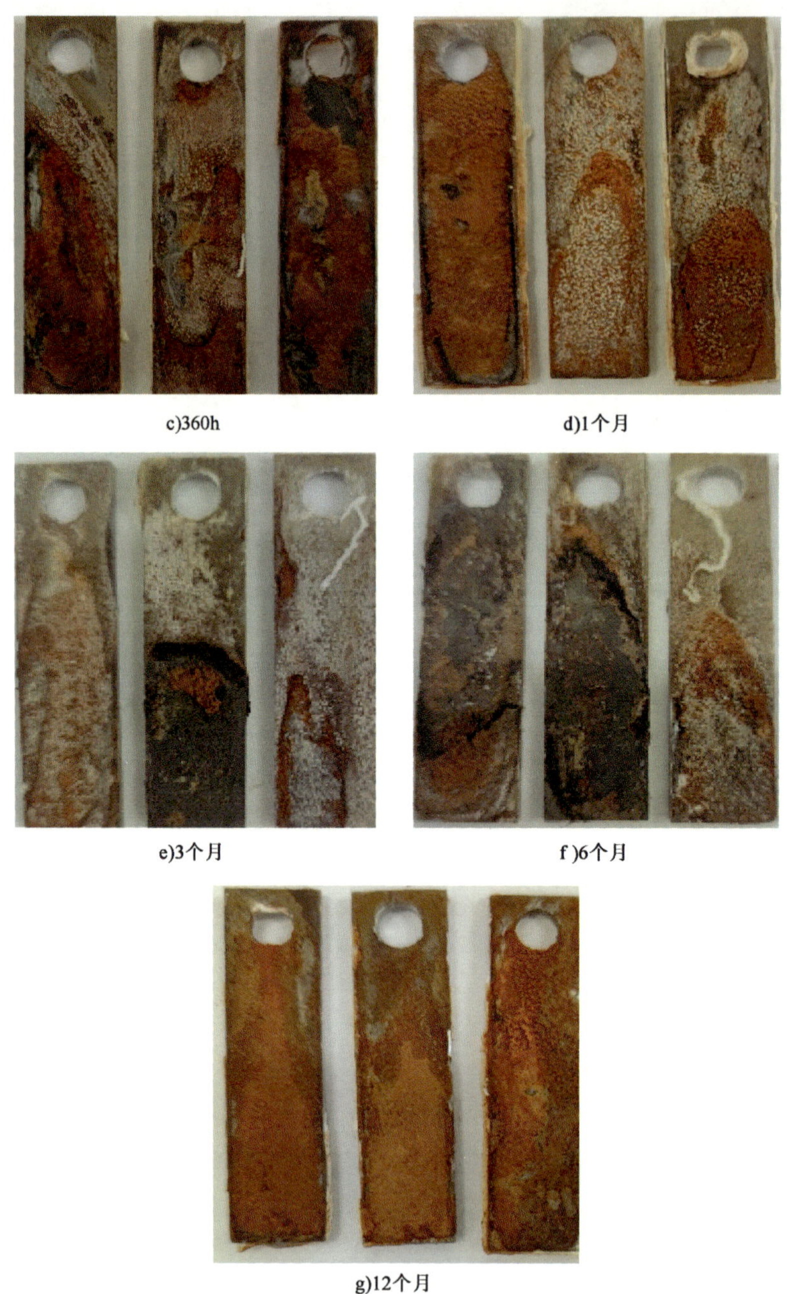
c)360h d)1个月 e)3个月 f)6个月 g)12个月

图4-14 80mV 阴极极化腐蚀模拟试验后宏观照片

图4-15为80mV阴极极化腐蚀模拟试验后的扫描电子显微镜下的微观形貌。试验前期形成的锈层表面形貌多为层片状和团簇状,锈层组成疏松,拥有很多空隙和孔洞。随着试验周期延长,试样表面生成了如图4-15f)、g)的层片状腐蚀产物。对试样进行EDS分析,试样表面腐蚀产物主要元素为Fe、O、Ca等。

采用 XRD 对腐蚀产物进行物相分析，结果如图 4-16 所示。从 XRD 分析结果来看，腐蚀产物主要由 $CaCO_3$ 和 γ-FeOOH 组成。对不同分层的腐蚀产物进行测试，发现内部的黑色腐蚀产物为 Fe_3O_4，表层腐蚀产物为 FeOOH 和 $CaCO_3$，由于阴极极化作用，Ca^{2+}、Mg^{2+} 在表层沉积。经测试，图 4-15f)、g) 中层片状腐蚀产物主要成分为 $CaCO_3$。该结果与推测相一致，并且与 SEM/EDS 结果相对应。

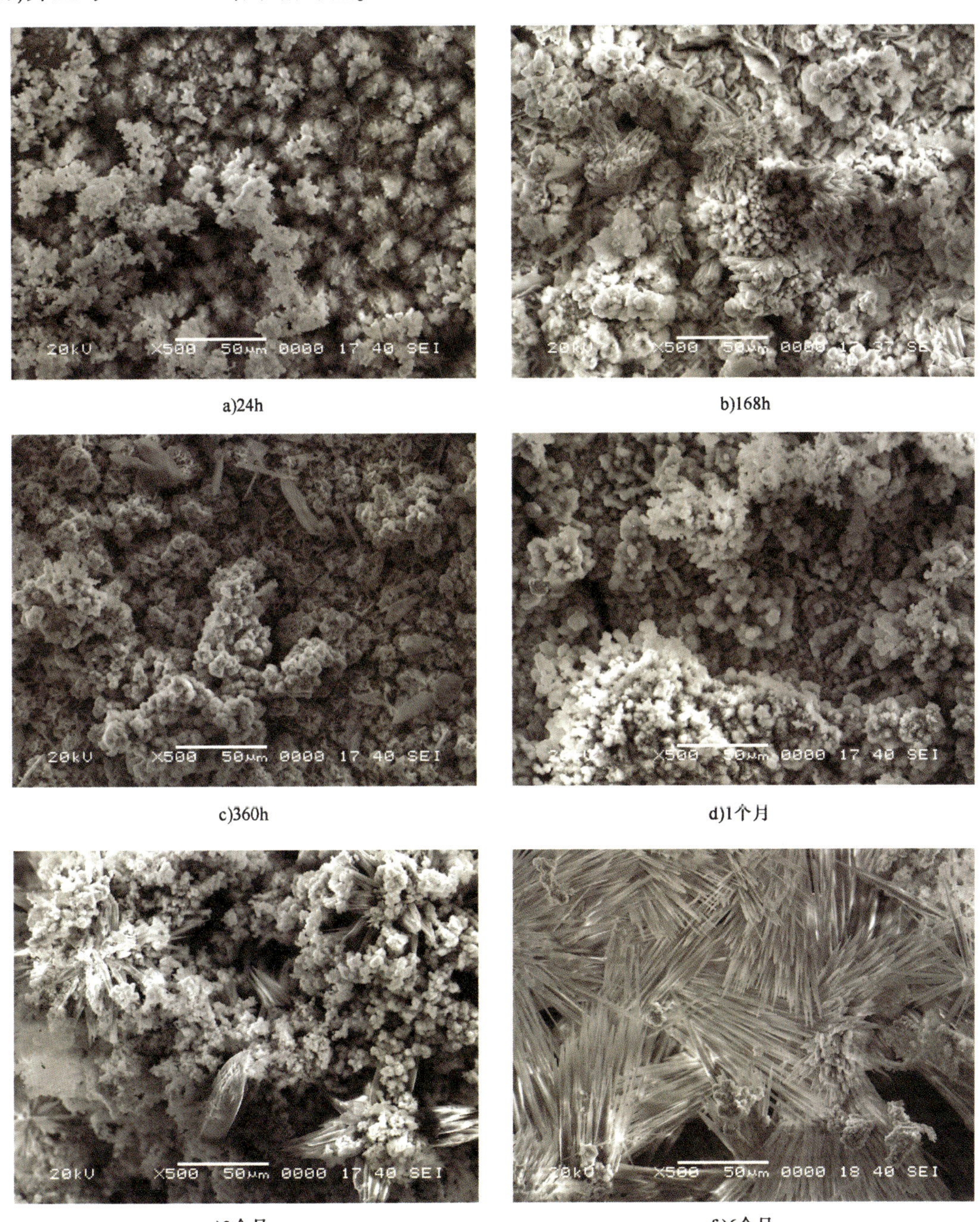

a)24h　b)168h

c)360h　d)1个月

e)3个月　f)6个月

图　4-15

g)12个月

图 4-15 80mV 阴极极化腐蚀模拟试验后微观照片

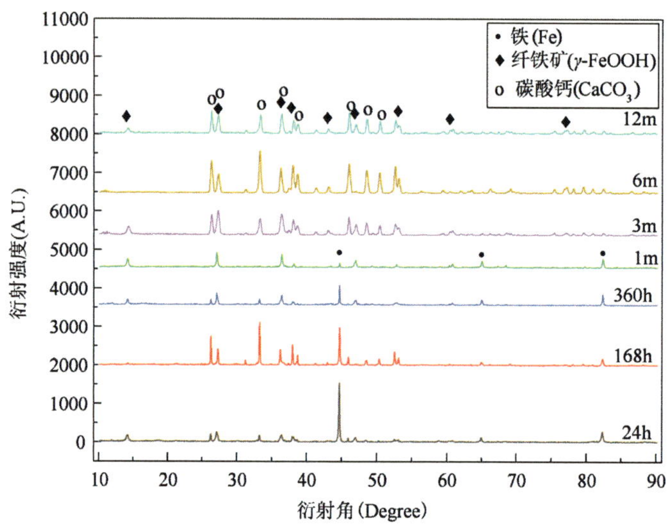

图 4-16 80mV 阴极极化不同试验周期后腐蚀产物 XRD 图谱

对不同试验条件、不同试验周期的试样进行酸洗，采用失重法对腐蚀速率进行评价，结果见表 4-2，腐蚀速率曲线如图 4-17 所示。裸钢与施加一定阴极极化的试样腐蚀速率趋势大致相同，随着试验周期延长，腐蚀速率呈指数关系下降，施加一定阴极极化可以对腐蚀速率起到减缓作用。

不同试验条件不同周期的腐蚀速率(mm/年) 表 4-2

试验周期	腐蚀速率			
	100% 涂层破损	20mV 阴极极化	40mV 阴极极化	80mV 阴极极化
24h	0.30389	0.70357	0.60909	0.79351
168h	0.16092	0.14997	0.10066	0.14198
360h	0.14516	0.07035	0.03665	0.06993
1 个月	0.12908	0.05652	0.10669	0.06602
3 个月	0.10882	0.06657	0.05057	0.04706

续上表

试验周期	腐蚀速率			
	100%涂层破损	20mV 阴极极化	40mV 阴极极化	80mV 阴极极化
6 个月	0.10219	0.0606	0.06997	0.03758
12 个月	0.08187	0.05281	0.02145	0.02175

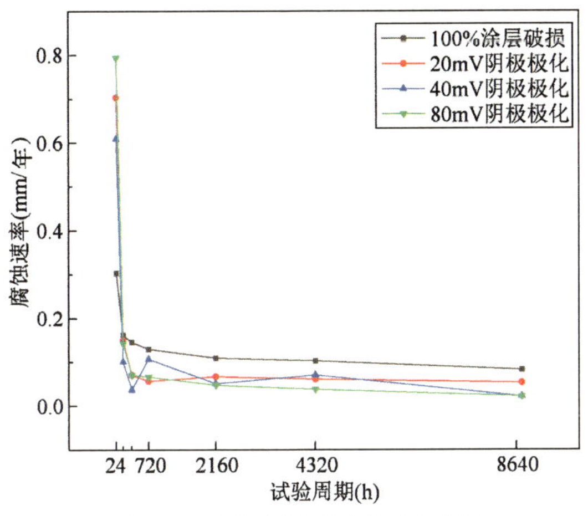

图 4-17　不同试验条件腐蚀速率曲线

4.1.2.7　电化学结果分析

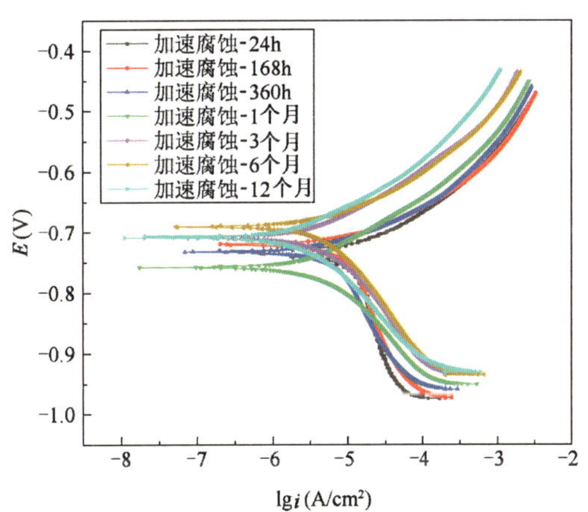

图 4-18　试样在模拟海水溶液不同试验周期的极化曲线

极化曲线是重要的电化学测试技术，通过对极化曲线的比较，可以得出不同试验周期的 Q420C 级低合金高强度结构钢的腐蚀反应机理和腐蚀速率的变化。图 4-18 为 Q420C 级钢在模拟海水溶液中浸泡 24h、168h、360h、1 个月、3 个月、6 个月、12 个月的动电位极化曲线。从图 4-18 中可以看出，Q420C 级钢在模拟海水溶液中呈现活性溶解，没有出现钝化现象。短时间内(1 个月内)极化曲线的阳极部分没有表现出明显差别，说明随着腐蚀试验的进行，Q420C 级钢表面积累的锈层对于阳极反应过程影响不大，即腐蚀产物的堆积不会影响钢的腐蚀机理。但随着浸泡时间延长，腐蚀产物积累越来越多，极化曲线呈现出左移倾向，阳极电流减小，说明腐蚀速率减小。当 3 个月后，腐蚀产物越积越多，极化曲线阳极部分又表现出无明显的差别，可能是由于锈层逐渐增厚，钢表面完全被铁锈覆盖，钢表面性质达到比较稳定状态。

EIS 也是腐蚀电化学领域常用的测量方法。图 4-19 是 Q420C 级钢在模拟海水溶液中浸泡 24h、168h、360h、1 个月、3 个月、6 个月、12 个月的 EIS。从图中可以看出，试样阻抗值随时间发生了明显的变化，阻抗先减小后增大。试验初期，试样由于刚刚接触富含氧气的模拟海水溶液,腐蚀速率不断增大,并且由于试验初期产生的腐蚀产物较少,表面没有完全被铁锈覆盖,不能阻挡氧气的扩散,而且锈层会促进电极的阴极过程,抑制其阳极过程,使得阻抗减小,腐蚀速率增大。随着试验周期延长,锈层逐渐增厚,氧气浓度减小,抑制了金属基体上氧的去极化作用,则电极的阻抗变大,腐蚀速度减慢。

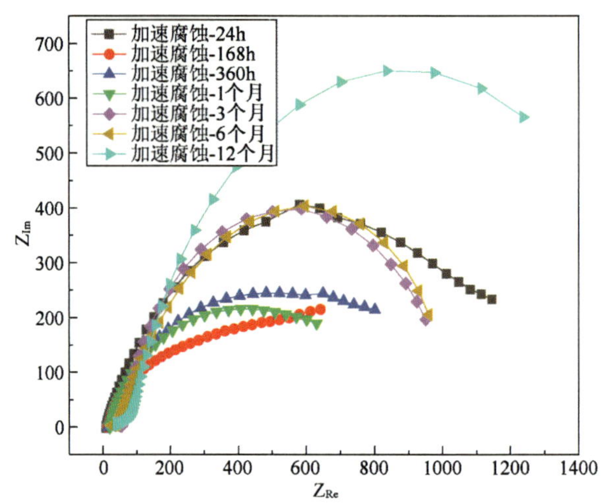

图 4-19 试样在模拟海水溶液中不同试验周期的阻抗图

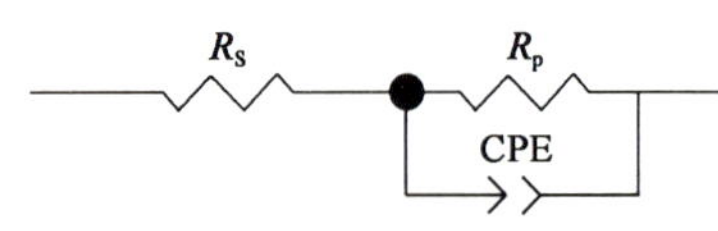

图 4-20 在模拟海水溶液中阻抗结果对应的等效电路图

短期试验时,Q420C 级钢的腐蚀相对较轻,试样表面腐蚀产物是一层疏松的锈层。随着试验周期延长,锈层变厚,引起钢在模拟海水环境中腐蚀电化学行为的变化,最重要的就是极化电阻 R_p 的变化。为了进一步分析钢在海水中的腐蚀电化学过程,采用图 4-20 所示的等效电路对结果进行拟合分析,从而求得其 R_p 的值。图 4-20 中,R_s 代表溶液电阻,CPE 代表电极与电解质溶液界面的双电层电容,拟合结果见表 4-3。

EIS 拟合得到的电化学参数 表 4-3

试样	24h	168h	360h	1 个月	3 个月	6 个月	12 个月
$R_p(\Omega \cdot cm^2)$	1205	709.2	667.6	894.8	1044	1498	3949

从拟合结果可以看出,在 24 ~ 360h 的短周期试验中,试样被海水侵蚀,极化电阻有降低的倾向。随着试验周期的延长,腐蚀产物逐渐沉积在样品表面,形成相对稳定的产物层,极化电阻逐渐升高。极化电阻的大小直接影响腐蚀速率的结果,极化电阻大的腐蚀速率小,意味着腐蚀速率在后期会表现出减小的规律,这与失重法所得结果相吻合。

4.1.3 模拟服役工况下不同涂层破损率沉管外壁 100 年腐蚀发展规律研究

根据上文腐蚀试验结果,构建腐蚀预测模型,根据文献调研结果[4],腐蚀失重与时间的关系符合幂指数规则:$\Delta W = At^n$。当根据试验数据进行曲线拟合时,可由 R^2 评价试验数据与拟合函数之间的吻合程度，R^2值越接近1，吻合程度越高，R^2值越接近0，则吻合程度越低。

对试验结果进行腐蚀预测模型构建，并且随机抽取7个数据点进行比对，并修正模型，结果如图4-21所示。可以发现预测值比真实值小，相关系数$R^2=0.84$。

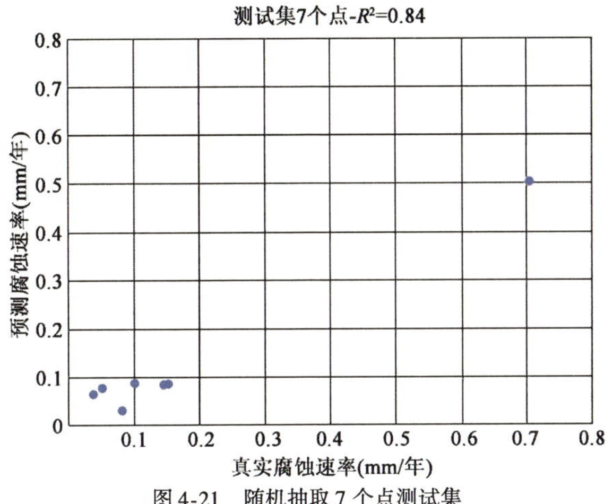

图4-21 随机抽取7个点测试集

用构建的腐蚀预测模型预测本次试验所有数据，结果如图4-22所示，预测相关系数$R^2=0.91$，预测的腐蚀速率比实际值偏小。

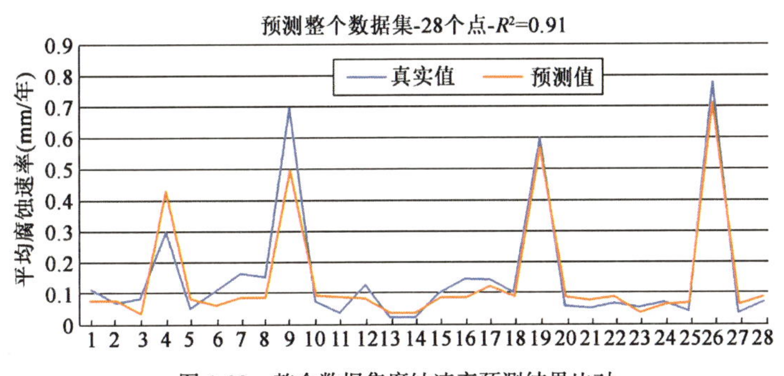

图4-22 整个数据集腐蚀速率预测结果比对

结合现有腐蚀速率，可得到100年后的腐蚀速率，见表4-4，1d的腐蚀速率最高为0.3mm/年，随着时间延长，腐蚀速率无限趋近于零。通过软件拟合数据点，可得幂指数函数关系式为：

$$y = 0.01x^{-0.973} \tag{4-2}$$

腐蚀速率预测表 表4-4

时间(年)	时间(h)	实际腐蚀速率(mm/年)	预测腐蚀速率(mm/年)
—	24	0.30389	—
—	168	0.16092	—
—	360	0.14516	—
—	720	0.12907	—
—	2160	0.10882	—

续上表

时间(年)	时间(h)	实际腐蚀速率(mm/年)	预测腐蚀速率(mm/年)
—	4320	0.10218	—
1	8760	0.08186	—
2	17520	—	0.0324765
3	26280	—	0.013425
5	43800	—	0.002312
10	87600	—	0.001045
30	262800	—	0.000326
50	438000	—	0.000091
80	700800	—	0.000037
100	876000	—	0.000014

对上述腐蚀速率进行拟合,得到图4-23的长时间腐蚀速率预测曲线。由于本次试验加速比设定为4(通过预试验确定的数值),故通过计算图4-23中曲线下方与x轴围成面积即为腐蚀量,即求解$\int_{30}^{0} 0.01x^{-0.973}dx$可得,腐蚀量为0.41mm。短期的腐蚀速率最大,假如以试验1d的腐蚀速率为基准,100年后钢壳的腐蚀量为7.5mm左右。随着时间延长,由于腐蚀产物地累积,腐蚀速率会呈下降趋势。深中通道沉管钢壳外壳采用防腐涂层、牺牲阳极阴极保护及腐蚀余量三重防腐措施,可以使沉管钢壳的腐蚀风险降到最小。

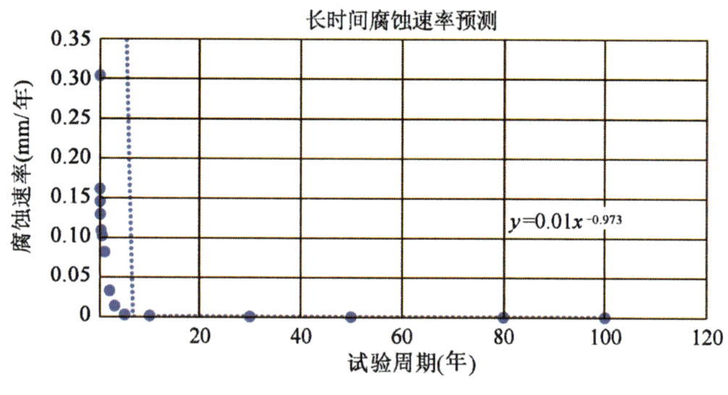

图4-23 长时间腐蚀速率预测曲线

4.2 流动海水条件下钢壳混凝土沉管外壁腐蚀性能

4.2.1 流动海水条件下钢壳混凝土沉管外壁腐蚀模拟试验方法

4.2.1.1 试验材料及环境

本试验方案中考虑溶液流动性扰动对Q420C级钢腐蚀的影响,将试样加工成250mm×50mm×10mm大小后,对材料表面进行处理,并使用卡尺测量涂层厚度使其满足实际设计要求，试验前将涂层后的试样放入无水酒精中进行超声波清洗，清洗后冷风吹干，放入干燥器中干燥24h后称取原始重量（精度准确到0.01g），并测量尺寸（精度准确到0.05mm）。试验钢板腐蚀加速比为1，pH值为7.8～8.0。

4.2.1.2　试验方法

（1）用于自然浸泡的试样

所有试样采用机械方法切割，取样时避开母材的边缘处，切割成尺寸为250mm×50mm×10mm的试片。然后在水磨机上打磨，采用水磨砂纸逐级打磨。将打磨好的试样先用石油醚除油，在去离子水中清洗，然后在无水酒精中进行超声波震荡，最后在无水酒精中浸泡脱水5min。将脱水后的试样从无水酒精中取出，立即用两层滤纸将其吸干，放在60℃的烘箱中干燥。最后将试样用干净滤纸包好，放入干燥器内干燥，过24h后将试样逐个称重。

（2）用于电化学方法的试样

将用于电化学测试的试样切割成250mm×50mm×10mm的试片，一端为工作面，另一端焊上导线。除工作面外，其余面用环氧树脂封装。在试验前将所有试样用水磨砂纸逐级打磨，然后用去离子水清洗、石油醚除油后，用无水酒精擦拭，放在干燥器中备用。

（3）试样放置

将所有自然浸泡试样和电化学试样同时浸泡在室内海水试验箱中。试验箱内海水的体积与试样的总面积比值大于25，试样上端与液面距离超过5cm，试样之间的间距大于2cm。流动体系的试验箱中安置了循环泵，控制流速为1m/s。室内的平均温度为20℃，试验所用的海水环境每个月更换一次。

（4）腐蚀产物的清除

将试样从实验箱中取出，用硬毛刷刷掉试样表面疏松的腐蚀产物，用刀片小心剥去内锈层，然后浸入酸液（配比为：盐酸500mL，六次甲基四胺20g，水1L）中清洗剩余的腐蚀产物，在室温下清除干净为止，同时用一块空白片做校正。将试样取出后用自来水冲洗干净，然后利用无水酒精超声波脱水。将试样放入60℃烘箱中烘干，随后放入干燥器中，待24h后称重。每个试验周期采用3个平行试样，结果取平均值。

4.2.2　静止海水环境下钢壳混凝土沉管外壁腐蚀性能

静止海水环境下钢板腐蚀试验现象如图4-24～图4-26所示。

从图4-24可以看出，放置在静止海水环境下无涂层无阴极保护的钢板，在腐蚀1个月时，试件表面处于完好状态；腐蚀2个月后，钢板表面出现明显锈迹，锈斑呈铁红色，表明钢板表面已有锈蚀产物出现；随着腐蚀进程的发展，当腐蚀发生3个月时，钢板表面出现较浅的锈坑，试件表面的铁锈非常明显；腐蚀4个月后，钢板表面脱落出鳞片状铁锈，腐蚀速率加快，且腐蚀程度较为严重；腐蚀发生至5个月时，钢板表面有大块锈蚀物脱落，最大尺寸可达20mm×50mm，腐蚀程度严重，与4个月时相比，钢板质量损失较为明显。

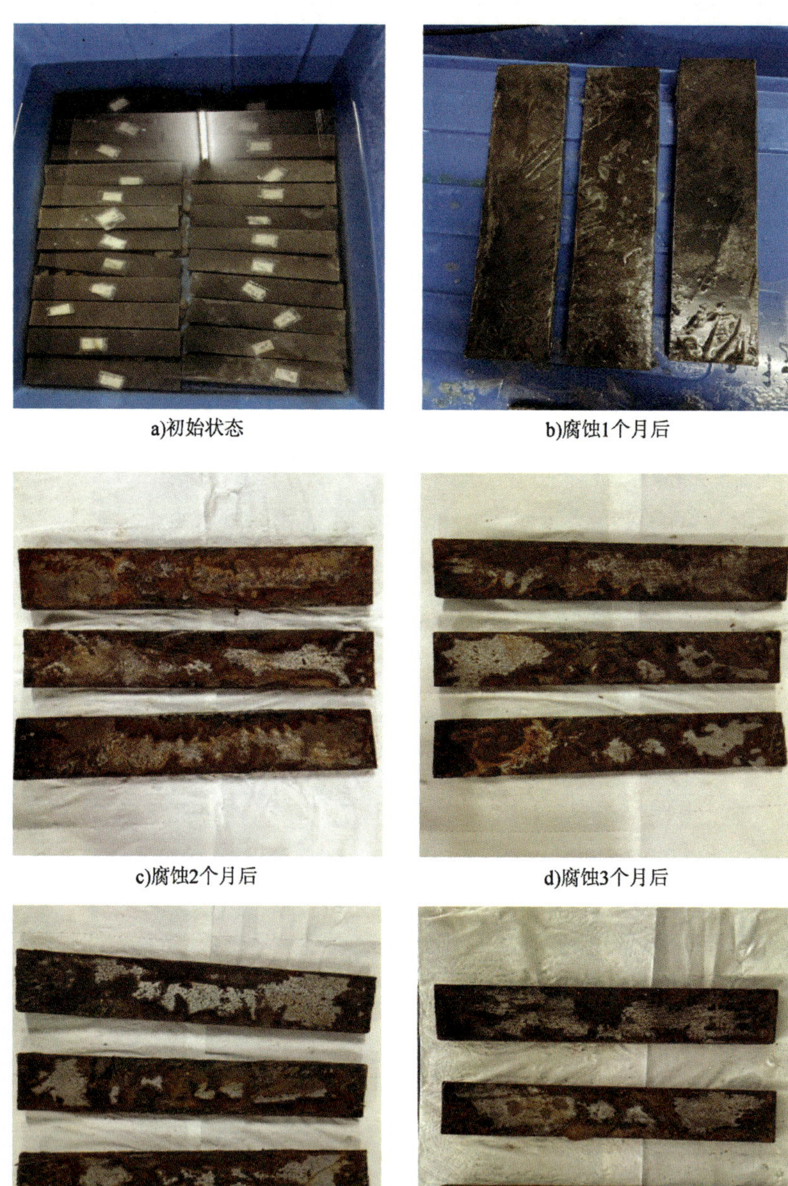

a)初始状态　b)腐蚀1个月后

c)腐蚀2个月后　d)腐蚀3个月后

e)腐蚀4个月后　f)腐蚀5个月后

图4-24　静止海水环境下无涂层无阴极保护钢板腐蚀形态

从图4-25可以看出,放置在静止海水环境下有涂层无阴极保护的钢板,在腐蚀1个月时,试件表面处于完好状态;腐蚀2个月后,钢板表面仍未出现明显锈迹,表明涂层对钢板有较好的防腐保护;腐蚀3个月后,钢板表面出现个别尺寸为5mm×5mm的锈迹,其余部分钢板涂层出现剥落;腐蚀4个月后,钢板表面出现较浅锈坑,其余部分钢板也有锈蚀产物出现;腐蚀至5个月时,钢板角部区域锈蚀程度较严重,该区域钢板表面出现明显锈坑,且钢板锈蚀产物出现堆积,与4个月时相比,其锈蚀率略有增加。

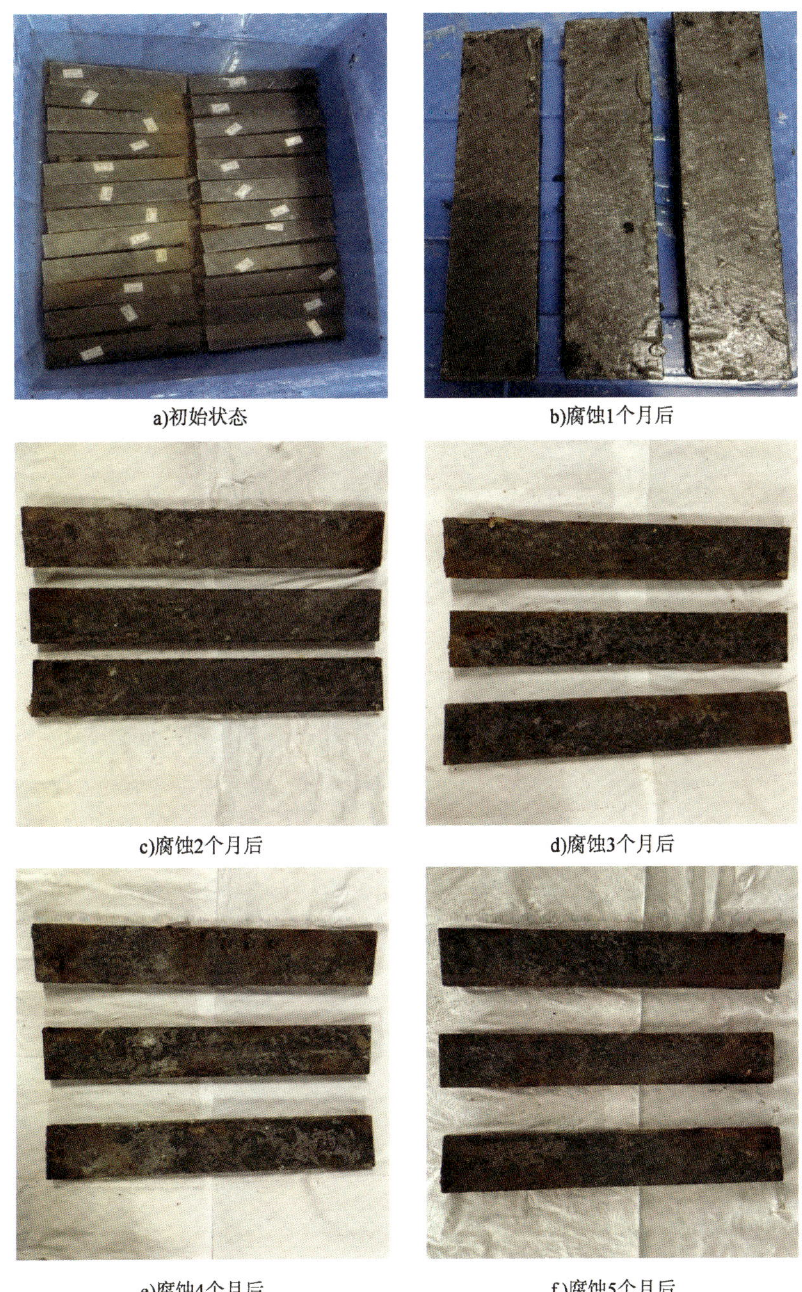

a)初始状态　b)腐蚀1个月后

c)腐蚀2个月后　d)腐蚀3个月后

e)腐蚀4个月后　f)腐蚀5个月后

图4-25　静止海水环境下有涂层无阴极保护钢板腐蚀形态

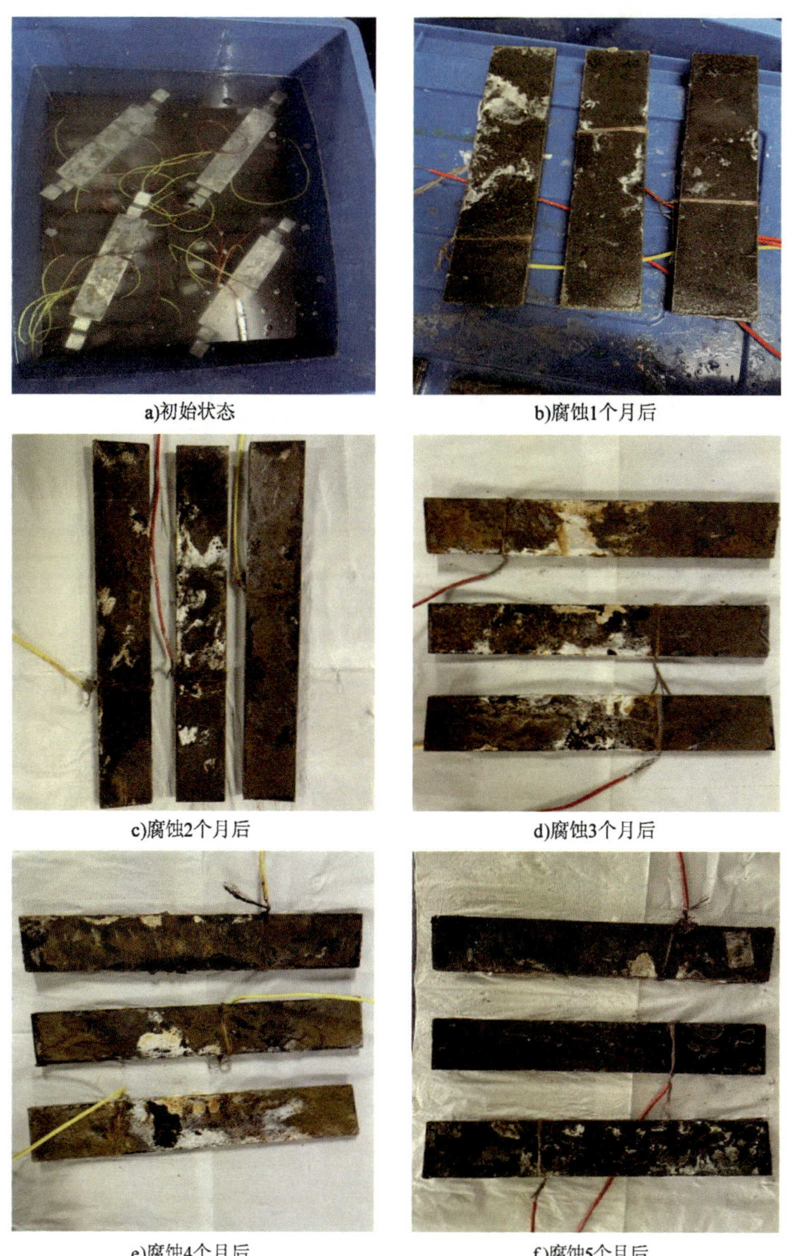

a)初始状态　b)腐蚀1个月后

c)腐蚀2个月后　d)腐蚀3个月后

e)腐蚀4个月后　f)腐蚀5个月后

图 4-26　静止海水环境下有涂层有阴极保护钢板腐蚀形态

从图 4-26 可以看出,放置在静止海水环境下有涂层有阴极保护的钢板,在腐蚀 1 个月时,与有涂层无阴极保护的试件类似,试件表面处于完好状态;腐蚀 2 个月后,钢板表面仍未出现明显锈迹,仅在接线端出现 NaCl 结晶物,表明施加阴极保护对钢板起到较好的防腐效果;腐蚀 3 个月后,钢板表面出现个别锈斑,涂层仍较完好;腐蚀 4 个月后,钢板表面出现较明显锈迹,表明有锈蚀产物出现;腐蚀至 5 个月时,钢板表面涂层几乎全部脱落,钢板锈蚀程度加大,与 4

个月时相比,由于阴极保护,以及锈蚀产物堆积效应较明显,钢板锈蚀率虽有少量增加,但腐蚀速率在下降。

静止海水环境下钢板腐蚀试验结果如图 4-27、图 4-28 所示。

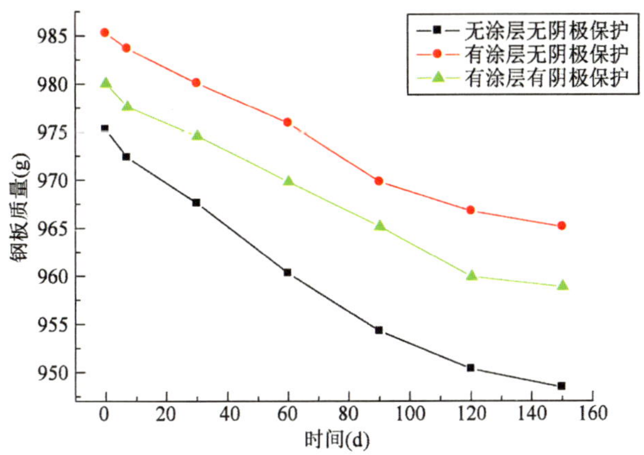

图 4-27　静止海水环境下钢板腐蚀质量损失情况

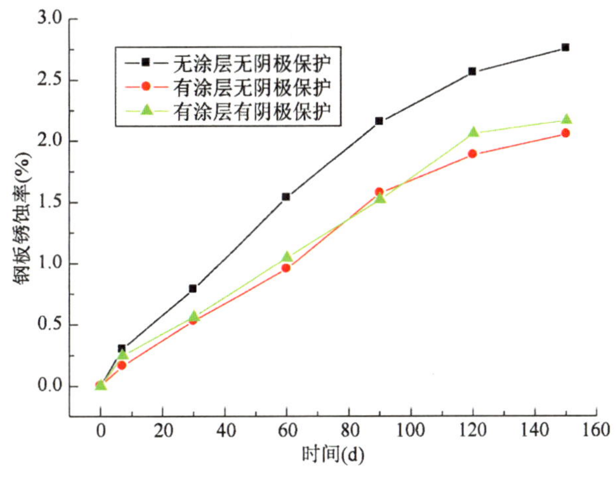

图 4-28　静止海水环境下钢板锈蚀率

从图 4-27 和图 4-28 中可以看出,静止海水环境下,无涂层无阴极保护钢板锈蚀速度最快,浸泡 7d 时,钢板锈蚀率为 0.301%;浸泡 30d 时,钢板锈蚀率为 0.788%;浸泡 60d 时,钢板锈蚀率为 1.538%;浸泡 90d 时,钢板锈蚀率为 2.154%;浸泡 120d 时,钢板锈蚀率为 2.558%,且腐蚀速率呈加快迹象。对于有涂层无阴极保护的钢板,浸泡 7d 时,钢板锈蚀率为 0.163%;浸泡 30d 时,钢板锈蚀率为 0.530%;浸泡 60d 时,钢板锈蚀率为 0.953%;浸泡 90d 时,钢板锈蚀率为 1.573%;浸泡 120d 时,钢板锈蚀率 1.885%,此类情况对钢板的防腐效果优于无涂层无阴极保护情况,且随着时间延长,钢板腐蚀速率降低。对于有涂层有阴极保护的钢板,浸泡

7d 时，钢板锈蚀率为 0.249%；浸泡 30d 时，钢板锈蚀率为 0.561%；浸泡 60d 时，钢板锈蚀率为 1.047%；浸泡 90d 时，钢板锈蚀率为 1.521%；浸泡 120d 时，钢板锈蚀率为 2.058%；浸泡 150d 时，钢板锈蚀率为 2.165%，此类情况对钢板的防腐效果好于无涂层无阴极保护情况，但稍差于有涂层无阴极保护的情况，且随着时间延长，钢板腐蚀速率降低，150d 时，腐蚀速率低于有涂层无阴极保护的情况。

4.2.3 流动海水条件下钢壳混凝土沉管外壁腐蚀性能

流动海水环境下钢板腐蚀试验现象如图 4-29 ~ 图 4-31 所示。

从图 4-29 可以看出，放置在流动海水环境下无涂层无阴极保护的钢板，在腐蚀 1 个月时，试件表面已有明显锈迹，钢板已出现腐蚀；腐蚀 2 个月后，钢板表面出现明显铁红色的锈蚀产物；腐蚀 3 个月时，钢板表面出现较大锈坑，锈蚀进程明显加快；腐蚀 4 个月后，钢板表面有大片的鳞片状铁锈，腐蚀程度较严重；腐蚀至 5 个月时，钢板表面锈坑深度较大，腐蚀程度加剧，钢板锈蚀率出现较明显增大。

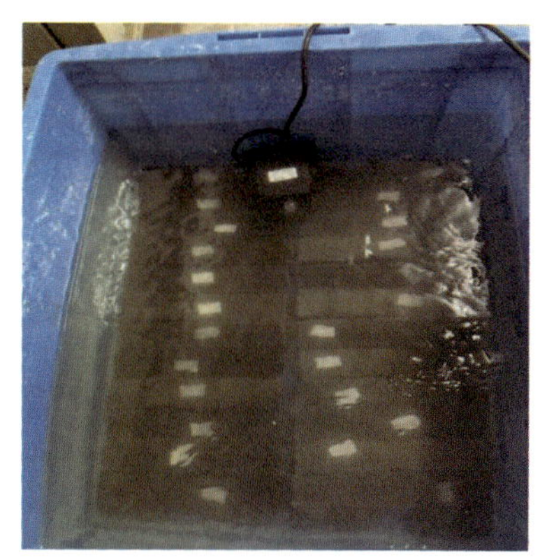

a)初始状态

b)腐蚀1个月后

c)腐蚀2个月后

d)腐蚀3个月后

图 4-29

e)腐蚀4个月后

f)腐蚀5个月后

图 4-29 流动海水环境下无涂层无阴极保护钢板腐蚀形态

a)初始状态

b)腐蚀1个月后

c)腐蚀2个月后

d)腐蚀3个月后

图 4-30

e)腐蚀4个月后

f)腐蚀5个月后

图 4-30　流动海水环境下有涂层无阴极保护钢板腐蚀形态

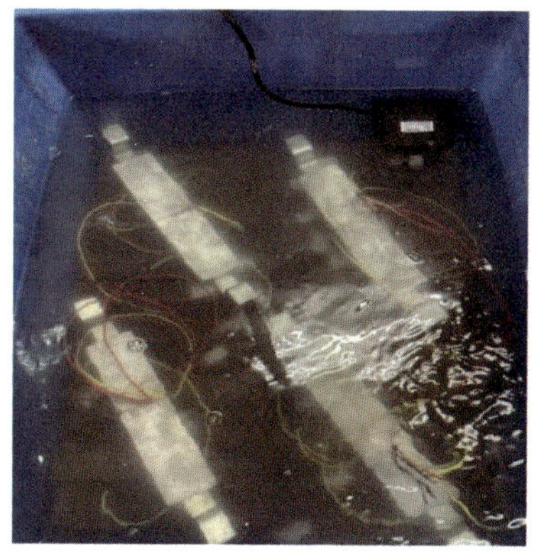

a)初始状态

b)腐蚀1个月后

c)腐蚀2个月后

d)腐蚀3个月后

图　4-31

e)腐蚀4个月后

f)腐蚀5个月后

图 4-31 流动海水环境下有涂层有阴极保护钢板腐蚀形态

从图 4-30 可以看出,放置在流动海水环境下有涂层无阴极保护的钢板,在腐蚀 1 个月时,试件表面处于完好状态;腐蚀 2 个月后,钢板表面出现较明显的锈迹,表明流动海水加快了腐蚀速度;腐蚀 3 个月后,钢板表面沿试件周边出现锈蚀产物,且角部锈蚀程度较为明显,表明该部位涂层已失效;腐蚀 4 个月后,钢板表面锈蚀产物产生累积,并有锈坑出现;腐蚀发生 5 个月后,钢板表面涂层几乎完全失效,角部区域锈蚀程度非常明显,且该部位锈坑深度较大。

从图 4-31 可以看出,放置在流动海水环境下有涂层有阴极保护的钢板,在腐蚀 1 个月时,与有涂层无阴极保护的试件类似,试件表面处于完好状态;腐蚀 2 个月后,钢板表面出现点状锈迹,与静止海水环境不同,流动海水环境下未在接线端发现 NaCl 结晶物;腐蚀 3 个月后,钢板表面出现明显锈斑,部分涂层脱落;腐蚀 4 个月后,钢板表面出现较明显锈迹,试件周边区域涂层失效并出现锈蚀产物;腐蚀至 5 个月时,钢板表面出现大片锈斑,锈蚀程度加大,虽然有阴极保护,但与静水环境相比,流动海水环境下锈蚀产物无法堆积,因此钢板锈蚀速率加快,质量损失明显增多。

流动海水环境下钢板腐蚀试验结果如图 4-32、图 4-33 所示。

从图 4-32 和图 4-33 中可以看出,流动海水环境下,无涂层无阴极保护钢板锈蚀速度最快,浸泡 7d 时,钢板锈蚀率为 0.947%;浸泡 30d 时,钢板锈蚀率为 1.53%;浸泡 60d 时,钢板锈蚀率为 2.826%;浸泡 90d 时,钢板锈蚀率为 4.218%;浸泡 120d 时,钢板锈蚀率为 5.032%,且腐蚀速率呈加快迹象。对于有涂层无阴极保护的钢板,浸泡 7d 时,钢板锈蚀率为 0.500%;浸泡 30d 时,钢板锈蚀率为 1.496%;浸泡 60d 时,钢板锈蚀率为 2.249%;浸泡 90d 时,钢板锈蚀率为 3.175%;浸泡 120d 时,钢板锈蚀率为 3.763%,此类情况对钢板的防腐效果优于无涂层无阴极保护情况,且随着时间延长,钢板腐蚀速率略有降低。对于有涂层有阴极保护的钢板,浸泡7d时,钢板锈蚀率为0.574%;浸泡30d时,钢板锈蚀率为1.349%;浸泡60d时,钢板锈蚀率为2.182%;浸泡90d时,钢板锈蚀率为3.218%;浸泡120d时,钢板锈蚀率为3.616%;浸泡150d时,钢板锈蚀率为3.945%,此类情况对钢板的防腐效果均好于无涂层无阴极保护和有涂层无阴极保护情况,且随着时间延长,钢板腐蚀速率也将降低。

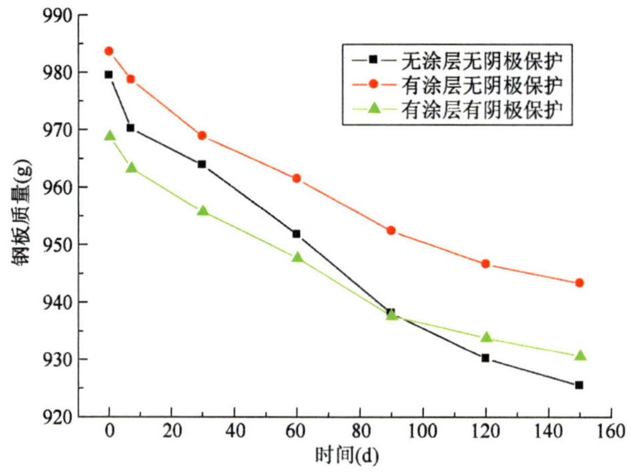

图4-32　流动海水环境下钢板腐蚀质量损失情况

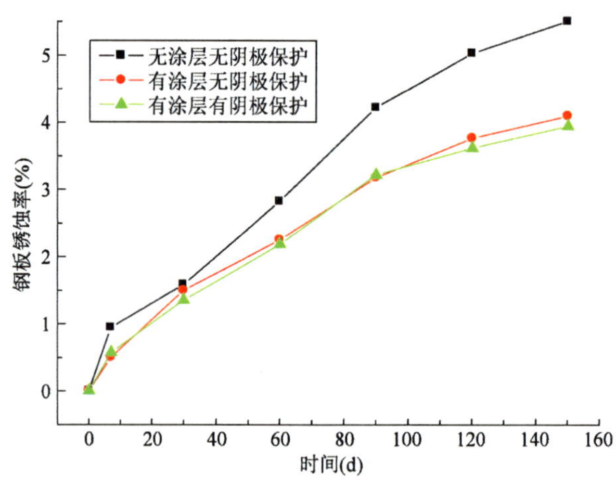

图4-33　流动海水环境下钢板锈蚀率

4.2.4　流动海水对钢壳混凝土沉管外壁腐蚀性能的影响

静止和流动海水环境下钢板腐蚀试验结果对比如图4-34所示。

由图4-34可以看出,对于无涂层无阴极保护、有涂层无阴极保护和有涂层有阴极保护三类防腐情况,流动海水环境下钢板锈蚀速率均高于静止海水环境。对于无涂层无阴极保护情况,当腐蚀时间分别是7d、1个月、2个月、3个月、4个月和5个月时,流动海水环境下钢板锈蚀率分别为静止海水环境下的3.14倍、2.01倍、1.84倍、1.96倍、1.97倍和2.00倍,表明在腐蚀初期,流动海水腐蚀程度更高、腐蚀速率更快,但随着腐蚀时间延长,即到2个月时,腐蚀程度减缓并趋于稳定。对于有涂层无阴极保护情况,当腐蚀时间分别是7d、1个月、2个月、3个月、4个月和5个月时,流动海水环境下钢板锈蚀率分别为静止海水环境下的3.06倍、2.82倍、2.36倍、2.02倍、2.00倍和2.00倍,表明在腐蚀初期,流动海水腐蚀程度更高、腐蚀速率更快,与无涂层无阴极保护情况腐蚀速率出现明显下降不同,本工况下随着腐蚀时间延长,腐蚀程度逐渐减缓,并趋于稳定。对于有涂层有阴极保护情况,当腐蚀时间分别是7d、1个月、2个月、3个月、4个月和5个月时,流动海水环境下钢板锈蚀率分别为静止海水环境下的2.31倍、2.40倍、2.08倍、2.12倍、1.77倍和1.82倍,表明有涂层有阴极保护在流动海水中的防腐措施具有较明显的效果,腐蚀初期的速率远小于无涂层无阴极保护及有涂层无阴极保护的情况,且随着腐蚀时间延长,腐蚀速率下降。

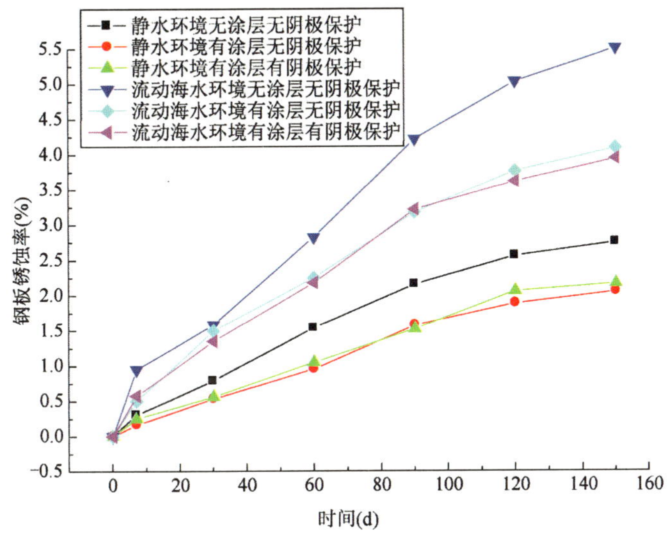

图4-34　静止和流动海水环境下钢板锈蚀率对比

4.3　流动海水条件下钢壳混凝土沉管外壁腐蚀理论

4.3.1　氯盐环境下钢壳混凝土沉管外壁腐蚀机理

海水中含有大量的盐类,其中包括 NaCl、MgCl、Na_2SO_4以及含 K、I、Na、Br 等各种元素的盐类,而其中溶有的盐类主要以 NaCl 为主,习惯上用盐度或氯度来表示海水中盐类物质的质量分数。海水盐度一般在3.2%~3.75%范围内,含盐量会随水位的加深而稍有增长,通常将海水近似模拟为质量分数(w)为3%或3.5%的 NaCl 溶液[5]。

海水环境的特殊性表现在高压、高盐和低温且是一类饱含了多种无机盐、氧气、pH 值接近7的天然电解质溶液,海水溶液的性质影响了金属在海洋腐蚀中的电化学反应。海水的高盐度使其具有高浓度的氯离子,可以引起大部分金属材料的电化学腐蚀,同时氯离子比较容易吸附在钝化金属表面,穿透钝化膜与金属发生反应生成可溶解的氯化产物,然后破坏金属表面钝化膜的致密性并提高金属腐蚀的速率。电化学腐蚀理论同样适用于海水腐蚀,除了 Mg 及其合金外的大部分金属在海水中的腐蚀都是以 O_2 为去极化剂的,发生的是氧去极化反应。海水腐蚀的速度主要决定于阴极上氧去极化反应的控制,而发生腐蚀反应的速率则主要受 O_2 向金属材料表面扩散的速度制约[6]。

对于处于海水中的钢壳混凝土沉管外壁而言,无论是金属及合金表面成分、相分布、表面应变力还是其他微观属性均无法达到均匀,从而造成了微观上金属材料与海水界面上电位分布无法平衡。因此电池的正极和负极出现在同一腐蚀金属的表面上,形成了一种特殊的短路原电池,且出现了相应的阳极和阴极,以沉管外壁在海水中的电化学腐蚀反应为例(图 4-35)。

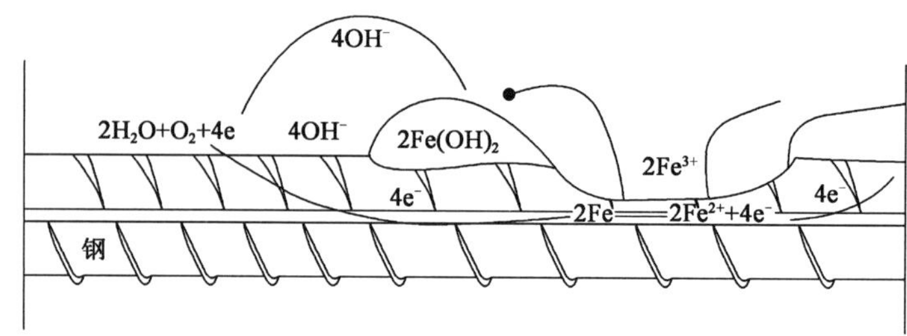

图 4-35　钢筋腐蚀机理示意图

阳极过程为金属溶解,以离子的形式进入溶液:

$$Fe \longrightarrow Fe^{2+} + 2e^{-} \tag{4-3}$$

阴极过程为溶液中的氧化剂与电子发生还原反应:

$$\frac{1}{2}O_2 + H_2O + 2e^{-} \longrightarrow 2OH^{-} \tag{4-4}$$

除了微观电池外,如果沉管外壁浸入海水后在表面出现温度差、氧浓度差或受应力不同时,则会产生宏观电池腐蚀。焊接材料与基材之间物理化学性质存在差异时,也会产生宏电池腐蚀。海水中的两个异种金属材料彼此接触,则会发生另外一种常见的宏观电池腐蚀——电偶腐蚀。

对于海水这类含多种盐类的复杂溶液而言,不可能与简单盐溶液一样能分析出每个要素对腐蚀的影响。海洋环境中,影响钢结构腐蚀的主要原因有温度、流速、盐度、pH 值等,此外海水中还含有生物、可溶性气体和腐化的有机物,因此海洋环境下的金属腐蚀行为是以上因素的共同作用所致。

以沉管外壁在海水中的腐蚀为例:①海水中 O_2 含量提高了腐蚀速率;②加大流速对腐蚀有促进作用,特别是在有夹杂物质存在时;③温度上升可加速腐蚀;④深海环境下,压力较大,pH 较低,难以产生保护性水垢;⑤生物的污染可在一定程度上缓解侵蚀,但可能会造成局部腐蚀[7]。

4.3.2 流动海水环境下钢壳混凝土沉管外壁腐蚀机理

在实际工程中,由于潮汐引力作用,海水常常处于流动状态,若钢壳混凝土沉管处于海中,无论是缓流或者急浪,都会侵蚀钢壳混凝土沉管外部。流动海水的腐蚀过程受到多个因素的影响,例如:海水的流动速度,流动介质与材料自身因素等。因此,要弄清楚流动海水环境下钢壳混凝土沉管外壁腐蚀机理,就要对腐蚀过程中的影响因素进行分析研究。

在海水流动较快情况下,除了受到电化学影响,钢壳混凝土材料的腐蚀程度与状况和海水流动引起的冲刷也有关系。在高速海水流动状态下,沉管外表面与腐蚀介质之间的相互作用会加剧沉管外壁的腐蚀程度。流动腐蚀的本质就是金属表面和腐蚀性流体之间由于高速相对运动引起的金属损坏现象,是机械性冲刷与电化学腐蚀交互作用的结果。海水的流动不仅加重了腐蚀,而且严重影响了流动腐蚀的机理。因此,钢壳混凝土沉管外壁在流动海水中的腐蚀情况要比静水中更加严重[8]。

在规定的流动速度条件、流道结构与介质流型条件下,腐蚀的形成会形态化。然而,随着腐蚀的发展,流道结构的变化(如突然收缩、膨胀、凸出、沟槽等)可能导致流动腐蚀模式的改变,进而进一步影响流动模式本身。这种恶性循环发展的结果一方面会导致流动腐蚀的加剧、部分过早失效的材料,另一方面会导致流动腐蚀的多元化模式和机制的耦合。因此,流动腐蚀是一个复杂的过程,溶液的流速和流动模式在流动腐蚀中起着非常重要的作用。

海水的流动会产生传质效应和表面剪应力效应,这是影响侵蚀的主要因素。相比于其他因素(如相对温度、相对压力、腐蚀介质)而言,流速在侵蚀过程中起着关键作用。值得一提的是,对于一些不具有钝化特性的金属,特别是在一般条件下,由于 O_2 的进入,阳极金属的溶解速度会加快。因此,随着海水流速的增加,CO_2、O_2 等腐蚀性物质与沉管表面充分接触,会加速沉管外壁的腐蚀。同时,随着海水流动对沉管表面造成一定的冲刷作用,海水流速的增加和悬浮固体颗粒的影响,剪切力矩的影响也会增大,这将导致沉管表面的腐蚀产物被不断地从其表面剥离,并在沉管表面的基体上产生类似的划痕,进一步加剧腐蚀[9]。

海水的流动速度可分为高速与低速,对沉管外壁的侵蚀也分别对应两种情况:第一种是当流量较低时,随着流量的增加,会促进 O_2 的传质过程,提高钝化和再钝化能力。一般来说,沉管外壁钝化占主导地位,但侵蚀对其影响相对较弱。第二种是当流量较高时,流动海水与沉管外壁表面的附加剪切力将增大,也将增大海水中固体颗粒之间的摩擦频率及固体颗粒与沉管外壁表面的碰撞速度。此时,流动海水对沉管外壁的腐蚀以冲刷效应为主。然而,随着流速的增加,液固两相体系对沉管表面膜的侵蚀损伤进一步加剧,很可能导致钝化膜脱落。此时沉管的表面又会在液固两相体系中暴露出来,加剧沉管外壁的侵蚀和腐蚀。

综上所述,海水的流速对沉管外壁的侵蚀作用大致可分为三类:①使得侵蚀体系中物质的传递加快;②使得沉管表面累积的产物减少;③使得沉管表面产生切应力。

4.3.3 钢壳混凝土沉管外壁腐蚀量计算方法

从电化学极化曲线阳极部分的电流密度与极化电位的关系看，钢板在3.5% NaCl中的电化学腐蚀属于活性阳极溶解，因而开路电位朝负方向移动，并到达稳定状态。在腐蚀过程中，阳极溶解的铁离子可形成氧化物，在试样表面形成腐蚀膜，但腐蚀膜的电阻比双电层的电阻小得多，因此，钢板在3.5% NaCl溶液中形成的腐蚀膜没有呈现明显的保护性。

钢板腐蚀速率受铁离子在金属表面和溶液间的传质过程影响。假设阳极反应的速率很高，形成的腐蚀产物在溶液中的溶解度很低，则腐蚀速率受金属表面和溶液中的铁离子浓度梯度决定[10]：

$$C_r = k(C_w - C_b) \tag{4-5}$$

式中：C_r——钢板腐蚀速率(mm/年)；

C_w、C_b——金属与腐蚀产物界面和整体溶液中铁离子的浓度(%)；

k——铁离子在界面的传质系数或反应速率，取决于流动条件(如流速)。

由于流动增加了浓度梯度，所以钢板在流速为1m/s时比流速为0时具有更高的腐蚀电流密度和腐蚀速率。另一方面，流动也会增加Fe阳极反应的反应速率k，故钢板腐蚀是一个化学腐蚀的过程，有关流动对k值的影响还有待进一步深入研究。

文献[11]采用下式对钢板腐蚀速率进行计算：

$$K_w = 24 \times \Delta W/10000 \times S \times t \tag{4-6}$$

式中：K_w——腐蚀速率(g/m^2·h)；

ΔW——试样的失重(g)；

t——腐蚀时间(d)；

S——试样表面积(cm^2)。

结合式(4-5)和式(4-6)，提出钢板锈蚀率计算公式可表示为：

$$\varphi = \Delta W(t)/W \times 100\% = \alpha(t) \cdot m \cdot n \cdot k \cdot S \tag{4-7}$$

式中：φ——钢板锈蚀率(%)；

$\Delta W(t)$——钢板的锈蚀质量(g)；

W——钢板初始质量(g)；

$\alpha(t)$——锈蚀率随时间影响规律；

m——涂层对钢板腐蚀的影响，当无涂层保护时，$m=1.0$；

n——阴极保护对钢板腐蚀的影响，当无阴极保护时，$n=1.0$；

k——溶液流速的影响系数，当为静止环境时，$k=1.0$；

S——钢板与腐蚀溶液的接触面积(m^2)。

根据试验结果，以静止海水环境下钢板锈蚀率为基准，计算得到$\alpha(t)$：

$$\alpha(t) = 1.381 + 2.452 \times t - 0.652 \times 10 - 3 \times t^2 \tag{4-8}$$

不同防腐措施下的钢板锈蚀率,如图4-36、图4-37所示。

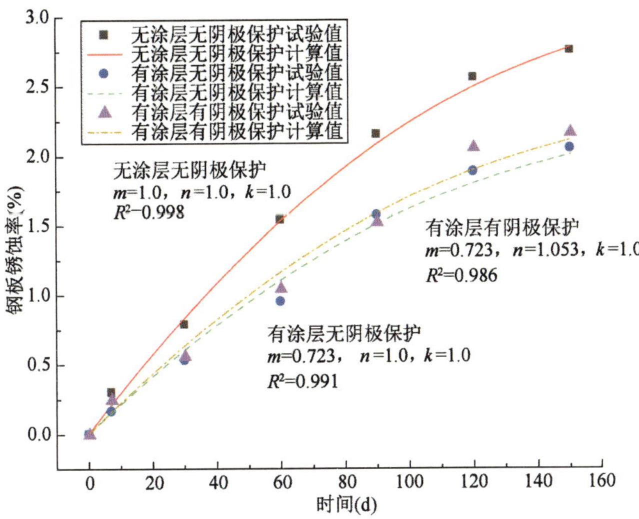

图4-36　静止海水环境下不同防腐措施钢板锈蚀率试验值与计算值对比

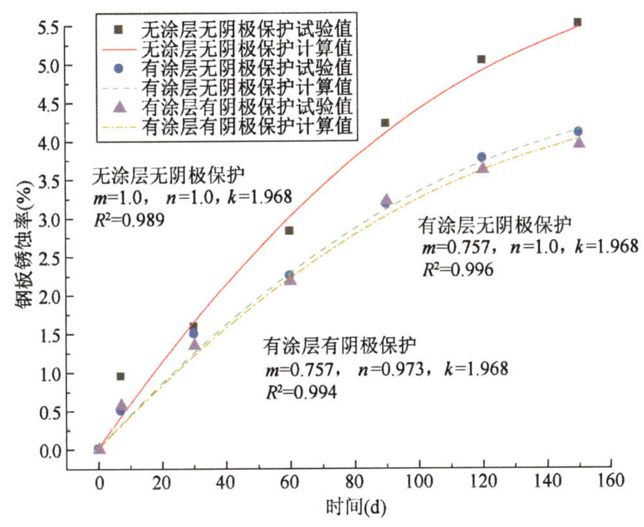

图4-37　流动海水环境下不同防腐措施钢板锈蚀率试验值与计算值对比

由图4-36可知,对于静止海水环境下,采用不同防腐措施的钢板锈蚀率计算值与试验值吻合较好。对于无涂层无阴极保护的钢板,m、n、k 的值均为1.0;对于有涂层无阴极保护的钢板,$m=0.723$,n 和 k 的值均为1.0,表明涂层能有效延缓钢板的锈蚀进程;对于有涂层有阴极保护的钢板,$m=0.723$,$n=1.053$,$k=1.0$,在腐蚀的前4个月,有涂层有阴极保护的钢板的腐蚀程度与有涂层无阴极保护的钢板几乎一致,表明在静止海水环境下,阴极保护在腐蚀时间较短的情况下,不能有效地发挥其效果。

由图4-37可知,对于流动海水环境下,采用不同防腐措施的钢板锈蚀率计算值与试验值吻合较好。对于无涂层无阴极保护的钢板,m 和 n 的值均为1.0,$k=1.968$,表明海水流动对钢板锈蚀程度有较明显的影响,这与试验结果一致。对于有涂层无阴极保护的钢板,$m=0.757$,$n=1.0$,$k=1.968$,表明涂层防腐在流动海水中是有效的措施。对于有涂层有阴极保护的钢板,$m=0.757$,$n=0.973$,$k=1.968$,表明在流动海水中,随着腐蚀程度的加剧,阴极保护在腐蚀早期即可发挥作用,能有效延缓钢板的腐蚀进程,这与静止海水环境有明显区别。

本章参考文献

[1] 宋华山,陈向阳,梁柱信,等. 基于 Python 的沉管钢壳测量软件开发与应用[J]. 人民长江,2020,51(9):223-227.

[2] 谷美邦. 海洋环境下低合金钢腐蚀行为研究[J]. 材料开发与应用,2012,27(1):40-42.

[3] DELIYANNI E A, PELEKA E N, LAZARIDIS N K. Comparative study of phosphates removal from aqueous solutions by nanocrystalline akaganéite and hybrid surfactant-akaganéite[J]. Separation and Purification Technology, 2007,52:478-486.

[4] 龚田太郎. 典型金属材料海洋环境大气暴露试验与实海加速腐蚀试验相关性研究[D]. 湛江:广东海洋大学,2015.

[5] 刘健,邓斌,黄清飞. 深中通道沉管隧道钢壳设计及制造关键技术[J]. 隧道建设(中英文),2021,41(8):1367-1374.

[6] Al-THOLAIA M M H, AZAD A K, AHMAD S, et al. A comparative study of corrosion resistance of different coatings for mortar-embedded steel plates[J]. Construction & Building Materials,2014,56:74-80.

[7] LI Z, LIU J, ZHANG L W, et al. Electrochemical inhomogeneities of steel in steel/copper alloy couple during galvanic corrosion in static and flowing seawater[J]. Materials and Corrosion,2019,70:726-737.

[8] 彭欣,王佳,山川,等. 带锈碳钢在流动海水中的长期腐蚀行为[J]. 金属学报,2012,48(10):1260-1266.

[9] 金文良,宋神友,陈伟乐,等. 深中通道钢壳混凝土沉管隧道总体设计综述[J]. 中国港湾建设,2021,41(3):35-40.

[10] 董昭. J55 钢在模拟海水中不同流速下的腐蚀机理研究[D]. 西安:西安石油大学,2015.

[11] 梁新亚. 氯盐环境中碳钢腐蚀速率与力学性能的试验研究[D]. 郑州:河南工业大学,2020.

第5章 沉管钢壳外壁牺牲阳极阴极保护

5.1 沉管钢壳牺牲阳极保护设计、制造与安装

5.1.1 沉管钢壳的牺牲阳极保护

自1910年美国底特律河建成世界上第一座水下沉管隧道以来,水下沉管隧道技术经历了不断发展及完善的过程。截至2001年,世界上有近20多个国家采用沉管隧道技术修建了130多座水下隧道[1]。

钢壳沉管隧道是双孔形断面的钢壳与混凝土复合结构,钢板焊接而成的钢壳起到外防水层作用,后浇筑的混凝土起到镇载抗浮作用。通常选择隧址附近的临水船坞焊接拼装钢壳管节,然后将钢壳管节下水并浮运到隧址附近,在浮态下分段分块平衡浇筑混凝土而形成钢—混凝土管节,再依次沉放到预先敷设刮平的砾石基槽,实施水力对接,采用导管灌注水下混凝土,封闭管节间的接头和回填基础。近几十年来,越来越多的沉管隧道跨越更宽阔、更深的水道,进一步突破高水压、复杂水流和复杂地质条件,发展、融合和丰富了钢壳沉管和混凝土沉管的工序和技术[2]。

正在建设的深中通道工程是世界级的“桥、岛、隧、地下互通”集群工程、国家“十三五”重大工程,沉管隧道总长5035m,管节最宽处达70m,是世界上首次大规模采用的钢壳混凝土沉管结构,钢壳用钢总量高达32万t。该工程项目工况环境复杂、设计寿命长(100年以上)。

钢壳混凝土沉管隧道钢壳外壁处于复杂腐蚀环境中,钢壳结构外壁包括母材区、焊接热影响区及焊缝区,形成了“复杂环境-结构体系”的电化学腐蚀机制;沉管钢壳结构外壁在复杂海底环境中多种因素和应力场联合作用下的电化学腐蚀机理以及“不完整涂层+牺牲阳极”的复合防腐系统对复杂海底环境中沉管钢壳外壁电化学腐蚀的抑制机制,是构建长寿命耐久性保障技术的关键问题。

钢壳混凝土沉管隧道耐久性防护体系由涂层、牺牲阳极及钢壳腐蚀余量三部分组成。其中,要实现涂层的耐久性保持40年左右,沉管钢壳耐久性防护达100年,需要牺牲阳极保护作用跨越全寿命周期。由于海洋工程中牺牲阳极保护设计寿命通常为25~35年,而对于使用寿命超长的沉管式海底隧道,沉管钢壳安放后被回填石埋覆,铝阳极无法再更换和补充,因此阴极保护寿命要求达到100年。基于此,开发新型牺牲阳极材料,实现抛石埋覆下牺牲阳极长寿命防腐蚀保护,是构建隧道长寿命耐久性的关键技术问题。

5.1.1.1 铝合金牺牲阳极材料

自 1823 年 Davy 受英国海军部委托，采用牺牲阳极保护抑制舰船铜包皮海水腐蚀，200 年来，这项技术得到了非常广泛地应用，已经成为海洋领域最成熟的防腐蚀技术措施。到 20 世纪 70 年代，铝合金牺牲阳极已普遍应用于海洋设施的防腐蚀中。

铝合金阳极密度小，电化学当量大（为 Zn 的 3.6 倍，Mg 的 1.35 倍），原料容易得到，制造工艺较简单，价格经济（按单位重量的电容量来算，接近锌阳极的二分之一）。

在 Al 中单独添加 Zn、Cd、Mg 和 Ba，可使 Al 的电位变 -0.1~0.3V；单独添加 Hg、In、Ga 等元素，只要很少量就能使 Al 的电位变 -0.3~0.9V。单独添加这些元素，虽然可使铝合金的电位达到要求，但电流效率较低，并随时间延长而下降。

为改善铝合金的电化学性能，既使电位足够负，又使电流效率较高，就得在二元合金基础上开发三元合金、四元合金，目前已形成 Al-Zn-Hg 系、Al-Zn-In 系、Al-Zn-Sn 系、Al-Zn-Cd 系及 Al-Zn-Mg 系等系列。其中，前两种合金是铝阳极品种中开发较早的，应用较广泛。

Al-Zn-Hg 系合金的代表是 DOW 化学公司开发的 Galvalum Ⅰ 型和 Ⅱ 型铝阳极，其实际电容量很高，电流效率能达到 95%。不过由于 Hg 会污染环境，在熔炼时产生的汞蒸气对人体有害，所以目前已经被淘汰。

Al-Zn-In 系合金是目前公认的有前途的铝阳极系列，《铝-锌-铟系合金牺牲阳极》（GB/T 4948—2002）中所列 5 种阳极成分均属此系列。

美国 DOW 化学公司于 1976 年开发的 Galvalum Ⅲ 是个典型的代表，它的成分为 Al-3Zn-0.015In-0.1Si，它在海水中的电化学容量一般在 2550A · h/kg 左右。文献[3-4]的数据表明这种阳极在海底泥中拥有较好的溶解性能，但在实际生产中，Si 元素的添加通常采用铝硅合金，有时在熔化时容易产生过烧，可能导致阳极最终电化学性能不稳定。

挪威船级社标准 DNV-RP-B401 推荐的 Al-Zn-In 系合金阳极，国际上通常认为电容量也只有 2500A · h/kg 左右。

中国专利 102002715B 公开了一种高性能铝合金牺牲阳极，其技术特征是添加了合金元素 Zn、In、Mg、Si、Sn，6 种合金元素的成分配比为：Zn 1.0% ~3.0%，In 0.015% ~0.025%，Mg 1.5% ~4.0%，Si 0.05% ~0.7%，Sn 0.002% ~0.015%，Al 92.260% ~97.433%；杂质含量：Fe≤0.15%，Cu≤0.01%。在海水中全浸环境下的开路电位为 -1.18 ~ -1.10V，工作电位为 -1.12 ~ -1.05V，电容量≥2700A · h/kg。但这种阳极在海底泥和低盐度的水中，工作电位较正，通常只能介于 -0.95 ~ -1.00V 之间，限制了这种阳极在海底泥中的应用。

中国专利 104060280B 公开了一种适用于深海环境中具有高电流效率的铝合金牺牲阳极，其技术特征是添加 Zn、In、Sn、Mg、Ti 合金元素，具体成分配比为：Zn 4.0% ~6.0%，In 0.020% ~0.030%，Sn 0.05% ~0.10%，Mg 0.5% ~1.0%，Ti 0.05% ~0.10%；杂质含量：Fe <0.050%，Cu <0.010%；铝合金牺牲阳极的电流效率在 92% 以上，开路电位在 -1.05 ~ -1.20V 之间。该专利的实施例模拟深海环境下测试阳极性能，即 8MPa 高压海水中测试。但是这种阳极在

海底泥和低盐度水等高电阻率介质中也不具备负于 -1.05V 的工作电压,驱动电压低导致阴极保护电流分布效果下降,限制了这种阳极在海底泥中的应用。另外,该成分阳极控制 Fe 含量在0.05%以下,对铝锭原材料要求和生产过程中 Fe 含量都有很高的要求,无疑大大提高了制造成本。

美国斯伦贝谢子公司卡麦龙(Cameron)对海底采油树和管汇采用牺牲阳极保护,美国 GE 油气等国际海油巨头在里海等深水项目的铝阳极保护工况与目前沉管钢壳类似,值得借鉴。其测试条件为:电阻率为 70 ~ 80Ω · cm 的海淡水,工作电位要求负于 -1.05V。阳极厂家必须提供 DNV 型式认可证书(DNV Type Approval Certificate),以便证明该阳极长期稳定的电化学性能。

5.1.1.2　抛石环境中铝合金阳极性能评价

目前铝合金阳极电容量的检测标准都是采用天然或人工海水介质,短期检测主要用于相对成熟的铝合金阳极做出厂质量检验。例如《牺牲阳极电化学性能试验方法》(GB/T 17848)、NACE TM 0190、DNV-RP-B401(附录 B)。长期性能测试方法的标准较少,通常参考 DNV-RP-B401 附录 C,对阳极进行为期 12 个月的试验测试[5]。还有研究是针对深海等极端工况的,通过实验室模拟压力、含氧量等因素评价深海中金属结构物阴极保护效果和阳极消耗水平[6-8]。这些基于海水或海淡水的测试介质,都是匀质介质,其盐度和电阻率容易测定和控制,批量铝阳极电容量测定结果的重现性高,因此,被公认为铝阳极质量检验的标准和依据。

对于钢壳式沉管隧道,其外部是粒径为 5 ~ 80mm 碎石回填埋覆的永久性固定构筑物[9-11]。埋覆介质的电阻率(100 ~ 500Ω · cm)远高于海水(25Ω · cm 左右),因此,铝阳极的工作电位将会正移、发生电流降低和电容量下降,表面溶解形貌也远逊于海水中[12-15]。

考虑到上述原因,对于回填石、海泥等介质埋覆下金属结构的牺牲阳极保护,保守设计都采用比较低的电容量数值。如铝阳极在海泥长期电容量设计值采用 1500A · h/kg,相对于海水中设计值(2000A · h/kg)减小了 25%[16-18]。相关文献[19-21]指出,阳极在海泥中可能会钝化,建议在海泥环境下慎用铝合金阳极[17]。现行国内外标准没有明确铝合金阳极材料在抛石或海底石子中阳极电容量的测试方法。因此,海底环境下铝阳极电容量值的选取往往存在着很大的主观性。

对于海水中大桥和港口码头钢管桩的铝合金阳极保护,设计寿命通常为 25 ~ 35 年,而对于使用寿命超长的沉管式海底隧道,沉管钢壳安放后被回填石埋覆,铝阳极无法再更换和补充,因此阴极保护寿命要求达到 100 年。如果借用海水或海泥中铝阳极电容量指标,势必会造成阳极数量和保护寿命的巨大偏差,甚至由于不能正确甄别适用于回填石介质的铝合金阳极,将造成沉管钢壳的牺牲阳极保护作用远低于设计要求,大幅降低沉管钢壳耐久性,导致腐蚀风险。

文献[12-13]提出了一种在非匀质介质中评价铝合金阳极电化学性能的测试方法,并对比评价了不同铝阳极在匀质和非匀质介质中电化学性能的差异。采用图5-1所示的装置，模拟沉管隧道埋覆环境来筛选和评价铝合金阳极电化学性能。由图5-2所示的测试结果可以看到，40Ω·cm海淡水+回填石混合介质的体积电阻率集中在100~150Ω·cm的范围里。

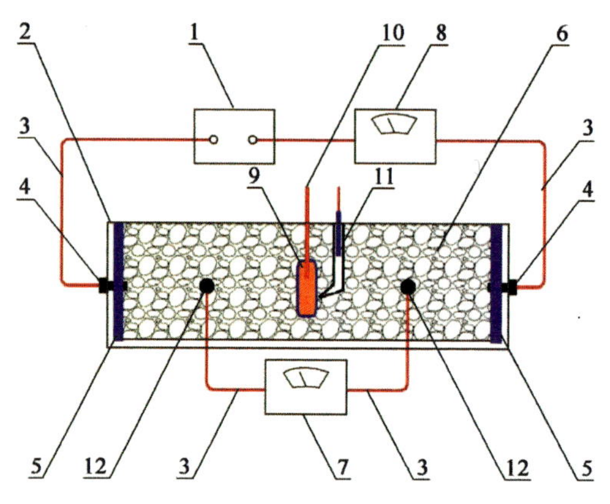

图5-1 铝合金阳极电容量测试装置

1-恒流源；2-测试箱；3-导线；4-导电螺杆；5-辅助电极板；6-混合介质；7-电压表；8-电流表；9-铝阳极试样；10-阳极导电杆；11-参比电极及其盐桥管；12-导电螺杆

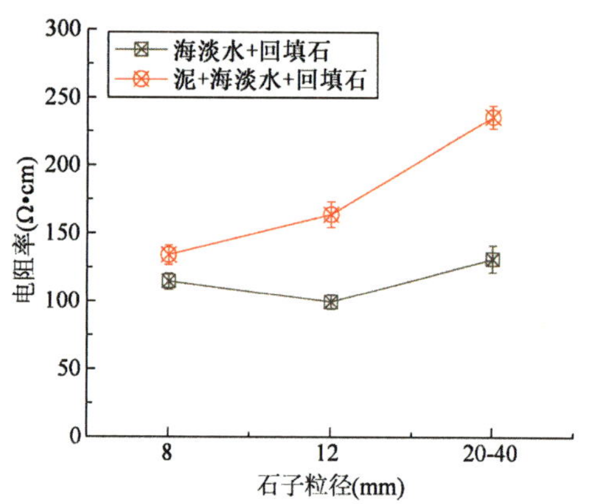

图5-2 不同石子粒径的混合介质(40Ω·cm海淡水+回填石)电阻率测试结果

通过测定固/液态混合介质体积电阻率和抛石特征，解决了埋覆介质中牺牲阳极电化学性能评价的不确定性，建立了非匀质介质中铝阳极电化学性能评价方法，从而实现了抛石环境中牺牲阳极评价和筛选。

研究结果表明：两种铝合金阳极（成分见表5-1）在海水中（25~40Ω·cm）性能稳定，电容量稳定在2500A·h/kg（图5-3），溶解性能良好，因此被广泛用于海洋环境水介质中阴极保护。但是在40Ω·cm海淡水+回填石的混合介质中，电容量测试值数据波动大（图5-4），重现性差。电容量超过2800A·h/kg的试样均存在大面积的不溶解，溶解性能劣化明显（图5-5），铝合金阳极A实际上产生了钝化。这种情况下，电容量的数值已经失去了实际意义，不能作为沉管钢壳环境介质中适用的铝合金阳极。反之，低铁的铝合金阳极B在海淡水+回填石的混合介质中电容量测试值分散性小（图5-4），试样溶解均匀（图5-5），对比结果证实该阳极在回填石混合介质中具备良好的电化学性能。

铝阳极化学成分（%） 表5-1

样品	阳极合金	Zn	In	Sn	Cd	Si	Ti	Fe
A	Al-Zn-In-Cd	2.5~4.5	0.018~0.050	—	0.005~0.020	—	—	<0.15
B	Al-Zn-In-Sn-Si-Ti	4.0~6.0	0.015~0.030	0.005~0.02	—	0.05~0.4	0.005~0.03	<0.07

铝合金阳极B在海水（25~40Ω·cm）中的电容量和铝合金阳极A相当，未见到差异。但是在40Ω·cm海淡水+回填石混合介质中，电容量数值分散性小，电化学活性高，表现为阳极

表面溶解均匀和工作电位足够负和阳极发生电流更大(图 5-6),阴极保护的驱动力足够大。因此,适用于沉管钢壳在海淡水 + 回填石混合介质。

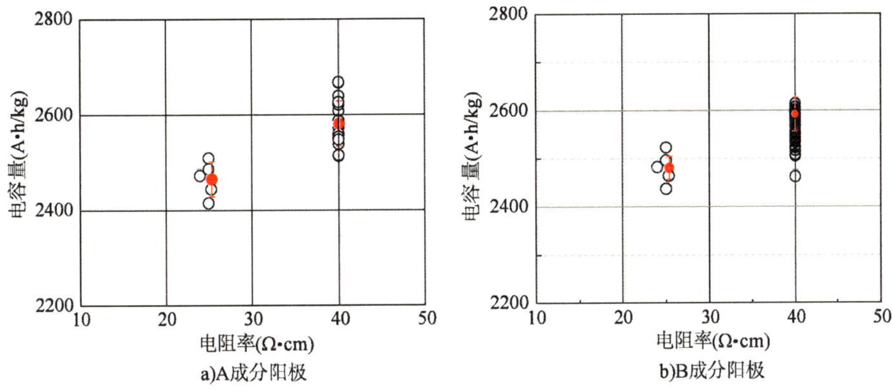

图 5-3　铝合金阳极在海淡水中电容量

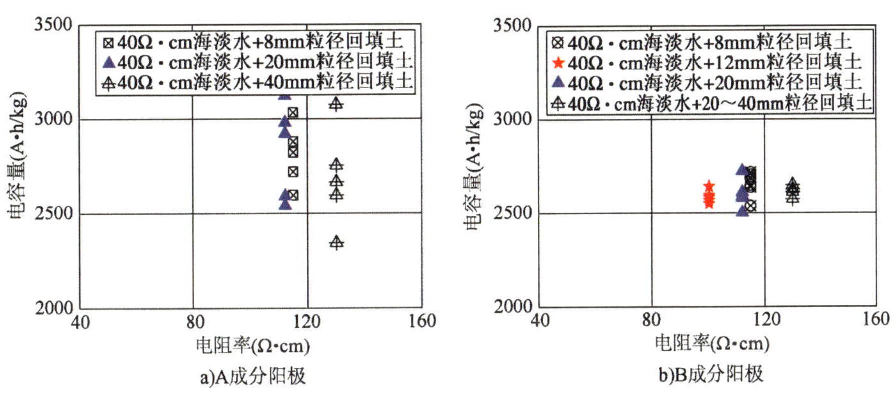

图 5-4　铝合金阳极在混合介质(40Ω · cm 海淡水 + 回填石)中的电容量

a)A成分阳极　　b)B成分阳极

图 5-5　铝合金阳极在混合介质(40Ω · cm 海淡水 + 回填石)中腐蚀形貌

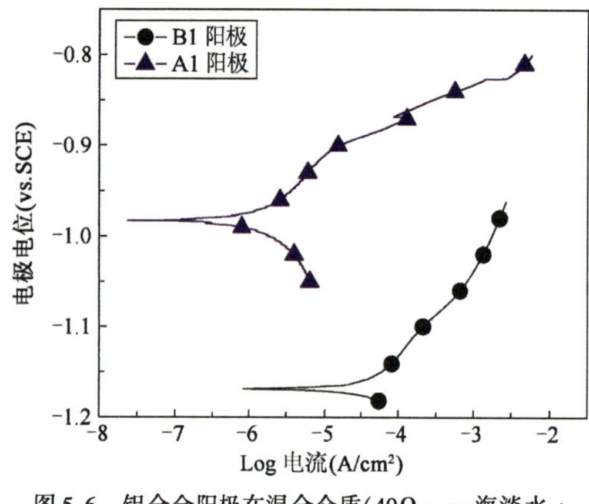

图 5-6 铝合金阳极在混合介质(40Ω·cm 海淡水+回填石)中 120h 的阳极极化曲线

5.1.1.3 测试介质对铝阳极电容量测定的影响

图 5-2 结果表明,40Ω·cm 海淡水+8～40mm 粒径回填石混合介质的体积电阻率与 120Ω·cm 海淡水相当。在这两种介质中进行上述铝合金阳极 B 的电容量更长测试周期试验,一定程度上显现出阳极腐蚀产物对其电化学性能的影响。通过电解方式对铝阳极试样进行加速寿命试验,铝阳极的电解电流密度为 $1mA/cm^2$,进行 90d 的电容量试验,未清除腐蚀产物的阳极表面形貌如图 5-7 所示。很明显,混合介质中阳极腐蚀产物被回填石阻滞,不易扩散,包裹在阳极表面,甚至结壳[图 5-7b)]。清洗掉腐蚀产物,海淡水介质中,B2 试样的电容量为 2728.6A·h/kg,在混合介质中为 2529.3A·h/kg,相差 7.5%,也可以明显看两种介质对测试结果的影响。铝合金阳极输出电流有减小的趋势,电容量还会进一步降低。海淡水介质中,铝阳极腐蚀产物容易脱落,溶解均匀而细腻[图 5-8a)]。在上述两种介质中进行 360d 对比试验,海淡水介质中铝合金阳极 B 试样的电容量为 2677.7A·h/kg,混合介质中电容量为 2268.4A·h/kg,相差 18%,随着时间延长,阳极腐蚀产物的积累效应明显增大。

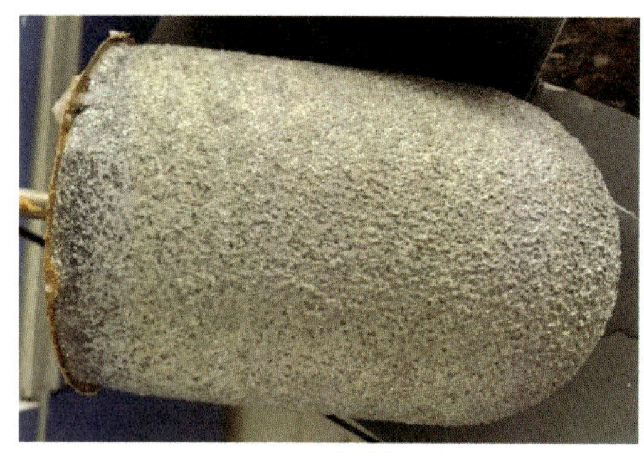

a)120Ω·cm海淡水介质

b)40Ω·cm海淡水+8~40mm粒径回填石混合介质

图 5-7 铝合金阳极试样电容量测试试验 90d 后未清除腐蚀产物形貌

可以看出,尽管两种介质(120Ω·cm 海淡水介质和 40Ω·cm 海淡水+12mm 粒径回填石混合介质)的电阻率相当,但是两种介质海淡水盐度差异很大(分别为 0.45% 和 1.6% NaCl),加之混合介质对阳极腐蚀产物包裹效应,两者的溶解形貌和电容量差异明显。以上述两种测试介质中阳极电容量测定测试值做线性外推,设计沉管钢壳保护寿命 100 年所需要的阳极数量,也将会产生巨大的差异[22-23]。

5.1.2　牺牲阳极保护设计和计算

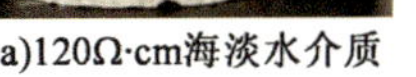

a)120Ω·cm海淡水介质　b)40Ω·cm海淡水+8~40mm粒径回填石混合介质

图 5-8　铝合金阳极试样电容量测试试验 90d 后清除腐蚀产物形貌

沉管钢壳外壁阴极保护采用铝合金牺牲阳极阴极保护方式。阴极保护设计应收集如下资料，必要时可进行现场测定：

(1)沉管钢壳的材质、外形尺寸、表面状况，与相邻结构物的关系；

(2)介质的盐度或化学成分；

(3)介质的温度、含氧量、电阻率和 pH 值；

(4)波浪、潮位、海底水流速和水中泥沙含量等；

(5)介质的污染情况等。

阴极保护测量所使用的参比电极应具有极化小、稳定性好、不易损坏、使用寿命长和适用海底介质等特性。参比电极主要技术性能可参考《船用参比电极技术条件》(GB/T 7387—1999)和表 5-2。

常用参比电极技术性能　　表 5-2

名　　称	电 极 结 构	电位(V)	适 用 环 境
饱和甘汞电极	Hg/Hg_2Cl_2/饱和 KCl	+0.242	淡水、海水
Cu/饱和 $CuSO_4$ 电极	Cu/饱和 $CuSO_4$	+0.316	淡水、海水、土壤
Ag/AgCl/海水电极	Ag/AgCl/海淡水	+0.250	海水
高纯 Zn 电极	Zn 合金	-0.77 ±0.01	淡水、海水、土壤

阴极保护电位应符合表 5-3 的要求。考虑到深中通道沉管外壳介于含氧环境(沉管运行初期)和可能的缺氧环境(未来海底泥沉积积累效应)之间，钢壳外壳的保护电位除了满足上述技术规范的规定外，还应增加极化幅度大于 100mV 的判据。钢壳阴极保护电位测量细则参见本书附录 A。

钢结构的保护电位　　表 5-3

环境、材质	保护电位	
	最正电位 电位相对于 Ag/AgCl/海淡水③参比电极	最负电位 电位相对于 Ag/AgCl/海淡水③参比电极
海水	-0.80	-1.15①②
海淡水/回填石	-0.80	-1.15①②

注：①关于阴极保护最负电位，ISO 13174—2012、ISO 12473—2017、DNV-RP-B401 等国际标准均规定为 -1.10V，是涵盖了外加电流和镁合金牺牲阳极等可能产生极负电位情况下的指标。但是在 DNV-RP-B401 中 5.4.2 特别说明“术语‘过保护(over-protection)’只适用于保护电位比 -1.15V 更负的情况，这种电位不适用于铝基或锌基牺牲阳极阴极保护系统。”结合实际工程，建议 -1.15V 作为阴极保护电位上限参考。

②考虑到隧道钢壳埋覆在海淡水/回填石下，介质电阻率较高，保护电位存在欧姆降误差(阴极电位偏负、阳极电位偏正)，所以现场测量值若出现超出上限情况，应考虑相关措施消除欧姆降、测量电缆等影响因素。

③在港池、深坞、浅坞等地点测量钢壳极化电位，只是作为阳极活化过程的验证。钢壳实际保护电位的测量要考虑海水介质中氯离子变化对氯化银参比电极标准电位的影响。

阴极保护的保护电流密度可参考表5-4选值,适合隧道钢壳外壁的阴极保护电流密度,应参考表中海泥、海泥-堆石环境介质,必要时可通过现场试验确定。采用防腐涂层的沉管钢壳保护电流密度应在表5-4的选值基础上乘以涂层破损系数,涂层破损系数应按照《海港工程钢结构防腐蚀技术规范》(JTS 153-3—2007)附录B确定。

海港工程钢结构的保护电流密度 表5-4

环境介质	钢结构表面状态	保护电流面密度(mA/m^2)		
		初始值	维持值	末期值
静止海水	裸钢	100~130	55~70	70~90
流动海水	裸钢	150~180	60~80	80~100
海泥	裸钢	25	20	20
海水堆石	裸钢	60~90	40~50	50~75
海水中混凝土或水泥砂浆包覆	裸钢	—	10~25	—
水位变动区混凝土	钢筋	—	50~20	—

采用阴极保护的钢壳必须确保每一个设计单元或整体具有良好的通电连续性,连接方式采用直接焊接,牺牲阴极保护与被保护钢壳之间的连接电阻不应大于0.001Ω。

总保护电流按照下列公式计算:

$$I = \sum I_n + I_f \tag{5-1}$$

$$\sum I_n = i_n s_n \tag{5-2}$$

式中:I——总保护电流(A);

I_n——被保护钢结构各分部分的保护电流(A);

I_f——其他附加保护电流(A);

i_n——被保护钢结构各分部分的初期保护电流密度(A/m^2);

s_n——被保护钢结构各分部分的保护面积(m^2)。

牺牲阳极材料采用铝合金牺牲阳极,其电化学性能、金相组织和表面质量等应符合挪威船级社标准 *Cathodic Protection Design*(DNV-RP-B401)和美国腐蚀工程师协会标准 *Metallurgical and Inspection Requirements for CastGalvanic Anodes for Offshore Applications*(NACE SP0387)的有关规定,执行细则参见本书附录B。阳极的电化学性能应符合表5-5中的要求。测试条件为:电阻率70~80Ω·cm;必要时需要阳极厂家提供回填石埋覆下阳极长期电容量测试报告,测试过程需第三方见证,以证明该阳极在回填介质埋覆下具有长期稳定的电化学性能。

牺牲阳极材料应根据沉管钢壳环境介质条件和经济因素综合确定。铝合金阳极化学成分可以参考深中通道科研成果和工程经验,建议按照表5-6范围选择。

阳极电化学性能 表5-5

检测类别	测试介质电阻率	工作电位(V)	实际电容量(A·h/kg)	溶解状况
出厂试验项目	70~80Ω·cm	负于-1.05	海淡水中≥2550	腐蚀产物容易脱落,表面溶解均匀
选择试验项目①	8~40mm回填石/40Ω·cm海淡水	负于-1.00	海底泥中≥2000	
一年期型式试验项目②	8~40mm回填石/40Ω·cm海淡水	负于-0.95	≥2000	腐蚀产物容易脱落,表面溶解均匀

注:①出厂试验项目电容量值是作为阳极出厂质量控制依据。8~40mm回填石/40Ω·cm海淡水作为选择试验项目,是考虑了70~80Ω·cm海淡水介质中电化学性能合格的情况下,选择试验介质中阳极电化学性能通常可以达标,而海淡水容易作为标准化的测试介质。同时,选择试验项目中电容量值也是作为设计依据而不是质量控制指标。为了确认这一过程,在第三方出具检测报告证实选择试验项目中阳极性能后,无须对每个批次阳极出厂时做选择试验项目测试。

②考虑到未来沉管钢壳用阳极的回填介质,建议增加一年期的型式试验,进一步确保铝合金阳极的长期服役性能,该试验的电容量值作为牺牲阳极设计保护的依据。

阳极的化学成分(%) 表5-6

化学成分	Zn	In	Ti	Si	Fe	Cu	Sn	总杂质
质量百分比	4.0~6.0	0.015~0.030	≤0.030	0.050~0.400	最大0.07	最大0.003	≤0.020	最大0.050

牺牲阳极的几何尺寸和质量应能满足阳极初期发生电流、末期发生电流和使用年限的要求。

牺牲阳极的铁芯结构应能保证在整个使用期与阳极体的电连接,并能承受自重和使用环境所施加的荷载,其埋设方式和接触电阻应符合《铝-锌-铟系合金牺牲阳极》(GB/T 7387—1999)的有关规定。

牺牲阳极的接水电阻、发生电流、牺牲阳极的数量和使用年限核算可按照本书附录C计算。

牺牲阳极的布置应使被保护钢壳外壁的表面电位均匀分布,宜采用均匀布置。由于沉管钢壳阳极所处环境介质电阻率设计时不能完全确定,宜采用计算机仿真模拟方法进行辅助设计,以便优化钢壳阴极保护方案。

牺牲阳极与被保护钢壳距离小于100mm时,应在牺牲阳极与被保护钢壳之间设置屏蔽层,其尺寸可参照《船舶及海洋工程阳极屏涂料通用技术条件》(GB/T 7788—2007)的有关规定。牺牲阳极紧贴钢壳表面安装时,除了按规定装配屏蔽层外,还应对贴近钢壳表面的牺牲阳极底面进行绝缘涂装。

牺牲阳极的安装方式可采用焊接方式。应确保牺牲阳极与被保护的钢壳之间的连接电阻不大于0.001Ω,具体检验方式参见本书附录D。

阴极保护监测装置应具有测量、显示钢壳保护电位和牺牲阳极输出电流等基本功能。有条件时,应采用具有远程监测和分析评估功能的监测设备。

监测装置应设有手动检测接线端子和备用参比电极的接线端子。

参比电极电缆应选用耐海水腐蚀和耐老化的屏蔽电缆，其屏蔽层必须单点接地。

5.1.3 铝合金牺牲阳极的制造和检验

5.1.3.1 牺牲阳极生产工艺流程

牺牲阳极的生产工艺流程如图5-9所示。

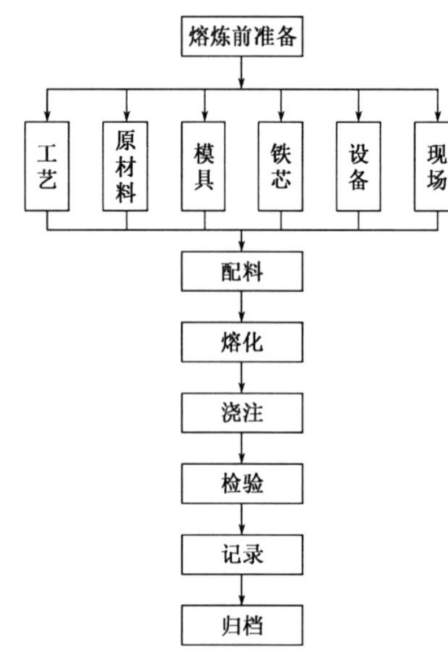

图5-9 牺牲阳极生产工艺流程图

5.1.3.2 熔炼前的准备

1）生产工艺检查

工艺人员应检查现行的工艺文件是否为现行有效的版本、是否满足生产的要求。定型、成熟的牺牲阳极产品采用固化的工艺，若目前的工艺不能满足要求，应根据生产通知单、图样、技术标准或技术规格书的要求编制新的工艺文件，并经评审后下达执行。

2）现场准备

操作人员穿戴好劳保服、劳保鞋、手套等劳保用品。往熔液中加料、搅拌、浇注、出模时必须戴保护面罩。

3）原材料领取

配料人员从库房中领取合格的原材料，并检查原材料批号，确保批号正确、清楚。

4）模具准备、检查

（1）需要制作新模具时，由计划调度安排工艺人员根据阳极要求设计模具图纸，模具设计前工艺人员要核算阳极重量，确定最佳尺寸。

（2）计划调度员下达模具生产计划给外协人员或金工车间，按时交付阳极重量、尺寸合格的整套模具。

（3）模具验收以实际生产的阳极尺寸和重量符合图纸或标准要求为准。

（4）使用前检查模具内部是否干净，有无杂物，模具是否存在影响使用的缩孔、裂纹等缺陷，如存在上述问题，应立即停止使用该模具。

5）铁芯检查

（1）表面质量：铁芯有厚度要求时，其厚度应符合相关要求。当铁芯需进行喷砂处理时，其表面质量应根据要求选择适宜的标准比对板进行检查，确定其喷砂等级是否达到Sa2.5级。

（2）重量：每种规格铁芯按批次抽取5只，称重取其平均值为该种型号铁芯的重量，铁芯数量不足5只时，全部称重取其平均值作为铁芯的重量。

5.1.3.3 合金的熔炼

1)配料

使用坩埚炉时,配料应按炉次进行,每炉炉料标识应清楚,摆放整齐,不得混放。将该炉使用的原材料批号、重量等信息如实填写在《牺牲阳极生产记录表》中。

2)熔炼

(1)可倾式燃气熔炼炉熔炼。

①基体合金锭加入前必须进行充分的预热。基体合金熔化后再加入其他配比合金。

②当添加的合金元素比基体熔点低时,需待基体金属融化且停止升温时再将其加入;当添加的合金元素比基体熔点高时,应以中间合金的形式加入;熔点较低、密度比基体金属小的稀、贵金属,如 In、Cd、Sn 等,在添加时用纸包裹后投入坩埚内。

③全部加入后用专用搅拌工具(防带入有害杂质)顺时针、逆时针和上、下充分搅拌,使合金成分均匀,防止偏析。

④配料完成后用小坩埚在炉前舀少量铝液浇注光谱试样,炉前分析合格后方可进行浇注,并对留样进行打号标识、生产到配料的 1/2 铝液左右在炉中进行取样,打号与炉前共同送检。

(2)连续熔炼炉熔炼、池式熔炼炉。

①加料工序:将一垛铝锭拆开分 2 ~4 次添加,第一次投料时应先添加部分片状回炉料,防止砸坏炉衬。

②打开流道口,将熔化好的液体流入保温炉,严格按照称重读数,按要求的合金成分进行计算、称取材料,班长负责按实际数据进行记录(数值精确到小数点后一位)。

③称量好的金属、中间合金放在保温炉炉口用工具推进保温炉炉膛,打开永磁搅拌系统,增加溶解速度。

④在搅拌前添加熔点较低、密度小的 In、Cd 等,并用纸包裹投入炉膛。

⑤打开永磁搅拌系统进行搅拌,根据系统设定正反转搅拌 15min,关闭永磁搅拌系统,并退出炉底。

⑥搅拌后静置 3min 以上,去除溶液表面的氧化渣,舀取试样,出炉浇注。使用连续熔炼炉时,若炉渣较多,应使用专门的工具将炉渣扒到炉渣回收车里。

3)浇注

(1)在浇注前用对模具及铁芯进行预热,模具盖不要放置在地上,更不能放置在水里,应保持干燥,同时和金属液接触的工具等也应保持干燥。

①将模具放置于浇注工装上,正确放置铁芯、堵头(一定要注意位置不要偏移或歪斜),清扫干净模具内的异物、残渣等,盖好模具盖,放正浇冒口。

②浇注前扒掉浇包内金属液表面的氧化渣再进行浇注,连续生产时浇注温度应在合理范围内,太低容易产生冷隔,太高容易产生裂纹。浇注过程应保持液流连续不间断,浇注末期应充分补缩。

(2)金属液充分凝固后出模,处理浇、冒口;去除阳极飞边、毛刺等。

(3)需要对浇注完成后的阳极进行称重跟尺寸测量,称重的阳极应在去除飞边、毛刺等后进行。

4)取样方法

测试试样应重视取样标识的规范性,典型的标识应包含生产线标识、生产日期、炉号、炉前/炉后的识别码,例如:B 210421 08-02。

(1)生产线标识:可倾式燃气熔炼炉设备编号为A、连续熔炼炉为B、池式熔炼炉为C。

(2)生产日期为年月日,各取两位数,不足位数补0。

(3)炉号:取两位数,不足位数补0。

(4)炉前炉后识别码:炉前为-1,炉后为-2。

5)阳极熔炼质量控制

阳极在熔炼过程中,严格按照阳极生产工艺流程执行,在阳极熔炼完成后,按照以下项目进行阳极产品检验。

(1)检验项目。

①铝合金阳极的检验包含表面质量、重量、尺寸、化学成分、电化学性能、接触电阻等。

②对于铝合金阳极,如项目有特殊要求,执行项目规定。

(2)检验。

①铸造质量。

铸造质量检查应按照表5-7的规定进行。合同技术协议/技术规格书有特殊要求的,表面质量应符合其规定。

表面质量检验 表5-7

种类	执行标准	终检 检验频次	方法	要求
铝合金阳极	GB/T 4948—2002	10%, 不少于10支	目测	无氧化渣、毛刺、飞边等缺陷,允许有长度不超过50mm、深度不超过5mm的横向裂纹,不允许存在裂纹团,且工作面应保持干净,不能沾有油漆和油污
铝合金阳极	NACE SP 0387	10%, 不少于10支	目测	非金属夹杂物不能超过阳极总表面的1%,缩孔深度不能超过阳极厚度的10%,冷隔深度不能超过10mm,不允许锤击裂纹和机构修复阳极。 阳极表面不允许存在纵向裂纹;横向裂纹宽度不能超过5mm,数量不能超过10条(宽度不大于0.5mm的裂纹数量不计算在内);不允许贯穿性裂纹

②重量。

重量需选择适宜的衡具进行称量,铝合金阳极的重量检验按照表5-8的规定进行。

③尺寸。

尺寸需选择适宜的量具进行测量,铝合金阳极的尺寸检验应按表5-9的规定进行。

重量检验 表5-8

种 类	执行标准	终检抽检量	要 求	
			单块重量偏差	总重偏差
铝合金阳极	GB/T 4948—2002	不少于10支	±3%	0～+2%
铝合金	NACE SP 0387	≥140kg,每支 ≤140kg,10%	牺牲阳极>50kg时, min(±3%,2.3kg) 牺牲阳极<50kg,±3%	0～+2%

尺寸检验 表5-9

种 类	执行标准	检验频次	要 求			
			长度偏差	宽度偏差	厚度偏差	直线度
铝合金阳极	GB/T 4948—2002	不小于10支	±2%	±3%	±5%	≤2%
铝合金阳极	NACE SP 0387	10%	min(±3%,25mm)	±5%	±10%	≤2%

④化学成分。

a.炉批次。

牺牲阳极实行炉批次管理。同一时间同一只熔炼炉浇铸的阳极为一炉。

b.化学成分检验按表5-10的规定进行。

化学成分检验 表5-10

种 类	抽样数量	试验方法
铝合金阳极	熔炼炉容量<1t,炉前浇铸1只制样,3点/样 熔炼炉容量≥1t,炉前炉后各浇铸1只制样,3点/样	GB/T 4949—2007 GB/T 20975.2—2007 GB/T 20975.3-24—2008

⑤电化学性能。

a.电化学性能试验按表5-11的规定进行。

电化学性能试验 表5-11

种 类	检验频次	试验方法
铝合金阳极	每批次浇筑样棒(尺寸为$\phi16\times48$mm或$\phi10\times50$mm)	试验电流密度参见《牺牲阳极电化学性能试验方法》GB/T 17848—1999,测试介质和阳极性能要求参见表5-5

b.铝合金阳极要在70～80Ω·cm电阻率海水中,电化学性能各项指标应符合表5-5中的相应规定。

注:铝合金阳极安装后应首先在海水环境中检查其电化学性能,具体部位为管节2个侧面和底部各测量3处,钢壳阴极保护电位测量细则参见本书附录A,并应满足《海港工程钢结构防腐蚀技术规范》(JTS 153-3—2007)的有关规定和要求。

⑥接触电阻试验。

接触电阻试验按表5-12的规定进行。

接触电阻试验 表5-12

种　类	检验频次	试验方法	要　求
铝合金阳极	每种型号规格至少选取1只	GB/T 4948—2002 附录A	不大于0.001Ω

注:接触电阻属型式试验,如项目没有特殊要求,接触电阻可每一批次做一次。

⑦破坏性试验。

合同/协议要求对铝合金、锌合金阳极进行破坏性试验,破坏性试验应按NACE SP0387规定进行,见表5-13。

破坏性试验 表5-13

剖切位置	长度方向25%、33%和50%
要求	气孔总面积不能超过总表面积的2%,也不能超过每个面的5%; 非金属夹杂不能超过总表面的1%,也不能超过每个面的2%; 铁芯周围间隙长度的平均值不能超过铁芯周长的10%,单个间隙长度最大不能超过铁芯周长的20%

⑧判定准则。

a.自检中发现的表面质量、重量不合格按个处理。

b.终检中发现表面质量、重量、尺寸、化学成分、破坏性试验、接触电阻测试中有不符合,加倍抽样,仍有不合格者,该批产品不合格。

c.电化学性能不达标,判定该批不合格。

(3)记录。

执行作业文件的下述记录由生产人员负责填写,并在生产结束后随产品生产档案一起归档:

a.牺牲阳极生产任务表。

b.牺牲阳极生产记录。

c.检验记录表。

5.1.4 铝合金牺牲阳极安装和质量管理措施

5.1.4.1 施工程序

1)牺牲阳极安装工艺流程

牺牲阳极的安装工艺流程为:安装前准备→安装工装施工→物料准备→清理污物及铁锈等→成品上工装平台→工装定位→阳极起吊→翻身→安装点焊固定→安装尺寸及精度检查→焊接→焊缝检查→全面检查→拆除安装工装。

2)安装前的准备

(1)安装工艺检查。

工艺人员应检查现行的工艺文件是否为现行有效的版本、是否满足施工的要求。若目前的工艺不能满足要求,应根据施工通知单、图样、技术标准或技术规格书的要求编制新的工艺文件,并经评审后下达执行。

(2)现场准备。

①操作人员穿戴好劳保服、劳保鞋、手套、安全带、安全帽、焊工用保护面罩等劳保用品。

②现场清理工作的准备情况等。

(3)成品领取。

配料人员从库房中领取合格的成品,并检查是否满足安装清理的条件。

(4)安装工装机具准备、检查。

①需要工装安装时,由计划调度安排人员根据施工现场的情况进行施工。

②计划调度员下达安装工装的地点、工期。

③工装验收以实际施工的工期和安装节点为准,符合图纸或标准要求为准。

④安装前检查阳极尺寸,支架的安装精度、表面清理情况等。

3)阳极安装质量控制

(1)在安装前,操作人员应做好安装施工记录,对首件阳极现场检验人员检查尺寸、水平、垂直和焊缝外观等,符合要求后方可进行正式施工。每块阳极的安装焊缝外观必须检验,有特殊要求的按合同要求执行,并将结果认真填写于《牺牲阳极施工记录表》中。记录必须真实、准确、完整,不得随意涂改。

(2)满足首件检验条件时,应由班组长组织对首件牺牲阳极安装进行首件检验。

(3)当填写的安装记录数据出现错误时,应在错误数据上划两条横线,正确数据填写在原数据的上方,当事人在数据旁边签名。

4)施工记录

执行作业文件的下述记录由施工人员负责填写,并在施工结束后随产品施工档案一起归档:

(1)牺牲阳极施工记录表。

(2)设备运行记录表。

(3)首件检验记录单。

(4)安装质量控制卡。

5.1.4.2　铝合金牺牲阳极施工验收

铝合金牺牲阳极施工的验收应该在离开总包场地前完成,出厂前验收的单位要有总包、监理和业主;验收的项目包含成品阳极、焊接材料、阳极安装的水平度、垂直度、安装误差、焊缝质量等是否满足图纸要求。

铝合金牺牲阳极施工进度计划,根据生产和运输计划,计划安排在成品阳极到现场后开始安排正式施工,在运输过程中现场可以进行施工前期准备工作。施工可以安排在船厂大合拢区域,当第一个小分段(一个大段基本上由十来个小分段组成)定位后,阳极的安装工作就可以开始,典型的安装规划为:

(1)顶面及两侧面阳极安装工装安装施工2d。

(2)一个大段的阳极安装及焊接20d(可以在大段合拢期间施工)。

(3)阳极安装及焊接检验3d。

阳极安装采用支架式可以更加有效地避免对钢壳外部涂层的破坏,铝合金牺牲阳极连接点示意图如图5-10所示。具体工序如下:

(1)对阳极连接点进行精确定位后,在连接点预先焊接阳极支架。

(2)焊接完阳极支架后,对钢制外壳进行正常的涂层涂覆。

(3)整体涂装完成后,阳极在预制的阳极支架上进行焊接。

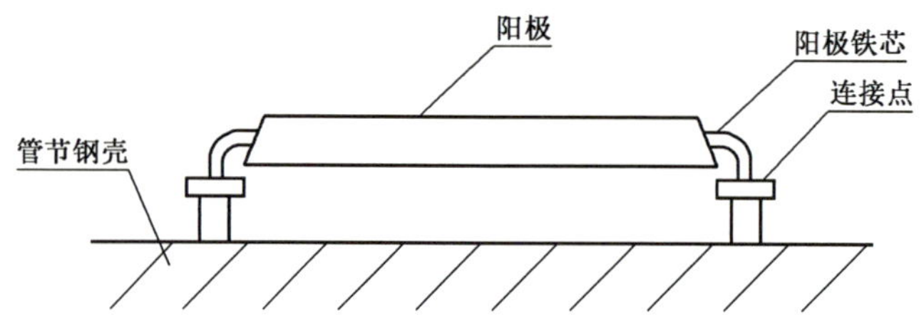

图5-10 铝合金牺牲阳极连接点示意图

5.1.4.3 沉管钢壳铝阳极专用安装装置

1)系统组成

隧道沉管牺牲阳极吊装和焊接系统采用半门式起重机有轨移动吊装台车和焊机单元,具体包括上轨道、下轨道、移动台车、焊接平台、吊装电动葫芦、阳极翻转平台及机构等,如图5-11所示。

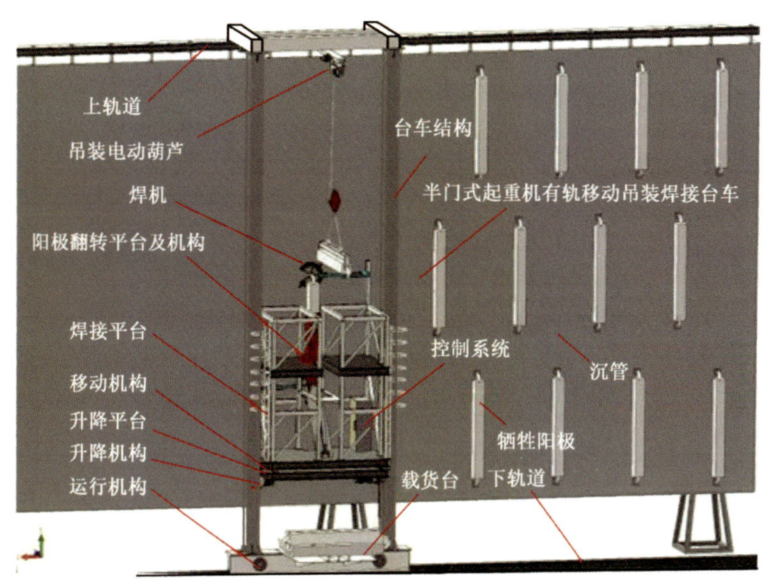

图5-11 沉管钢壳铝合金阳极吊装和焊接系统

系统的核心是半门式起重机吊装焊接台车，该台车包括上下横梁、立柱、升降平台、焊接平台、载货台、升降机构、移动机构、运行机构、阳极吊装葫芦、阳极翻转装置及电气控制系统等。升降平台由升降机构驱动沿立柱轨道上下升降，焊接平台由移动机构驱动在升降平台平移，运行机构驱动整个台车沿上下轨道移动。

阳极吊装葫芦带小车，可以沿吊装轨道移动，吊装阳极。阳极翻转机构可以实现阳极的翻转定向。半自动围焊机实现阳极的焊接。

电气控制系统包括各机构电力拖动及自动控制、位置检测、角度检测、照明和安全保护，加装图像识别系统可以实现智能定位。

2）吊装和焊接工艺

叉车将阳极包装放到台车的载货台上，人工拆包；用电动葫芦起吊阳极，必要时翻身，再起吊，移动到位，下降到阳极翻转装置上，固定好，翻转阳极到90°垂直位置；运行机构驱动台车，升降机构驱动升降平台，智能定位系统控制运行到指定高度和水平位置，移动机构驱动焊接平台将阳极贴到标准管节的焊接平面上定位；机械手操作半自动围焊完成焊接；退出半自动围焊，翻转机构松绑阳极，退回焊接平台，升降平台移动到下一水平位置，或者运行机构驱动台车到下一焊接位置；开始一个新的焊接循环。

以上工艺，视系统的自动化程度和智能化程度，需要安排2～3人参加，完成必要的辅助工作。

3）焊接单元

牺牲阳极的焊接采用半自动围焊，在台车的焊接平台上安装半自动围焊，分别焊接阳极的上下两个焊缝。先将阳极吊装在翻转机构上，翻转至垂直，移动到位，由机械手操作半自动围焊机进行焊接。系统组成如图5-12所示。

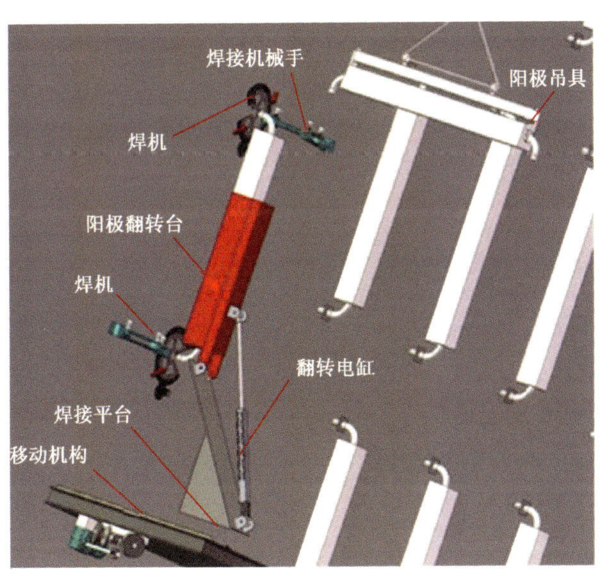

图5-12　牺牲阳极焊接系统

4)半自动围焊机

半自动围焊机的组成如图5-13所示,包括半自动围焊机和机械手。

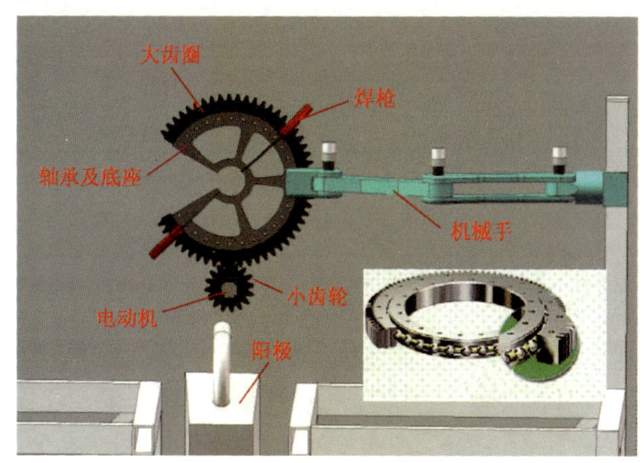

图5-13　半自动围焊机

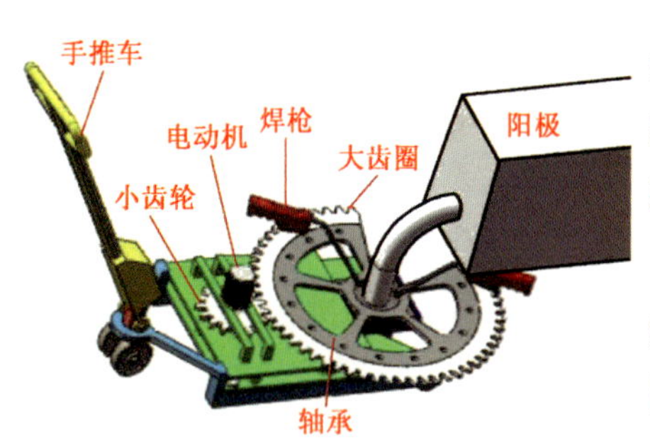

图5-14　手推自动围焊机

半自动围焊机在一个开了口的回转支撑(推力轴承带外齿圈)的外齿圈上安装固定两把焊枪,机械手移动半自动围焊机到指定位置后,由电动机带小齿轮驱动转动190°左右,实现对阳极圆形钢管的围焊。

另外,还可以采用一种手推围焊机替代半自动围焊机,如图5-14所示。这种围焊机可以用于沉管顶面阳极的焊接。

5)吊装单元

沉管铝合金阳极智能吊装单元核心是半门式起重机吊装焊接台车(图5-15)。台车除了上轨道和下轨道外,可以按照功能分成结构框架、机构及控制3个部分。

(1)台车的结构框架部分。

半门式起重机吊装焊接台车的结构框架主要包括上横梁、下横梁、立柱、载货台、升降平台、焊接平台和翻转平台。

上横梁采用箱形钢结构,安装水平轮,用于水平导向。下横梁采用箱型钢结构,安装运行机械,可以驱动台车沿上下轨道行走。

立柱采用矩形钢管和凸缘焊接而成,外壁上安装齿条及导轨,用于升降和导向。立柱采用螺栓和上横梁、下横梁连接成为半门式起重机结构,承受台车移动、吊装、定位、焊接过程中的载荷。

载货台的下横梁用于存放待焊接的阳极。升降平台采用槽钢焊接框架结构,上面安装升降机构、移动机构、焊接平台、翻转平台。焊接平台分左中右3个区域,左右区域分为上下两层，各设有1台焊机，下层安装电器柜。翻转平台位于焊接平台中部区域，安装阳极翻板及翻转机构，翻板上设锁定，固定住待焊接的阳极。

(2)台车的机构部分。

半门式起重机吊装焊接台车的机构部分，主要包括水平轮、吊具及葫芦小车、升降机构、移动机构、翻转机构和运行机构，如图5-16所示。

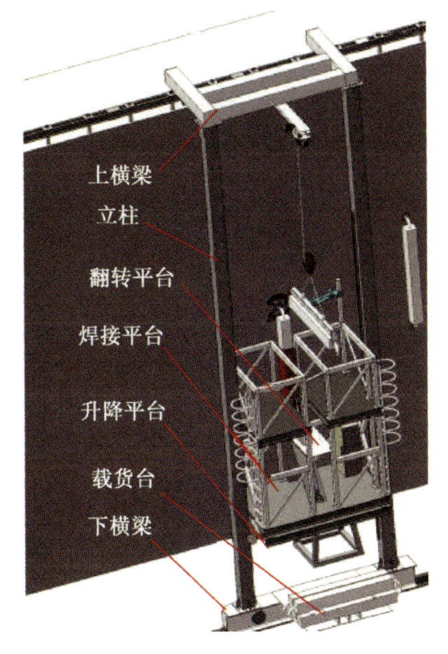

图5-15　半门式起重机吊装焊接台车的结构框架

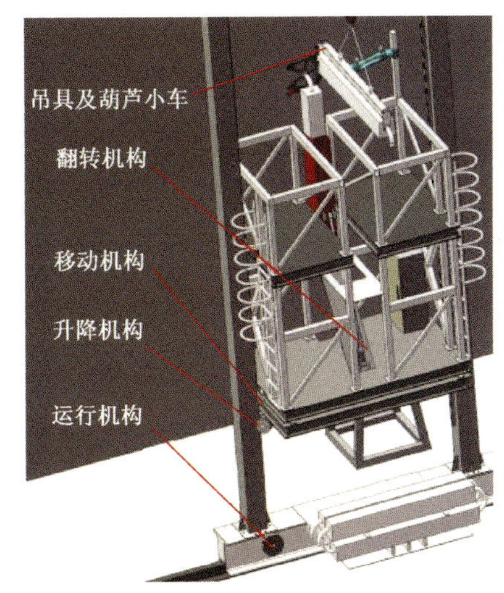

图5-16　半门式起重机吊装焊接台车的结构

①水平轮4个，都是从动轮，安装在上横梁上，承受水平力，防止台车倾覆。

②吊具及葫芦小车，特别设计的阳极吊具能够适应阳极的吊装和固定(图5-17)，采用标准葫芦小车沿轨道行走，用于阳极的吊装。

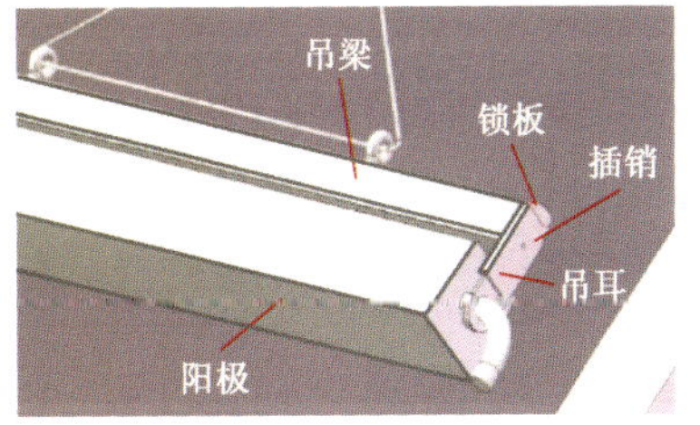

图5-17　阳极吊具

③升降机构负责提升和下降升降平台及上面的所有设备，暂定采用齿轮齿条爬升方案，设有导向装置，电气同步，待进一步研究后确定。

④移动机构驱动焊接平台在升降平台上的移动，以使阳极精确定位。采用电动推力缸，安装在两个平台之间，并设有直线导轨和滑块，用于导向和支撑。

⑤翻转机构采用电动推力缸，万向铰连接，驱动铰接的翻转平台，使阳极翻转到垂直位置。

⑥运行机构由电动机、减速器、制动器、车轮(四合一)组成，采用1个主动轮和1个从动轮方案，主动轮由四合一驱动带动台车行走。

半门式起重机吊装焊接台车沿上轨道和下轨道行走。下轨道采用单根标准起重机轨道，承受台车的垂直荷载。水平轨道由2根槽钢背靠背连接(图5-18)，通过膨胀螺栓和压板固定在沉管的透气孔上,承受台车的水平荷载。这种半门式起重机焊接台车轨道方案,可以保证台车运行精度,也可以保证不会伤害沉管表面的油漆。

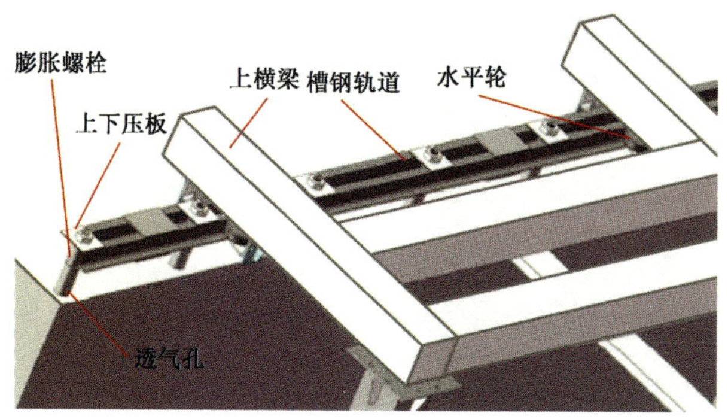

图 5-18　上轨道结构

(3)台车的控制部分。

牺牲阳极的焊接过程中包含吊装自动化、定位智能化技术的应用,均在沉管钢壳铝阳极安装专用装置的电气及控制单元,包括配电、滑动供电、电力拖动与控制、测量和控制、照明保护等,如图 5-19 所示。

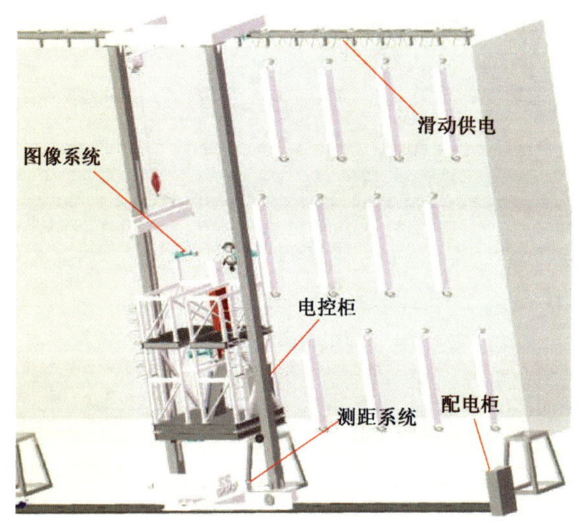

图 5-19　台车电气控制系统

①电力拖动。

采用三相交流电源,随行电缆供电,安装在上横梁上。运行机构和升降机构采用交流变频电动机,移动机构和翻转机构采用电动推力缸,机械手驱动可以采用伺服电机。

②电气控制。

运行机构和升降机构采用交流变频调速,电气制动加机械制动。移动机构和翻转机构采用直流调速,具有所有电气保护作用。电气控制配备照明、接地及各种防护装置。

③测量和控制。

所有机构加装旋转编码器定位。运行机构和升降机构可加装激光测距仪精确定位，采用工业可编程控制器作为主控设备，实现控制过程自动化。选用图像系统，实现智能定位。备有通信接口，与上位机连接。

④自动化和智能化。

半门式起重机吊装焊接台车的定位采用自动化快速定位、智能化精确定位方式，如图5-20所示，可细分为图像模块、测距模块和通信模块。

图像模块安装在机械臂上，设有高清晰度照相机，由机械臂操作，待自动化快速定位后，将图像系统移到焊接点上方，摄取图像，进行分析后给出精确定位坐标。

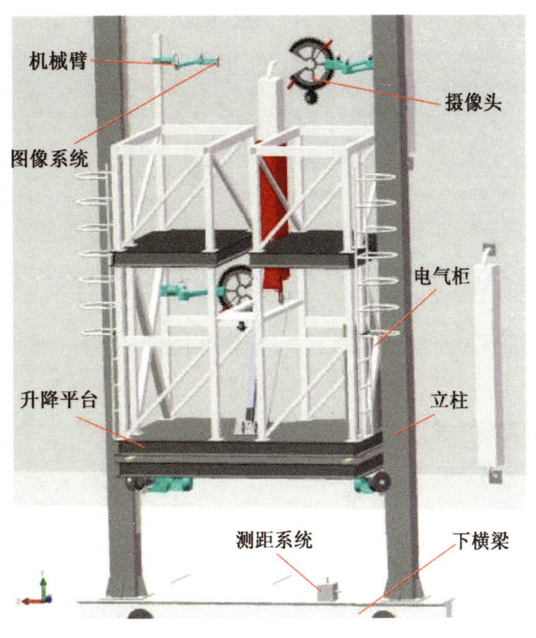

图5-20 台车自动化及智能化控制

测距模块采用激光测距仪，安装在下横梁上，用于测量升降平台的高度和台车相距原点的位移。另外，在机械臂的末端安装一个激光测距仪，用于测量焊接点的距离。

半门式起重机吊装焊接台车设置网络通信模块，可以和上位机进行实时通信。接受上位机指令和查询，可以将每天的工作情况、报表等数据信息传递给上位机。另外，可以将焊接时的实时图像发送给上位机，用于质量检查等分析。

沉管阳极安装专用装置的设置首先是对安装现场对轨道端部（在配电柜处）设置坐标原点，系统输入阳极位置图纸坐标，先由激光定位，快速驱动台车的运行机构和升降机构到达目标点；启动机械臂，将图像系统置于焊接点附件，开启图像系统，摄取图像，经图像处理获得焊接点的准确位置坐标，并通过激光测距仪获取焊接点距离坐标；然后控制运行机构、升降机构和移动机构进行微调，实现精确定位。

5.2 沉管钢壳用牺牲阳极的电化学性能

5.2.1 不同种类牺牲阳极在砂石海淡水环境的电化学性能

5.2.1.1 试验设计

牺牲阳极试样为DNVGL-RP-B401和《铝-锌-铟系合金牺牲阳极》（GB/T 4948—2002）标准规定的Al-Zn-In、Al-Zn-In-Si、Al-Zn-In-Sn、Al-Zn-In-Mg-Ti、Al-Zn-In-Mg-Sn的阳极，以及青岛

双瑞海洋环境工程股份有限公司研制的 Al-Zn-In-Sn-Ti-Si 阳极。此 6 种阳极材料以工业纯铝(99.85*wt%*)为原材料,经过合金化冶炼铸造成毛坯,其阳极化学成分见表 5-14。试样尺寸为 ϕ16 ×48mm 的试样一端打有 M3 的螺孔,以便引出导线。试样前处理使用无水乙醇去除表面油污,放到 105℃的烘箱烘干,在干燥器冷却到室温称重。然后重复以上烘干过程,进行第二次称重,两次称重误差要小于 0.004g,取平均值作为牺牲阳极试样质量。

牺牲阳极主要成分表(%) 表 5-14

编号	阳极种类	质量百分比						
		Zn	In	Mg	Si	Sn	Ti	Al
1	Al-Zn-In	5	0.028	—	—	—	—	余量
2	Al-Zn-In-Si	6	0.03	—	0.12	—	—	余量
3	Al-Zn-In-Mg-Sn	3	0.028	1	—	0.03	—	余量
4	Al-Zn-In-Mg-Ti	5.5	0.03	1.2	—	—	0.03	余量
5	Al-Zn-In-Sn	4.5	0.03	—	—	0.025	—	余量
6	Al-Zn-In-Sn-Ti-Si	4.8	0.025	—	0.10	0.01	0.02	余量

根据《牺牲阳极电化学性能试验方法》(GB/T 17848—1999)和 NACE TM0190 牺牲阳极加速试验方法,进行铝牺牲阳极电化学性能试验。阳极的暴露面积为 14cm^2,阴阳极工作面积比 60:1,电流密度为 1mA/cm^2。试验介质为"80Ω · cm 海水 +8 ~16mm 石英砂",试验温度为室温,pH 值为 7.85。将盐桥和牺牲阳极试样同时埋入砂石中,使用参比电极为饱和甘汞电极测量牺牲阳极的开路电位和工作电位。试验周期为 14d,试验结束后,浸入 68%浓硝酸 5 ~10min,去除腐蚀产物,依据式(5-3) ~式(5-5)计算牺牲阳极的电容量和电流效率,观察牺牲阳极试样表面的溶解情况。

$$Q = k \times \frac{M_2 - M_1}{m_1 - m_2} \tag{5-3}$$

式中:Q——牺牲阳极试样电容量(A · h/kg);

k——系数,k =843.3A · h/kg;

M_1——试验前 Cu 电量计阴极铜片的质量(g);

M_2——试验后 Cu 电量计阴极铜片的质量(g);

m_1——试验前牺牲阳极试样的质量(g);

m_2——试验后牺牲阳极试样的质量(g)。

$$Q_0 = A \times X = B \times Y = C \times Z \tag{5-4}$$

$$\eta = (Q/Q_0) \times 100 \tag{5-5}$$

式中:Q_0——牺牲阳极的理论电容量(A · h/kg);

A、B、C——合金成分的百分比(%);

X、Y、Z——合金成分的理论电容量(A · h/kg);

η——牺牲阳极的电流效率(%)。

5.2.1.2 试验结果与讨论

合金元素的添加量对于铝合金牺牲阳极的性能有一定影响，在一定范围内，In 和 Zn 的添加量越高，牺牲阳极的电化学性能越好，表面溶解越均匀。同时，添加一定量的 Si 有利于牺牲阳极的溶解并提高其合金组织的均匀性，但添加 Si 容易造成晶间腐蚀，降低牺牲阳极的电化学效率。加入 Sn 可以使工作电位和开路电位负移，加入 Ti 可以细化阳极晶粒，使溶解更均匀。加入 Mg 元素可以提高阳极表面活性，但是加入 Mg 使得阳极发生坑蚀。

6 种牺牲阳极的电化学性能和表面溶解形貌见表 5-15、图 5-21 和图 5-22。Al-Zn-In-Mg-Sn 阳极工作电位随着时间推移由 -1.109V（相对于饱和甘汞电极，简称“vs. SCE”）正移到 -1.062V，呈现蜂窝状均匀腐蚀，电容量 2422A · h/kg，效率较低；Al-Zn-In-Sn 阳极工作电位随着时间的逐渐正移，从 -1.10V正移到 -1.06V，电容量较低，效率仅有 79.7%。以上两种牺牲阳极电流效率不足 85%，且工作电位存在明显正移的现象，不适合作为“砂石 + 海淡水”环境的牺牲阳极材料。

铝牺牲阳极电化学性能　　表 5-15

阳极种类	开路电位（vs. SCE）	电容量（A · h/kg）	电流效率（%）	表面溶解状况
Al-Zn-In	-1.069	2469	85.7	较均匀腐蚀，腐蚀产物易脱落
Al-Zn-In-Si	-1.068	2596	91.1	较均匀腐蚀，存在局部不腐蚀区域，腐蚀产物易脱落
Al-Zn-In-Mg-Sn	-1.114	2422	83.3	呈蜂窝状腐蚀，存在局部不腐蚀区域，腐蚀产物易脱落
Al-Zn-In-Mg-Ti	-1.086	2490	87.3	呈蜂窝状腐蚀，在局部不腐蚀区域，腐蚀产物易脱落
Al-Zn-In-Sn	-1.109	2296	79.7	呈蜂窝状腐蚀，在局部不腐蚀区域，腐蚀产物易脱落
Al-Zn-In-Sn-Ti-Si	-1.092	2581	90.1	均匀腐蚀，腐蚀产物易脱落

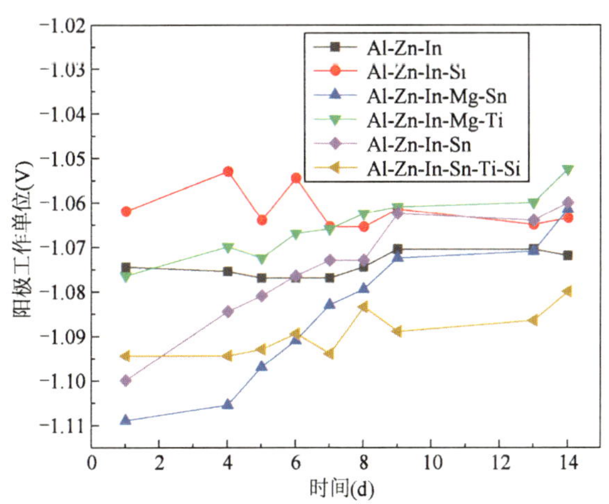

图 5-21 不同种类铝牺牲阳极工作电位图

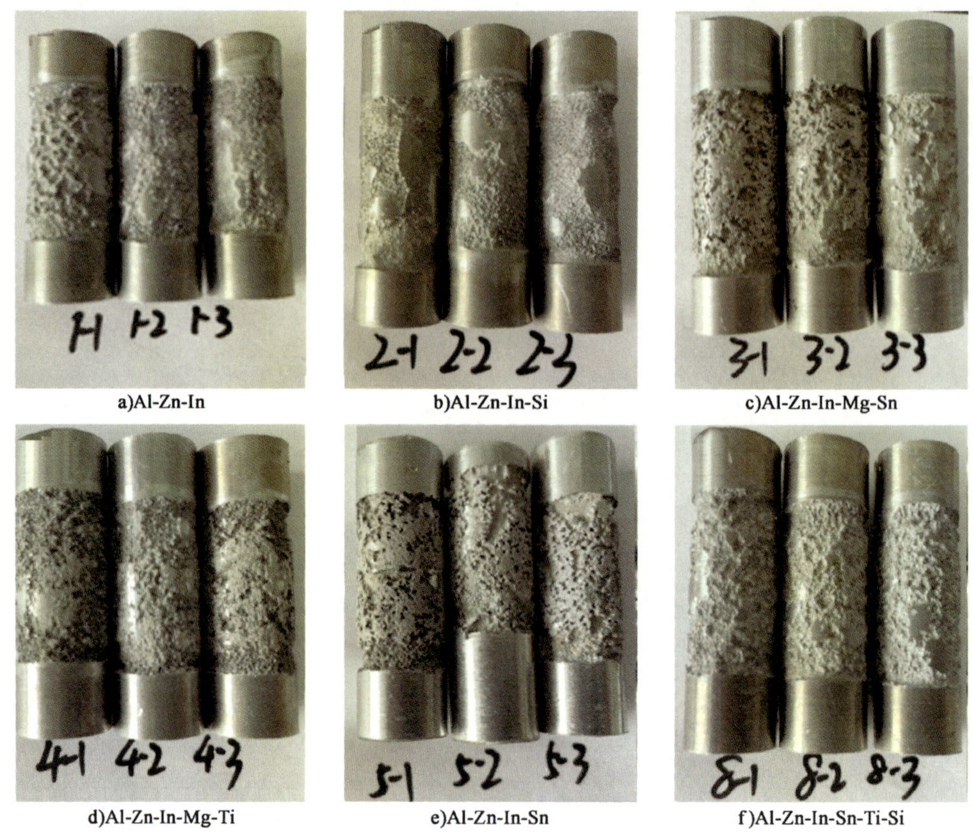

a)Al-Zn-In　b)Al-Zn-In-Si　c)Al-Zn-In-Mg-Sn

d)Al-Zn-In-Mg-Ti　e)Al-Zn-In-Sn　f)Al-Zn-In-Sn-Ti-Si

图 5-22　铝阳极表面溶解形貌

Al-Zn-In-Mg-Ti 阳极工作电位在 −1.077 ~ −1.052V 之间，电位正移 20mV，电容量 2490A · h/kg，阳极表面呈蜂窝状腐蚀，且局部存在不腐蚀情况；Al-Zn-In 阳极工作电位 −1.077 ~ −1.070V，电位稳定，电容量 2469A · h/kg，阳极表面较均匀腐蚀，腐蚀产物易脱落。以上两种阳极的电容量均为超过 2500A · h/kg，电化学性能不高，经济性不佳，在“砂石 + 海淡水”环境下不推荐使用。

Al-Zn-In-Si 阳极的工作电位为 −1.065 ~ −1.053V，电流效率高达 91.1%，但是阳极表面存在较大的不腐蚀区域；Al-Zn-In-Sn-Ti-Si 阳极表面溶解均匀，腐蚀产物容易脱落，电容量为 2581A · h/kg，电流效率 90.1%，阳极工作电位保持在 −1.095 ~ −1.080V 之间，电位稳定，相较 Al-Zn-In-Si 阳极有更负的工作电位，具有更大的驱动电位，且效率较高，因此在“砂石 + 海淡水”环境下，Al-Zn-In-Sn-Ti-Si 阳极是最优的阳极配方，其综合性能优异。

5.2.1.3　试验结论

(1) Al-Zn-In-Mg-Sn 和 Al-Zn-In-Sn 阳极电位正移 50mV，电流效率 < 85%，阳极表面局部不腐蚀，不适合用于砂石海淡水环境。

(2) Al-Zn-In-Mg-Ti 和 Al-Zn-In 阳极表面呈蜂窝状腐蚀，且局部存在不腐蚀情况，电容量均为超过 2500A · h/kg，电化学性能不高，经济性不佳，在“砂石 + 海淡水”环境下不推荐使用。

(3) Al-Zn-In-Si 和 Al-Zn-In-Sn-Ti-Si 阳极电流效率大于90%，但 Al-Zn-In-Si 阳极呈现不均匀腐蚀，不适合用于砂石海淡水环境；而 Al-Zn-In-Sn-Ti-Si 阳极表面溶解均匀，腐蚀产物容易脱落，电容量为2581A·h/kg，电流效率90.1%，工作电位 -1.095 ~ -1.080V，是砂石海淡水环境最优的阳极配方。

5.2.2　电导率对牺牲阳极电化学性能影响

5.2.2.1　试验设计

试验阳极为 Al-Zn-In-Sn-Ti-Si 阳极。试样尺寸为 $\phi10 \times 50$mm 的试样，一端打有 M3 的螺孔，以便引出导线。试样经无水乙醇处理后烘干称重，并重复称量一次，使两次的称重误差要小于0.004g，取平均值作为牺牲阳极试样质量。根据 DNVGL-RP-B401 牺牲阳极加速试验方法，进行铝牺牲阳极电化学性能试验，阳极的暴露面积为14cm^2。试验介质为分别为25Ω·cm、40Ω·cm、75Ω·cm、120Ω·cm、150Ω·cm、250Ω·cm、480Ω·cm 海淡水，使用青岛海域天然海水稀释的方式模拟不同电阻率海淡水，试验温度为室温。使用饱和甘汞电极作为参比电极测量牺牲阳极的工作电位。试验周期为4d，电流密度分别为1.5mA/cm^2、0.4mA/cm^2、4.0mA/cm^2、1.5mA/cm^2。试验结束后，浸入68%浓硝酸5~10min，去除腐蚀产物，依据式(5-3)计算牺牲阳极的电容量。

5.2.2.2　试验结果与讨论

图5-23为 Al-Zn-In-Sn-Ti-Si 阳极电容量随海淡水电阻率的变化关系。从图上可以看出，牺牲阳极在不同电阻率海淡水中的平均电容量随着海淡水电阻率的升高而降低，在海淡水电阻率≤150Ω·cm 时，平均电容量达到2600A·h/kg 以上。随着海淡水电阻率的增加，电容量有所下降。即使在480Ω·cm 海淡水中，牺牲阳极的电容量仍达到(2531 ± 111) A·h/kg，仍然大于2400A·h/kg 的设计标准。

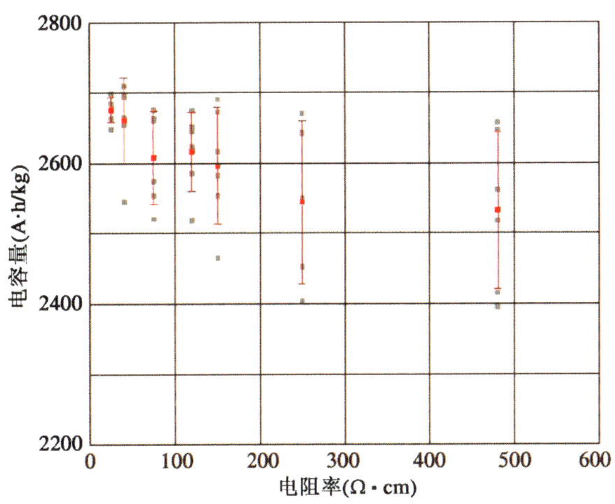

图5-23　Al-Zn-In-Sn-Ti-Si 阳极电容量与海淡水电阻率关系

图 5-24 为 Al-Zn-In-Sn-Ti-Si 阳极工作电位与海淡水电阻率关系图，图上工作电位的取值为试样第 4d 时工作电位的平均值。从图上可以看出，在海淡水电阻率≤150Ω·cm 时，阳极的工作电位都负于 -1.06V，工作电位相对稳定，满足阴极保护设计要求。随着海淡水电阻率的升高，阳极工作电位逐渐正移，在高电阻率环境 480Ω·cm 时，工作电位正移至 -0.93V。因此，在极端高电阻率的介质环境中，需要考虑阳极实际的工作电位和阳极发生电流，进行充分的冗余设计。

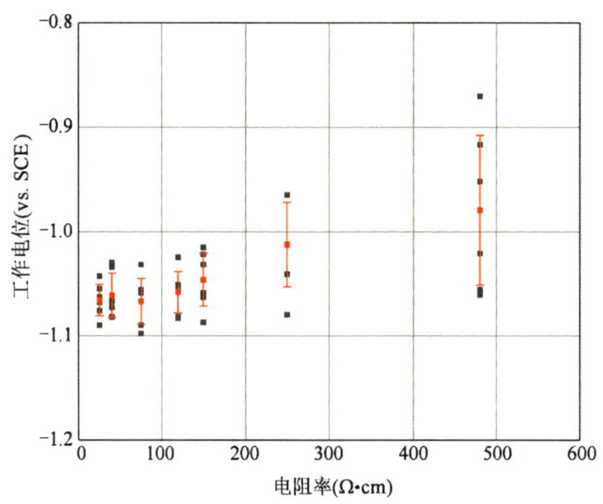

图 5-24　Al-Zn-In-Sn-Ti-Si 阳极工作电位与海淡水电阻率关系

a)75Ω·cm

b)480Ω·cm

图 5-25　Al-Zn-In-Sn-Ti-Si 阳极不同电阻率环境的溶解形貌

图 5-25 为 Al-Zn-In-Sn-Ti-Si 阳极不同电阻率环境典型的宏观溶解形貌，其中在 25～150Ω·cm 海淡水中，牺牲阳极的溶解形貌表现为均匀溶解，且腐蚀产物容易脱落，表现出良好的溶解特性。当海淡水电阻率达到 480Ω·cm 时，牺牲阳极表面出现不均匀溶解。在高电阻率环境造成牺牲阳极溶解不均匀的原因主要是氯离子随着海淡水电阻率的升高而降低，导致铝阳极的钝化膜溶解破裂不稳定造成的。

5.2.2.3　试验结论

(1) Al-Zn-In-Sn-Ti-Si 阳极电容量随海淡水电阻率的升高而降低，在海淡水电阻率为 25～150Ω·cm 时，平均电容量达到 2600A·h/kg，工作电位都负于 -1.06V 且相对稳定，阳极表面均匀溶解，腐蚀产物均匀脱落。

(2) 海淡水电阻率达到 480Ω·cm，电容量仍达到 (2531±111) A·h/kg，工作电位正移至 -0.93V，牺牲阳极表面溶解不均匀，在极端高电阻率的介质环境中，需要考虑阳极实际的工作电位和阳极发生电流，进行充分的冗余设计。

5.2.3　温度对牺牲阳极电化学性能影响

5.2.3.1　试验设计

阳极试样为 Al-Zn-In-Sn-Ti-Si 阳极，试样尺寸为 $\phi16\times48$mm，且试样一端打有 M3 的螺孔，以便引出导线。根据《牺牲阳极电化学性能试验方法》(GB/T 17848—1999)和 NACE TM 0190—2012 牺牲阳极加速试验方法，进行铝牺牲阳极电化学性能试验，阳极的暴露面积为 14cm^2，阴阳极工作面积比 60:1，电流密度为 1mA/cm^2，试验周期为 14d，使用饱和甘汞电极测量牺牲阳极的开路电位和工作电位，试验介质为“80Ω · cm 海淡水 + 8 ~ 16mm 石英砂”。依据 DNVGL-RP-B401 的要求将试验温度设定为 4℃、10℃、20℃、30℃，温度误差为 ±1℃，探讨 Al-Zn-In-Sn-Ti-Si 阳极在不同环境温度的电化学性能差异，为我国未来在不同海域建造重大海隧工程提供基础的阴极保护数据。试验结束后，浸入 68% 浓硝酸 5 ~ 10min，去除腐蚀产物，依据式(5-3) ~ 式(5-5)计算牺牲阳极的电容量和电流效率，观察牺牲阳极试样表面的溶解情况。

5.2.3.2　试验结果与讨论

Al-Zn-In-Sn-Ti-Si 阳极在不同温度的砂石海淡水的环境下的电容量差异不明显(表 5-16)，均大于 2550A · h/kg，随着温度的升高，电容量略有增加。

Al-Zn-In-Sn-Ti-Si 阳极不同环境温度电化学性能结果　　表 5-16

环境温度(℃)	开路电位(vs. SCE)	电容量(A · h/kg)	电流效率(%)	表面溶解状况
4	-1.078	2568	89.6	腐蚀比较均匀，腐蚀产物易脱落
10	-1.093	2556	89.2	均匀腐蚀，腐蚀产物易脱落
20	-1.092	2581	90.1	均匀腐蚀，腐蚀产物易脱落
30	-1.089	2591	90.4	均匀腐蚀，腐蚀产物易脱落

在 20℃和 30℃环境温度下，阳极表面快速活化，工作电位稳定在 -1.08 ~ -1.07V 之间；在 4℃和 10℃低温条件，阳极初始的工作电位较正，随着极化的进行，工作电位逐渐负移，最终工作电位都负于 -1.08V，说明 Al-Zn-In-Sn-Ti-Si 阳极在低温条件下活化需要一定时间，且温度越低，活化时间越长，这与合金元素低温环境下活性降低有关，但这并不影响阳极在低温条件下正常使用。

阳极的溶解形貌除 4℃条件下略有不均匀外，其余温度下，阳极表面均溶解均匀，腐蚀产物容易脱落。

5.2.3.3　试验结论

Al-Zn-In-Sn-Ti-Si 阳极在不同温度的砂石海淡水环境下，电容量、工作电位、溶解形貌无明显差异(图 5-26、图 5-27)，电容量均大于 2550A · h/kg，工作电位稳定在 -1.09 ~ -1.07V 范围内，此阳极作为 3 ~ 30℃温度范围内砂石海淡水环境的电化学阴极保护材料，相关技术指标均满足标准规范要求。

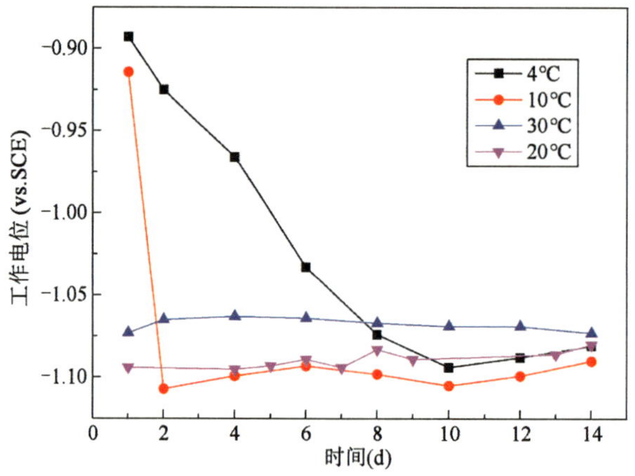

图 5-26　Al-Zn-In-Sn-Ti-Si 阳极不同温度砂石海淡水环境的工作电位

a) 4℃

b) 11℃

c) 20℃

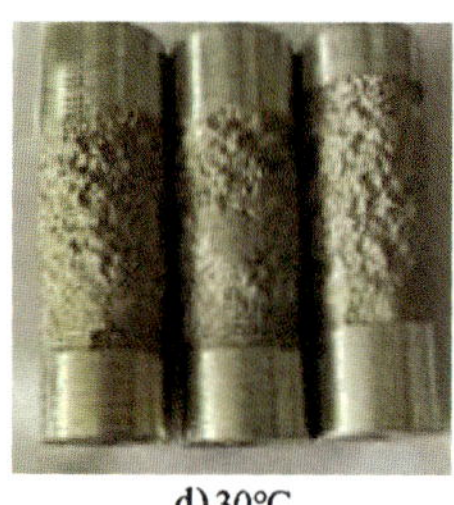
d) 30℃

图 5-27　Al-Zn-In-Sn-Ti-Si 阳极不同温度环境的溶解形貌

5.3　砂石环境牺牲阳极腐蚀行为

5.3.1　牺牲阳极服役环境参数变化

深中通道沉管钢壳采用涂层联合牺牲阳极的阴极保护方式，牺牲阳极的服役环境与海水有显著不同。在砂石埋覆环境中，牺牲阳极活化及物质扩散及离子迁移受限，并且牺牲阳极服役时间长达百年，沉积物及阳极溶解产物的累积将影响牺牲阳极的阴极保护机制，因此有必要研究牺牲阳极在不同服役阶段的环境介质参数变化，为长期服役的沉管钢壳的阴极保护设计提供依据。

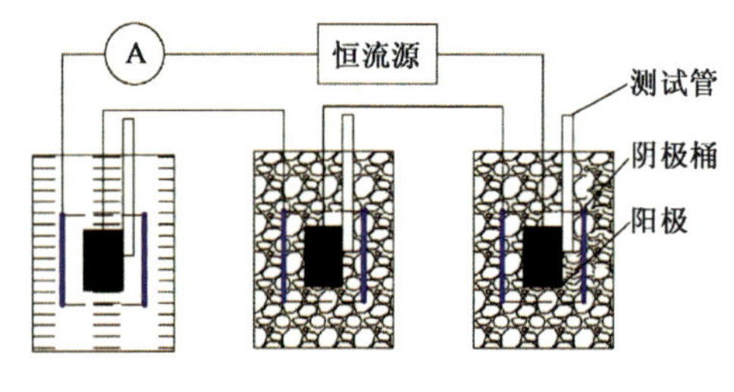

图 5-28　阳极服役环境参数测试装置示意图

5.3.1.1　阳极服役环境参数模拟测试装置

牺牲阳极服役环境参数模拟测试装置如图 5-28 所示。测试装置由阴极桶、牺牲阳极、测试管、恒流源及电流表组成。牺牲阳极为 Al-Zn-In-Sn-Si-Ti 阳极，通过恒流源施加不同的电流密度加速阳极消耗，从而快速模拟阳极不同的服役阶段。试验采用不同的介质环境，研究阳极在不同的环境中的环境参数变化，通过测试管可以检测阳极附近工作电位、pH 值及电导率变化。通过该模拟装置，可以模拟测试牺牲阳极在不同环境、不同服役时间下的环境参数变化情况。

采用上述测试装置，在 1mA/cm^{2}的电流密度下，加速测试了 Al-Zn-In-Sn-Si-Ti 阳极在 3 种典型环境中的环境参数变化，通过测试不同极化时间相关环境参数，一定程度上反映了牺牲阳极服役环境的变化，为研究牺牲阳极超长服役的电化学性能变化及阳极寿命模拟测试提供依据。

5.3.1.2　试验结果与讨论

1）海淡水环境

Al-Zn-In-Sn-Si-Ti 阳极在 40Ω · cm 海淡水中的环境参数变化如图 5-29 所示，其中，牺牲阳极工作电位变化如图 5-29a）所示，极化初期阳极工作电位负移值 -1.12V（vs. SCE）后开始缓慢正移，2500h 电位正移至 -1.02V 左右。阳极附近及测试水槽上清液的溶液电阻率变化如图 5-29b）所示，两者电阻率都出现缓慢增加，由初始的 40Ω · cm 增加至 45Ω · cm 左右，电阻率的变化幅度不大。pH 值的变化如图 5-29c）所示，极化初期，随着电解时间的增加两种环境的 pH 值均出现了迅速下降，随后稳定在 5 左右。测试水槽上清液的 pH 值在 900h 后开始趋于碱性，pH 值最大值为 11，然后降低至 8 左右。电极附近的溶液一直呈弱酸性，pH 值稳定在 6 附近。

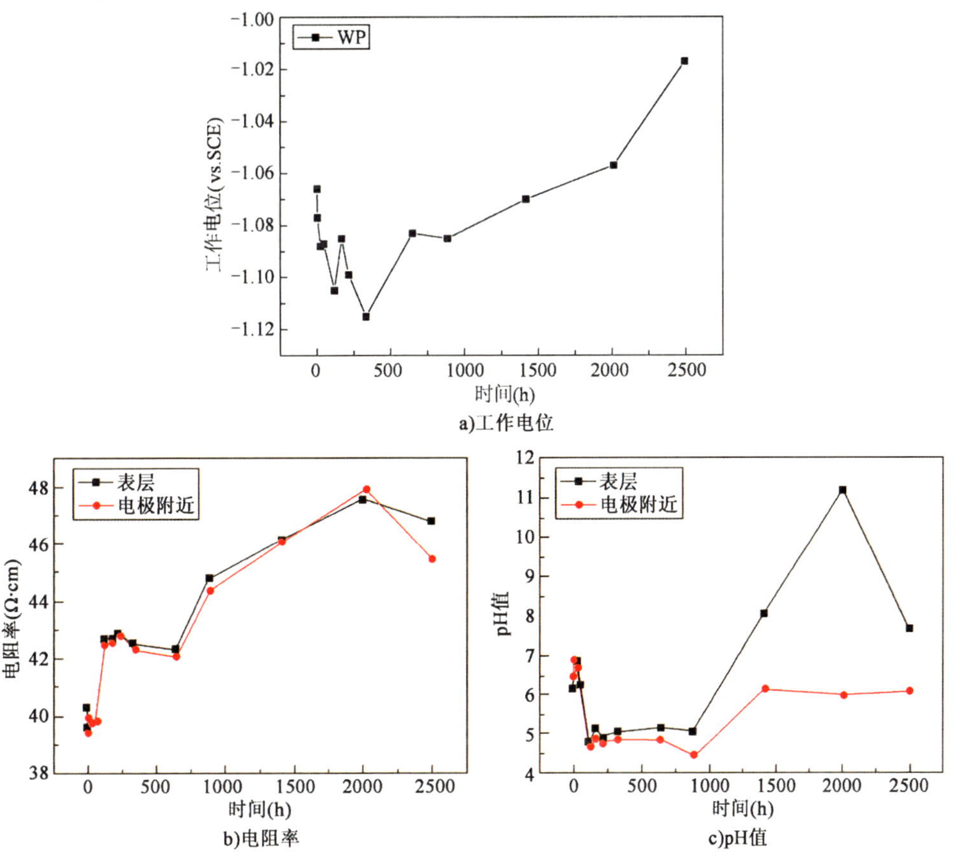

图 5-29　Al-Zn-In-Sn-Si-Ti 阳极在 40Ω · cm 海淡水中环境参数变化

2)海淡水+砂石环境

Al-Zn-In-Sn-Si-Ti阳极在40Ω·cm海淡水+砂石中的环境参数变化如图5-30所示。其中,阳极工作电位变化如图5-30a)所示,阳极的工作电位在极化初期迅速负移至-1.10V左右,然后稳定在-1.07V附近。阳极附近及测试水槽上清液的溶液电阻率变化如图5-30b)所示,电极附近溶液的电阻率出现了先下降后上升的变化趋势,在极化1500h后达到最低值25Ω·cm。测试水槽上清液的电阻率则缓慢增大至55Ω·cm。pH值变化如图5-30c)所示,电极附近溶液pH值迅速负移至5.0附近,随后趋于稳定,测试水槽上清液的pH值初期迅速降低后又快速增大,最后稳定在11左右。由此可见,两个测试区域的环境参数出现了明显的分层现象,电极附近pH值和电阻率降低,上清液pH值和电阻率增大。电阻率和pH值都与离子种类、活度及迁移速率有关,可见,与海淡水环境相比较,石英砂导致上述参数发生了显著的改变。

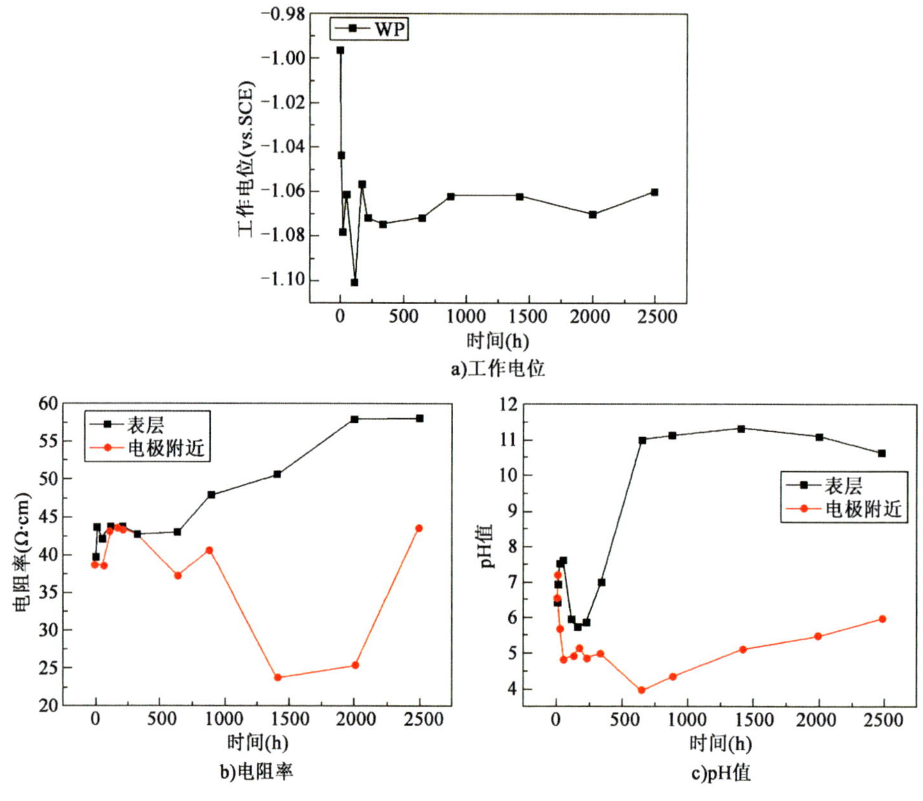

图5-30 Al-Zn-In-Sn-Si-Ti阳极在40Ω·cm海淡水+砂石中环境参数变化

3)海淡水+砂石+泥沙环境

沉管隧道通常在河口区服役,沉管附近会有泥沙沉积,因此,进一步模拟研究了海泥对牺牲阳极环境参数的影响,在砂石环境中添加了一定量的海泥,其环境参数的变化如图5-31所示。其中,牺牲阳极工作电位的变化如图5-31a)所示,工作电位在约200h迅速下降至-1.12V,稳定一段时间后迅速正移至-1.00V,然后缓慢下降至-1.04V。阳极附近及测试水槽上清液的溶液电阻率变化如图 5-31b)所示,两者的电阻率均缓慢增大至 65Ω · cm 左右。电阻率的变化与砂石环境有明显不同,溶液电阻率受离子活度、浓度及迁移速率的影响,从砂石环境电极附近的电导率变化来看,极化初期,电极附近应该是生成了活度更高的离子,并且砂石之间的缝隙并未对离子迁移速率造成本质影响。但在含海泥的环境中,离子迁移的阻力增大,一定程度上掩盖了离子活度增大导致的影响,因此在海泥环境中,溶液电阻表现出缓慢增加的趋势。阳极附近及测试水槽上清液的溶液电阻率变化如图 5-31c)所示,电极附近的溶液呈弱酸性,pH 值稳定在 4.5 左右,测试水槽上清液的 pH 值迅速升高,并稳定在 10 左右,分层情况明显。

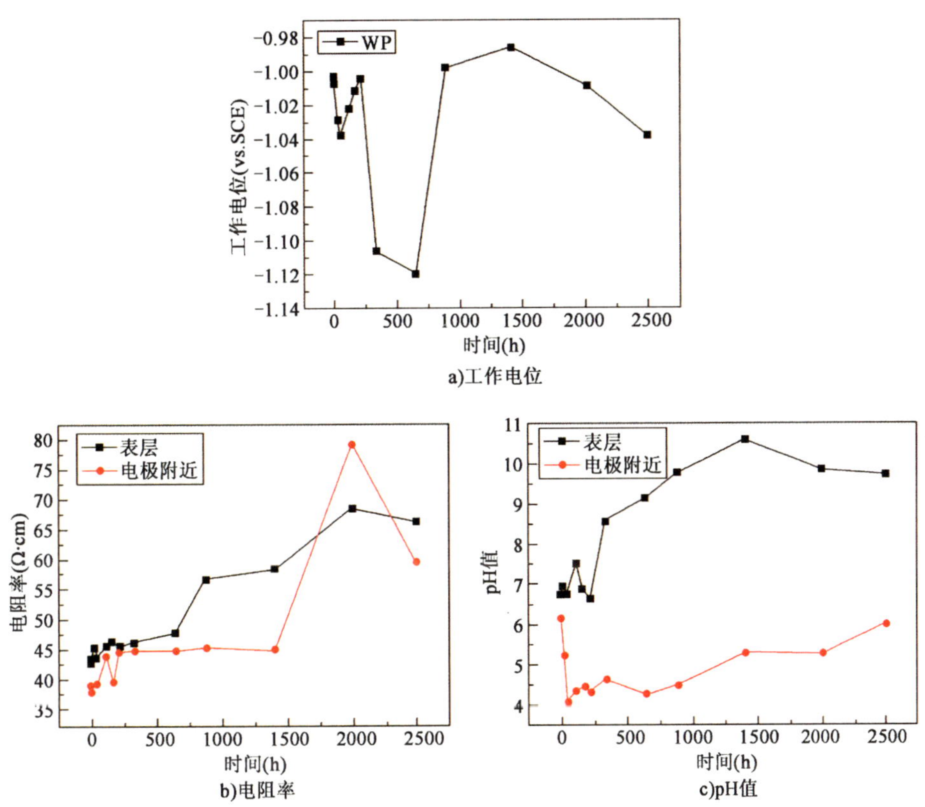

图 5-31　Al-Zn-In-Sn-Si-Ti 阳极在 40Ω · cm 海淡水 + 砂石 + 海泥中环境参数变化

5.3.1.3　试验结论

综上所述,通过模拟加速研究 Al-Zn-In-Sn-Ti-Si 牺牲阳极在 3 种典型环境的环境参数变化可以看出:砂石及海泥的存在显著影响了阳极电解产物的离子交换和物质传输,阳极周围区域呈酸性,上清液呈碱性,砂石及海泥导致 H^+、OH^- 交换受限可能是导致 pH 值分层的原因之一。另外,两种环境中物质种类变化也可能是导致 pH 值分层。众所周知,$Al(OH)_3$ 是双性氢氧化物,电极附近新电解生成的 H_3AlO_3 呈弱酸性,且随着电解产物的累积,pH 值缓慢降低。但扩散到砂石外围的 $Al(OH)_3$ 由于与空气中 CO_2 充分反应转变成了碱性氢氧化铝或碳酸盐,从而使上清液显碱性。在海淡水 + 砂石环境中,电极附近的电阻率出现了先降低后上升的情况,在海淡水 + 砂石 + 海泥的环境中,阳极附近的电阻率在稳定一段时间后明显增大,这说明随着极化时间的增加,电解产物的累积后其导电性发生了一定程度的变化,具体机理有待进一步研究。另外,在工作电位变化方面,在海泥环境中阳极工作电位最正,2500h 后电位稳定在 -1.02V左右,其他两种环境的阳极工作电位稳定在 -1.06V 左右。海泥的存在导致电极周围离子的转移电阻增大,并且海泥中含有的离子种类较多,电解产物的成分较为复杂,从而导致阳极的工作电位较正。

5.3.2 牺牲阳极长期服役电化学性能

沉管钢壳阴极保护牺牲阳极的服役环境为回填石夹杂海泥,与海水环境相比,牺牲阳极的电化学性能受填埋物的影响较大,并且牺牲阳极服役时间长且不能更换,牺牲阳极在该环境中的电化学性能对沉管钢壳的阴极保护起到至关重要的作用,因此,在模拟沉管工况的环境中,根据 DNVGL-RP - B401 标准附录 C 推荐的长周期试验方法测量阳极材料的电化学性能,考察工作电位、阳极电容量、溶解形貌等指标。通过加速试验测试阳极长周期下的电化学性能,验证阳极满足服役 100 年的设计要求。

5.3.2.1 试验设计

1)测试阳极

进行试验阳极试样化学成分的测试,成分应满足表 5-17 的要求。

测试阳极试样化学成分(%) 表 5-17

化学成分	Zn	In	Si	Ti	Fe	Cu	Sn	Al
质量百分比	4.0 ~ 6.0	0.016 ~ 0.030	0.05 ~ 0.40	≤0.03	≤0.07	≤0.003	≤0.02	余量

试样为 ϕ120 × 120mm、顶部 R60mm 的阳极试样。在试样的下表面钻 ϕ10mm 的孔并攻丝,用钛导电棒连接。用自来水清洗测试试样,然后用无水乙醇浸泡 30min 除油,用棉花擦拭,放入烘干箱中,100℃烘干,随后称重,精确至 2mg。

2)测试环境

分别将编号为 8 号、16 号、13 号、24 号及 25 号阳极试样在电阻率为 40Ω · cm 海淡水 + 砂石(直径 10 ~ 20mm)环境中进行长期测试。将编号为 22 号阳极试样在电阻率为 40Ω · cm 海淡水 + 砂石(直径 8mm),且表层覆盖 10mm 的海泥的环境中进行长期测试。

5.3.2.2 试验结果与讨论

1)工作电位

根据阳极的最初暴露表面积(678cm^2),恒电流控制的阳极电流密度为 1mA/cm^2,定期测试试样的工作电位,测试结果如图 5-32 所示。在砂石覆盖的海淡水环境中,随着极化时间的增加,8 号、13 号、24 号及 25 号试样的工作电位在 -1.04V 左右波动,工作电位相对稳定,但

16 号试样的工作电位从初始的 -1.096V 逐渐正移至最终的 -0.971V。在砂石上层增加海泥的海淡水环境中，22 号试样的工作电位在极化初期迅速从 -0.97V 负移至 -1.093V 并趋于稳定，极化 220d 后，电位正移至 -0.97V，然后电位缓慢负移至 -1.089V。两种环境中，Al-Zn-In-Sn-Ti-Si 阳极的工作电位介于 -0.95 ~ -1.109V 之间。

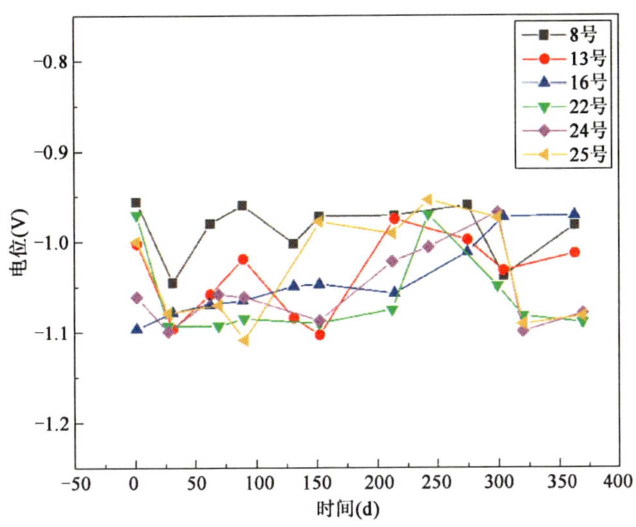

图 5-32　不同环境中在 1mA/cm² 极化条件下 Al-Zn-In-Sn-Ti-Si 阳极的工作电位变化情况

2）阳极电容量

牺牲阳极电容量见表 5-18。

牺牲阳极电容量　　表 5-18

试样编号	初始质量（g）	终期质量（g）	变化量（g）	电容量（A·h/kg）
8 号	5020.193	2960.73	2059.463	2045.45
13 号	4991.255	3165.621	1825.634	2307.43
16 号	5011.263	3324.926	1686.337	2498.03
22 号	5002.398	3735.244	1267.154	2414.05
24 号	4976.545	3541.776	1434.769	2132.03
25 号	5012.369	3630.53	1381.839	2213.70

3）阳极溶解形貌

试样取出后，腐蚀产物容易脱落，表面溶解均匀，去除腐蚀产物后的试样照片如图 5-33 所示。

5.3.2.3　试验结论

经过 12 个月的电化学性能试验，牺牲阳极的电容量为（2268.4 ± 171.33）A·h/kg，工作电位在 -950 ~ -1109mV（vs. SCE）之间。

图 5-33　DNV 一年期试验后 Al-Zn-In-Sn-Ti-Si 阳极溶解形貌

5.4　沉管钢壳不同阶段阴极保护效果

5.4.1　钢壳在不同涂层破损率下阴极保护效果

沉管钢壳通常采用牺牲阳极联合环氧玻璃鳞片涂层的阴极防护技术，随着服役时间的增加，由于牺牲阳极逐渐消耗以及涂层破损和老化，钢壳存在腐蚀风险，需要开展涂层破损状态下钢壳腐蚀风险评估。在实验室环境中，模拟研究了不同服役时间牺牲阳极对不同破损率涂层钢壳的阴极保护效果，为钢壳沉管腐蚀防护评估提供技术支撑。

5.4.1.1　试验设计

1）试验电极

Al-Zn-In-Sn-Ti-Si 阳极加工成 ϕ10mm × 50mm 圆柱作为电偶测试阳极，ϕ80mm × 84mm Q420C 圆筒作为电偶测试阴极。根据《海港工程钢结构防腐蚀技术规范》（JTS 153-3—2007），涂层破损率与服役时间的关系见表 5-19，因此，制备的阴极桶外表面完全封装，内表面裸露 10%、30%、60% 和 70%（其余部分用环氧基涂料封装），涂层厚度约 750μm，模拟涂层浸泡 10 年、20 年、30 年及 40 年的破损率。

涂覆层破坏率与时间的关系　　表 5-19

使用时间（年）	破坏率(10%)		
	初期	平均	最终
10	2	7	10
20	2	15	30
30	2	25	60
40	2	40	70

2)测试介质

选取 40Ω · cm 海淡水 + 石英砂,40Ω · cm 海淡水 + 石英砂 + 泥,80Ω · cm 海淡水 + 石英砂 + 泥三种环境作为测试介质。海淡水采用青岛海域天然海水及去离子水配置,石英砂粒径为 8 ~ 12mm。泥取自青岛地区土壤。

3)试验步骤

(1)试验阳极制备。

根据 DNVGL-RP-B401 规定,埋覆情况下钢结构阴极保护所需的电流密度为 0.02A/m^2,在此基础上,对 Al-Zn-In-Sn-Ti-Si 阳极在 2mA/cm^2的电流密度下进行极化,模拟其服役 10 年、20 年、30 年及 40 年。

(2)电偶测试。

将加速极化后的阳极与对应涂层破损率的 Q420C 阴极桶进行耦合,并串入 1Ω 精密电阻,用 CR1000 数采器采集电阻两端的电压降,采样间隔为 4h,从而计算阳极的发生电流。电偶对的阴阳极及测试介质见表 5-20。

电偶测试阴阳极组成及测试介质表　　表 5-20

序号	介 质 类 型	10 年	20 年	30 年	40 年
1	40Ω · cm 海淡水 + 石英砂	10 年阳极[1] + 10% 裸露阴极桶[2]	20 年阳极 + 30% 裸露阴极桶	30 年阳极 + 60% 裸露阴极桶	40 年阳极 + 70% 裸露阴极桶
2	40Ω · cm 海淡水 + 石英砂 + 泥				
3	80Ω · cm 海淡水 + 石英砂 + 泥				

注:1. 阴极保护电流密度按照 DNVGL-RP – B401 推荐的 0.02A/m^2计算。

2.《海港工程钢结构防腐蚀技术规范》(JTS 153-3—2007),涂层破损率与时间的关系。

5.4.1.2　试验结果

在不同环境中,加速腐蚀 10 年期的牺牲阳极与涂层破损率为 10% 的 Q420C 阴极桶间的阴极电偶电流变化如图 5-34 所示。从图中可以看出,电偶电流为负值,电流自 Q420C 阴极桶流向牺牲阳极,说明 Q420C 被阴极保护,在 40Ω · cm 海淡水 + 砂石环境中起始电流为 –1.4mA左右,在 40Ω · cm 海淡水 + 砂石 + 海泥中起始电流约为 –0.7mA,在 80Ω · cm 海淡水 + 砂石 + 海泥中起始电流约为 –1.4mA。电流随着浸泡时间的增加迅速下降,100 ~ 800h 的电偶电流趋近于 0mA 是由于数据采集器的测试量程设置较大,测试精度低导致。经过约 1600h 偶接后,三种环境的电偶电流分别下降至 –0.063mA、–0.057mA 和 –0.037mA。

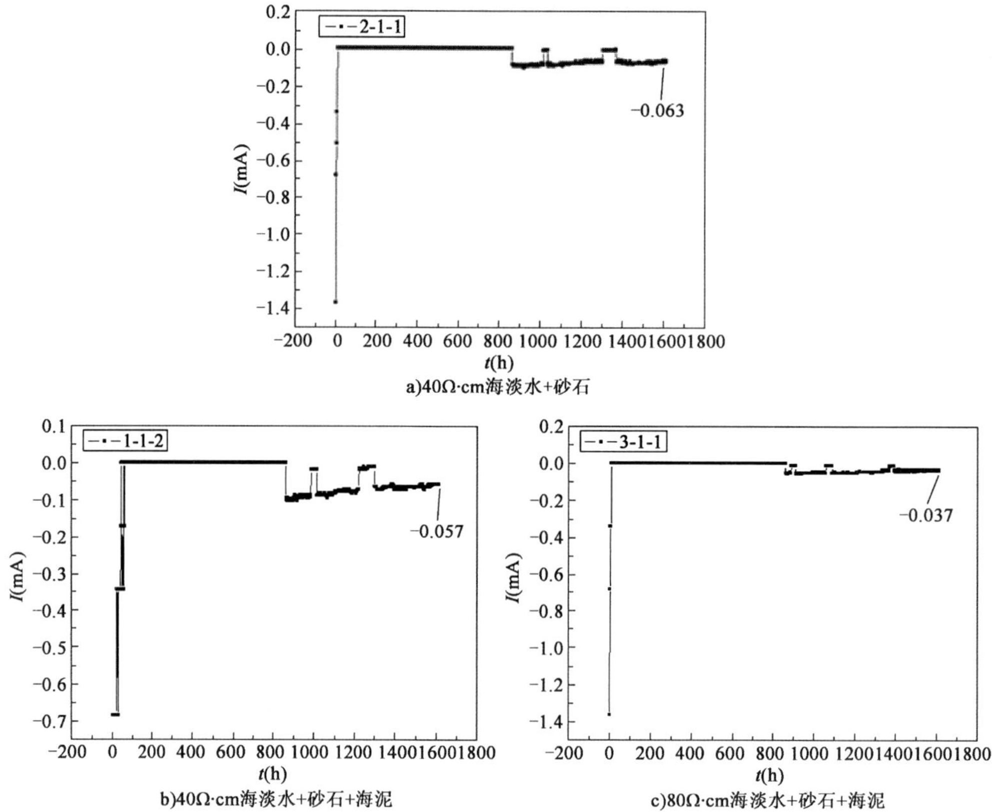

a)40Ω·cm海淡水+砂石

b)40Ω·cm海淡水+砂石+海泥

c)80Ω·cm海淡水+砂石+海泥

图 5-34　服役 10 年 Al-Zn-In-Sn-Ti-Si 阳极与涂层破损率 10% Q420C 级钢间电偶电流变化

在不同环境中，加速腐蚀 20 年的牺牲阳极与涂层破损率为 30% 的 Q420C 阴极桶间的阴极电偶电流变化如图 5-35 所示。从图中可以看出，电偶电流值为负值，Q420C 被阴极保护，在 40Ω · cm 海淡水 + 砂石环境中起始电流为 −2.1mA 左右，在 40Ω · cm 海淡水 + 砂石 + 海泥中起始电流约为 −1.4mA，在 80Ω · cm 海淡水 + 砂石 + 海泥中起始电流约为 −1.4mA。电流随着浸泡时间的增加迅速下降，经过约 1500h 偶接后，三种环境的电偶电流分别下降至 −0.296mA、−0.08mA 和 −0.087mA。

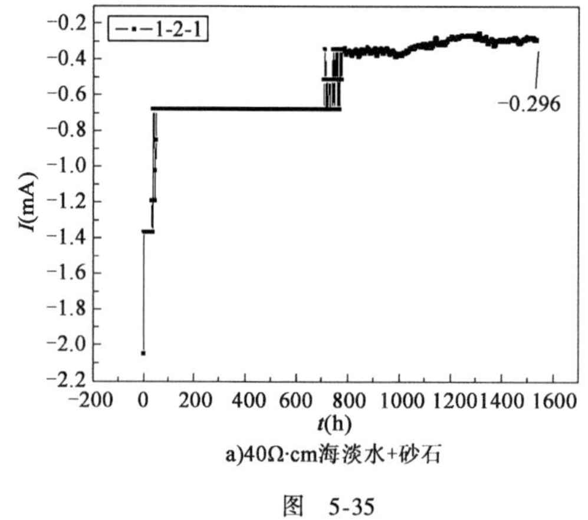

a)40Ω·cm海淡水+砂石

图　5-35

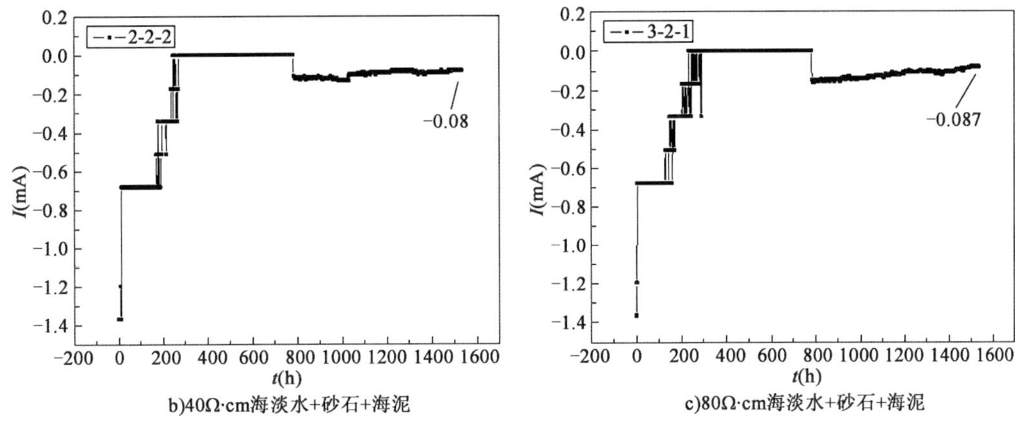

b)40Ω·cm海淡水+砂石+海泥　　c)80Ω·cm海淡水+砂石+海泥

图 5-35　服役 20 年 Al-Zn-In-Sn-Ti-Si 阳极与涂层破损率 30% Q420C 钢间电偶电流变化

在不同环境中,加速腐蚀 30 年的牺牲阳极与涂层破损率为 60% 的 Q420C 阴极桶间的阴极电偶电流变化如图 5-36 所示。从图中可以看出,电偶电流值为负值,Q420C 被阴极保护,在 40Ω · cm 海淡水 + 砂石环境中起始电流为 −6.6mA 左右,在 40Ω · cm 海淡水 + 砂石 + 海泥中起始电流约为 −12.8mA,在 80Ω · cm 海淡水 + 砂石 + 海泥中起始电流约为 −2.8mA。电流随着浸泡时间的增加迅速下降,经过约 1400h 偶接后,三种环境的电偶电流下降至 −0.749mA、−0.536mA 和 −0.193mA。

在不同环境中,加速腐蚀 40 年的牺牲阳极与涂层破损率为 70% 的 Q420C 阴极桶间的阴极电偶电流变化如图 5-37 所示。从图中可以看出,电偶电流值为负值,Q420C 被阴极保护,在 40Ω · cm 海淡水 + 砂石环境中起始电流为 −4.5mA 左右,在 40Ω · cm 海淡水 + 砂石 + 海泥中起始电流约为 −3.5mA,在 80Ω · cm 海淡水 + 砂石 + 海泥中起始电流约为 −4.2mA。电流随着浸泡时间的增加迅速下降,经过约 1300h 偶接后,三种环境的电偶电流下降至 −0.779mA、−0.173mA和 −0.306mA。

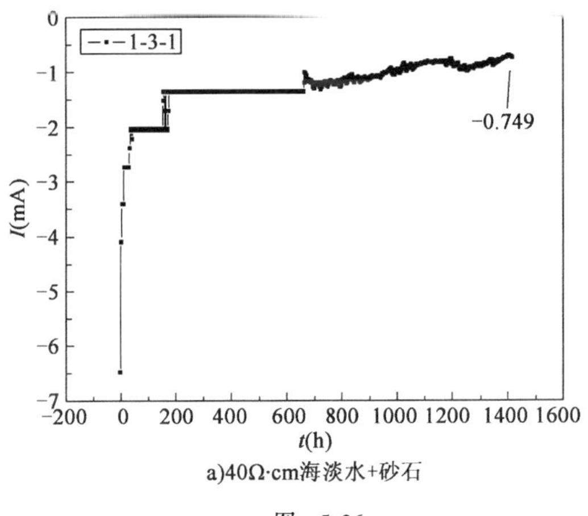

a)40Ω·cm海淡水+砂石

图　5-36

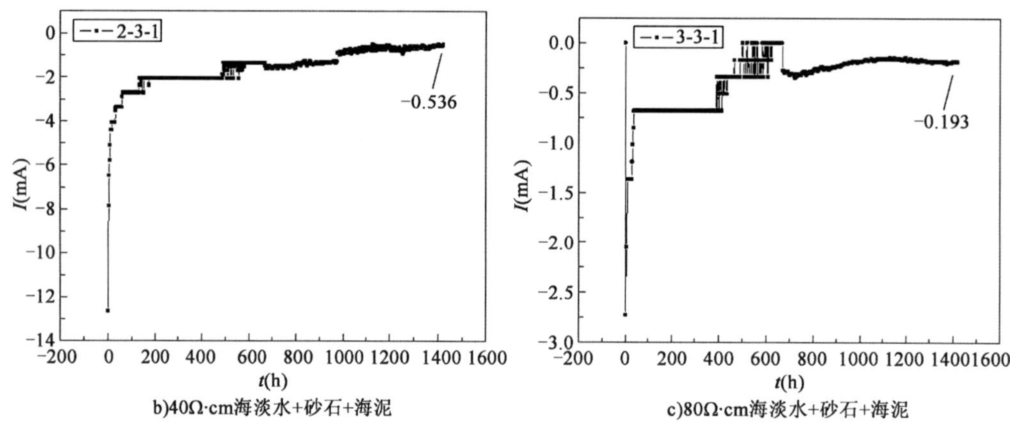

b)40Ω·cm海淡水+砂石+海泥

c)80Ω·cm海淡水+砂石+海泥

图5-36 服役30年Al-Zn-In-Sn-Ti-Si阳极与涂层破损率60% Q420C钢间电偶电流变化

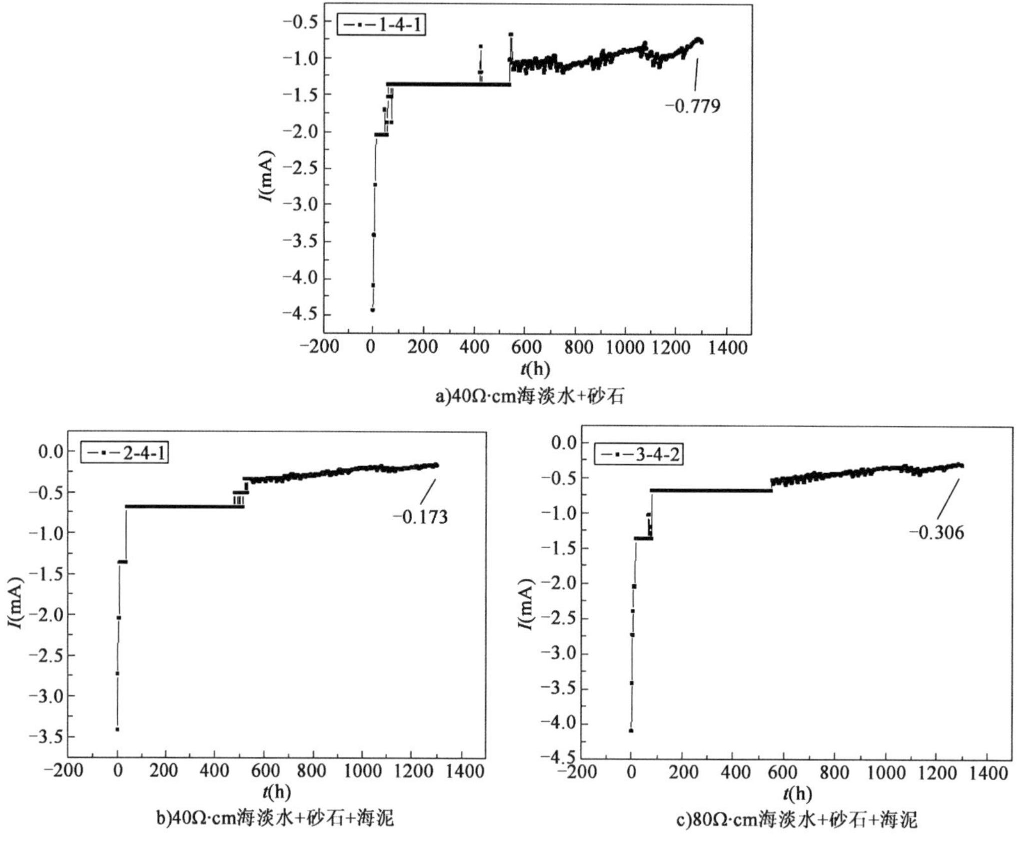

a)40Ω·cm海淡水+砂石

b)40Ω·cm海淡水+砂石+海泥

c)80Ω·cm海淡水+砂石+海泥

图5-37 服役40年Al-Zn-In-Sn-Ti-Si阳极与涂层破损率70% Q420C钢间电偶电流变化

另外,从电偶电流在三种环境中的差异可以看出,阴极保护初始电流随破损率的增大而增大,海淡水+砂石环境电流高于其他两种环境。经过长时间耦合后,模拟服役10~40年的阳极仍能够提供阴极保护,电流介于−0.037mA(80Ω·cm海淡水+砂石+海泥10年)和

0.779mA(40Ω·cm 海淡水+砂石 40 年)之间。可以看出,破损率越大,需要的保护电流密度越大。通过计算阴极保护电流密度值可以看出,阴极保护电流密度高于 0.02A/m^2,满足 DNVGL-RP-B401关于海泥区钢结构阴极保护电流密度设计要求。

5.4.2　钢壳在涂层完全破损后阴极保护效果

钢壳混凝土沉管钢壳服役后期,表面涂层完全破损,钢壳的腐蚀防护主要依靠阴极保护。牺牲阳极长期服役产生大量腐蚀产物,与海洋沉积物共同堆积在沉管钢壳表面,服役环境与前期存在显著差异。因此,有必要研究涂层完全破损、腐蚀产物大量堆积情况下,牺牲阳极的电化学性能及对钢壳的阴极保护效果。

5.4.2.1　试验设计

具体试验方案:在砂石、砂石+海泥两种环境中,通过大电流加速电解牺牲阳极,快速累积腐蚀产物,模拟沉管钢壳服役末期牺牲阳极的工况,测试阳极的发生电流以及对沉管钢壳的阴极保护效果。

主要试验装置:

(1)阴极采用 260mm×200mm×3mm 钢板,背面涂漆,暴露面积 520cm^2;钢板的中央、1/3 处和外侧布置 Ag/AgCl/海水参比电极。

(2)阳极采用深中通道用 Al-Zn-In-Sn-Si-Ti 牺牲阳极,尺寸为 35mm×35mm×140mm 的长方体,两端连接导线,连接处用环氧腻子密封。

(3)辅助阴极采用 10mm×100mm×1.5mm 钛板,一端连接导线;辅助牺牲阳极与强制电解阳极同尺寸。

(4)试验介质分为两组:一组采用 40Ω·cm 的海淡水+平均粒径 8~12mm 砾石;另一组采用 40Ω·cm 的海淡水+平均粒径 8~12mm 砾石+海泥环境。

试验仪器主要有恒流源、Ag/AgCl 参比电极、电导率仪、电子天平、CR1000 数采器、万用表、电偶腐蚀电流测量仪等。

5.4.2.2　试验过程与结果

样品分成两组试验:一组为砂石环境,将辅助牺牲阳极、钢板、辅助阴极、牺牲阳极由下至上布置于水箱中,每层间铺设 3cm 的砾石,钢板表面布置 Ag/AgCl 参比电极(图 5-38),灌注 40Ω·cm 的海淡水至砾石完全浸没;另一组为砂石+海泥环境,布置砾石过程中掺杂适量的海泥,之后灌注 40Ω·cm 的海淡水至完全浸没。

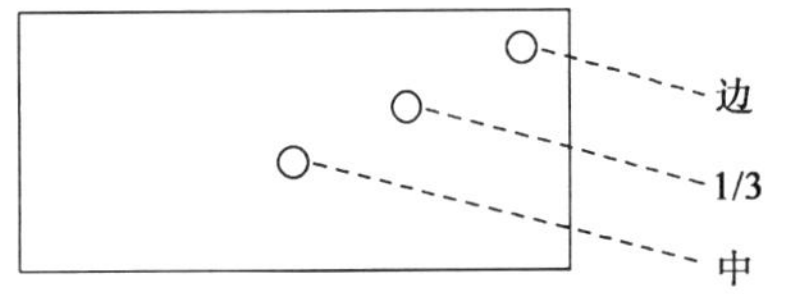

将牺牲阳极与钢板通过导线连接,待阳极活化后,测量初始状态下钢板阴极保护电位,结果见表 5-21。可以看到,无论在砂石环境,还是砂石+海泥环境中,钢板均可以起到较好的保护效果。

图 5-38　参比电极布置图

初始状态下钢板阴极保护电位(V,vs. SCE)　表 5-21

阳极编号	砂石环境					砂石+海泥环境				
	1	2	3(中)	3(1/3)	3(边)	4	5	6(中)	6(1/3)	6(边)
电位	-0.996	-1.026	-1.023	-1.039	-1.021	-1.033	-1.036	-1.034	-1.042	-1.035

将上部牺牲阳极作为阳极,钛板作为阴极,接恒流源强制电解,电解电流 0.98A(电流密度 $5mA/cm^2$);钢板和下部的辅助牺牲阳极电连接,以避免钢板的腐蚀,如图 5-39 所示。

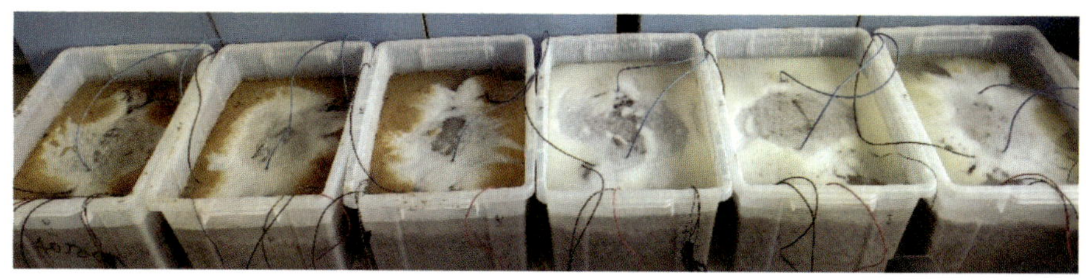

图 5-39　强制电解试验图

强制电解 10d 后,阳极消耗约 20%,取出牺牲阳极,阳极表面已经有明显的腐蚀产物附着,与阳极周围的砂石黏附在一起,形成了一层明显的包裹层,但包裹层并不紧密;清理掉表面石子后,露出阳极的新鲜表面,可以看到阳极表面溶解均匀,腐蚀产物容易脱落。清理前后的对比如图 5-40 所示。

a)清理前

b)清理后

图 5-40　强制电解 10d 后,牺牲阳极的溶解形貌

将牺牲阳极和钢板重新自耦合,测试钢板的阴极保护电位和阳极发生电流,见表 5-22 和表 5-23。

加速电解 10d 后钢板阴极保护电位(V,vs. SCE)　表 5-22

阳极编号	砂石环境					砂石+海泥环境				
	1	2	3(中)	3(1/3)	3(边)	4	5	6(中)	6(1/3)	6(边)
电位	-0.962	-1.039	-1.038	-1.001	-1.008	-1.018	-1.017	-1.036	-1.006	-1.008

加速电解 **10d** 后阳极发生电流(mA)　　表 5-23

阳极编号	砂石环境			砂石 + 海泥环境		
	1	2	3	4	5	6
电流	11.094	10.313	11.196	8.057	9.231	8.820

从表 5-22、表 5-23 和图 5-40 中可以看出，加速电解 10d 后重新自耦合，钢板阴极保护电位仍处于有效保护区间，牺牲阳极的发生电流在 8 ~ 12mA 之间，砂石环境的牺牲阳极发生电流大于砂石 + 海泥环境。

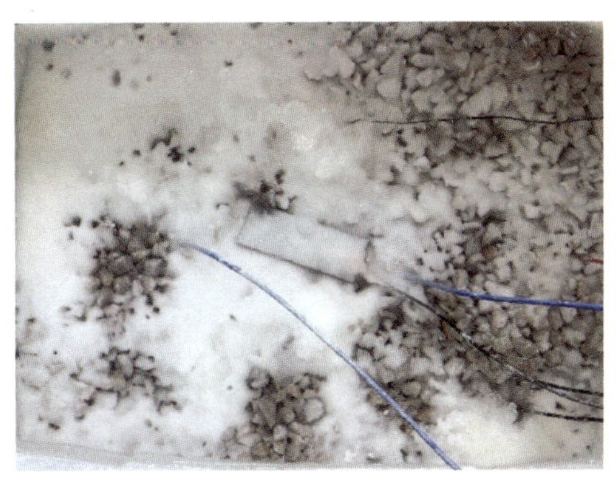

图 5-41　不同环境中牺牲阳极长期电解试验图

连续电解 40d 后，阳极消耗约 80%。图 5-41 是砂石环境环境中长期电解后的照片，可以看出，两种环境下均产生了大量腐蚀产物，布满了试验水箱。说明不同于海水环境，砂石环境中腐蚀产物不会快速扩散，而是会堆积填充在砂石的空隙中，形成类似于凝胶状的腐蚀产物。

图 5-42 是电解 40d 后牺牲阳极的溶解形貌，取出的牺牲阳极被腐蚀产物和砂石黏结形成的包裹层所包裹，但并不紧密。包裹层清理后，露出阳极的新鲜表面，可以看出阳极的溶解均匀，阳极表面没有发生结壳现象。

a)砂石环境

b)砂石+海泥环境

图 5-42　电解 40d 后，牺牲阳极的溶解形貌

将牺牲阳极和钢板重新自耦合，测试钢板的阴极保护电位和阳极发生电流，见表 5-24 和表 5-25。

加速电解 **10d** 后钢板阴极保护电位(V，vs. SCE)　　表 5-24

阳极编号	砂石环境					砂石 + 海泥环境				
	1	2	3(中)	3(1/3)	3(边)	4	5	6(中)	6(1/3)	6(边)
电位	-1.028	-1.014	-1.026	-1.019	-1.015	-1.014	—	-0.999	-0.999	-0.998

加速电解 10d 后阳极发生电流(mA)　　表 5-25

阳极编号	砂石环境			砂石 + 海泥环境		
	1	2	3	4	5	6
电流	6.539	7.363	8.840	2.927	—	2.979

从表 5-24、表 5-25 中可以看出,连续电解 40d 后,虽然阳极大量消耗,但钢板的保护电位仍然负于 -1.0V,保护效果良好。此时阳极的发生电流明显降低,砂石环境下发生电流在 6 ~ 9mA 之间,砂石 + 海泥环境中发生电流在 2 ~ 3mA 之间。发生电流下降是因为随着服役时间的延长,钢板表面形成了钙镁沉积层,钢板所需的保护电流下降。因此,虽然阳极已大量消耗,但仍满足钢板的阴极保护需求。

5.4.2.3 试验结论

通过加速电解试验研究了砂石、砂石 + 海泥环境中涂层完全破损情况下,牺牲阳极对钢板的阴极保护效果,得出以下结论:

(1)不同于海水环境,在砂石、砂石 + 海泥环境中,腐蚀产物不容易扩散,会堆积在砂石的空隙中,并将牺牲阳极和砂石黏结在一起,形成包裹层,但包裹层并不紧密,牺牲阳极仍可以正常服役。

(2)在加速试验过程中,Al-Zn-In-Sn-Ti-Si 阳极始终表面溶解均匀,腐蚀产物容易脱落,证明该牺牲阳极在回填石环境中具有良好的电化学性能。

(3)随着服役周期的延长,钢壳所需的保护电流降低,即使在阳极溶解到只剩 20%,仍对钢壳有良好的保护效果。

5.5 沉管钢壳阴极保护效果加速模拟与验证

5.5.1 牺牲阳极保护效果加速模拟试验方法

缩比模型法是将平台的外形尺寸、阴极保护系统参数等按一定比例(通常 1:60 ~ 1:100)进行缩放,建立缩比模型,利用被保护物的缩比模型对被保护物表面电场进行预测分析。缩比模型法可以对复杂几何形状的平台进行复制,同时不需要使用任何所用材料的极化曲线等电化学数据,可以在较少投入的情况下对平台阴极保护技术进行验证和优化,为实际工程项目积累技术经验[24-26]。

利用缩比模型,开展砂石环境中牺牲阳极保护效果的加速模拟试验,验证牺牲阳极在高电阻率回填石环境中对沉管钢结构的阴极保护效果,特别是长期服役情况下,不同服役时间后牺牲阳极的保护效果性能,证明阴极保护设计方案的合理性,为沉管钢结构长期阴极保护设计提供更可靠的数据支持。

5.5.1.1　试验设计

参照深中通道项目的沉管钢壳尺寸，从 A1 管节截取 1/3 按照 1:80 的比例进行缩比后，进行缩比牺牲阳极的用量和布置计算，通过自放电试验和加速电解试验，验证沉管钢壳牺牲阳极保护的关键设计参数。

牺牲阳极用量计算过程如下：

(1)缩比模型被保护面积：$0.66\times0.57\times2+0.66\times0.13\times2=0.924(m^2)$。

(2)保护电流需求：阴极保护电流密度 $0.050A/m^2$（初始）、$0.0275A/m^2$（运营时）、$0.020A/m^2$（末期）；

按照裸钢计算保护电流，涂层破损系数为 1；

初期保护电流：$1\times0.050A/m^2\times0.924m^2=46.2mA$；

平均保护电流：$1\times0.0275A/m^2\times0.924m^2=25.41mA$；

末期保护电流：$1\times0.020A/m^2\times0.924m^2=18.48mA$。

(3)阳极块的规格测算。

涂层状态下，所需阴极保护电流：

平均保护电流：$0.42\times0.0275A/m^2\times0.924m^2=10.67mA$

$$Ma_{\mathrm{Min}} = I_{\mathrm{c(Mean)}} \times T \times \frac{T_{\mathrm{y}}}{Ue} = 5.7(\mathrm{kg})$$

式中：$I_{\mathrm{c(Mean)}}$——运营时防腐蚀电流的所需值，10.67mA；

T——设计寿命 100 年；

T_{y}——年换算时间 8760h/年；

U——电流效率 0.82；

e——有效电容量，按 2000A · h/kg 计算。

以 8 块阳极计算，单只阳极的质量为 0.7125g，设计阳极长(L)为高度(H)4 倍的长方体，计算得出阳极的尺寸约为 160mm×40mm×40mm。

设计阳极尺寸为 160mm×40mm×40mm，阳极质量约为 691.2g，8 块阳极总质量 5529g，基本满足全寿期内、维持阴极保护所需的最小阳极数量。

5.5.1.2　试验装置

(1)试验装置。缩比模型尺寸为 66cm×57cm×13cm，放置于 3.2m×4.9m×2m 的水池中。模型的顶部、侧面和底面分别固定 3 只、1 只、1 只、3 只参比电极。试验装置如图 5-43 所示。

(2)试验物料。沉管钢壳模型(Q235，660mm×570mm×130mm)钢壳顶面 4 个接线柱，侧面各有 2 个接线柱；Al-Zn-In-Sn-Ti-Si 牺牲阳极 8 块(160mm×40mm×40mm)，阳极两端连接导线；10mm×100mm×1.5mm 钛板 4 块，一端连接导线；耐海水导线；环氧腻子；40Ω · cm 的海淡水；平均粒径 8～12mm 的砾石。

(3)试验仪器。80V/16A 恒流源、电流表 20A、电流表 500mA、可调电阻、Ag/AgCl 参比电极。

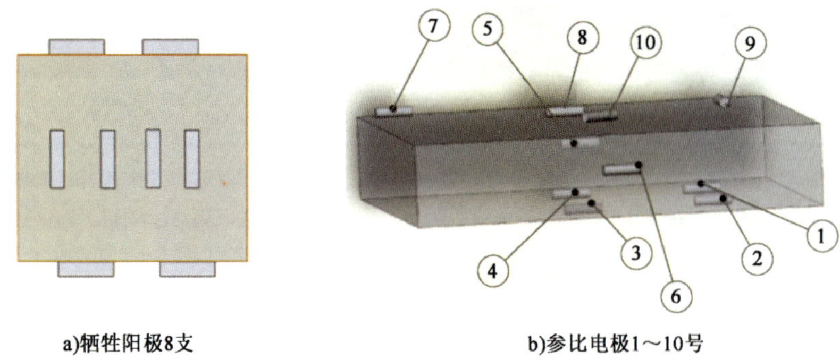

图 5-43　钢壳缩比模型及参比电极布置图

5.5.1.3　试验过程

1)自放电测试

在水池中铺设一层 10cm 的砾石,上方放置安装有参比电极的缩比模型;每个接线柱上接耐海水电缆,接头处做好防水密封。缩比模型上方布置 4 块牺牲阳极,两个侧面各布置 2 块牺牲阳极,阳极距离模型 5cm 处,阳极两端接耐海水电缆,接头处做好防水密封。用砂石将牺牲阳极覆盖,之后向水池中灌注 40Ω · cm 的海淡水至将砂石全部浸没。将牺牲阳极分别和对应位置的缩比模型接线柱相连。

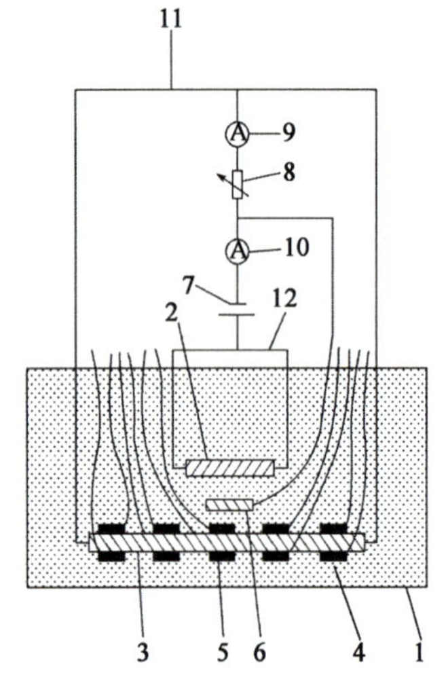

图 5-44　强制电解示意图

1-测试箱;2-牺牲阳极;3-被保护体;4-砂石;5-参比电极;6-辅助阴极;7-恒流源;8-可调电阻;9、10-电流表;11、12-导线

2)强制电解试验

采用强制电解加速阳极溶解,将全部牺牲阳极并联后接恒流源正极,被保护体和可调电阻串联,之后和辅助阴极(钛板)并联,接恒流源负极,钛板位于牺牲阳极上方,如图 5-44 所示。

电解电流密度设置为 $5mA/cm^2$,调节可调电阻,使被保护体通过的电流密度约为 $100mA/m^2$。强制电解一定时间后,切断恒流源,将阳极和沉管钢壳恢复至自放电状态。

5.5.2　沉管钢壳局部模型保护效果加速模拟验证

5.5.2.1　试验初期

阳极和缩比模型在海淡水及砂石环境下进行阴极保护测试,结果如图 5-45 所示。8 支阳极保护时,在海淡水、海淡水 + 砂石环境中,钢壳缩比模型的保护电位基本一致。这是因为服役初期,牺牲阳极处于过量的状态,缩比模型保护电位达到 -1.0 ~ -1.05V(vs. SCE),已接近牺牲阳极的工作电位,处于充分保护状态。阳极数量减少到1支,钢壳缩比模型的电位正移,在海淡水+砂石环境中的电位较在海淡水中的电位高20~30mV。这是因为阳极数量减少,单支阳极保护面积变大,缩比模型虽仍处于有效保护区间,但电位不可避免地发生正移,特别是远离牺牲阳极的模型底面,保护电位差距更加明显。相对于海淡水环境,海淡水+砂石环境的实际环境电阻率高,阳极接水电阻更大,导致电位偏正。

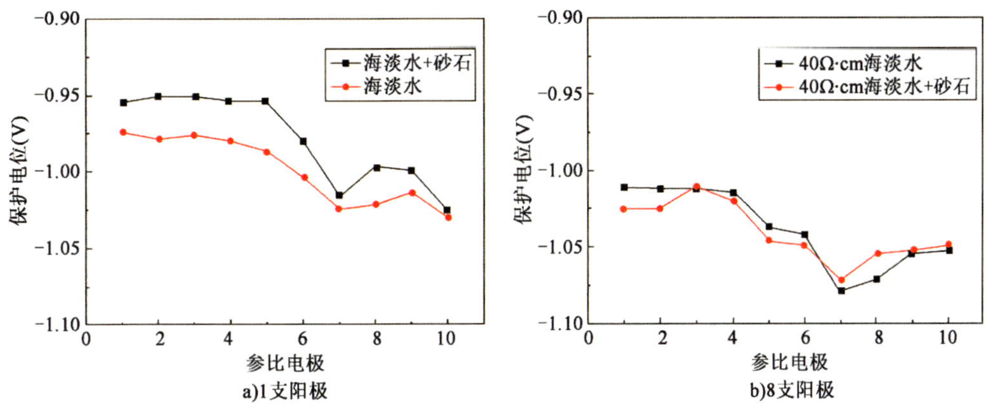

图5-45　钢壳表面电位分布实测值与模拟值

图5-46是在40Ω·cm海淡水+砂石环境中,不同数量阳极对钢壳模型的保护效果。可以看出,随着阳极数量增加,钢壳的保护电位逐渐负移,但不同位置的电位分布趋势仍保持一致。模型顶部、侧面的被保护电位负于底部的电位,并且不同位置的电位存在一定差异,模型底部不同的电位基本相同。这是因为阳极安装于模型顶部和侧面,距离对保护电位的影响更明显,底部和阳极距离较远,距离对电位的影响逐渐减小。

5.5.2.2　试验中期

图5-47~图5-49分别是1支阳极、4支阳极(顶部)和8支阳极时,不同阳极消耗率下钢壳的电位分布。不同阳极消耗率状态下,无论是1支阳极、4支阳极还是8支阳极,钢壳的保护电位均无明显差别。证明阳极从100%消耗至40%后,阳极的发生电流保持稳定。

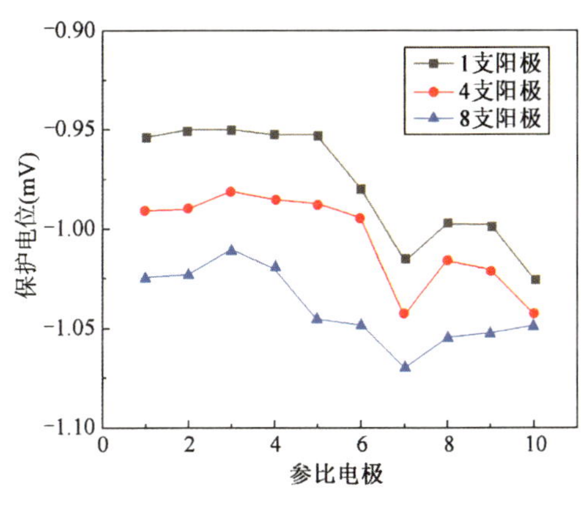

图5-46　不同数量阳极对钢壳保护效果

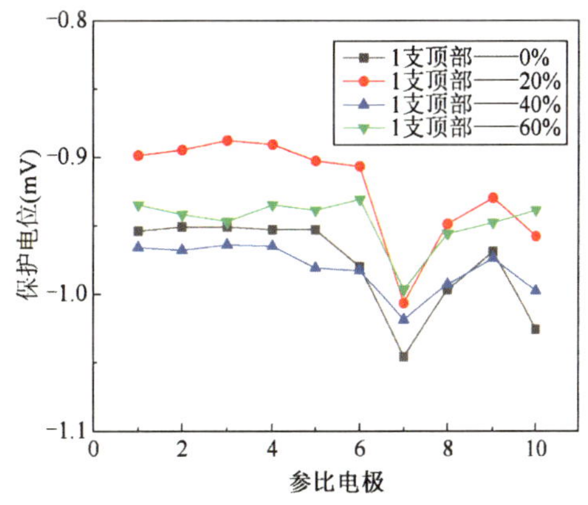

图5-47　不同阳极消耗率下,1支阳极保护效果

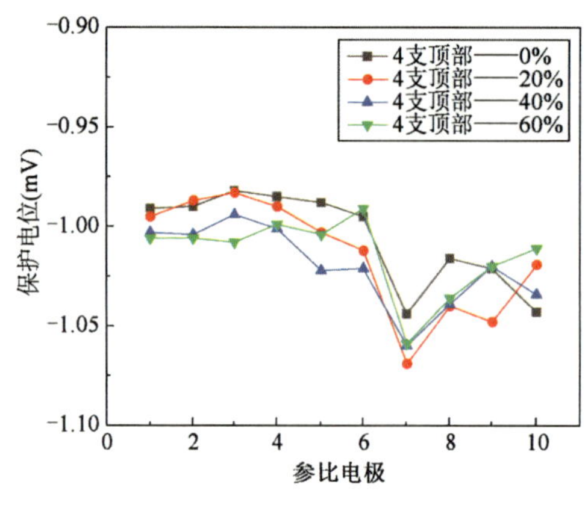

图 5-48 不同阳极消耗率下,4 支阳极保护效果

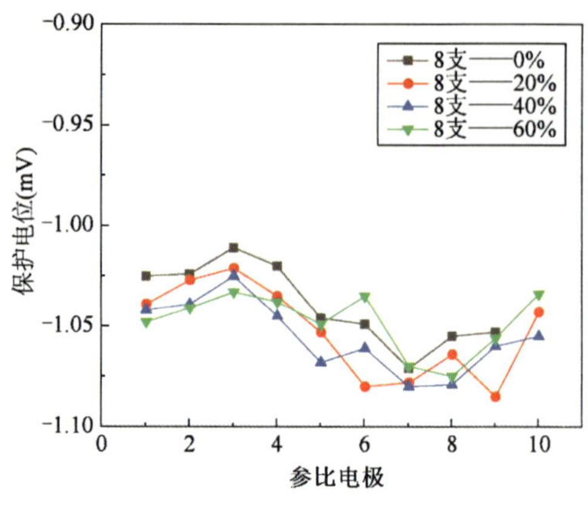

图 5-49 不同阳极消耗率下,8 支阳极保护效果

牺牲阳极消耗 60% 后,测量牺牲阳极的开路电位,均负于 -1.05V,证明阳极在长期服役过程中具有良好的电化学性能。阳极加速电解消耗 20%、40%、60% 时,缩比模型的被保护电位仍在 -1.0V,阴极保护效果未发生明显劣化,说明阴极保护设计方案合理有效。

本章参考文献

[1] 崔之鉴. 交通隧道规划与设计[M]. 成都:西南交通大学出版社,2006.

[2] 王兴铎. 水下沉管隧道的发展和施工技术[J]. 中国铁路,2001(5):48-50.

[3] SCHRIEBER C F, MURRAY R W. Supplementary studies of the galvalum Ⅲ anode—Hot saline mud and brine environment[J]. Materials Performance,1981,20(3):19-21.

[4] SCHRIEBER C F, MURRAY R W. Effect of hostile marine environments on the Al-Zn-In-Si sacrificial anode[J]. Materials Performance,1988,27(7):70-77.

[5] DET NORSKE VERITAS. Cathodic Protection Design:DNV-RP-B401[S]. Oslo:[s. n.],2021.

[6] ALASTAR T, ROBIN O. Cathodic protection at a simulated depth of 2500 m[C]//Corrosion 2000. Houston: NACE International, 2000.

[7] LIN S H, DEXTER S C. Effects of temperature and magnesium ions on calcareous deposition [J]. Corrosion,1988,44(9):615-622.

[8] YAN J F, WHITE R E, GRIFFIN R B. Parametric studies of the formation of calcareous deposits on cathodically protected steel in seawater[J]. Journal of the Electrochemical Society, 1993,140(5):1275-1280.

[9] 宋神友,陈伟乐,金文良,等. 深中通道工程关键技术及挑战[J]. 隧道建设,2020,40(1):143-152.

[10] 王炜英. 桥隧横越厄勒海峡连通丹麦和瑞典[J]. 地下工程与隧道,1994(1):49.

[11] 宋神友,聂建国,徐国平,等. 双钢板-混凝土组合结构在沉管隧道中的发展与应用[J].

土木工程学报,2019,52(4):109-120.

[12] 赵永韬,宋神友,孙仁兴,等. 抛石环境中铝合金阳极性能评价及其对海底隧道钢壳保护效果评估[J]. 装备环境工程,2021,18(9):78-85.

[13] ZHAO Y T, SONG S Y, SUN R X. Design on sacirificial anode protection of immersed tunnel and numerical modeling[C]//Corrosion 2021. Houston: NACE International, 2021.

[14] SCHRIEBER C F. The aluminum anode in deep ocean environments[C]//Corrosion 1989. Houston: NACE International, 1989.

[15] REDING J T. Sacrificial anodes for ocean bottom application[C]//Corrosion 1971. Houston: NACE International, 1971.

[16] International Organization for Standardization. Cathodic Protection of Harbor Installation: ISO 13174—2012[S]. Zurich: [s. n.],2012.

[17] 中华人民共和国交通部. 海港工程钢结构防腐蚀技术规范: JTS 153-3—2007[S]. 北京: 人民交通出版社,2008.

[18] 国家能源局. 海底管道牺牲阳极阴极保护: SY/T 6878—2012[S]. 北京: 石油工业出版社,2012.

[19] 许敬,任中华. 滩海海泥介质中牺牲阳极材料研究[J]. 石油工程建设,1999,25(4): 8-11.

[20] 朱承德,李异. 用于不同温度的海水、海泥中新型高效牺牲阳极的研制[J]. 中国海上油气工程,1999,11(1):28-31.

[21] 李异,戚本盛,邓和平. 铝合金牺牲阳极在南海海泥中的性能研究[J]. 腐蚀科学与防护技术,1991,3(1):22-26.

[22] 赵永韬,宋神友,汪相辰,等. 海底结构牺牲阳极保护物模实验和仿真计算[C]//中国工程院,中国腐蚀与防护学会. 第十届全国腐蚀大会摘要集. 南昌: [s. n.]2019.

[23] DITCHFIELD R W, MCGRATH J N, TIGHE-FORD D J. Theoretical validation of the physical scale modelling of the electrical potential characteristics of marine impressed current cathodic protection[J]. Journal of applied electrochemistry,1995(25):54-60.

[24] DEGIORGI V G, THOMAS Ⅲ E D, LUCAS K E. Scale effects and verification of modeling of ship cathodic protection systems[J]. Engineering Analysis with Boundary Elements, 1998 (22):41-49.

[25] 梁成浩,于楠,吴建华,等. 船体双区域外加电流阴极保护缩比模型模拟研究[J]. 大连理工大学学报,2008(5):656-660.

第6章 沉管钢壳外壁阴极保护数值仿真模拟

在计算机模拟技术出现以前，研究者一直采用试验的方法进行研究。这种传统的研究方法在腐蚀与防护领域取得了很大的成就，但由于各种客观原因，其研究手段也往往会受到试验条件的制约，使得研究难以进行下去或研究不够深入。

以常见的阴极保护设计为例，对于阴极保护设计，确定电流密度是十分重要的。但以前基本上都是采用传统的半经验设计方法，即依据一定的规范将被保护表面各处对保护电流的要求平均分配到整个表面，也就是说，表面各处所需要的保护电流密度都一样，并以此确定阴极保护系统各参数，如阳极数量、位置等。这是一种“平均保护电流密度”的思想，是粗糙的设计方法。由于被保护对象的几何复杂性，这种“平均保护电流密度”设计方法，不能反映保护电流密度在空间上的不均匀性和随时间的变化，因而会导致电量分配的不合理：有的部位保护电流密度偏低，结构得不到应有的保护；而有的部位则电流密度偏高，导致过保护，致使结构表面析氢，引起涂层的剥落、钢材氢脆等不良后果。

在阴极保护工程中，保护电位的监视和控制是一项重要工作，随时掌握被保护体表面的电位分布是非常重要的。在传统的阴极保护工程中，人们大多采用实际测量或经验估计的方法来获得被保护体表面的电位分布。然而，对于某些结构，如海底管道、海洋平台、深埋的钢桩或钢管、大罐的罐底等，实地测量难度很大或费用昂贵；另外，对于一些新项目，由于不可能事先在现场测试，因此经验公式也无法对结构表面的电位分布进行准确的预测。在这些情况下，传统方法难有作为。随着电化学和计算机技术的发展，人们尝试采用数值计算方法来获取被保护体表面的电位和电流分布，取得了很好的效果。而对于海洋平台等大型的钢结构物，如果采用传统设计方法，由于无法准确获得被保护体的电位分布，可能会过多地采用牺牲阳极措施而造成严重浪费，与此同时，平台荷载也会增加，从而影响平台稳定性。因此采用数值模拟的方法，可以模拟各种数量和分布的牺牲阳极对表面电位的影响，进而找出合理的防腐方案[1-3]。

此外，对于管道冲蚀、高温腐蚀等特殊环境的腐蚀研究，腐蚀发生的空间范围小，且经常处在密闭空间内部，采用传统的试验方法进行观察、测量都十分困难，一般的试验手段难以进行研究，即使可以成本也会很高。随着应用数学和计算机技术的发展，数值模拟方法逐渐被应用于研究这类腐蚀问题，且取得了很好的效果。目前，腐蚀问题的主要研究方法正逐步从试验研究转向试验与数值模拟相结合，并越来越多地依靠数值模拟方法[4]。

6.1 数值模拟技术原理及其在腐蚀研究中的应用

数值模拟技术的出现,在很大程度上是因为微分、偏微分方程难以求解。很多物理、工程问题可以用一个(组)微分或偏微分方程来描述。以腐蚀电位分布为例,当体系的腐蚀达到稳态时,腐蚀电位可以用拉普拉斯方程描述,这是一个二阶偏微分方程,除非边界条件非常简单,否则,一般情况下该方程难以求解,无法得到电位随空间的分布规律。在这种情况下,寻求近似解是唯一出路。数值模拟就是求近似解的一种方法,根据所依据原理的不同,主要分为有限差分法、有限元法和边界元法。

不管是哪种数值方法,都包含着一个离散化的问题(时间上和空间上)。因为在微分方程中,微分算子所作用的函数都是连续函数,而电子计算机所能处理的函数是离散的,所以模拟的第一步,就是通过离散将微分方程化为代数方程,从而建立代数方程组,求解方程组来获得所需要的物理量值。数值方法的优点是,它能解决解析法所不能解决的问题,原则上可以求解具有任何复杂边界形状的边值问题,且可达到任意精度。

6.1.1 有限差分法

在这 3 种数值方法中,有限差分法出现最早。有限差分法(亦称网格法)的原理是把场域用差分网格来进行分割(即离散),将偏微分方程中的偏导数用差商形式表示。将这一思想施加于场域中所有离散的点,就得到一组关于离散点场变量的方程组,再施加以一定的边界条件(也是施加于边界离散点上),求解这些方程组,就得到了离散点上场变量(例如电位)的值。这种方法比较简单,网格剖分容易、数据准备省时、编制程序方便,但缺点是对不规则的曲线边界处理不方便。由于差分法的网格剖分缺少灵活性,当区域的边界线和内部媒介分界线形状比较复杂以及场域的分布变化量较大时,差分法的网格部分不再适用。

从 20 世纪 60 年代开始,国内外就开始采用有限差分法来研究腐蚀过程电位分布规律。1964 年,Klinget 等人[5]首次利用有限差分法研究了电极的几何形状等因素对电流分布的影响。在这之后,Doig 和 Flewit[6]用有限差分法计算了电解液中二维电偶腐蚀的电位分布。1981 年,Strommen 等人[8]也用差分法评估了海上结构物阴极保护系统的行为,并运用有限差分法求解了用极坐标表示的拉普拉斯方程,将其分别用于海水和海泥情况下环状阳极和条状阳极保护的计算,在计算中考虑了裸钢、涂层破损、特定阳极排列、阳极数量等对计算结果的影响。钱海军等人[9]考虑了径向电位分布,对大口径的粗管内部电位分布进行了有限差分计算。戚喜全等人[10]采用有限差分方法,对铝电解槽炉底存在 4 种结壳时的阴极电位场进行了三维模拟计算。

在处理腐蚀问题时,有限差分法可以给出较准确的结果,但是对于复杂的三维问题,由于必须进行全域的三维划分,故而过程复杂、工作量很大,在实际应用中显得力不从心。因此,有限差分法大多用来处理二维腐蚀问题。

6.1.2 有限元法

有限元法是根据变分原理和离散化取得近似解的方法。它不是直接对偏微分方程求解，而是先从偏微分方程边值问题出发，找出一个能量泛函的积分式，并令其在满足第一类边界条件的前提下取极值，即构成条件变分问题。这个条件变分问题是和偏微分方程边值问题等价的。有限元法便是以条件变分问题为对象来求解。在求解过程中，将求解区域剖分成有限个单元(即离散)，在每一个单元内近似地认为求解函数随坐标线性变化，单元内任一点的函数值可通过节点的函数值插值求出。将插值函数代入能量泛函的积分式，再把泛函离散化成多元函数，之后求此极值就得到了一个代数方程组，求解代数方程组就可得到所求边值问题的数值解。多数有限元法由于计算格式简单，可以方便地处理复杂的几何面，其单元不必有正规形状或者尺寸，且引进边界条件容易，得到了广泛使用。

从20世纪70年代起，有限元法[11-16]开始在许多工程领域上被广泛使用，它也是阴极保护数值仿真中各种编程、软件采用的较为成熟的计算方法。

Fu等人[11]应用有限元法计算了多电极体系电位分布，并把计算结果同试验结果进行对比，证实了有限元法应用于腐蚀问题的可靠性。Chin和Sabde[17]研究了二维稳态涂层缺陷缝隙阴极保护数值模型，采用有限元法计算了缝隙内电化学环境的改变和电流分布。

Helle等人[18]、Kasper等人[19]先后采用有限元法对试验模型和实际结构的阴极保护进行了分析和研究。石俊生等人[20]把电流场问题转化为静电场的模型，编制了二维电流场的计算软件，集单元剖分、电势计算、画等势线为一体，计算了二维点电流场分布。杜丽惠、江春波[21]采用伽辽金有限元离散格式，对一个电池电解液的定常电位分布和电流分布进行了模拟，根据流体力学的不可压缩流动理论，证明定常电位分布情况下腐蚀电流在边界上自动满足电流通量总和为零的条件，简化了计算模型。邱枫、徐乃欣[22-24]建立了码头钢管桩阴极保护、带状牺牲阳极对埋地钢管实施阴极保护、钢质储罐底板外侧阴极保护的有限元模型，讨论了水的电阻率、土壤电阻率、表面涂层、阳极排布以及阳极长度等因素对电位分布的影响，给出了较合理的计算结果。

Fu等人用有限元法计算了蒸汽机在清洗过程中的电偶腐蚀率，结果表明在1~600号管束和各种碳钢结构中间的电偶腐蚀率很低，而在高热的焊接区则很高。Fu[25]针对一个同心圆环的腐蚀电池，取一对称面作为研究平面来实现降维减少运算量，用通用有限元程序WECAN作为计算工具，将WECAN计算的结果和McCafferty用其他方法计算的结果与巧妙设计的可近似测量局部区域电流密度的同心圆环电池的试验测量结果做了比较，计算值和测量值有很好的吻合度。此外，Fu等人[26]针对与上面同样的腐蚀圆环电池，应用格林定理第三公式去解拉普拉斯方程，分析结果遵从试验结果并且在腐蚀介质均匀条件下这种方法比有限元法和差分法更为有效和简单。

Decarlo 等人[27]运用 NASTRAN 有限元程序计算了深海平台阴极保护状况,他们考虑了随时间变化的阳极对平台表面极化行为引起的电位、电流分布变化,并绘出了不同时间的电位、电流密度分布图。Munn[28]根据能量守恒原理详尽地推导了可适用于稳态电化学场拉普拉斯方程及可用于电化学场分析的有限元公式,应用 MARC 有限元程序对 Zn 阳极保护下钢板表面及海水介质中的电化学场进行计算,并将理论电化学场和实测值进行了对比,发现离钢板比较远的距离计算值和实测值相差较小。Munn 和 Devereux[29]于 1991 年在 *Corrosion* 上发表了《电偶腐蚀体系的数学模型和求解》一文,系统地介绍了海军水下研究中心和 Conneticut 在计算腐蚀分析方面所取得的成果。Kasper 和 Gapril[30]用 NASSTRAN 通用有限元程序对 Zn 阳极保护下涂层破损部分保护的海洋钢结构进行了分析,对 4 种不同边界条件情况下 4 个实例进行了计算,并分别绘出了沿法向和径向电流密度分布图,认为阴、阳极尺寸和涂层电阻率对阴阳极之间相互作用有重要影响,非线性边界条件可以通过分段线性很方便地包括到边界条件中去。Fu 和 Chan 考虑了离子的迁移和水化作用及局部腐蚀电池中随时间变化而发生不同的化学变化,具体如下:在局部腐蚀电池刚开始时,可认为每一个单元都具有相同电导率并且金属表层与均匀腐蚀介质相接触,计算出此时电位分布;在下一个时间序列计算之前用计算出的电位代入特定公式计算离子迁移率,同时由离子的水化作用计算出此时的离子浓度;再由浓度计算电导率和调整边界条件,重复操作直到达到稳态。以 Ag 在 0.1mol/L 的 KNO_3中的缝隙腐蚀为例,与试验结果相比非常符合。Helle、Bek 和 Ligeljn[31]用有限元法计算了矩形区域中阴阳极在底部发生电偶腐蚀时电位分布情况,他们用三角单元剖分求解区域绘出了电位分布图,并与用 WABER 公式计算的结果进行了比较。

6.1.3 边界元法

边界元法也称边界积分方程法,它的基本思想是应用格林公式把区域积分转化为区域边界积分,采用对边界积分方程离散、插值等手段,获得关于边界上未知物理量的代数方程组,从而求得所要求的物理量。和有限差分法、有限元法相比,它的优点是:

(1)可以进行降维处理,简化建模过程;

(2)可真实地模拟局部细节;

(3)可解决边界有限、区域无穷问题;

(4)具有精确的边界效应;

(5)适用性强,精度高;

(6)易于使用,数据准备简单快速。

边界元法自 20 世纪 80 年代初开始出现,就在阴极保护领域得到了应用。边界元法最大特点就是仅需对边界(如被保护体表面、阳极表面等)划分网格并计算,这正符合阴极保护工程设计的本意。Danson 和 Wanrel[32]编制出首个解决腐蚀工程问题的边界元法计算机程序。该程序考虑了极化曲线的影响,同时针对二维和三维无限域问题,提出应用对称性方法解决问题,减少了单元和方程个数,大幅降低了工作量和计算机时。Adey[33]和Niku[34]将边界元理论应用于外加电流阴极保护系统,建立了理论模型并进行了初步的分析工作。王秀通[35]应用二维边界元法对埋地管线的阴极保护电位进行了数值仿真,并分别采用Newton-Paphson迭代法和分线段拟合的方法对边界条件进行线性化处理。胡舸等人[36]构建了海水中管线钢的阴极保护数学模型,应用边界元法求解了均匀电解质中管线钢表面的电位分布。

随着边界元法在腐蚀和防腐领域中应用的逐步成熟,国外学者积极开发应用型的计算机软件,并取得了很多成果。通过PROCAT计算系统,Carvallo和Telles等人[37-38]研究了水流搅动、阳极布置和电导率对阴极保护系统保护电位分布的影响。Gartland[39]应用边界元法编制了计算机程序COMCAPS,该程序不仅可进行阴极保护设计,并且可以模拟与时间有关的生成石灰沉淀物时真实的非线性阴极极化条件。Adey[40]等人基于边界元法,研发可进行三维计算的通用型计算程序。该程序具备管单元和面单元等单位元素,可对复杂结构进行建模模拟,使得计算模型更贴近实际情况;同时为使模拟条件更接近真实情况,考虑导电介质中各种因素对极化曲线的影响;同时还创建了数据库,方便防腐蚀工程师调用计算结果和积累工程经验。

Fu等人在1982年采用边界元法对腐蚀场进行了计算;Danson[41]、Robert[42]和Miyasaka[43]等人先后发表了有价值的论文,关于腐蚀场的计算研究也逐渐深入,开始从试验模型向实际工程问题发展,并且在处理阴极保护问题时,大部分采用了边界元法。

Huang等人[44-45]、Adey等人[46]和Santiago等人[47]开展了系统而深入的研究,从他们的研究工作可以看出,阴极保护的数值模拟计算逐渐由阴极保护行为预测评估转向阴极保护系统设计优化,即考虑寿命期内各种阴极保护影响因素及其变化,利用目标函数求解最佳的阴极保护系统。Adey等人的研究大部分集中于外加电流阴极保护,建立了阴极保护边界元数学模型和优化的基本方程,研究了外加电流阴极保护系统阳极输出电流、阳极位置对电位/电流密度分布的影响规律,同时也模拟分析了船舶外加电流系统对码头的杂散电流干扰,以及外加电流阴极保护系统的瞬态响应行为。Adey等人建立的边界元逆向计算方法,可以利用参比电极的信号、阴极保护系统数据和环境数据得到阴极保护电流的流向和结构表面(涂层)状态。Adey等人还利用边界元法建立了舰艇水下电磁场计算方法。De Ciori等人验证了边界元法数值模拟分析阴极保护的准确性,并创造性地将数值模拟与物理缩比模型方法有机结合,充分利用了数值模拟分析的快速和缩比模型的结构准确特点,对所有美国海军舰艇(包括航母)进行了阴极保护设计优化,并利用实船测试数据证明了这种方法的实用性与可靠性,目前这种方法已成为美国海军阴极保护设计规范(NAVSEA)。同时他认为不能将舰船的表面涂层看作为绝缘层。此外,他研究了其电位/电流响应关系,得到的计算结果与实际测试结果非常吻合。

Strommen、Keim、Finnegan和Mehdizadeh[48]在用边界元计算石油平台阴极保护时,列出了三种情况下的边界条件:常电流密度、线性极化曲线、随时间而变化的非线性极化曲线。在计算中,他们特别讨论了随时间变化时平台节点表层电位变化情况,并指出随时间变化时钙沉积层变化对钢极化的影响。

Aoki、Kishimoto 和 Miyasaka[49]用三维边界元法计算由于阴阳极相互作用而引起的电偶场效应,用牛顿-高斯迭代法解非线性方程组,并且在一个圆柱形碳钢、不锈钢材质充满氯化钠溶液容器中做了验证试验,还在容器中放入一块铝片模拟阴极保护做了验证试验,通过比较证明了计算结果的合理性和实用性。

Brichau 和 Deconinck[50]将有限元法、边界元相结合提出了一个受阴极保护埋地管网的数学模型 OKAPPI,结合边界条件计算管道的电位和电流分布。他们在计算中假设土壤是均匀同向性的并且地表是平坦的,还考虑了欧姆电位的降落。他们的计算结果表明,沿管线的法向电位变化等参数是监视和控制阴极保护所必需的。利用他们的模型可以简化地下管道阴极保护系统的设计工作。

Chery、Foo 和 Siauw[51]对硫酸溶液中铜锌双电极表面电位用边界元法进行了计算,绘出了不同尺寸比例铜锌电极时电位分布。Baptista 等人[52]对海水收集管线内部阴极保护设计使用了 PROCATBEM 软件,并用搅拌状态和在高速海水中测得的极化曲线作为边界条件,计算了长管线时管线上电位分布和固定间隔阳极时电位分布,得到了一系列特定条件下海水收集管线内部阴极保护系统设计参数。刘曼用边界元法计算了管内介质处于流动状态时,阴极保护管道内壁的实时电位分布和稳定电位分布,并在实验室内进行了小型的流动场管内阴极保护试验。计算与实际结果较吻合,证实了边界元法应用于管内阴极保护问题的有效性和准确度。高满同[53]研究了腐蚀电场平面问题的边界元理论和分析方法,详细论述了腐蚀电场平面问题的边界元理论,针对电极极化曲线的非线性特性,提出一个针对非线性边界条件的边界元问题的迭代解法最后,按所论述的理论和方法,具体计算了某些电偶腐蚀电场的电位与电流密度分布,并与有关实例进行了比较,发现二者较相符。

吴中元[54]采用特殊的柱面单元及边界法计算油井套管表面的电位分布。这一方法可以用于油井套管阴极保护系统的设计。吴建华等人[55]在建立阴极保护电位场数学模型的基础上,以边界元法模拟牺牲阳极与低碳钢直接耦合时牺牲阳极的工作状态。孟宪级等人[56]对区域性阴极保护算法进行改进,用边界元法求解区域性阴极保护的数学模型。周美等人[57]将流场分析和电位场分析结合起来,分析绕流速度对海洋金属结构表面阴极保护电位的影响,从而为给出更合理的阴极保护电位的计算方法提供依据。

6.2　沉管钢壳数值仿真模型和边界条件

无论采用何种数值模拟方法,在计算前都需要建立仿真模型。对于阴极保护来说,最基本的仿真模型有牺牲阳极和外加电流两种方法的数学模型。

6.2.1　牺牲阳极保护法的数学模型

图 6-1 为牺牲阳极保护方法示意图。假设金属 A 是被保护构件,金属 B 是牺牲阳极。阳极和阴极通过导线连接后构成腐蚀原电池,金属 B 向金属 A 提供电子,以使被保护构件 A 产

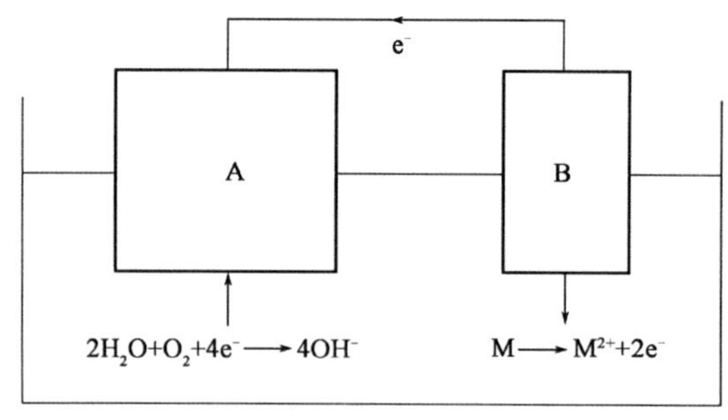

图 6-1 牺牲阳极保护原理

生阴极极化,表面电位发生变化,当达到保护电位后,表面就得到了保护。但是表面是否达到了保护电位,需要通过实际测量来确定。当构件几何尺寸较小、形状简单时,测量不成问题,但当几何尺寸巨大、形状复杂时,测量就变得十分困难,有时甚至无法测量。此时采取计算机模拟,通过一定的计算方法得到表面电位分布,就显得尤其重要。而进行计算模拟的第一步就是建立这一现象的数学模型。

为此,我们以电解液作为研究对象,将它单独提取出来。除去了阳极与阴极后的电解液区域被边界包围着。牺牲阳极和被保护构件与电解液接触时形成接触边界。在这些边界上,电势与电流密度存在一定的关系,这可由极化曲线确定。除了这些边界外,其他边界处于绝缘状态。

当电解液中电流流动处于稳态时,电位分布等同于静电场,我们可以应用静电场理论,对这一区域建立控制方程,然后求解这个方程,得到区域及边界上的电位分布,从而判断构件表面保护电位是否分布均匀、何处欠保护、何处过保护,并据此调整保护方案[58]。

电解质是整个导电回路的一部分,当形成稳定的电流流动时,电解质区域等同于静电场,其中电势分布由 Maxwell 方程确定:

$$\begin{cases} \nabla\times \boldsymbol{E} = -\dfrac{\partial \boldsymbol{B}}{\partial t} \\ \nabla\cdot \boldsymbol{D} = \rho \end{cases} \tag{6-1}$$

式中:$\boldsymbol{B}$——磁通密度矢量(Wb/m^2);

$\boldsymbol{D}$——电位移矢量(C/m^2);

ρ——自由电荷面密度(C/m^2)。

除此之外,各物理量受物质结构特性制约,还存在着本构关系:

$$\begin{cases} \boldsymbol{D} = \varepsilon \boldsymbol{E} \\ J = \sigma \boldsymbol{E} \end{cases} \tag{6-2}$$

式中:$\boldsymbol{D}$——电位移矢量(C/m^2);

J——电流密度(A/m^2);

$\boldsymbol{E}$——电场强度矢量(V/m);

σ——电解液电导率(S/m);

ε——电解液介电常数(F/m)。

由于这里只涉及静态情况,且不涉及磁场,因此有:

$$\frac{\partial \boldsymbol{B}}{\partial t} = 0 \tag{6-3}$$

于是,式(6-1)中第一个公式变为:

$$\nabla \times E = 0 \tag{6-4}$$

即静电场场强的旋度为零,可以把它表示成某个量的梯度[63],这个量就是电势:

$$\nabla \times E = 0 \Rightarrow E = -\mathrm{grad}(\varphi) \tag{6-5}$$

二维情况下:

$$E = -\mathrm{grad}(\varphi) = -\frac{\partial \varphi}{\partial x} i - \frac{\partial \varphi}{\partial y} j \tag{6-6}$$

然后将式(6-2)中的 $D=\varepsilon E$ 代入式(6-1)中的第二个方程,得到:

$$\frac{\partial^2 \varphi}{\partial x^2} + \frac{\partial^2 \varphi}{\partial y^2} + \frac{\rho}{\varepsilon} = 0 \tag{6-7}$$

这就是静电场电势所满足的 Possion 方程,ρ 为区域内的电荷密度,在这里 $\rho=0$,于是上式就变成拉普拉斯方程:

$$\frac{\partial^2 \varphi}{\partial x^2} + \frac{\partial^2 \varphi}{\partial y^2} = 0 \tag{6-8}$$

这就是牺牲阳极保护时电解质区域的控制方程,其中 φ 是整个区域(包括边界)的电势分布。

在对上式求解之前,还需要加上边界条件,否则无解。在边界 Γ_{anode}、$\Gamma_{\mathrm{cathode}}$ 和 Γ_{ins} 上,边界条件如下:

$$\begin{cases} J_{\mathrm{a}} = f_{\mathrm{a}}(\varphi), \Gamma \in \Gamma_{\mathrm{anode}} \\ J_{\mathrm{c}} = f_{\mathrm{c}}(\varphi), \Gamma \in \Gamma_{\mathrm{cathode}} \\ J_{\mathrm{ins}} = 0, \Gamma \in \Gamma_{\mathrm{ins}} \end{cases} \tag{6-9}$$

式中:$f_{\mathrm{a}}(\varphi)$、$f_{\mathrm{c}}(\varphi)$——牺牲阳极和阴极与电解液交界上电流密度与电势的关系函数,即所谓的极化曲线,可通过试验测出。

根据式(6-2)和式(6-6)可得到边界上电流密度(J)与电势的关系:$J=-\sigma\dfrac{\partial \varphi}{\partial n}$,代入式(6-9),边界条件最终变为:

$$\begin{cases} \dfrac{\partial \varphi}{\partial n} = -\dfrac{f_{\mathrm{a}}(\varphi)}{\sigma}, \Gamma \in \Gamma_{\mathrm{anode}} \\ \dfrac{\partial \varphi}{\partial n} = -\dfrac{f_{\mathrm{c}}(\varphi)}{\sigma}, \Gamma \in \Gamma_{\mathrm{cathode}} \\ \dfrac{\partial \varphi}{\partial n} = 0, \Gamma \in \Gamma_{\mathrm{ins}} \end{cases} \tag{6-10}$$

根据上述边界条件求解式(6-8),理论上可得到电解质区域的电势分布,自然也得到了被保护构件表面的电势分布,根据分布可以判断表面哪些部位存在欠保护,哪些部位存在过保护。本例中,牺牲阳极和被保护构件几何形状比较简单,尺寸也不大,有可能求出电位分布的解析解,但实际应用中,构件形状往往很复杂、尺寸很大,尤其船体、螺旋桨等海洋构件,很难通过式(6-10)得到解析解,为此必须采用数值解法,即前文介绍的有限差分法、有限元法和边界元法。

6.2.2 外加电流阴极保护数学模型

外加电流是另一种防护方法,它与牺牲阳极方法没有本质差别,它是将图6-1中的牺牲阳极用惰性电极(比如Pt)代替,然后外加电源向被保护构件提供极化电流,外加电源可能是恒压源或恒流源,而惰性电极本身不参加电化学反应,其原理简图如图6-2所示。该方法的数学模型同上小节基本一样,只是边界条件略有改变。区域内的控制方程与牺牲阳极相同,即式(6-8)。

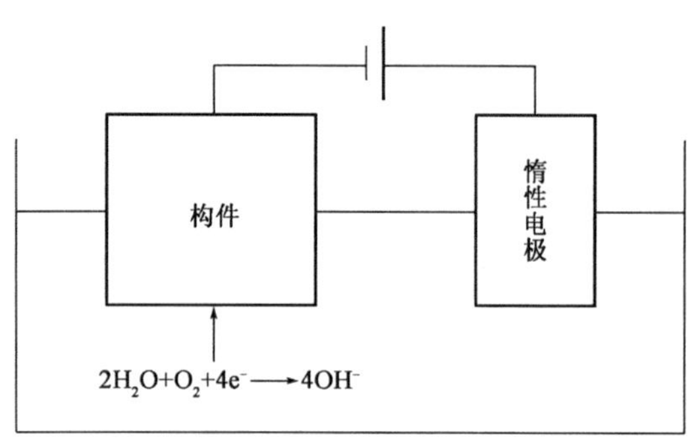

图6-2 外加电流阴极保护原理

根据外加电流系统设置参数的不同,分为两种情况:

(1)外加恒压源:

$$
\begin{cases}
\varphi = \varphi_0, \Gamma \in \Gamma_{\text{inser anode}} \\
\dfrac{\partial \varphi}{\partial n} = -\dfrac{f_c(\varphi)}{\sigma}, \Gamma \in \Gamma_{\text{cathode}} \\
\dfrac{\partial \varphi}{\partial n} = 0, \Gamma \in \Gamma_{\text{ins}}
\end{cases}
\tag{6-11}
$$

(2)外加恒流源:

$$
\begin{cases}
\dfrac{\partial \varphi}{\partial n} = J_{\text{ICCP}}, \Gamma \in \Gamma_{\text{inser anode}} \\
\dfrac{\partial \varphi}{\partial n} = -\dfrac{f_c(\varphi)}{\sigma}, \Gamma \in \Gamma_{\text{cathode}} \\
\dfrac{\partial \varphi}{\partial n} = 0, \Gamma \in \Gamma_{\text{ins}}
\end{cases}
\tag{6-12}
$$

式中:φ_0——恒压源电压(V);

J_{ICCP}——恒流源电流密度(A/m^2)。

6.2.3 沉管钢壳阴极保护的数学模型

下面以深中通道项目为例,具体介绍数学模型的建立过程。深中通道项目的沉管隧道采用牺牲阳极进行保护,属于典型的牺牲阳极保护法数学模型。其中阴极(即被保护构件)为沉管钢壳,沉管段由26个标准管节、6个非标管节和1个水中最终接头组成,标准管节长度为165m,非标管节长度为123.8m。

根据沉管断面选择了根据沉管断面尺寸,选取标准管节进行仿真模拟,尺寸为165m×46m×10.6m,如图6-3所示。

单纯的数学模型无法进行有限元计算,必须进行网格划分。在划分网格时候有两点注意事项:第一,需要确定被保护体的实际面积,沉管隧道的外层为被保护面,因此,应当将内层设置为绝缘体;第二,应该根据模型的大小设计合理的网格尺寸,网格过大或过小都将影响结果的准确性,网格过大会使计算结果离散,而网格过小会使计算量过大超过系统承载。根据以上要求,采用结构化网格划分。所谓结构化,简单地说就是为了保证网格质量而采用的一种映射类网格生成方法。以沉管隧道模型为例,网格尺寸选择50~100mm,结果如图6-4所示。

图6-3 沉管隧道模型

图6-4 网格划分结果示例

沉管采用质量约为375kg的铝阳极,分别在沉管顶面、斜面及侧面布设进行阴极保护。单只阳极的尺寸如图6-5所示。根据该阳极实际大小,绘制模型如图6-5a)所示。由于阳极的实际面积较小,网格尺寸选择10~20mm,结果如图6-6所示。

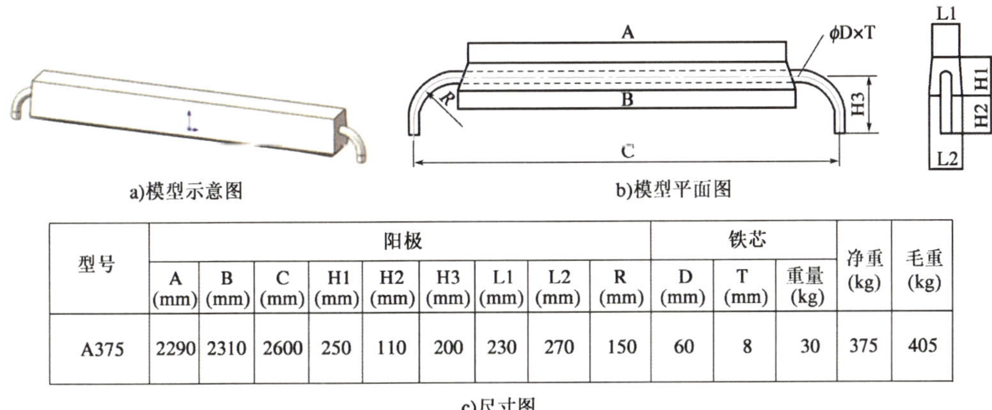

a)模型示意图 b)模型平面图

型号	阳极									铁芯			净重 (kg)	毛重 (kg)
	A (mm)	B (mm)	C (mm)	H1 (mm)	H2 (mm)	H3 (mm)	L1 (mm)	L2 (mm)	R (mm)	D (mm)	T (mm)	重量 (kg)		
A375	2290	2310	2600	250	110	200	230	270	150	60	8	30	375	405

c)尺寸图

图6-5 牺牲阳极尺寸

由牺牲阳极与钢壳耦合使钢壳表面产生阴极极化,当极化电位达到-800mV(Ag/AgCl/海淡水参比电极)时,表面就会得到保护。当铝阳极向钢壳注入电流时,由于海水是强电解质,具有导电性,因此,会在钢壳周围的一块水体里产生电流,存在一定的电位分布,即要求解的结果。为此,需要在钢壳周围划分出一片水域。这片水域大小的确定原则是:水域边界电流近乎为0。据此,一般将水域的三维尺寸取为钢壳三维尺寸的3~5倍,通常设置为立方体。阳极、阴极及水域模型三者共同组成了沉管钢壳牺牲阳极保护的数学模型。

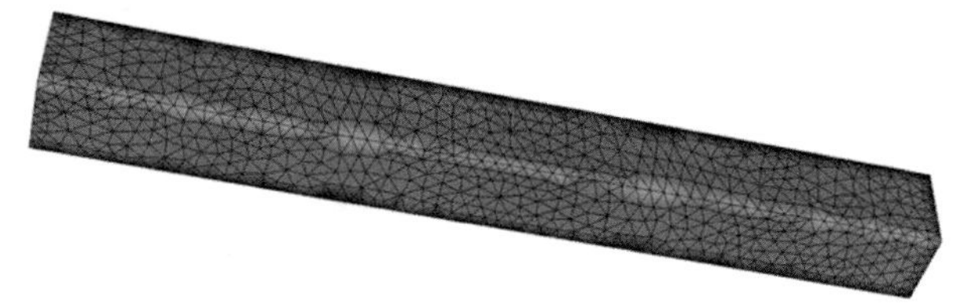

图6-6 牺牲阳极的网格划分

6.2.4 沉管钢壳阴极保护的边界条件

在阴极保护仿真模拟求解时必须给模型施加边界条件。沉管隧道各边界上发生的电化学反应如下:

$$Fe \longrightarrow Fe^{2+} + 2e^- \tag{6-13}$$

$$O_2 + 2H_2O + 4e^- \longrightarrow 4OH^- \tag{6-14}$$

$$Al \longrightarrow Al^{3+} + 3e^- \tag{6-15}$$

从反应式中可以看出,水中的 O_2 不断地从钢壳表面夺取电子而发生还原反应,而反应式(6-13)需要不断地为反应式(6-14)提供电子;失去了电子的铁原子变成离子状态,在水分子这种极性分子的作用下,很容易溶解到水中,从而导致了钢壳的腐蚀。为了阻止腐蚀的发生,必须抑制式(6-13)的进行。深中通道沉管隧道钢壳的牺牲阳极保护,就是采用式(6-15)向式(6-14)提供电子。

根据式(6-10)可知,要求解被保护构件表面的电势分布所需边界条件包括牺牲阳极和阴极与电解液交界上电流密度与电势的关系函数,即电化学反应式(6-13)和式(6-15)各自遵循的塔菲尔公式。

对于一般的海水介质来说,沉管钢壳和铝阳极的塔菲尔具体数据见表6-1。

电化学参数 表6-1

参　数	Fe(钢壳)	牺牲阳极
平衡电位(V)	-0.76	-1.127
塔菲尔斜率(V/dec)	0.41	0.21
交换电流密度(A/cm^2)	7.7×10^{-7}	2.2×10^{-5}

然而,在实际工作过程中,沉管钢壳及牺牲阳极面临的主要是砂石及海淡水的混合环境,海水电导率、服役时间等因素都将对牺牲阳极和被保护体的极化曲线产生影响,需要根据实际情况选择恰当的极化曲线。

深中通道项目采用的牺牲阳极在不同环境下的极化曲线如图6-7所示。

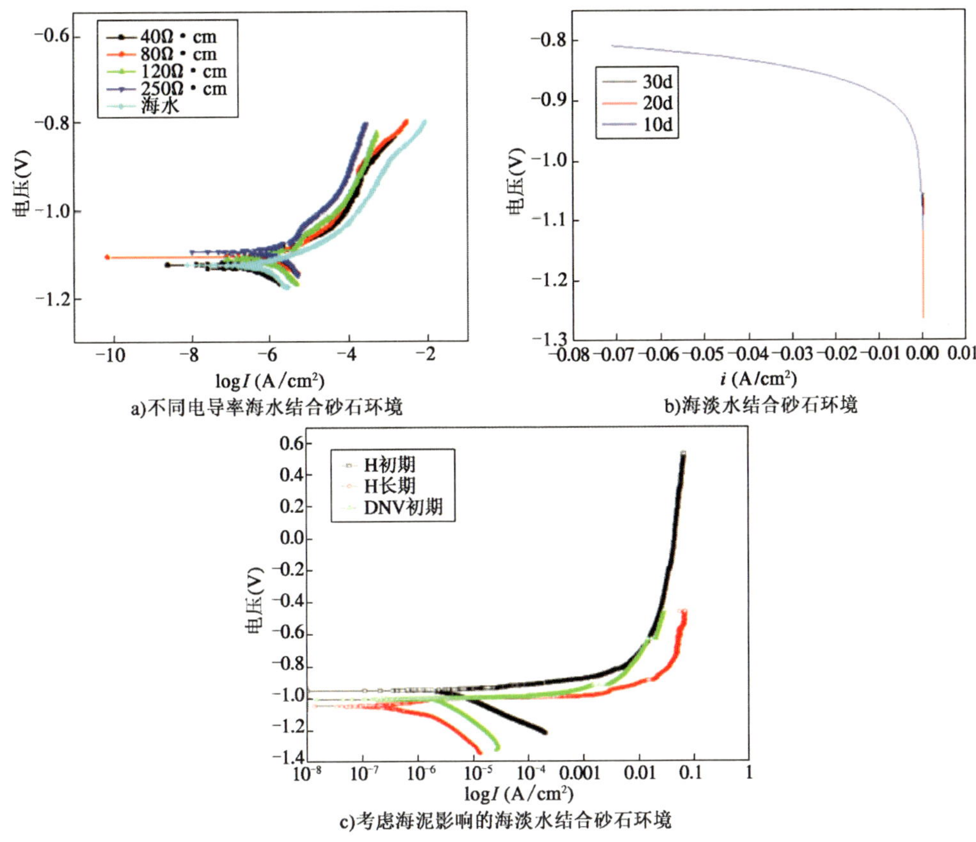

a)不同电导率海水结合砂石环境

b)海淡水结合砂石环境

c)考虑海泥影响的海淡水结合砂石环境

图6-7 牺牲阳极边界条件

牺牲阳极在不同电导率海水结合砂石环境下的极化曲线由图6-7a)所示。由图可知,阳极在40~80Ω·cm的海淡水与砂石混合介质环境下极化曲线基本重合,在相同电位下发生的电流基本相同。而深中阳极在40Ω·cm海淡水与砂石环境下的极化曲线随工作时间变化结果如图6-7b)所示,在长期的耦合过程中牺牲阳极一直处于快速溶解过程中,阳极表面状况基本保持不变,因此极化曲线的差异很小。阳极工作时间从第10d到第30d过程中,阳极不断消耗,但极化曲线基本不变。因此,可选择采用40Ω·cm的海淡水与砂石混合介质环境测试得到的极化曲线作为阳极通用的边界条件。此外,为了考虑海泥的影响,测量了该环境下的极化曲线,如图6-7c)所示,其中H初期为深中通道采用铝阳极溶解初期阳极极化曲线,模拟阳极铸造表面在海底泥中极化曲线,在该条件下阳极未完全活化,自腐蚀电位在-0.9V左右,同样极化至较正电位时发生电流较小;H长期为该铝阳极经过4d法电容量测试后的阳极极化曲线。模拟牺牲阳极溶解达到稳定的电化学性能后的极化行为,这个对阳极的长期电化学性能更具有代表性。出于保守仿真计算的目的,可以选用曲线H初期,即:牺牲阳极还没有达成稳定的溶解状态时的阳极极化曲线,这个边界条件用来计算阳极用量上限。如要考虑阳极更好的溶解行为，则采用曲线H长期，这个边界条件用来计算阳极用量下限。DNV初期为DNV型阳极溶解初期阳极极化曲线，这个边界条件是为了进一步显示DNV型阳极在沉管保护效果上的差距。

沉管钢壳的材质为Q390级钢，其性能已在前文中进行介绍。在沉管运行的初期，涂层起保护作用，随着运行时间的延长，涂层逐渐破损，钢壳开始转为牺牲阳极保护。而钢壳表面状况，有无涂层等都对极化曲线造成了很大的影响。由于本小节针对的仿真模拟主要是为了验证保护效果，随着钢壳涂层的破损，需要的保护电流越来越大，因此，若牺牲阳极在末期可以达到保护效果，而沉管在阳极工作初期必定可以被完全保护，故本节主要讨论裸钢情况下的模拟。

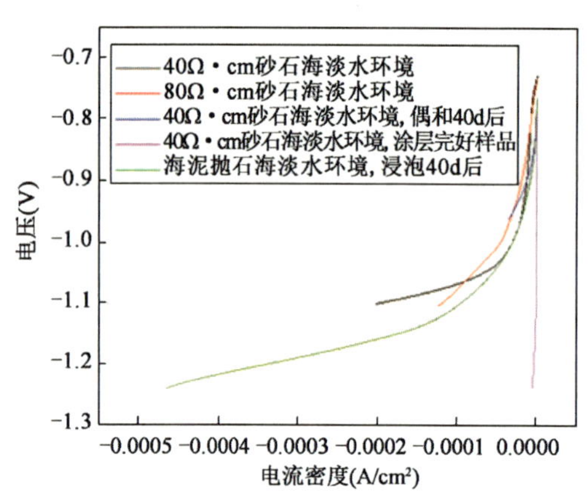

图6-8　不同介质中测定的阴极的极化曲线

Q390级钢在不同工况下的电流电位曲线如图6-8所示。分别测试了在40～80Ω·cm海淡水砂石环境下390钢浸泡1d后的极化曲线，结果发现在不同环境下电位−0.8～−1.0V区间内，Q390级钢的*E-I*曲线差距不大，极化至−0.9V对应的电流密度约0.5A/m^2。而Q390级钢随着阴极保护及浸泡时间的延长，极化曲线可能会发生变化。为验证该问题，将Q390级钢与H阳极耦合，使钢材样品处于被保护的状态，在砂石和40Ω·cm海淡水环境中掩埋40d后将阳极与阴极断开，待钢材样品开路电位稳定后测试*E-I*曲线。可以发现，阳极的开路电位有所正移，但整体变化不大，极化至−0.9V对应的电流密度约0.4A/m^2，这可能是由于与牺牲阳极耦合后Q390级钢的工作电位负移，产生极化的影响；而光亮电极在海泥抛石淡海水环境下浸泡40d的极化曲线与初期高度重合。综上所述，Q390级钢在阴极保护状况下，极化曲线与初期基本一致，可以采用初期数据进行计算。而涂层完好样品所需的保护电流急剧降低，因此采用裸钢数据进行计算时的结果完全可以覆盖。而在钢壳寿命末期，周边环境产生大量的腐蚀产物，钢壳表面形成了一定的钙镁沉积层，这种情况下的极化曲线有一定变化需要另外进行测试。

除此之外，混合电阻率也是数值仿真边界条件之一。在工程现场采样，取样位置及国家海洋局数据如图6-9所示。于隧道东西人工岛之间选取6个点，在水位表层、中层、底层取样测量电阻率。取样完成后由第三方检测机构测量海水电阻率，分析测定电阻率为40Ω·cm左右，氯离子含量是1.606%左右。

由于沉管钢壳面临的是海淡水与砂石的混合环境，无法采用传统装置进行直接测试。针对该问题，采用参照ASTM DG57-95a(R2001)标准，使用四电极法进行“砂石＋海淡水”混合介质电阻率测试。使用图6-10所示的测试装置进行测试，测试完成后通过式(6-16)计算介质的混合电阻率。

$$\rho = UA/Ia = RA/a \tag{6-16}$$

式中：U——电压(V)；

I——电流(A)；

ρ——电阻率($\Omega \cdot cm$)；

R——电阻(Ω)；

A——容器垂直于电流的横截面积(cm^2)；

a——内电极间距(cm)。

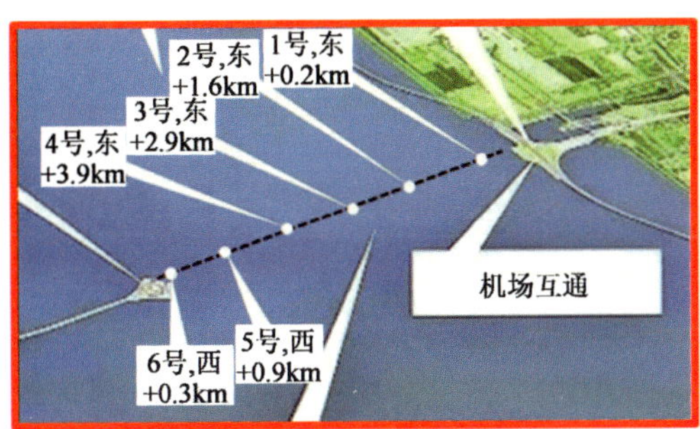

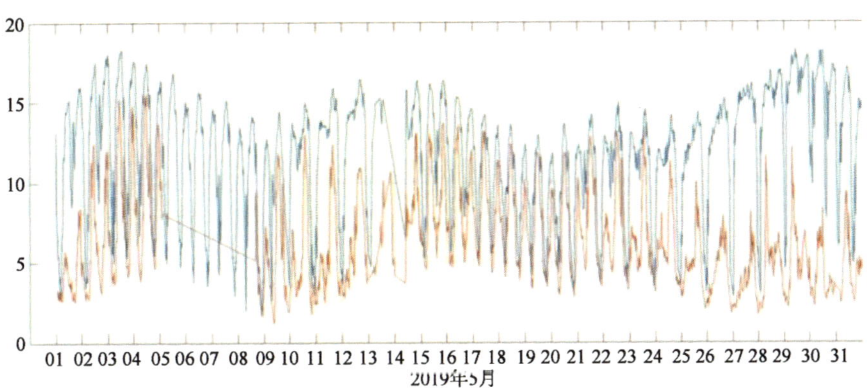

图6-9　电导率采样位置及国家海洋局数据

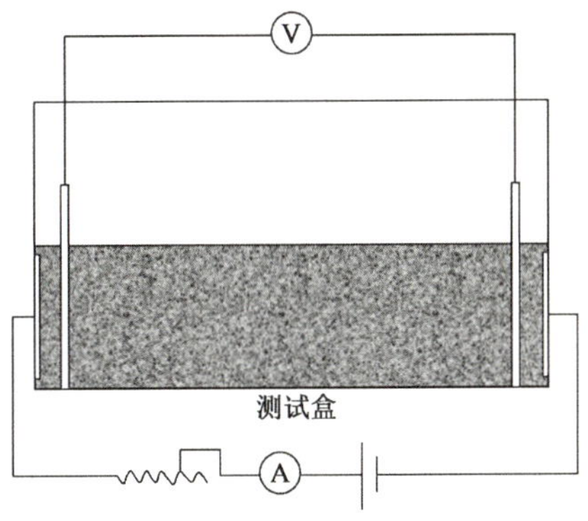

图6-10　混合电导率测试装置

在模拟现场电阻率海水加入抛石，体积比约1:1，模拟工程阳极服役的实际环境测量电阻率。采用电阻率测试箱测量，通过电阻率计算公式得出结果见表6-2。

混合电阻率测试结果(Ω·cm) 表6-2

海　水	加入25~35mm砂石	加入8~12mm砂石
20	51	54
40	120	122
80	254	258
120	311	304

综上所述，深中通道沉管埋设介质电阻率范围确定为50~300Ω·cm，该范围也是后期阳极材料电化学性能和仿真计算的边界条件的测定依据。

6.3 仿真模拟对沉管钢壳阴极保护设计的优化与评价

对于沉管钢壳的阴极保护设计来说，最重要的参数包括钢壳尺寸、保护年限、阳极的布置方案和水质电阻率条件。这些参数对于仿真模拟的计算同样具有很大的影响。本节将从电阻率、阳极布置方案、服役时间等方面论述各参数对仿真结果的影响，并以深中通道项目为例，介绍仿真模拟在沉管钢壳阴极保护设计的优化与评价中的实际应用。

6.3.1 环境电导率对保护效果的影响

由于沉管隧道钢壳在实际建成后不易观察测量，难以验证仿真模拟的结果，本小节将选取小型模型作为研究对象，计算结果可以与前文进行对照。模型钢壳尺寸为660mm×570mm×130mm。按照相同计算原则对钢壳进行阴极保护设计，初步计算要达到保护效果，需尺寸为160mm×40mm×40mm的阳极6块，阳极距离被保护体1cm，如图6-11所示。

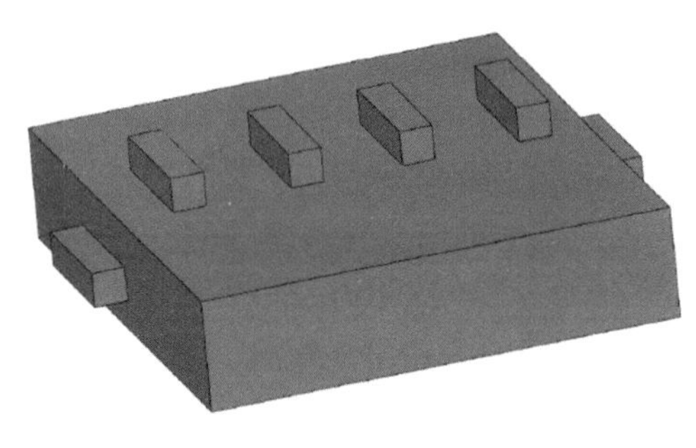

图6-11 缩比模型示意图

电导率是阴极保护设计的重要参数之一。随着电导率的降低，牺牲阳极表面发生的电流略微降低，而阴极被保护体极化至被保护电位的电流基本不变，阳极的保护范围降低。本节所有计算结果均通过利用CP Manager软件得出。该软件由比利时Elsyca公司研发，通过有限元的数学方法，可以对金属材料在溶液介质内的腐蚀情况仿真模拟，以及对金属结构物在溶液介质内的阴极保护情况仿真模拟。

在进行有限元计算前，必须要对计算的对象进行网格划分。通过软件导入图6-11所示的缩比模型并采用1~2mm大小的网格。之后分布采用不同电导率海淡水砂石下测试得到的边界条件进行计算，结果如图6-12所示。

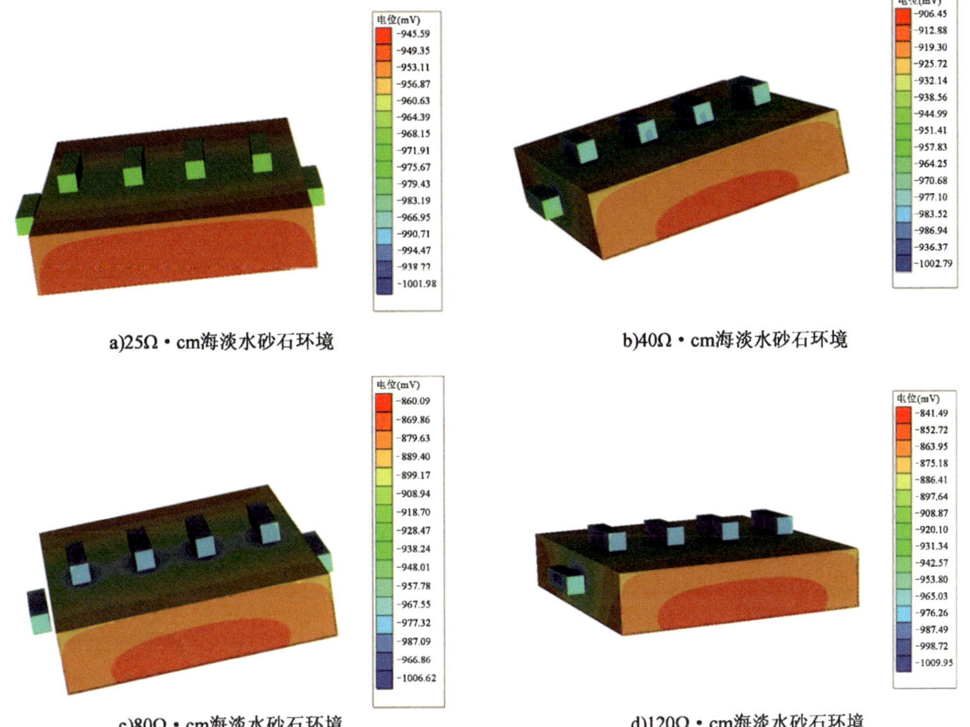

图6-12 不同电导率情况下缩比模型表面电位分布

由图6-12可知，随着介质电导率的降低，钢壳模型表面的电位范围从40Ω·cm海淡水砂石环境下的-1002～-906mV逐渐变为120Ω·cm的环境下的-1009～-841mV。而在靠近阳极的顶面电位的变化不大，特别是阳极正对区域的电位基本不变，主要产生变化的是距离阳极较远的底部区域，如图6-13所示。在40Ω·cm、80Ω·cm、120Ω·cm介质环境下的底面中心附近电位分布为-906mV、-860mV、-842mV。

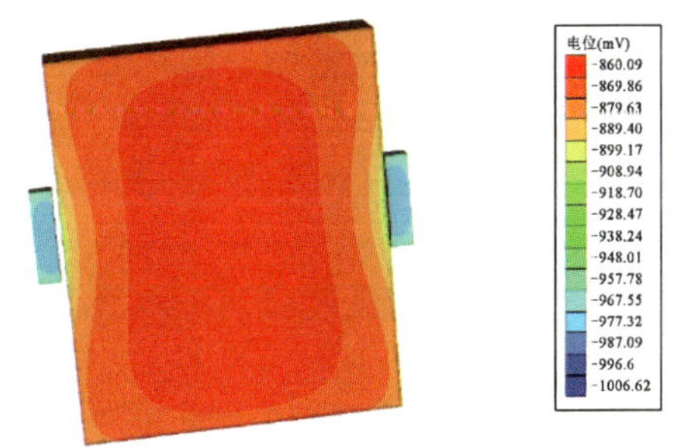

图6-13 砂石80Ω·cm海淡水混合介质的环境下模型底面电位分布

随着海淡水砂石混合介质电导率的降低，牺牲阳极的腐蚀阻力增加，工作电位逐渐正移，自腐蚀电流逐渐减小。同时，介质的电导率升高，阳极相对被保护体远端的内阻明显增加，流入的电流减小，阳极的保护效果衰减，这造成了模型底面电位的正移。而模型顶面由于距离阳极很近，电导率对阳极保护效果的影响很小。此外，随着介质电导率的降低，水中氯离子的含量降低，钢壳的自腐蚀电流也有所下降，腐蚀速度降低，需要的保护电流也随着降低，因此，当添加的海淡水电阻率正移至120Ω·cm，模型底面电位正移的幅度降低。

综上所述，在砂石海淡水混合介质中，随着介质电导率的降低，距离牺牲阳极较远的区域保护电位正移，且幅度较大，钢壳底面容易出现欠保护的现象，因此，应当在侧面增加牺牲阳极。

6.3.2 阳极布置方案对保护效果的影响

按照传统的牺牲阳极布置方法,应当将牺牲阳极均匀布置在沉管的所有保护面上,从而使沉管钢壳表面各处保护电流的平均分配到整个表面,也就确定了阳极的位置。然而沉管隧道钢壳的底部与海床直接接触无法布置牺牲阳极,这就使传统的均布法无法实现,必须考虑其他的布置方式。

本小节同样以缩比模型为研究对象进行介绍。选择 40Ω · cm 的海淡水砂石环境测得的数据作为边界条件。单只阳极的保护效果如图 6-14 所示。由图可知,对于正对面尺寸为 160mm × 40mm 的长方体阳极来说,有效保护区域见图中橙色圆环内部区域,该区域内钢壳电位负于 -800mV,大致是以牺牲阳极正对区域为圆心的椭圆,椭圆边界距离阳极边界约 20cm。

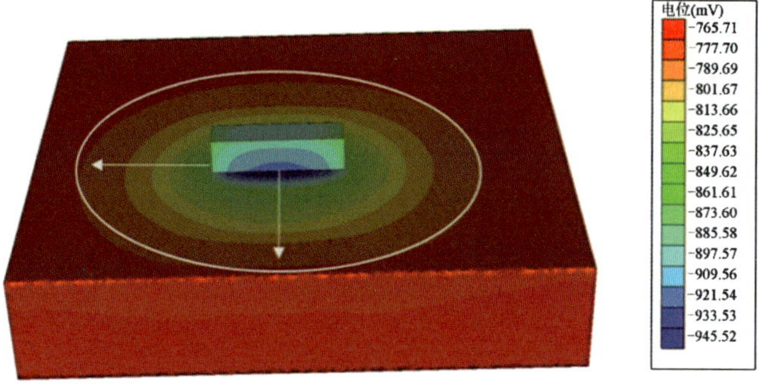

图 6-14 单只阳极的保护区域

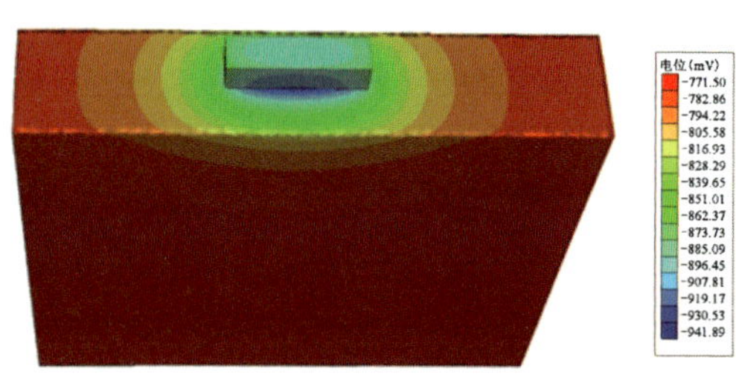

图 6-15 单只阳极布置在侧面时钢壳模型表面电位分布

当阳极布置在侧面时,钢壳模型表面的电位分布如图 6-15 所示。阳极的有效保护区域同样是以牺牲阳极正对区域中心为圆心的椭圆。与阳极布置在顶部相比,阳极底部的电位由 -765mV 负移至 -771mV,对于底面的保护效果更好。而钢壳的开路电位约 -730mV,整个钢壳底面电位负移约 40mV。

由前文可知,单个阳极无法满足整个模型的保护需求,必须增加阳极的数量,具体来说有两种选择:增加模型顶部的阳极数量,或增加模型侧面的阳极数量。将顶部阳极数量增加到 4 个时,钢壳表面的电位分布如图 6-16 所示。

如图 6-16 所示,当模型顶部的阳极数量增加至 4 块时,钢壳模型顶部电位负移的幅度较大,所有电位均负于 -883mV,侧面电位从接近顶部到底部区域逐渐变化,电位分布向两个面的平均电位靠近,底部电位比较均匀,约 -790mV,相对于单只阳极的情况也有所负移,但幅度远低于顶部。同样采用 4 块阳极,但将阳极分别布置在两侧,计算结果如图 6-17 所示。侧面电位均负于 -903mV,顶部和底部的电位分布情况一致,电位约 -880mV。

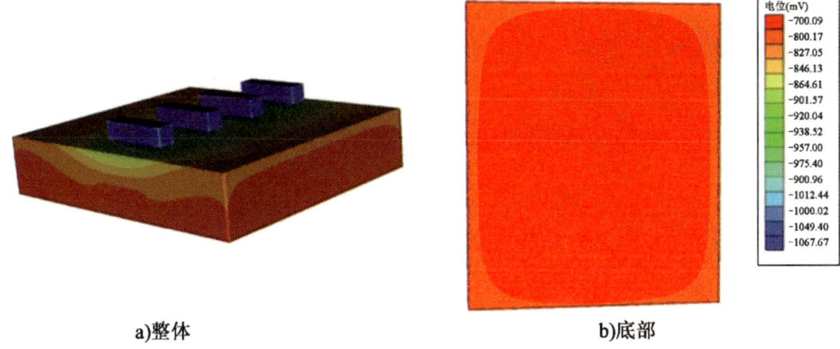

a)整体　　b)底部

图 6-16　顶部布置 4 块阳极时模型电位分布

由此可见,对于沉管钢壳模型来说,距离阳极越远的位置保护效果衰减越明显。若希望底部在不布置阳极的情况下达到保护效果,应当在侧面增加牺牲阳极。此外,采用长条状阳极,有效保护区域呈椭圆形分布,与阳极的投影面积成正相关。因此,在顶部布置多块阳极时应当按照投影面积进行均匀分布。

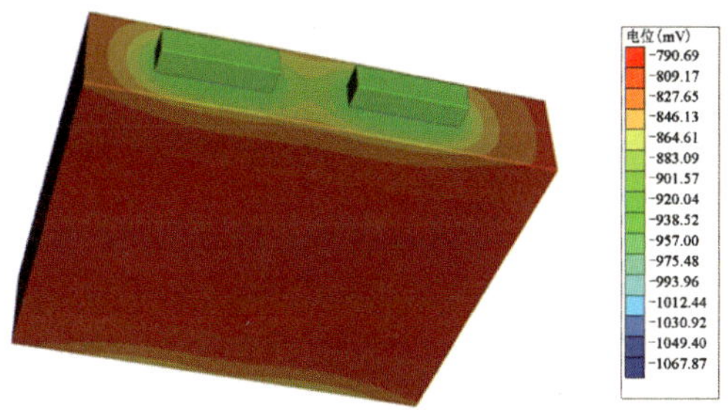

图 6-17　两侧各布置 2 块阳极时模型电位分布

6.3.3　阳极服役时间对保护效果的影响

随着阳极服役时间的延长,阳极将不断溶解,同时在表面附近生成大量的腐蚀产物。这些参数对阳极本身性能的影响参见前文,而阴极长期处于阴极保护状态下,当涂层完全破损后不再发生其他的变化,相对来说裸钢属于最苛刻的条件,所需的保护电流最大,若牺牲阳极可保护裸钢 100 年时间,则可认为沉管钢壳可得到有效的保护。本小节主要讨论阳极服役时间对保护效果的影响,不考虑沉管钢壳本身的涂层及破损情况,根据服役年限的不同,按照均匀溶解的原则改变阳极的形状,并采用模拟不同服役时间的阳极测得的极化曲线作为边界条件。

同样采用缩比模型作为研究对象,经过理论计算,要保护完全裸露钢壳 100 年时间,需要采用前文尺寸的阳极 8 块。若采用同样的阳极布置理论,应当在顶面布置 4 块阳极,两侧各布置 2 块阳极。阳极服役初期的计算结果如图 6-18 所示。由图 6-18 可知,采用该布置方案后钢壳模型得到了完全保护,整个钢壳的电位范围为 $-1002\sim-926$mV。

随着服役时间的延长,假设阳极一直处在均匀溶解的状态,长条状阳极会逐渐变成圆柱状。阳极的原始尺寸为 160mm × 40mm × 40mm,设计余量为 20%,安装均匀溶解计算阳极体积在 50 年时消耗为原来的 60%,而由于铁芯原因阳极沿长边的尺寸通常不变,因此,预计服役 50 年后模型阳极的尺寸为 ϕ34mm × 160mm,计算结果如图 6-19 所示。

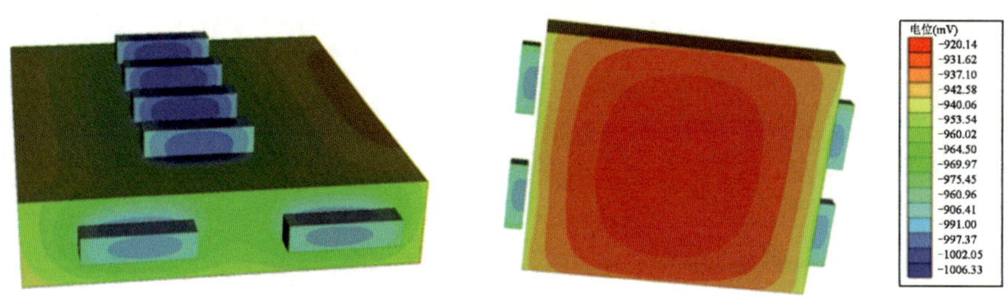

图 6-18　阳极服役初期钢壳模型表面电位分布

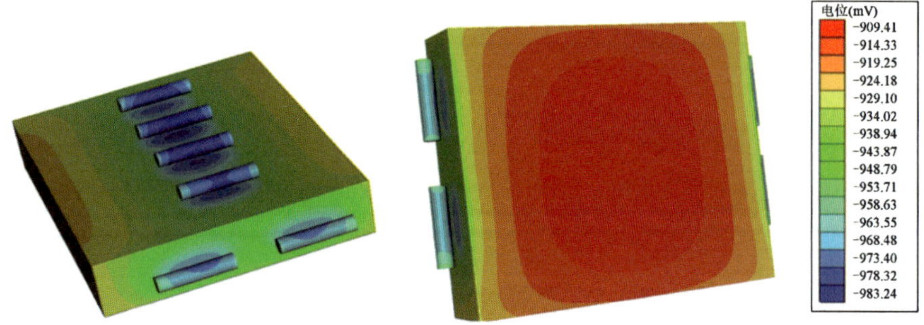

图 6-19　阳极服役中期钢壳模型表面电位分布

由图 6-19 可知，钢壳模型仍能得到了完全保护，整个钢壳的电位范围为 -983 ~ -909mV。采用同样的计算模型，在阳极服役末期将近 100 年时，模型阳极的尺寸为 ϕ20mm × 160mm，计算结果如图 6-20 所示。由图 6-20 可知，根据模拟计算，当阳极服役 100 年时，整个沉管钢壳的电位范围为 -953 ~ -880mV，处于被完全保护状态中。

图 6-20　阳极服役末期钢壳模型表面电位分布

综上所述，随着阳极服役时间的延长，阳极表面均匀溶解，体积减小，表面积也随之减小，但阳极表面发生的电流密度差异并不大，这就导致阳极发生电流降低，从而使钢壳表面的电位正移，但服役末期钢壳仍能处于被保护的状态。从表 6-3 看出，整个钢壳的电位均匀下降，钢壳的底部仍为电位最正的区域。

模拟服役过程阴极保护参数的变化　　表 6-3

模拟服役时间	阳极表面积(cm^2)	面积比	底面平均电位(mV)
服役初期	2048	1:4	-926
服役 50 年后	1366	1:7	-909
服役 100 年后	804	1:12	-880

6.3.4　深中通道沉管钢壳牺牲阳极保护仿真模拟

本小节主要介绍了仿真模拟在设计深中通道沉管钢壳牺牲阳极阴极保护中的实际应用。采用的复杂模型主要考虑了沉管覆盖层未来 100 年淤泥沉积层对阳极电容量的影响、布置方案对阳极保护效果的影响以及水质电导率对保护效果的影响。

利用边界元数值计算技术,对深中通道钢壳沉管牺牲阳极保护进行仿真模拟。从保护电位大小及分布均匀性角度,分别对铝阳极不同布置方式、不同电导率下沉管的阴极保护效果进行评价,最终达到优化阴极保护设计的目的。

首先,对单支阳极的有效保护距离进行计算,为阳极数量的选取提供初步参考;然后,对横纵两种布置方式下不同电导率时的阳极保护效果进行计算,为阳极布置方式选择提供参考;最后,设计了两种方案,模拟并评价了阳极的保护效果,并对比计算了海泥(含抛石)单一导电介质和海泥(含抛石)加海水双导电介质对阴极保护电位分布影响。

6.3.4.1　深中通道沉管阳极布置方案的确定

1)模型建立过程

为了减小计算工作量,沉管截面尺寸与真实尺寸相同,长度方向选取 50m 构建模型。沉管采用净重 376.3kg 的铝阳极,分别在沉管顶面、斜面及侧面布设进行阴极保护。其中,沉管 50m 长度内,沉管不同表面上的铝阳极数量分别如下:

(1)阳极横向和纵向布置:顶面布设阳极 90 块,每个斜面布设 25 块,每个侧面布设 50 块。相当于单节 165m 沉管布置 792 块阳极,对应沉管钢壳阳极总量 6908t。

(2)为确定阳极的最优布置方案,采用仿真模拟的手段,分别建立了单支阳极、横向布置、纵向布置、仿真模型 1、仿真模型 2、仿真模型 3 六种情况下的铝阳极布置模型,布置模型分别如图 6-21 所示。

①仿真模型 1:顶面布设阳极 117 块,每个斜面布设 26 块,每个侧面布设 52 块。相当于单节 165m 沉管布置 900 块阳极,对应沉管钢壳阳极总量 7540t。该仿真模型模拟的是:耐久性 100 年,涂层牺牲阳极联合 40 年 + 牺牲阳极单独 60 年,阴极保护电流密度采用时间权重平均值为 $28mA/m^2$。

②仿真模型 2:顶面布设阳极 156 块,每个斜面布设 24 块,每个侧面布设 36 块。相当于单节 165m 沉管布置 884 块阳极,对应沉管钢壳阳极总量 7408t。这个仿真模型与仿真模型 1 阳极用量相当,对比的是不同的阳极布置间距对保护电位分布的影响。

③仿真模型3:顶面布置阳极132块,每个斜面布设阳极15块,每个侧面布置阳极30块。相当于单节165m沉管布置733块阳极,对应沉管钢壳阳极总量6142t。这个仿真模型模拟的是为了探讨阳极用量接近下限时的牺牲阳极保护效果。

a)阳极纵向布放模型

b)阳极横向布放模型

c)仿真模型1

d)仿真模型2

图 6-21

e)海底泥(含抛石)单一导电介质

f)海底泥(含抛石)加海水双导电介质

图6-21　铝阳极在沉管钢壳上布置图和覆盖介质模型

2)单支牺牲阳极保护效果的仿真计算

以第6.2节中描述的阳极极化曲线和钢壳阴极极化曲线作为边界条件,计算单支阳极保护距离。

海底泥+抛石混合层电阻率为50Ω·cm时(不考虑海水层影响),单支阳极的保护距离为ϕ4000mm。

海底泥+抛石混合层电阻率为1200Ω·cm时(不考虑海水层影响),单支阳极的保护距离为距离阳极四周541mm以内区域。

3)阳极纵/横向布置的保护效果对比

采用同样阴、阳极的边界条件,计算不同电阻率下牺牲阳极保护效果。模型如图6-21a)、图6-21b)所示。通过横/纵向两种布置方式下,电阻率为50Ω·cm时得出的最正保护电位(纵向-922mV,横向-860mV)对比分析可知,在阳极布放数量基本一致的情况下,纵向布置方式能使沉管达到更好的保护效果。但是,顶面电位分布不均匀。因此,对阳极布置方案进行改进,将考虑仿真模型1、2中阳极纵向布置方式,在顶部适当增加阳极数量,使保护电位均匀。

仿真模型2和仿真模型1相比,增加了沉管顶面的阳极数量,且采取交错方式布放阳极,计算结果见表6-4。两种布置方式采用阳极总量相似,都是耐久性100年,涂层牺牲阳极联合40年+牺牲阳极单独60年,阴极保护电流密度采用时间权重平均值得28mA/m^2;其差别在于阳极在顶部、斜面和侧面布置的数量有所不同。

牺牲阳极保护效果对比 表6-4

仿真模型	阳极覆盖层混合电阻率（Ω·cm）	钢壳保护电位（mV，vs. SCE）	对底面的保护效果（极化幅度超过100mV的底面两侧距离）
仿真模型1： 单节165m沉管布置900块阳极，对应沉管钢壳阳极总量7540t	50	-1000～-955	两边各12.4m， 最正-833mV
	70	-1000～-944	两边各7m， 最正-813mV
	1200	顶部-1000～-792 侧面-1000～-831	达到阴极保护距离为0， 最正-761mV
仿真模型2： 单节165m沉管布置884块阳极，对应沉管钢壳阳极总量7408t	50	-1001～-892	全达到保护，-895～-1001mV
	70	-1002～-880	全达到保护，-880～-1001mV
	120	-1005～-855	全达到保护，-854～-1005mV
	300	-1006～-911	两边各3.85m，-820～-911mV
	1200	-999～-851	达到阴极保护距离为0，最正-805mV

由表6-4可知：

(1)仿真模型1中，电阻率在50～70Ω·cm之间时，沉管顶面、侧面均能达到阴极保护，电位分布均匀，但底面没有完全得到阴极保护。当海底泥电阻率达到1200Ω·cm时，顶面和侧面也无法得到完全保护。

(2)仿真模型2中，电阻率在50～120Ω·cm之间时，沉管各面均能达到阴极保护，电位分布比方案1更加均匀。电阻率为300～1200Ω·cm之间时，沉管顶面、侧面能达到阴极保护，电位分布均匀，底面无法得到完全保护。

通过对比发现，模型2的沉管钢壳阴极保护电位均匀性好于模型1，尤其是在沉管覆盖层电阻率出现概率最大的范围内(50～120Ω·cm)；仿真模型2的牺牲阳极布置方法，使沉管钢壳各个表面都能达到阴极保护。

对比表6-4中海底泥单层介质中的模型2和表6-5中海底泥加海水双层介质中的模型2，发现保护电位分布差别很小，最大电位差不超过10mV，说明沉管钢壳外部覆盖层中海水层厚度对电位分布影响很小，但会减小底面保护距离。由于双层介质模型更接近实际工况，所以实际牺牲阳极保护电位应该比单层覆盖层模拟计算的保护电位略正一些。

而经过溶解活化后的H型牺牲阳极发出电流量增加，与新鲜的铸造表面(溶解初期)相比，钢壳电位显著负移，在电阻率为50～120Ω·cm条件下，正面、侧面和底面均能得到良好保护；在300Ω·cm电阻率下，溶解活化后的H型牺牲阳极对底面的保护距离大于阳极溶解初期的保护距离。这说明如果阳极铸造表面能在阴极保护初期均匀溶解，阳极中后期的溶解将大大提高阴极保护效果。可以想象，在阴极保护初期，阳极外部主要是抛石层，空隙稍大且饱含海水,由此阳极在阴极保护初期有充分溶解的条件;一旦阳极表面形成稳定的溶解表面,阳极的电化学性能将稳定提高,阴极保护效果将随之增强。这也很大程度上减小了海泥沉积导致覆盖层电阻率增大带来的不利影响。

双覆盖层介质模型牺牲阳极保护效果　　表6-5

<table>
<tr><th>仿真模型2</th><th>边界条件</th><th>阳极覆盖层混合电阻率(Ω·cm)</th><th>钢壳保护电位(mV,vs. SCE)</th><th>对底面的保护效果(极化幅度超过100mV的底面两侧距离)</th></tr>
<tr><td rowspan="7">单节165m沉管布置884块阳极,对应沉管钢壳阳极总量7408t模拟:耐久性100年:涂层牺牲阳极联合40年+牺牲阳极单独60年</td><td rowspan="5">阳极未完全活化,阴极为裸钢</td><td>50</td><td>-1002~895</td><td>全达到保护,-895~-1002mV</td></tr>
<tr><td>70</td><td>-1003~-877</td><td>全达到保护,-877~-1003mV</td></tr>
<tr><td>120</td><td>-1006~-852</td><td>全达到保护,-852~-1006mV</td></tr>
<tr><td>300</td><td>-1006~-913</td><td>两边各3.85m,-816~-1006mV</td></tr>
<tr><td>1200</td><td>-999~-860</td><td>达到阴极保护距离为0,最正-800mV</td></tr>
<tr><td rowspan="2">阳极完全活化,阴极为裸钢</td><td>120</td><td>-1062~-999</td><td>全达到保护,-869~-999mV</td></tr>
<tr><td>300</td><td>-1045~-953</td><td>两边各12.3m,-823~-958mV</td></tr>
</table>

从这个意义上讲,铝合金牺牲阳极在高于海水电阻率的海底泥混合物中必须具备良好的电化学性能,尤其在高电阻率海底泥中具有较负的工作电位和良好的溶解性能是沉管钢壳阴极保护的关键指标。

6.3.4.2　服役末期铝合金阳极对沉管保护效果的仿真模拟

从前面牺牲阳极数量计算过程中可以看到,100年保护末期,牺牲阳极残余量10%,涂层破损率达到82%,这时牺牲阳极是否能够对钢壳起到保护作用,是确认沉管100年耐久性的十分重要的问题。而且,管节最终施工时顶部还有一些舾装件,这将影响到阳极安装位置,因此,必须结合每个管节的尺寸和舾装件的具体位置,与中交设计院、管节总包方开展联合设计,才能确保沉管牺牲阳极效果。

牺牲阳极的均匀化布置是保证阴极保护效果的最理想的方式,但是考虑到顶部舾装件位置的影响、管节制造过程中涂装和检测等工序影响,在仿真计算时暂时可以先考虑最悲观的情况来考察牺牲阳极保护效果,即:考虑顶部阳极集中布置的情况。另外,将顶部集中布置与适当分散顶部阳极布置方式进行对比,可以进一步优化阴极保护设计,以便达到最优的阴极保护防腐效果。这将在未来联合设计工作中细化实施。

本项目标的阳极数量为16916块,其中每165m的管节布置550块。阳极布置方式为:沉管钢壳单个侧面布置阳极170块,顶部之间布置210块,顶部阳极分6行集中在钢壳中部,行间距2m,纵向阳极中心间距4.7m。在100年保护末期,牺牲阳极残余量10%,涂层破损率达到82%条件下,沉管牺牲阳极保护效果如图6-22、图6-23及表6-6所示。顶部集中布置阳极,120Ω·cm电阻率下,顶面保护电位范围为-975~-836mV,侧面保护电位范围为-997~-886mV;而在300Ω·cm电阻率下,顶面保护电位范围为-975~-775mV,侧面保护电位范

围为 -995 ~ -842mV。

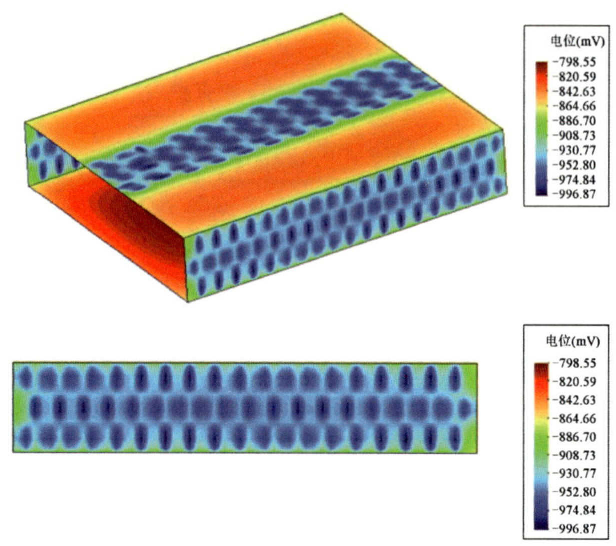

图 6-22 顶部集中布置阳极(120Ω · cm 电阻率下)

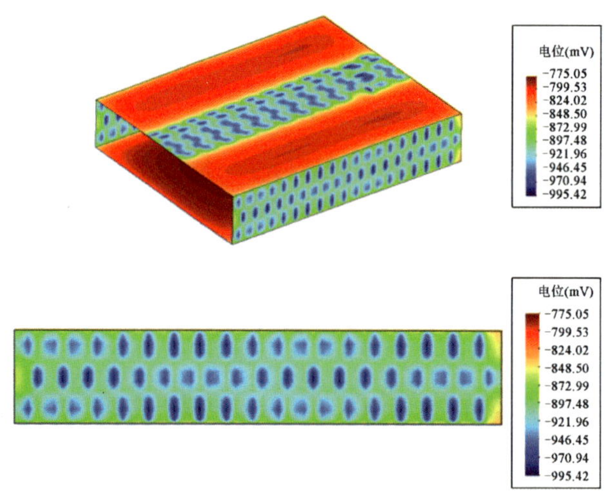

图 6-23 顶部集中布置阳极(300Ω · cm 电阻率下)

牺牲阳极保护(双覆盖层介质下)仿真结果 表 6-6

仿真模型	阳极覆盖层电阻率(Ω · cm)	钢壳保护电位(mV, vs. SCE)	对底面的保护效果(极化幅度超过 100mV 的底面两侧距离)
沉管钢壳单个侧面布置了阳极 170 块,顶部之间布置了 210 块,顶部阳极分 6 行集中在钢壳中部,行间距 2m,纵向阳极中心间距 4.7m	120	-997 ~ -799	全达到保护, -799 ~ -863mV
	300	-995 ~ -775	底部距离两侧 7.5m 内,电位达标;而中间 31m 电位正于 -780mV,处于欠保护状态

从顶部阳极集中布置的算例中可以看出：300Ω·cm 介质电阻率下，电位分布很不均匀，少量位置变化电位下限为 -775mV（表6-7），略微低于阴极保护达标判据。为了改善阴极保护效果，将顶部阳极6行阳极分成3条集中布置，即：2行为一条，3条横向间距大约为10m，阳极纵向中心间距4.71m，如图6-24所示。在100年保护末期，牺牲阳极残余量10%，涂层破损率达到82%条件下，沉管牺牲阳极保护效果如图6-25、图6-26所示。顶部阳极分3条布置，120Ω·cm 电阻率下，顶面保护电位范围为 -979 ~ -862mV，侧面保护电位范围为 -1001 ~ -886mV；而在300Ω·cm 电阻率下，顶面保护电位范围为 -960 ~ -811mV，侧面保护电位范围为 -1001 ~ -800mV。

牺牲阳极保护（双覆盖层介质下）**仿真结果**　　表6-7

仿真模型	阳极覆盖层电阻率（Ω·cm）	钢壳保护电位（mV，vs. SCE）	对底面的保护效果（极化幅度超过100mV的底面两侧距离）
沉管钢壳单个侧面布置了阳极170块，顶部之间布置了210块，顶部阳极分6行集中在钢壳中部，行间距2m，纵向阳极中心间距4.7m	120	-1001 ~ -800	全达到保护，-881 ~ -799mV
	300	-1001 ~ -775	底部保护电位为 -872 ~ -775mV，底部距离两侧7.5m内，电位达标；而中间31m电位正于 -780mV，处于欠保护状态

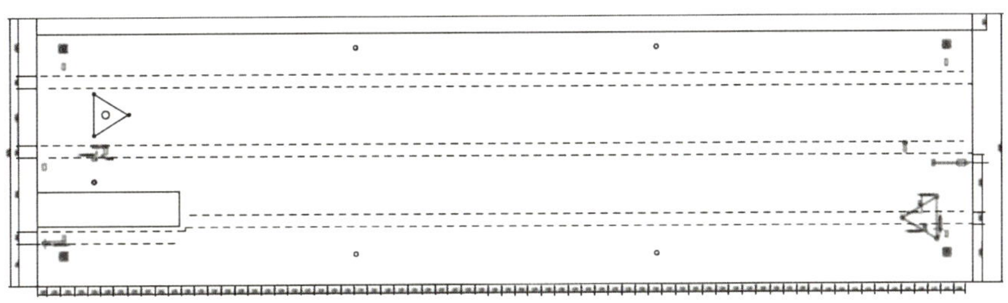

图6-24　顶部阳极分3条布置示意图（俯视图）

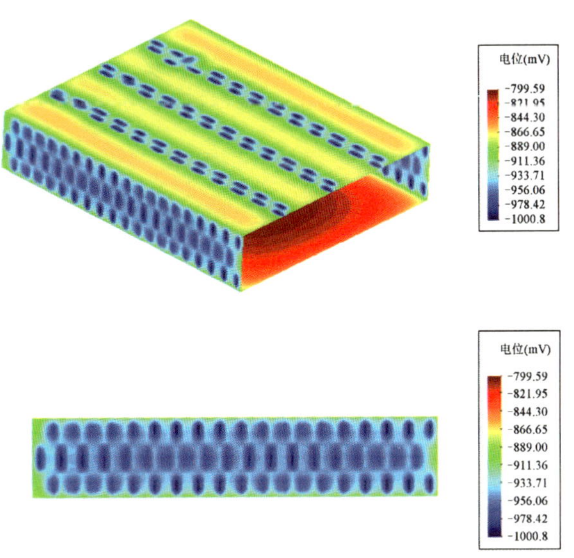

图6-25　顶部阳极分3条布置（120Ω·cm 电阻率下）

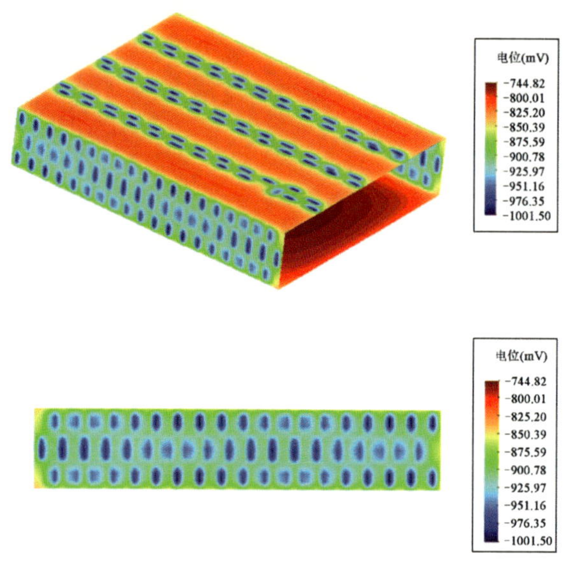

图 6-26　顶部阳极分 3 条布置(300Ω · cm 电阻率下)

综上所述,通过数值仿真计算,可以得到如下结论:

(1)阳极布放数量基本一致的情况下,纵向布置方式能使沉管达到更好的保护效果。

(2)电阻率在 50 ~ 120Ω · cm 之间时,沉管各面均能达到良好保护。而且,增加阳极数量并交错布置阳极,可使电位分布更均匀。在 300 ~ 1200Ω · cm 条件下,顶面和侧面可得到良好保护,但底面无法获得完全的阴极保护。但是沉管覆盖层电阻率高于 300Ω · cm 的概率不大。通常国内外标准建议抛石区阴极保护平均电流密度(为 50mA/m^2)接近海水区域电流密度(60 ~ 80mA/m^2),该模拟也间接证明了这点。

(3)通过对比发现,仿真模型 2 的沉管钢壳阴极保护电位均匀性好于仿真模型 1,尤其是在沉管覆盖层电阻率存在概率最大的范围内(50 ~ 120Ω · cm),仿真模型 2 的牺牲阳极布置方法,使沉管钢壳各个表面都能达到阴极保护。

(4)单层覆盖层介质和双覆盖层介质中的保护电位分布差别很小,最大电位差不超过 10mV,说明沉管钢壳外部覆盖层中海水层厚度对电位分布影响很小,但会减小底面保护距离。

(5)对比 H 型牺牲阳极和 DNV 标准牺牲阳极保护效果,本项目标的 H 型铝阳极在沉管 100 年保护末期的防腐效果将很大程度优于 DNV 型阳极,再次证实了选择 H 型阳极的必要性。

(6)本项目标的阳极数量为 16916 块,折合每 165m 的管节布置 550 块。阳极布置方式为:沉管钢壳单个侧面布置了阳极 170 块,顶部之间布置了 210 块,在牺牲阳极残余量 10%、涂层破损率达到 82% 状态下的 100 年保护末期,顶部阳极适当分散布置的保护效果好于集中布置。考虑管节舾装件位置等因素对阳极位置的影响,进一步落实和优化每个管节牺牲阳极保护设计,是施工前联合设计的重点内容,也是保障 100 年耐久性的重要措施。

6.4 仿真模拟的物模实验验证

6.4.1 沉管钢壳的缩比模型

按照1:100缩比，将铝合金阳极材料加工成 $\phi = 2.5\text{mm}$、$L = 2.6\text{cm}$ 的缩比牺牲阳极。采用Q420C级钢板（50cm×30cm）模拟沉管钢壳顶部平面，钢板一面用防腐漆封装，钢板外表面的阳极平面布置按照前期仿真优化后的布置图，选取钢板边缘部位2×3阳极排列布局，未铺设牺牲阳极区域用防水胶带密封，如图6-27a）所示，同时建立对应的坐标系，如图6-27b）所示。

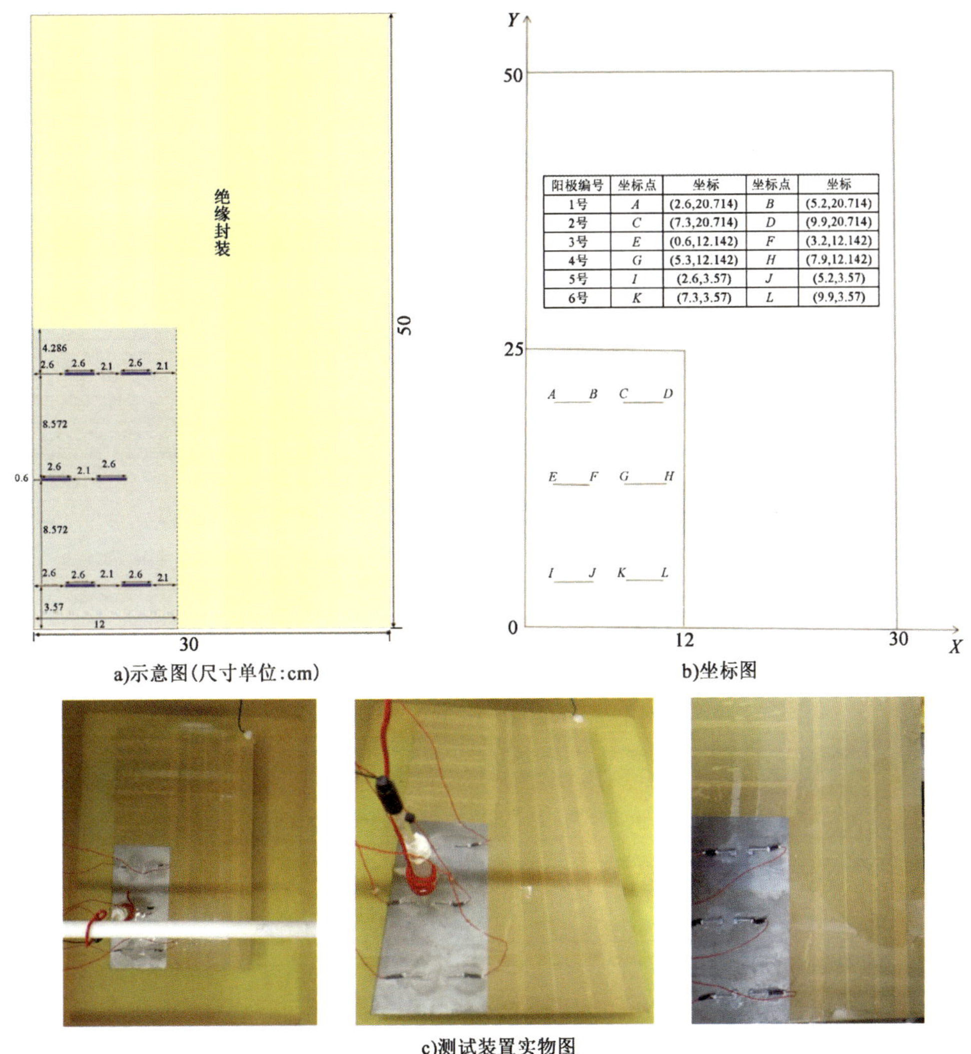

阳极编号	坐标点	坐标	坐标点	坐标
1号	A	(2.6,20.714)	B	(5.2,20.714)
2号	C	(7.3,20.714)	D	(9.9,20.714)
3号	E	(0.6,12.142)	F	(3.2,12.142)
4号	G	(5.3,12.142)	H	(7.9,12.142)
5号	I	(2.6,3.57)	J	(5.2,3.57)
6号	K	(7.3,3.57)	L	(9.9,3.57)

a)示意图（尺寸单位：cm）　b)坐标图

图6-27　沉管钢壳顶部模拟及牺牲阳极布局

以同样的方法模拟沉管钢壳侧部垂直面，钢板一面用防腐漆封装，钢板外表面的阳极平面布置，选取钢板边缘部位 2×2+1 阳极排列布局，未铺设牺牲阳极区域用防水胶带密封，如图 6-28a）所示，同时建立对应的坐标系，如图 6-28b）所示。

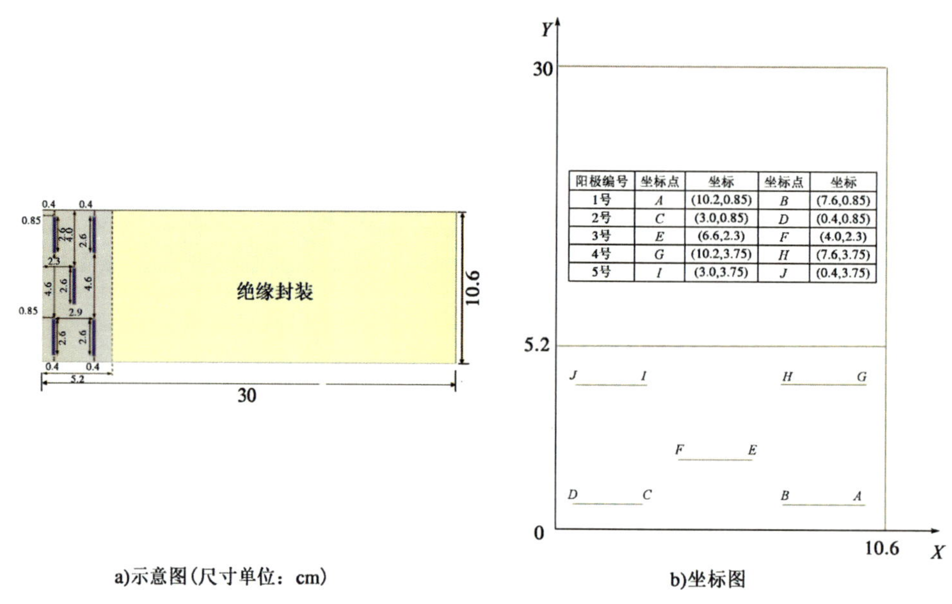

阳极编号	坐标点	坐标	坐标点	坐标
1号	A	(10.2,0.85)	B	(7.6,0.85)
2号	C	(3.0,0.85)	D	(0.4,0.85)
3号	E	(6.6,2.3)	F	(4.0,2.3)
4号	G	(10.2,3.75)	H	(7.6,3.75)
5号	I	(3.0,3.75)	J	(0.4,3.75)

a）示意图（尺寸单位：cm）

b）坐标图

图 6-28　沉管钢壳侧部垂直面模拟及牺牲阳极布局

通过导线将牺牲阳极和 Q420C 级钢板短接，稳定 24h 后，万用表一极连接钢板，另一极连接饱和甘汞参比电极，在模拟海淡水和砂石介质中（表 6-8），移动参比电极，测量钢板表面电位分布规律。

不同实验介质及其电阻率（Ω · cm）　　表 6-8

模拟介质	海淡水介质				海淡水+砂石	
组成成分	3.5% NaCl	3.19% NaCl	1.61% NaCl	0.43% NaCl	沙+1.61% NaCl	沙+0.346% NaCl
电阻率	19	22	40	120	120	480

使用两块 Q420C 级钢板（50cm×30cm）作顶部和底部、两块 Q420C 级钢板（10.6cm×30cm）作两侧部，两块有机玻璃板（10.6cm×50cm）组装完整沉管缩比模型（1:100），未铺设牺牲阳极区域用防水胶带密封，如图 6-29 所示。同时建立对应的坐标系，如图 6-30 所示。

用导线将铝合金阳极和模型短接，稳定 24h 后，用万用表一极连接模型，另一极分别连接预先铺设于各测量点的参比电极，测量沉管模型表面（顶面、两侧、底面）电位分布规律。

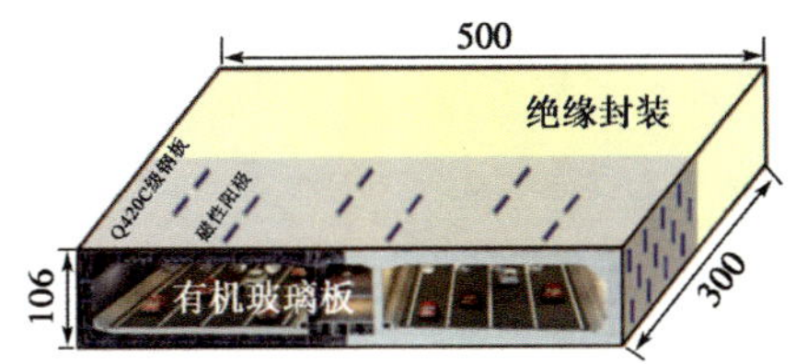

a)模型示意图(尺寸单位：mm)

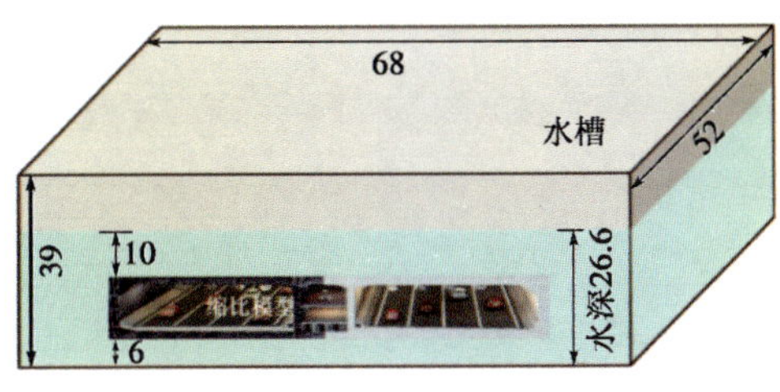

b)测试装置示意图(尺寸单位：cm)

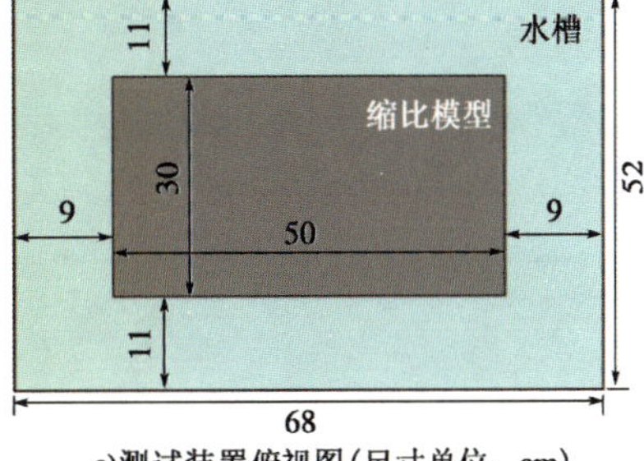

c)测试装置俯视图(尺寸单位：cm)

图 6-29　沉管钢壳完整缩比模型及牺牲阳极布局

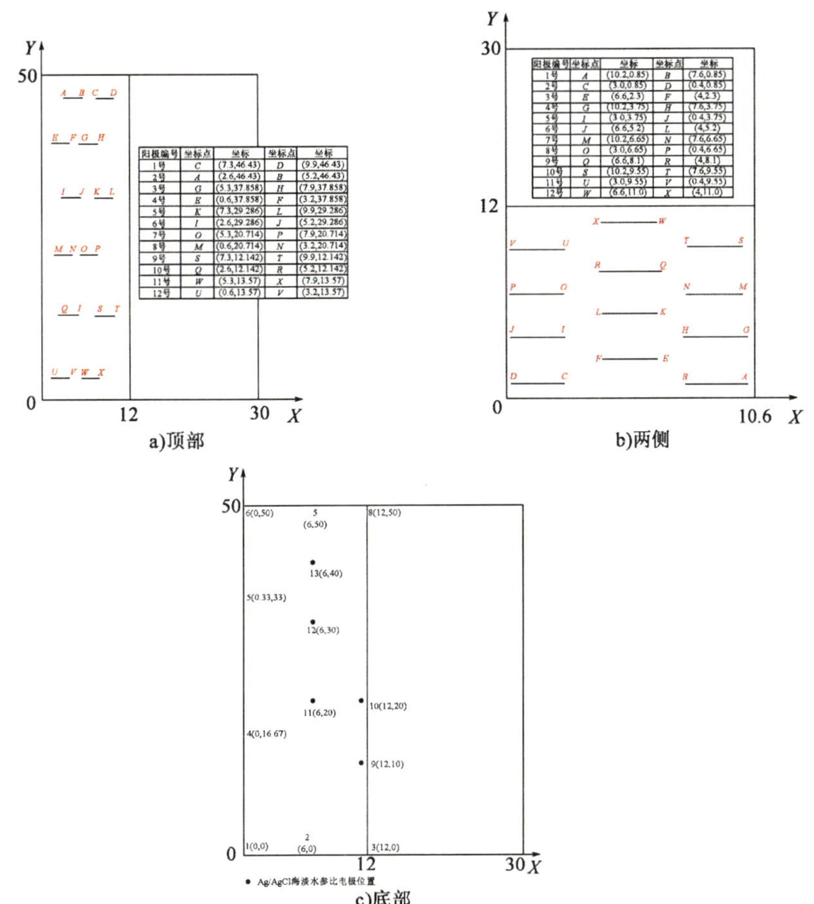

阳极编号	坐标点	坐标	坐标点	坐标
1号	C	(7.3,46.43)	D	(9.9,46.43)
2号	A	(2.6,46.43)	B	(5.2,46.43)
3号	G	(5.3,37.858)	H	(7.9,37.858)
4号	E	(0.6,37.858)	F	(3.2,37.858)
5号	K	(7.3,29.286)	L	(9.9,29.286)
6号	I	(2.6,29.286)	J	(5.2,29.286)
7号	O	(5.3,20.714)	P	(7.9,20.714)
8号	M	(0.6,20.714)	N	(3.2,20.714)
9号	S	(7.3,12.142)	T	(9.9,12.142)
10号	Q	(2.6,12.142)	R	(5.2,12.142)
11号	W	(5.3,13.57)	X	(7.9,13.57)
12号	U	(0.6,13.57)	V	(3.2,13.57)

a)顶部

阳极编号	坐标点	坐标	坐标点	坐标
1号	A	(10.2,0.85)	B	(7.6,0.85)
2号	C	(3.0,0.85)	D	(0.4,0.85)
3号	E	(6.6,2.3)	F	(4,2.3)
4号	G	(10.2,3.75)	H	(7.6,3.75)
5号	I	(3.0,3.75)	J	(0.4,3.75)
6号	J	(6.6,5.2)	L	(4,5.2)
7号	M	(10.2,6.65)	N	(7.6,6.65)
8号	O	(3.0,6.65)	P	(0.4,6.65)
9号	Q	(6.6,8.1)	R	(4,8.1)
10号	S	(10.2,9.55)	T	(7.6,9.55)
11号	U	(3.0,9.55)	V	(0.4,9.55)
12号	W	(6.6,11.0)	X	(4,11.0)

b)两侧

c)底部

图 6-30　沉管钢壳完整缩比模型各表面及牺牲阳极布局坐标图

6.4.2 缩比模型验证仿真计算结果

6.4.2.1 环境介质为砂石 +40Ω · cm 海淡水

缩比模型埋设在砂石 +40Ω · cm 海淡水介质中,体积电阻率为 120Ω · cm。从图 6-31 中可以看出,实测缩比模型表面电位和仿真计算结果接近,证实了所采用的边界条件与仿真模拟的缩比模型有很好的相关性。

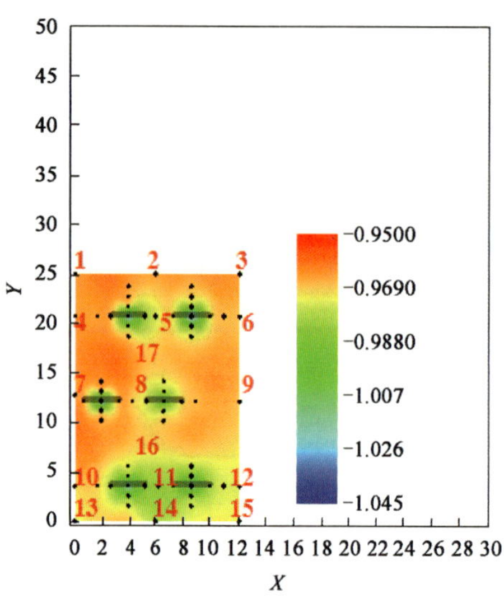

位置	实测电位(V)	仿真计算(V)
1(0,25)	-0.964	-1.005
2(6,25)	-0.965	-1.002
3(12,25)	-0.964	-1.001
4(0,20.714)	-0.965	-1.004
5(6,20.714)	-0.976	-1.005
6(12,20.714)	-0.968	-1.046
7(0,12.142)	-0.965	-1.006
8(4.25,12.142)	-0.970	-1.037
9(12,12.142)	-0.968	-1.040
10(0,3.57)	-0.970	-1.007
11(6.25,3.57)	-0.984	-1.007
12(12,3.57)	-0.975	-1.056
13(0,0)	-0.974	-1.009
14(6,0)	-0.980	-1.041
15(12,0)	-0.973	-1.030
16(6,16.428)	-1.033	-1.001
17(6,7.856)	-1.041	-1.005

图 6-31 缩比模型实测保护电位与仿真计算值对比

使用上述介质中阴极和阳极极化曲线做边界条件,将仿真模型中尺度放大 100 倍,使其符合实际沉管管节尺寸,模拟计算结果为:

顶面电位:-1020 ~ -820mV(vs. SCE);

侧面电位:-1102 ~ -864mV(vs. SCE);

底面电位:-942 ~ -831mV(vs. SCE)。

仿真模拟结果表明:环境介质电阻率为 120Ω · cm 时,沉管钢壳表面全部负于 -800mV(vs. SSE),达到了阴极保护效果(图 6-32)。

6.4.2.2 环境介质为砂石 +160Ω · cm 海淡水

为了模拟沉管钢壳在更高电阻率下的阴极保护电位状态,选取埋覆介质为混合介质(160Ω · cm 海淡水 + 砂石),其体积电阻率为 480Ω · cm。为了对比验证介质盐度对阳极极化行为的影响,与 480Ω · cm 纯的海淡水介质中测量的阳极极化曲线做对比。

图 6-33 结果表明,尽管两种介质的体积电阻率相当,但是阳极的极化行为差异明显。由于 480Ω · cm 的海淡水中氯离子远低于混合介质,导致阳极在纯的海淡水介质中电化学活性远低于 160Ω · cm 海淡水 + 砂石介质。因此,作为仿真模拟的边界条件,极化曲线的测定除了

控制介质电阻率,还必须考虑介质盐度与沉管环境介质的相关性及其对阳极和阴极极化行为的影响。

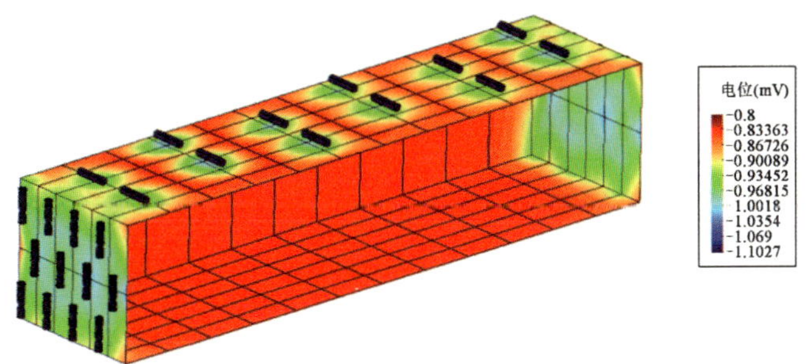

图6-32　仿真模拟30m钢壳管段阴极保护电位分布

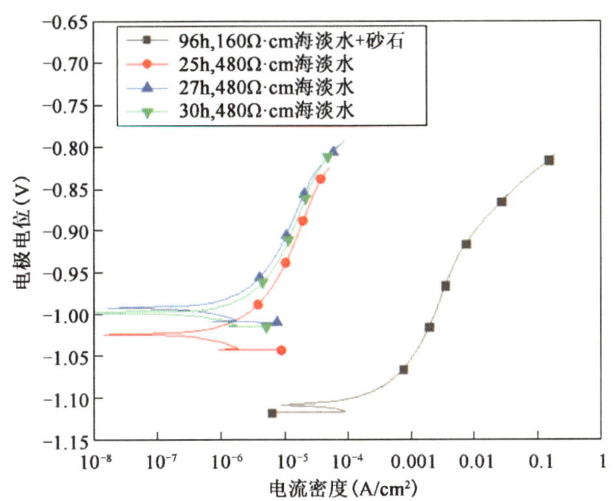

图6-33　混合介质与纯的海淡水中测得阳极极化曲线对比

采用混合介质(160Ω · cm 海淡水 + 砂石)中测定的极化曲线作为边界条件,其仿真计算的保护电位值见表6-9,与实测缩比模型的保护电位值接近。同样,将缩比模型的仿真计算中尺度还原至实际沉管管节尺寸,获得钢壳保护电位计算值见表6-10。此时,钢壳底面边缘两侧往中部不到2m范围内可以达到阴极保护,相对于混合介质(40Ω · cm 海淡水 + 砂石),钢壳阴极保护电位范围正移,底部达到阴极保护的区域也大幅减小。

混合介质(160Ω · cm 海淡水 + 砂石)**中保护电位计算值和实测值对比**(V,vs. SCE)　表6-9

测量点位置	实测电位值	缩比模型保护电位计算值
1	-1.001	-0.983
2	-1.002	-0.953
3	-0.998	-0.921
4	-1.001	-0.937
5	-1.001	-0.922

续上表

测量点位置	实测电位值	缩比模型保护电位计算值
6	-1.002	-0.938
7	-1.003	-0.942
8	-1.003	-0.958

混合介质(160Ω · cm 海淡水 + 砂石)**中保护电位计算值范围**(V, vs. SCE)　　表 6-10

位　置	缩比模型的电位范围	沉管钢壳的电位范围
顶面	-0.979 ~ -1.095	-0.812 ~ -0.945
侧面	-1.000 ~ -1.095	-0.812 ~ -0.939
底面	-0.920 ~ -1.047	-0.752 ~ -0.856

综上所述,通过缩比模型验证试验,可以得到如下结论:

(1)在纯的海淡水和海淡水 + 砂石两种模拟介质中,对比缩比模型保护电位计算值与实测值,进一步验证了仿真计算模型和边界条件。

(2)电阻率对阴极保护电位影响很大,海淡水 + 砂石的体积电阻率与纯的海淡水在体积电阻率相同条件下,阳极极化性能大不相同。虽然海淡水 + 石子混合介质的体积电阻率比较高,但混合介质中盐度远高于纯的海淡水介质,因而混合介质中铝阳极具备足够的电化学活性。缩比模型验证试验结果表明,160Ω · cm 海淡水 + 砂石环境介质中钢壳底面边缘两侧往中部只有不到 2m 范围内可以达到阴极保护,相对于混合介质(40Ω · cm 海淡水 + 砂石),钢壳阴极保护电位范围正移,底部达到阴极保护的区域也大幅减小。

6.4.3　全尺度管节电位检测对仿真模型边界条件的修正

2020 年 4—7 月,深中通道 E01 管节下水浸泡,开始进行各类相关测试。由于暂时不具备隧址实施埋覆介质(回填石 + 海淡水)下的电位检测条件,但是通过海水中保护电位的检测,可以达到修正仿真模型边界条件的目的,测量结果如下。

6.4.3.1　E01 管节仿真计算模型输入数据

(1)E01 管节为标准管节,123.6m × 46m × 10.6m。

(2)总计安装 552 块铝合金阳极,单个侧面布置了阳极 170 块,顶部之间布置了 212 块。阳极在顶部和 2 个侧面按照均匀化布置原则安装,但最终安装位置针对管节顶部舾装件、浇筑孔、透气孔和环段焊缝进行了微调。

(3)管节顶面、底面和两个侧面采用全自动喷涂环氧玻璃鳞片涂层,干膜厚度 750μm。底部涂层采用加厚处理,干膜厚度 1000μm。

(4)E01 管节下水浸泡时,两端增加封堵闸门,表面涂层破损 5% 。

(5)受施工船限制,海水浸没管节顶面,但顶面阳极水面之上。仿真计算时,顶部表面积计入保护面积而顶部阳极数量从总数中扣除,按照绝缘化处理。

(6)桂山岛水域海水电阻率实测值为25.6Ω·cm。现场取海水测定阴极、阳极极化曲线,作为全尺度模型仿真计算的边界条件,如图6-34所示。

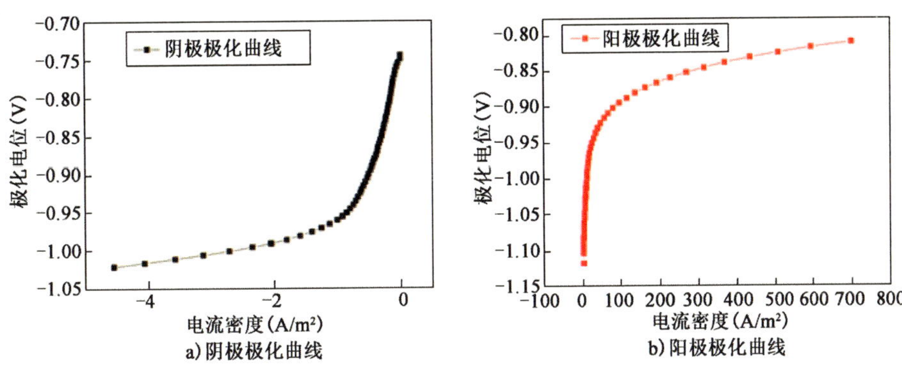

图6-34 桂山岛海水介质中测定的阴极极化曲线和阳极极化曲线

6.4.3.2 E01管节电位实际测量值

按照上述边界条件和输入仿真模型不同的涂层破损率,拟合表6-11实测值,最终获得管节初始的涂层破损率为0.2%时,计算值(图6-35)与实测值相关性最好。这种拟合涂层破损率的方法,可以看作是对现场复杂因素影响下"基底噪声"的一次性扣除。

E01管节海水浸泡28d实测电位(V,vs. SCE) 表6-11

位置	距顶面3m电位	距顶面6m电位	距顶面9m电位
左侧面距管节端部27m	-1.060	-1.063	-1.063
左侧面距管节端部63m	-1.088	-1.090	-1.091
左侧面距管节端部117m	-1.086	-1.088	-1.090
右侧面距管节端部27m	-1.068	-1.072	-1.073
右侧面距管节端部63m	-1.080	-1.081	-1.081
右侧面距管节端部117m	-1.083	-1.083	-1.084

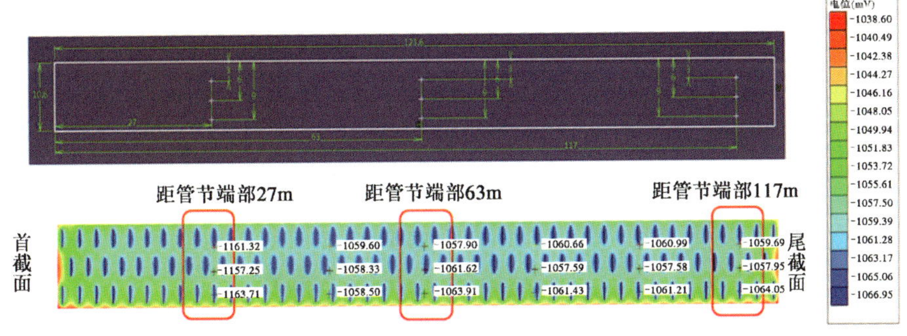

图6-35 E01管节有侧面仿真计算电位,初始涂层破损率为0.2%(尺寸单位:m)

6.4.3.3 E01管节埋覆在回填石+海淡水介质中的仿真结果

基于0.2%的初始涂层破损率,可以对E01管节埋覆在回填石+40Ω·cm环境介质中的阴极保护电位进行仿真模拟。阴极和阳极极化曲线如图6-36所示,阴极保护电位分布如图6-37所示。根据初始的阴极保护仿真结果，结合未来沉管钢壳阴极保护电位监测数据，还可以对隧道钢壳运行期间阴极保护效果进行评估和推演。

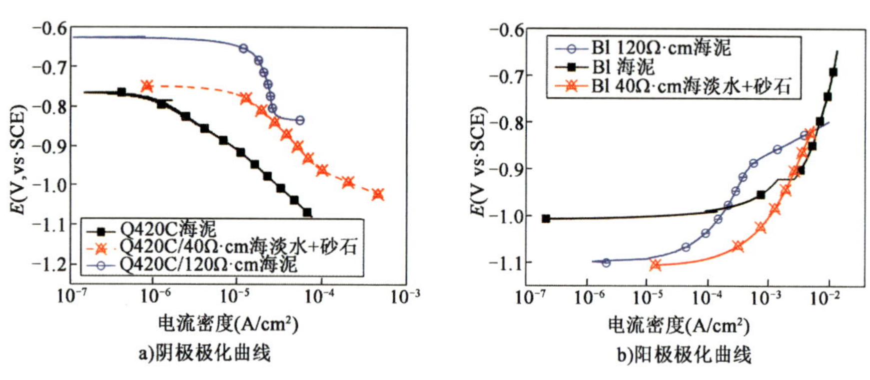

图 6-36　E01 管节阴极保护电位分布

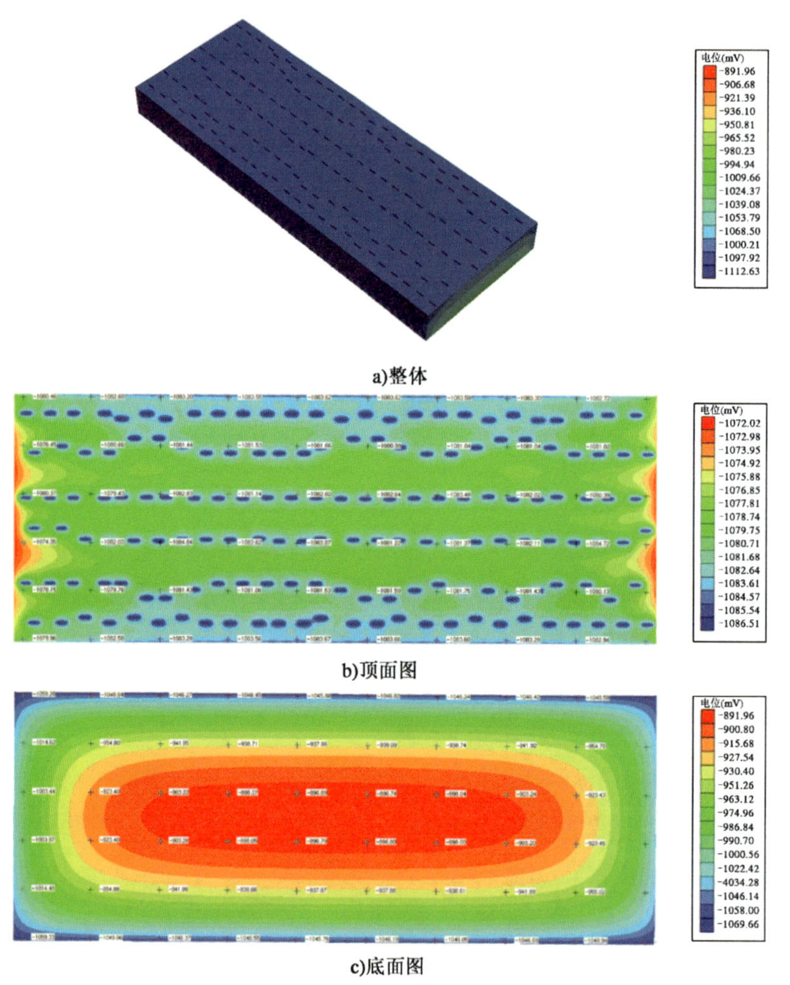

图 6-37　E01 管节阴极保护电位分布，初始涂层破损率 0.2%

本章参考文献

[1] 刘磊. 船体阴极保护电位分布研究[D]. 大连:大连理工大学,2006.

[2] 喻浩. 船舶腐蚀电场数学建模分析[J]. 机电设备,2013,30(4):43-47.

[3] 刘曼,殷正安,战广深. 流动场管内阴极保护的电位分布计算[J]. 大连理工大学学报,1998,5:107-110.

[4] 胡跃华. 典型管件冲刷腐蚀的数值模拟[D]. 杭州:浙江大学,2012.

[5] KLINGERT J A, LYNN S, TOBIAS C W. Evaluation of current distribution in electrode systems by high-speed digital computers [J]. Pergamon,1964,9(3):297-311.

[6] DOIG P, FLEWIT P E J,DOIG P, et al. A finite difference numerical analysis of galvanic corrosion for semi-infinite linear coplanar electrodes[J]. Journal of The Electrochemical Society,1979,126(12):2057-2058.

[7] 张鸣镝,杜元龙,殷正安,等. 有限差分法计算海底管道阴极保护时的电位分布[J]. 中国腐蚀与防护学报,1994,1:77-81.

[8] STROMMEN R, ROLLAND A. Computerized techniques applied in design of offshore cathodic protection system[J]. Material Performance,1981,20:15-20.

[9] 钱海军,刘小光,张树霞,等. 管内阴楼保护的数值模拟(Ⅱ)——有限差分法计算大口径管内的电位分布[J]. 化工机械,1997,5:33-35,62.

[10] 成喜全,冯乃祥. 铝电解槽阴极三维电位场数值计算与分析[J]. 材料与冶金学报,2003,2:103-107.

[11] JOHN W F, SIU K C. Finite element determination of galvanic corrosion during chemical cleaning of steam generator [J]. Materials Performance,1986,3:33-40.

[12] MUNN R S, DEVEREUX O F. Numerical modeling and solution of galvanic corrosion systems: part 2. Finite-element formulation and descriptive example [J]. Corrosion,1991,47(8):617-622.

[13] ROLF G K,MARTIN G. Electro galvanic finite element analysis of partially protected marine structures[J]. Corrosion,1983,39(5):181-188.

[14] JOHN W F, SIU K C. A finite element analysis of corrosion cells [J]. Corrosion,1984,40(10):540-544.

[15] 吴建华,刘光洲. 压载水舱的阴极保护电位,电流分布计算[C]//海峡两岸材料腐蚀与防护研讨会. 中国腐蚀与防护学会,2002:43-47.

[16] ROBERT A A, MATTHEW R, THOMAS J C. Corrosion simulation software predicts interaction of underground electric fields [J]. Materials Performance,2000,1:28-32.

[17] CHIN D T, SALBDE G M. Current distribution and electrochemical environment in a cathodically prolected crevice[J]. Corrosion,2000,56(3):229-237.

[18] HELLE H P E,BEEK G H M. Numerical determination of potential distributions and current densities in multi-electrode systems corrosion [J]. Corrosion,1981,37:522-530.

[19] KASPER R G, MARTIN G. Electro galvanic finite element analysis of partially protected marine structures[J]. Corrosion,1983,39:181-188.

[20] 石俊生,孙以材. 二维点电流势场有限元分析[J]. 云南师范大学学报(自然科学版),1996,3:45-51.

[21] 杜丽惠,江春波. 海洋构造物金属腐蚀电流研究[J]. 水利水电技术,1999,30(12):53-55.

[22] 邱枫,徐为欣. 码头钢管桩阴极保护时的电位分布[J]. 中国腐蚀与防护学报,1997,17(1):12-18.

[23] 邱枫,徐乃欣. 用带状牺牲阳极对埋地钢管实施阴极保护时的电位和电流分布[J]. 中国腐蚀与防护学报,1997,17(2):106-110.

[24] 邱枫,徐乃欣. 钢质储罐底板外侧阴极保护时的电位分布[J]. 中国腐蚀与防护学报,1996,16(1):29-36.

[25] JOHN W F. A finite element analysis of corrosion cells[J]. Corrosion,1982,38(5):295-296.

[26] JOHN W F, Chow J S K. Cathodic protection designs using an integral equation numerical method[J]. Materials Performance,1982,21(10):8-12.

[27] ALBERT W F, RICHARD T B. Cathodic protection of bronze propellers for copper nickel surfaced ships [J]. Corrosion,1981,37(6):349-357.

[28] DECARLO E A. Computer aided cathdic protection design technique for complex offshore structures [J]. Materials Performance,1983,22:39-45.

[29] RAYMOND S M. A mathematical model for a galvanic anode cathodic protection system [J]. Materials Perfonmance,1982,8:29-36.

[30] Munn R S,Devereux O F. Numerical modeling and solution of galvanic corrosion systems: Part1:Governing differential equation and electronic boundary conditions [J]. Corrosion,1991,47(8):612-617.

[31] HELLE H P E, BEEK G H M, LIGTELIJN J T. Numerical determination of potential distribution and current densities in multi-electrode systems [J]. Corrosion,1981,37(9):523-530.

[32] DANSON D J,WANRE M A. Current density/voltage calculations using boundary element techniques[C]//Corrosion 1983. Los Angeles:NACE Conference,1983.

[33] ADEY R A, NIKU S M. Computer modeling of corrosion using the boundary clement method [C]//Computer Modeling in Corrosion, Philadelphia: ASTM International, 1992.

[34] ADEY R A, BREBBIA C A, NIKU S M. Application of boundary element sin corrosion engineering [J]. Topics in Boundary Elements Research, 1990, 7: 34-36.

[35] 王秀通. 海水和海泥中阴极保护系统的边界元计算[D]. 青岛: 中国科学院研究生院(海洋研究所), 2005.

[36] 胡舸, 向斌, 张胜涛. MATLAB 在海底管线阴极保护电场计算中的应用[J]. 海洋科学, 2007(12): 34-37.

[37] CARVALHO S, TELLES J, DE M L. On the effect of some critical parameters in cathodic protection systems: a numerical/experimental study [C]//Computer Modeling in Corrosion, Philadelphia: ASTM International, 1992.

[38] TELLES J C F, MANSUR W J, WROBEL L C, et al. Numerical simulation of a cathodically protected semi-submersible platform using the procat system [J]. Corosion Journal, 1990, 46: 513-518.

[39] GARTLAND P O, JOHNSEN R. COMCAPS-Computer modelling of cathodic protection systems [J]. NACE Corrosion, 1985, 4: 319-323.

[40] ADEY R A, NIKU S M, BREBBIA C A, et al. Computer aided design of cathodic protection systems[J]. Applied ocean research, 1986, 8(4): 209-222.

[41] DANSON D J, WARME M A. Curent density/voltage calculation using boundary element method [J]. NACE Conference, 1983, 1: 211-218.

[42] ROBERT J, FERGUSION, BARON R, et al. Stancavage, modeling scale formation and optimizing scaleinhibitor dosages in membrane systems [J]. Memnebrane Technology Conference, 2011, 30: 1-19.

[43] MATSUHO M. A boundary element analysis on galvanic corrosion problems-computationalaccuracy on galvanic fields with screen plates [J]. Corrosion science, 1990, 30: 2-3.

[44] HUANG Y, IWATA M, JIN L Z. Numerical analysis of electropotential distribution on the surface of marine structure under cathodic protection(application of three dismensional BEM)[J]. Journal of Thesociety of Naval Architects of Japan, 2006, 168: 589-592.

[45] IWATA M, HUANG Y, FUJIMOTO Y. Application of BEM to design of the impressed current cathodic protection system for ship hull [J]. Journal of the Society of Naval Architects of Japan, 1992, 171: 377-384.

[46] ROBERT A A, JOHN B. Design and optimisation of cathodic protection systems using computer simulation [J]. NACE& Apos; Annual Conference, 2000, 3: 1-12.

[47] SANTIAGO J A F, TELLES J C F. On boundary elements for simulation of cathodic protec-

tion systems with dynamic polarization curves[J]. International Journal for Numerical Methods in Engineering,1997,40(14):2611-2627.

[48] STROMMEN R, KEIM W, FINNEGAN J, et al. Advances in offshore cathodic protection modeling using the boundary element method[J]. Materials Performance,1987,2:23-28.

[49] AOKI S, KISHIMOTO K, MIYASAKA M. Analysis of potential and curent density distributions using a boundary elemnet method [J]. Corosion,1988,44(12):926-931.

[50] BRICHAU F, DECONINCK J. A numerical model for cathdodic protection of buried pipes [J]. Corrosion,1994,50(1):39-49.

[51] CHERY BW, FOO M, SIAUW T H. Boundary element method analysis of the pottential field associated with a corroding electrode [J]. Corosion,1986,42(11):654-662.

[52] WALMAR B, SIMONE L D C B, JOSE C F T. Assessing internal cathodic protection foe seawater collection piplines at oil platforms [J]. Materials Performance,2004,5:20-24.

[53] 高满同,单辉祖. 腐蚀电场平面问题边界元法研究[J]. 航空学报,1990,11(7):376-382.

[54] 吴中元,梁旭巍,孟宪级,等. 区域性阴极保护电位分布算法的改进[J]. 天津纺织工学院学报,1997,16(4):60-64.

[55] 吴建华,孙明先,刘光州,等. 边界元法计算牺牲阳极的接水电阻[J]. 电化学,1997,3(4):383-388.

[56] 孟宪级,吴中元,梁旭巍,等. 区域性阴极保护数学模型算法的改进[J]. 中国腐蚀与防护学报,1998,18(3):221-226.

[57] 周美,李淑英. 介质流速对海洋金属结构物阴极保护电位的影响[J]. 大连理工大学学报,1998,38(4):480-483.

[58] 赵凯华,陈熙谋. 电磁学[M]. 北京:高等教育出版社,2003.

第7章　钢壳混凝土沉管钢结构耐久性监测

绝大多数的金属在自然环境下的腐蚀是电化学腐蚀，腐蚀监测就是对设备或结构的腐蚀速度和某些与腐蚀速度有关的参数进行连续或断续测量，同时根据测量对与生产过程有关的条件进行控制的一种技术，其目的在于揭示腐蚀过程以及了解腐蚀控制的应用情况和控制效果。腐蚀监测获得的数据是指导腐蚀研究及防腐干预的科学依据，是监控、评价腐蚀效果的有效手段[1-2]。

对于钢质构筑物的腐蚀监测，有诸多实现方法及技术。

基于系统监测状态，腐蚀监测可分为实时在线腐蚀监测和离线静态腐蚀监测。实时在线腐蚀监测包括电阻探针法、电化学法、磁阻法、电指纹(FSM)法等；离线静态腐蚀监测包括腐蚀挂片失重法、超声波法、超声导波法、涡流法和漏磁法等[3]。

基于监测原理，腐蚀监测可分为基于电化学原理的监测技术及基于其他物理量的腐蚀监测技术。电化学腐蚀监测技术主要有电极电位法、线性极化法、交流阻抗法、腐蚀宏电流法、电化学噪声法、恒电量技术等。

基于其他物理量的腐蚀监测技术可分为超声波测厚法、电阻探针法、腐蚀挂片法、涡流法、漏磁法等。

基于金属腐蚀的电化学性质，电化学测量方法被广泛用于腐蚀机理的基础研究、腐蚀试验和实际工程中的监控、腐蚀速度的测定等方面。采用电化学方法揭示实际使用中金属与合金对电偶腐蚀、孔蚀、晶间腐蚀、应力腐蚀开裂等的敏感性及腐蚀规律，是目前金属腐蚀测量及监测常用的技术及手段。

与一般的电化学测量方法相同，腐蚀电化学测量方法主要测定的参数有两种：①电极电位，它表明金属电解液界面的结构和特性；②电流密度表明金属表面单位面积电化学反应速度的参量。大部分电化学测试都属于极化测量，即测定电极电位与外加电流之间的关系。

与其他物理或化学的研究方法相比，电化学测量方法具有测试速度快、测试灵敏度高、可实现原位测量及瞬时腐蚀状态测量的特点，能够测定瞬时的腐蚀状况以及腐蚀电极在外界条件影响下的瞬时变化，并且能够用于持续地测定金属电极表面腐蚀状况的连续变化，电流监测精度可达 nA 甚至 pA 数量级。此外，它是一种“原位测量”技术，能体现金属电极表面的实际腐蚀情况[4]。

7.1 钢质结构防腐监测方法及发展现状

钢质结构在自然环境下会发生腐蚀,影响结构的长期耐久性及安全使用,因此钢质结构腐蚀及防腐效果的监测技术广泛应用于海洋石油平台及海底管道、海上风电、跨海桥梁、海底隧道、长输管线等工程及领域。

7.1.1 海工钢结构腐蚀及防腐监测技术发展现状

7.1.1.1 海工钢结构腐蚀及防腐监测的意义

海洋面积约占地球表面积的71%,蕴藏着极其丰富的潮汐能及风能、矿产资源、旅游资源、交通资源、渔业资源等,海洋资源的开发与利用具有广阔的发展前景,包括海洋油气资源、港口码头、跨海大桥、海上风电、船舶工程和深海勘探等应用领域。如何保障这些海工构筑物及海工装备长期安全使用是极其重要的研究方向。腐蚀监测技术在监测、数据积累、预测及评估等方面具有独特的优势,能够在材料腐蚀安全性方面为海洋工程结构及装备的耐久性保障提供支持。

海工钢结构的腐蚀监测主要关注海洋工程用钢的腐蚀程度及阴极保护效果,具体包括腐蚀类型、腐蚀速率、腐蚀减薄、局部穿孔、阴极保护电位、牺牲阳极输出电流等。

海工钢结构腐蚀监测技术,按照监测环境划分,可分为海洋大气区腐蚀监测、海水潮差区及浪花飞溅区腐蚀监测、海水全浸区腐蚀监测、海底泥土区腐蚀监测;按照监测原理划分,可分为基于电化学原理的监测、基于其他物理量的监测。以下按照监测原理对海洋工程中常用的腐蚀监测方法进行分类介绍。

7.1.1.2 基于电化学原理的腐蚀监测技术

1)基于电极电位测量的腐蚀监测技术及原理

(1)电极电位测量原理

由于大多数金属腐蚀过程的本质是电化学的氧化还原反应,所以它不仅与溶液中离子的浓度有关,而且与溶液的pH值有关。根据能斯特方程,电极电位与溶液的浓度和酸度存在着一定的函数关系。因此,可以通过测量电化学反应的电极电位从热力学角度定性判断反应是否发生。

由于绝对的电极电位无法测量,实际测量是利用一个电极反应保持平衡的稳定电极系统与被测电极系统组成原电池,测量两电极系统间的电位差即为该被测电极的相对电极电位,这样的稳定电极系统就称为参比电极[5-6]。

在腐蚀监测及阴极保护系统的工程应用中,参比电极的作用主要是测量被保护金属结构物的电位监测保护效果,以及为自动控制的恒电位仪提供控制信号,调节输出电流,使金属结构物总处于良好的保护状态。这就要求参比电极具有以下性能:①电极材料是惰性材料、化学稳定性高、不与环境发生化学反应、不污染介质；②长期使用时电位稳定、重现性好；③参比电极不易极化；④有一定的机械强度、使用寿命长[7]。

(2)参比电极的分类[8]

根据参比电极材料和接触溶液的不同，可以将参比电极分为第一类参比电极、第二类参比电极和第三类参比电极。

①第一类参比电极。

第一类参比电极是电极反应物质存在于两相(金属与电解质溶液或气体与电解质溶液)中，金属直接与其离子溶液相接触，电极有一个相界面，这种电极通过电解液与环境介质的扩散连通，如标准氢电极及 Cu/饱和 $CuSO_4$ 参比电极等。

其中，氢电极是气体电极中最典型的电极。通常将镀有一层海绵状铂黑的铂片浸入 H^+ 浓度为 1.0mol/L 的酸溶液中，不断通入压力为 1 标准大气压的纯 H_2，使铂黑吸附 H_2 至饱和，这种近似于理想状态的电极体系为标准氢电极。其电极结构示意图如图 7-1 所示。规定标准氢电极的温度系数为 0，其在标准状态下(电解液中 H^+ 离子活度为 1，H_2 压强为 0.1MPa)的电势为零。其电极反应式有以下两种形式：

$$2H^+ + 2e^- \rightleftharpoons H_2(g) \quad (7\text{-}1)$$

$$2H_2O + 2e^- \rightleftharpoons H_2(g) + 2OH^- \quad (7\text{-}2)$$

其能斯特方程表达式为：

$$E = \varepsilon_{0,H_2} + \frac{RT}{F}\ln\frac{a_{H^+}\cdot a_{OH^-}}{a_{H_2O}} \quad (7\text{-}3)$$

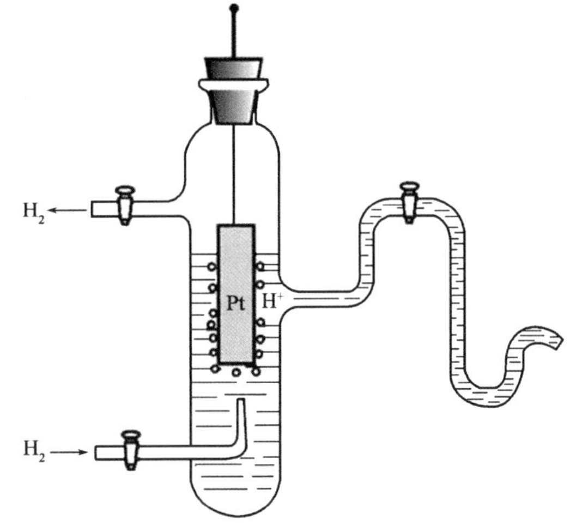

图 7-1　氢电极体系示意图

式中：ε_{0,H_2}——25℃时标准电极的标准电极电势(V)；

T——绝对温度(K)；

R——为理想气体常数[8.3143J/(k·mol)]；

F——法拉第常数[96.487kJ/(V·mol)]；

a_{H^+}——氢离子活度(mol/L)；

a_{OH^-}——氢氧根离子活度(mol/L)；

a_{H_2O}——水的活度(mol/L)。

此外，Cu/饱和 $CuSO_4$ 参比电极是第一类参比电极中最常用的电极，其是将铜棒直接置于饱和 $CuSO_4$ 溶液中所组成的电极体系，其电极反应式为：

$$Cu \rightleftharpoons Cu^{2+} + 2e^- \quad (7\text{-}4)$$

其能斯特方程表达式为：

$$E = \varepsilon_{0,Cu} + \frac{RT}{2F}\ln a_{Cu^{2+}} \quad (7\text{-}5)$$

式中：$\varepsilon_{0,Cu}$——25℃时 Cu/饱和 $CuSO_4$ 参比电极的标准电极电势(V)；

T——绝对温度(K)；

R——理想气体常数[8.3143J/(k·mol)]；

F——法拉第常数[96.487kJ/(V·mol)]；

$a_{Cu^{2+}}$——铜离子活度(mol/L)。

②第二类参比电极。

第二类参比电极是电极反应物质存在于三相(金属、电解质溶液和难溶化合物)中，金属及其氧化物、盐类等难溶化合物与含有其负离子的溶液相接触，电极有两个相界面。常见的有 Ag/AgCl 参比电极、甘汞电极及 Pb/PbCl 参比电极。

以 Ag/AgCl 参比电极为例，其电极反应式为：

$$AgCl(s) + e^- \rightleftharpoons Ag(s) + Cl^- \tag{7-6}$$

其能斯特方程表达式为：

$$E = \varepsilon_{0,AgCl} - \frac{RT}{F}\ln a_{Cl^-} \tag{7-7}$$

式中：$\varepsilon_{0,AgCl}$——25℃时 Ag/AgCl 电极的标准电极电势(V)；

a_{Cl^-}——氯离子活度(mol/L)。

③第三类参比电极。

第三类参比电极是将惰性金属与含有同种元素，不同化合价态的离子溶液相接触构成的，参与反应的物质存在于两相(惰性金属与离子溶液)中，电极只有一个相界面，由惰性金属制作的电极只参与电子的传输过程，不参与化学反应。以Fe^{3+}和Fe^{2+}|Pt 电极为例，其电极反应式为：

$$Fe^{3+} + e^- \rightleftharpoons Fe^{2+} \tag{7-8}$$

其能斯特方程表达式为：

$$E = \varepsilon_{0,Fe^{3+}|Fe^{2+}} + \frac{RT}{F}\ln\frac{a_{Fe^{3+}}}{a_{Fe^{2+}}} \tag{7-9}$$

式中：$\varepsilon_{0,Fe^{3+}|Fe^{2+}}$——25℃时$Fe^{3+}$、$Fe^{2+}$|Pt 电极的标准电极电势(V)。

根据参比电极极芯所处的介质不同，可以将参比电极分为以下两类[9-10]：

①干式参比电极。

干式参比电极是由电极材料和使用环境介质组成的，其构成中不含溶液，电极的电解质就是电极使用的环境介质，如高纯 Zn 电极、固态 Ag/AgCl 参比电极等。

②湿式参比电极。

湿式参比电极是指由一定浓度含该盐的电解液和电极棒组成的电极体系，如饱和甘汞电极、Ag/AgCl 参比电极及 Cu/饱和 $CuSO_4$ 参比电极等。使用时需要定期补充或者更换电解质，不适合作为工程上使用的长效参比电极。

根据使用介质的不同,可以将参比电极分为以下三类[9-10]:

①以水溶液为介质的参比电极,如标准氢电极(SHE)、饱和甘汞电极(SCE)、Ag/AgCl 参比电极。

②以有机溶剂为介质的参比电极,如氢电极、Li/Li^+ 电极、Ag/Ag^+ 电极、Pt/Pt^{2+} 电极等。

③以高温盐体系为介质的参比电极,如 Pt/Pt^{2+} 电极、Au/Au^{2+} 电极等。在熔融盐系统中,目前还没有通用的参比电极。不同的熔融盐系统使用的参比电极也有较大的不同,不能混用。

(3)常用的参比电极

表 7-1 中列出了目前较为常见的参比电极的主要电化学参数。下面主要针对氢电极 Ag/AgCl 参比电极、Cu/饱和 $CuSO_4$ 参比电极、高纯 Zn 参比电极、复合参比电极等海洋工程常用的参比电极做简要介绍。

常见的参比电极的主要电化学参数[11]　　表 7-1

参比电极	Me/Me^{n+}	电解液	E[vs. SHE 25℃(V)]	温度系数 25℃(mV/K)	应用范围
Cu/饱和 $CuSO_4$ 电极	Cu/Cu^{2+}	饱和 $CuSO_4$	+0.316	0.97	土壤、水
Ag/AgCl/海水电极	Ag/Ag^+	饱和 KCl	+0.250	1.0	盐水、海水
饱和甘汞电极	Hg/Hg^{2+}	饱和 KCl	+0.242	0.65	水、实验室
高纯 Zn 电极	稳定电位	海水、盐水	−0.77 ±0.01	—	海水、盐水

①氢电极(标准氢电极)[10]。

采用镀有铂黑的铂片为电极材料,在 H_2 中浸没于氢饱和的电解液中,即组成氢电极。其电极电势 E_{H_2}与温度 T、溶液的 pH 值和 H_2 的压力 pH_2(大气压)有关。氢电极作为参比电极,使用不便,当溶液中存在易被还原或易发生吸附的物质时容易中毒失效,如氧化剂、易还原的金属离子、硫化物等。

②Ag/AgCl 参比电极。

Ag/AgCl 参比电极由覆盖有氯化银层的金属银浸置于氯化钾或盐酸溶液中组成,可通过阳极氧化法、热浸涂法、粉压法等方法制备。其电极反应方程式见式(7-6),其能斯特方程表达式见式(7-7)。Ag/AgCl 参比电极的电极电势与溶液中氯离子活度和所处介质温度有关,其 25℃时的标准电极电势为 0.224V。何霖等[12]采用热浸涂法制备了固态 Ag/AgCl 参比电极,稳定电极电位与理论计算值接近,经活化后 30d 内的电位波动范围在 1mV 以内,并表征、测试了所制备电极的形貌、结构及性能。研究表明,热浸涂 AgCl 晶粒为面心立方结构(FCC);浸涂温度影响 AgCl 的浸涂量、电极内阻及耐极化性能,浸涂温度越高,获得的 AgCl 晶粒尺寸越小,电极的比表面积越大、耐极化性能越好;浸涂温度越高,AgCl 的浸涂量越少,电极内阻越小;但浸涂温度过高会降低银丝表面 AgCl 的浸涂量,进而影响电极的使用寿命。苗燕等[13]采用粉压法制备了满足深海高压环境使用的固态 Ag/AgCl 参比电极,为防止电极在高压环境的粉化脱落,采用 $10t/cm^2$的压力进行压制,所制备的参比电极在海水中具有长期稳定性、能斯特响应特性和温度响应特性,长期海水浸泡电位波动在±0.5mV的范围内。

为了避免海水中的溴离子、碘离子等影响 Ag/AgCl 参比电极的长期测量稳定性,通过添加一定比例的溴化银制备在海水中热力学平衡的卤化银固溶体。试验表明,银/卤化银参比电极具有电位稳定性好、耐极化性能好等特点。Ag/AgCl 参比电极和 Ag/卤化银参比电极是海洋工程结构电位监/检测最为常用的参比电极。Ag/卤化银参比电极的电极反应方程式为

$$AgX(s) + e^- \rightleftharpoons Ag(s) + X^- \tag{7-10}$$

其中,X^-为Cl^-、Br^-。其电极电位符合能斯特方程表达式:

$$E = \varepsilon_{0,AgX} - \frac{RT}{F}\ln a_{X^-} \tag{7-11}$$

固态银/卤化银参比电极具有良好的化学稳定性及电化学稳定性,电位稳定性及耐极化性能好,性能整体优于常规的 Ag/AgCl 参比电极,成功应用于海洋石油平台基础的阴极保护电位监测[14-16]。

③Cu/饱和 $CuSO_4$ 参比电极。

Cu/饱和 $CuSO_4$ 参比电极是将铜棒直接置于饱和的 $CuSO_4$ 溶液中,采用半渗透膜或软木作为其底部渗漏材料,使得电极内部的溶液离子缓慢渗漏又不至于停止。其电极反应方程式见式(7-4),其能斯特方程表达式见式(7-5)。Cu/饱和 $CuSO_4$ 参比电极的电极电位由测试介质的温度与铜离子的活度决定,其25℃时的标准电极电势为0.316V。Cu/饱和 $CuSO_4$ 参比电极广泛应用于土壤、淡水环境中的长期电极电位监测,也适用于海水环境中阴极保护电位监测。图7-2为典型长效 Cu/饱和$CuSO_4$参比电极的结构。在作为长效参比电极使用的案例中,饱和 $CuSO_4$ 渗漏过快、内阻增大,饱和 $CuSO_4$ 溶液变质等是导致 Cu/饱和 $CuSO_4$ 参比电极提前失效的主要原因。对于长效 Cu/饱和 $CuSO_4$ 参比电极的改进研究,主要集中在通过改变电极结构和接界渗漏材料改善 Cu/饱和 $CuSO_4$ 参比电极的寿命及性能。国内外学者尝试采用石墨材料、陶瓷材料、复合材料、金属材料等作为替代材料,制备了石墨接界[17-18]、陶瓷接界[19-20]、金属接界[21]、复合材料隔膜[22-23]、凝胶材料电解质[24]的 Cu/饱和 $CuSO_4$ 参比电极,很大程度上减缓了 $CuSO_4$ 溶液的渗漏速率,但仍存在污染电极溶液、电极内阻增大、电位电极偏移等问题。部分研究者[25-29]通过将 Cu/饱和 $CuSO_4$ 参比电极结构设计为可更换式结构、可补充电解液式及电解质可循环式结构,大大延长了 Cu/饱和 $CuSO_4$ 参比电极的使用寿命。

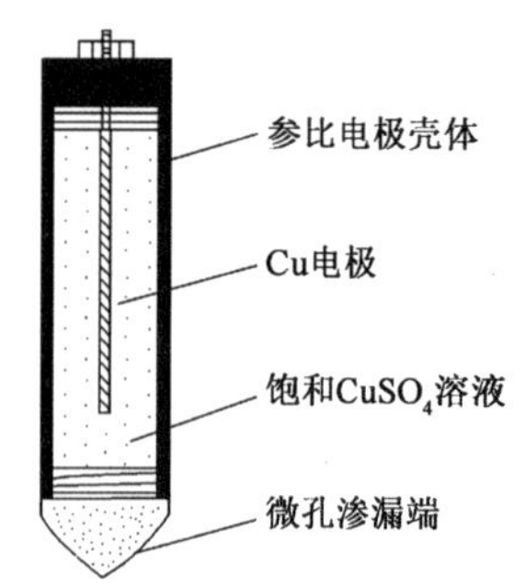

图7-2 典型长效 Cu/饱和 $CuSO_4$ 参比电极的结构

④高纯 Zn 参比电极。

高纯 Zn 参比电极是由纯度为99.999%的高纯度 Zn 制备而成的,属于不可逆电极。其优点是电极电位稳定、使用寿命长、强度高且制造方便、价格低廉。图7-3为海油导管架平台用高纯 Zn 参比电极照片。

图 7-3　海油导管架平台用高纯 Zn 参比电极照片

⑤复合参比电极。

海洋工程普遍采用双参比复合电极设计，相互补充、相互校对，以增加电位监测的可靠性。例如，海洋石油平台阴极保护监测采用 Ag/卤化银和高纯 Zn 双参比电极(图 7-4)、青岛海湾大桥采用 Ag/AgCl 和 MMO(贵金属氧化物)双参比电极、港珠澳大桥岛隧耐久性监测采用 MMO 和 MnO_2 双参比电极，在埋地储罐阴极保护设计中，也常采用高纯 Zn 和 $CuSO_4$ 双参比电极[30]。

图 7-4　海洋工程用 Ag/卤化银与高纯 Zn 复合双参比电极

按照美国腐蚀工程师协会标准 NACE RP0176 *Corrosion Control of steel Fixed offshore Structures Associated with Petroleum Production* 的规定，永久性参比电极必须定期用另一种参比来校验。双参比电极采用 Zn 参比和 Ag/AgCl 参比，以便及时发现或减少故障[31]。

基于电极电位的测量是电化学腐蚀监测的基础，已不仅限于阴极保护及腐蚀电位监测，还作为监测信号用于腐蚀速度、极化电阻、电化学阻抗、电化学噪声、渗氢、氯离子等腐蚀性离子和组分的检测和监测技术中[10]。梁义等[32]介绍了一种基于极化电位的涂层腐蚀监测系统，该系统能够实时监测涂层腐蚀的电位状况、自动存储腐蚀信息，并具备根据监测点的腐蚀程度自动报警等功能。

2）基于其他电化学参数的腐蚀监测技术及原理

基于电化学原理的腐蚀监测技术主要有以下几种：

（1）线性极化法

线性极化法是 Stern 和 Geary 在 1957 年提出并发展起来的一种快速测定金属瞬时腐蚀速率的测量方法[33]。该方法的原理是腐蚀金属电极在自腐蚀电位 ±10mV 范围内的弱极化区，过电位与极化电流呈线性关系，金属的腐蚀速率与极化曲线的斜率（极化电阻）成反比，即

$$I_{\mathrm{corr}} = \frac{B}{R_P} \tag{7-12}$$

式中：I_{corr}——腐蚀电流（$\mathrm{A \cdot cm^{-2}}$）；

R_P——极化电阻，等于 $\Delta E = 0$ 时极化曲线斜率的倒数（$\Omega \cdot \mathrm{cm}^{-2}$），$\frac{1}{R_P} = \left(\frac{\mathrm{d}I}{\mathrm{d}\Delta E}\right)_{\Delta E=0}$；

B——线性极化测量中的比例常数：

$$B = \frac{b_{\mathrm{a}} b_{\mathrm{k}}}{2.3(b_{\mathrm{a}} + b_{\mathrm{k}})} \tag{7-13}$$

其中：b_{a}、b_{k}——腐蚀体系中阴极、阳极极化曲线的塔菲尔常数。

由此可见，腐蚀电流与极化电阻的倒数成正比，如果 b_{a} 和 b_{k} 已知，就可以求出腐蚀速度。即

$$I_{\mathrm{corr}} = \frac{b_{\mathrm{a}} b_{\mathrm{k}}}{2.3(b_{\mathrm{a}} + b_{\mathrm{k}})} \cdot \frac{1}{R_P} \tag{7-14}$$

线性极化法是在现场应用较为广泛的电化学技术，适用于海水、污水、地下水等电解质中，该方法已在石油和天然气现场、长输管道、化工炼化、航空航天、造纸、水处理及滨海电厂等行业的腐蚀在线监测中应用良好[34]。

（2）交流阻抗技术

交流阻抗技术（AC impedance）又称为电化学阻抗谱（electrochemical impedance spectroscopy，EIS），是一种以小振幅的正弦电位（或电流）为扰动信号的电化学测量方法。测量时，以不同频率的小幅值正弦波扰动信号作用于电极系统，由电极系统的响应与扰动信号之间的关系得到的电极阻抗推测电极的等效电路，进而可以分析电极系统所包含的动力学过程及其机理，由等效电路中有关元件的参数值估算电极系统的动力学参数，如电极双电层电容、电荷转移过程的反应电阻、扩散传质过程参数等[4]。

交流阻抗监测技术是基于电化学阻抗原理，采用高速数字模拟电子技术，实现高精度的阻抗测量和特征阻抗计算，可以测量从低阻到高阻（$10^2 \sim 10^{10}\,\Omega$）的宽频定频点（$10^{-2} \sim 10^5\,\mathrm{Hz}$）阻抗，可选择全频谱测量或指定特征频率测量。其比其他常规的电化学方法得到更多的动力

学信息及电极界面结构信息,通常包括溶液电阻、双电层电容、极化阻抗、电荷转移电阻、扩散电阻、界面电容、电感等。交流阻抗技术在腐蚀领域是一种成熟的电化学测试技术,是研究电极过程动力学、双电层结构及吸附、涂覆层失效机制的重要手段,是电极界面动力学研究中的电化学技术之一。

交流阻抗监测技术多用于测定海洋大气环境下金属材料、防腐涂层的腐蚀监测,是海洋工程防腐监测中较为成熟的技术。在海洋环境下,通过测量涂层阻抗传感器的阻抗谱随时间的变化趋势来判断涂层的老化状态。在海洋盐雾环境下,对涂层/金属基体的界面电容、电荷传递电阻和基体腐蚀速率进行长期原位在线监测,基于腐蚀机理推断模拟等效电路,进而计算出涂层的介电常数、含水率、孔隙率和老化系数等参数,可用于研究及评估涂层老化与损伤状态,预测涂层老化及损伤变化趋势,为涂层损伤的预防性维护和纠正性维修提供数据支撑。

Li 等[35]研究了模拟大气腐蚀环境下空气相对湿度对电化学阻抗谱技术监测电化学腐蚀行为的影响,并采用挂片失重法进行了验证。研究表明,在不同的相对湿度范围内交流阻抗谱所能够反映的信息不同,在相对湿度为 5% ~30% 的范围内,EIS 无法准确反映电极的腐蚀状态;在相对湿度为 40% ~60% 的范围内,EIS 能够用于测定薄液膜的电导率;在相对湿度高于 70% 时,EIS 能够测定腐蚀速率。付安庆等[36]人采用交流阻抗技术监测自制腐蚀监测探头的溶液电阻、极化电阻,研究碳钢在青岛海洋大气环境下的腐蚀行为。

(3)电化学噪声技术

电化学噪声(Electrochemical noise,EN)是指电化学动力系统演化过程中,系统的电学状态参量(如电极电位、外测电流密度等)随时间发生的随机非平衡波动现象[37-38]。电化学噪声的起因很多,常见的有腐蚀电极局部阴阳极反应、活性的变化、环境温度的改变、腐蚀电极表面钝化膜的破坏与修复、扩散层厚度的改变、表面膜层的剥离及电极表面气泡的产生等。与传统的腐蚀测量技术(如腐蚀失重法、动电位极化曲线、恒电位/电流法和电化学阻抗谱等)相比,电化学噪声技术具有诸多优势[39]:

①电化学噪声技术是一种原位无损的电化学测试技术,在测量过程中对被测电极不施加任何外界扰动;

②电化学噪声技术能够快速测量腐蚀速率;

③电化学噪声技术无须预先建立被测体系的电极过程模型,即可研究所测电极体系的腐蚀机理,在一定程度上避免了电化学阻抗谱技术中“一个阻抗谱可能对应多个等效电路”的弊端;

④电化学噪声技术属于直流暂态测试技术,对被测腐蚀体系的稳定性没有要求,测试设备简单,适用于现场腐蚀监测。

根据电学信号的不同,可将电化学噪声的测量方法分为两大类,即电流噪声测量与电位噪声测量。电流噪声测量通常是测量两个名义上相同电极间的电流噪声或者通过测量将电极保持在固定的电位而得到的电流噪声。相比而言,前者更为简单,既避免了适用低噪声参比电极及恒电位仪的要求，也规避了对电极极化造成的影响。电压噪声可通过记录腐蚀电极和低噪声参比电极之间的电位差或者两个腐蚀电极之间的电位差测得，后者对于实际的腐蚀监测更有优势[40]。

电化学噪声的分析方法[39]包括电化学噪声直流漂移去除法、离散小波分析、时频分析、非线性系统分析法及模式识别等。其中，常见的时频分析方法有短时傅里叶变换（Short-time Fourier Transform，STFT）、Hilbert-Huang 变换（Hilbert-Huang transform，HHT）、小波变换（Wavelets Transform，WT）；常见的非线性系统分析法包括统计分析法、随机分析法、混沌分析法、分形分析法等。

天津大学宋诗哲团队[41]建立了实验室模拟海洋环境浪花飞溅区、海水潮差区及海水全浸区等多种海洋腐蚀环境的试验装置，并研发了一种适用于电化学噪声技术的电化学腐蚀监测传感器，利用该传感器探索研究了模拟海洋浪花飞溅区环境的电化学噪声特征，分析比较了不同部位噪声电阻值，表明所开发的传感器及电化学噪声技术对于浪花飞溅区的腐蚀监测具有良好的区分性。

（4）恒电量技术

恒电量技术是采用先进的电子技术将已知量的电荷作为激励信号，在极短的时间内对所研究的腐蚀体系进行扰动，同时记录电极极化电位随时间的衰减曲线并加以分析，从而求得多个电化学参数的一种电化学测量技术[42]。它具有测量快速、扰动微小、结果重现性好等优点[43]。从本质上看，恒电量技术是一种断电松弛技术，恒电量激励下的暂态张弛过程中没有外电流流过研究电极，测量过程被认为是在没有任何净电流通过的开路条件下进行的，所以不受溶液介质电阻的影响，适合于在高阻介质中的快速测量，这是常规的电化学方法难以做到的。

图 7-5 为恒电量远程腐蚀监测系统原理。远程腐蚀监测系统将传统的腐蚀监测技术与无线通信技术相结合，组成一个分布式数据采集与信息处理系统，可以快速测量和分析数据，并分析获得完整的电极动力学参数，成为环境腐蚀现场监测、数据积累工作与实验室应用基础研究结合的有效手段，使得恒电量技术成为一种有效的腐蚀监测方法[40]。

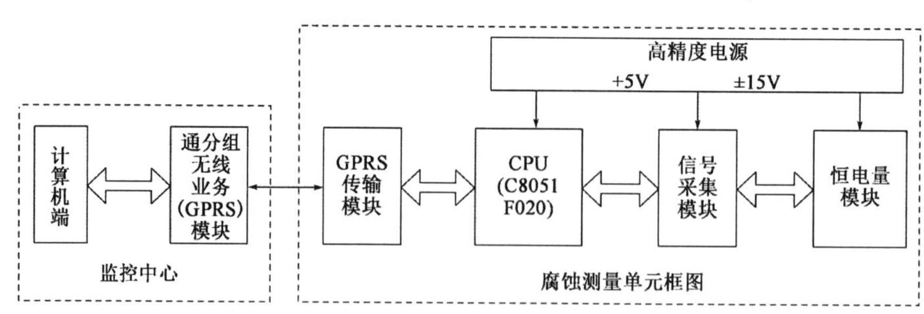

图 7-5　恒电量远程腐蚀监测系统原理

（5）丝束电极测试技术

丝束电极测试技术（WBE）是 20 世纪 90 年代 Tan 研究组最早提出的，用于研究有机涂层的局部失效[44]。丝束电极测试技术又称阵列电极技术，是一种由常规的电化学方法和探针技术相互结合的技术。丝束电极由多个独立的彼此相互绝缘且按照一定的规则排列的电极组成，每个电极连接单独的导线，用于与测量设备连接，采集数据，可用于研究金属或有机涂层的局部腐蚀过程[45]。

余晓毅等[46]开发了一种基于新型微电阻与耦合阵列多电极联合的水线腐蚀测量技术，能够同步在线监测宏电池电流的分布和局部腐蚀速率，可以避免传统监测方法在水线处腐蚀监测失效的问题。李焰等[47]发明了一种基于多电极耦合的非均匀结构局部腐蚀的测试系统及方法，具有经典的电化学测试、微区电化学测试和微电极阵列测试3个系统，能够从不同尺度获取非均匀结构局部腐蚀过程的自腐蚀电位、自腐蚀电流密度、电化学阻抗、电偶电位、电偶电流等电化学信息。唐斌等[48]研究开发了基于耦合多电极技术的局部腐蚀监测系统，包括系统的软件和硬件，并将其用于监测研究碳钢、不锈钢、镀锌钢丝等不同材料在3.5% NaCl溶液中的局部腐蚀。刘盼等[49]基于电化学实时监测技术中难以获得局域的电化学信息及多通道采集数据周期较长的难题，以丝束电极为电极载体，自主研发采集控制和分析程序，并结合电子开关矩阵的自动切换功能，实现对不同单一丝束电极不同时长的电化学噪声信号的采集，形成了具有“多通道”和“高通量”特征的电化学信号实时监测与原位分析技术。

7.1.1.3　基于其他物理量的腐蚀技术

(1)腐蚀挂片法

腐蚀挂片法是通过计算已知质量的金属试样在某一特定腐蚀环境中经过一定时间暴露后的质量变化来计算其平均腐蚀速度的方法，是工业上较为常用的经典腐蚀监测技术。挂片失重与腐蚀速度的计算公式如下：

$$V_{corr} = K\frac{\Delta m}{\rho AT} \tag{7-15}$$

式中：V_{corr}——腐蚀速度(mm/年)；

K——速度系数；

Δm——腐蚀质量变化(g)；

ρ——挂片材料密度(g/cm^3)；

A——挂片腐蚀表面积(cm^2)；

T——挂片腐蚀时间(d)。

腐蚀挂片法的优点是可以实现原位取样，对腐蚀前后的试样进行腐蚀形貌观察、腐蚀产物分析及腐蚀寿命预测，并由此研究腐蚀机理及其发展规律，可作为其他腐蚀监测方法的基准对比方法。不足之处是不能及时反映局部腐蚀的发生及发展，也不能实现实时在线监测，监测的周期较长，需要数月乃至数年才能获得腐蚀数据，腐蚀速度精度偏低、误差较大。

(2)超声波测厚技术

超声波测厚技术是利用超声波的脉冲反射原理来测量厚度及裂纹缺陷的无损监/检测方法。超声波脉冲回波测厚的原理如下：

$$\delta = \frac{1}{2}c(t_2 - t_1) = \frac{1}{2}c\Delta t \tag{7-16}$$

式中：δ——材料的厚度(mm)；

t_1——超声波从物体外表面反射回来所用的时间(s)；

t_2——超声波从物体内表面反射回来所用的时间(s)；

Δt——超声波在材料中双程传播的时间(s)；

c——被测物体中的声速(m/s)。

奚运涛等[3]基于在多通道下某种材料内超声波传播时内外表面存在反射波差异的特性，通过超声脉冲回波测厚法开发了多路超声回波在线腐蚀监测系统，该系统不仅能够通过多通道对多个监测点进行同步超声测厚，而且能够实时监测测点处的壁厚变化和腐蚀情况，并具有安全预警功能。

(3)电阻探针技术

电阻探针技术于20世纪50年代开始使用，最先由学者Dravnieks和Cataldi于1954年发表论著提出使用；1957年，Freedman等人对电阻探针的结构形式做了进一步改进；1996年，由Brown等人提出电阻探针可被称为电子挂片[50-51]的概念。

一般金属腐蚀后的产物多不导电，因此金属在腐蚀的过程中随着腐蚀产物的产生，其可通电的横截面积将逐渐减小，电阻值增大。电阻探针技术即利用这一原理，通过测量探头金属部分因腐蚀而引起的阻值变化来推导金属的腐蚀损耗和腐蚀速率。该方法具有操作简单、数据易于获取、数据分析简单等优点，并且其数据可实时采集，使其可以实现对环境的远程、实时监测。由于其监测原理简单，其在液相(电解质或非电解质)、气相等介质中均可进行监测。基于电阻探针腐蚀监测方法的诸多优点，其已在油气生产、管线运输、发电、文物保护等方面广泛应用。

但是，对电阻探针腐蚀监测系统而言，只有当探针金属材料发生的腐蚀量积累到一定程度、探针金属试片的电阻变化值增大到测量仪器的测量精度范围时，仪器或记录系统才会得到腐蚀速率或腐蚀损耗的数据。同时，电阻探针只能对均匀腐蚀进行有效的腐蚀监测，当探头金属部分发生不均匀腐蚀时，其测量结果将产生误差[52]。

在监测过程中，将金属试片中的一面暴露于待监测环境中，向金属试片中通入电流，根据金属电阻计算公式，可知金属试片的起始电阻为：

$$R = \rho\frac{l}{A} \tag{7-17}$$

式中：ρ——金属试片的电阻率($\Omega \cdot cm^2$)；

R——金属试片电阻(Ω)；

A——金属试片通电截面积(cm^2)；

l——金属试片的长度(cm)。

随着腐蚀的进行，金属试片通电横截面A减小，电阻R值增大。通过监测其阻值变化，即可根据式(7-17)推导出金属试片的腐蚀厚度变化,从而获得腐蚀损耗和腐蚀速率等信息。

(4)光纤光栅监测技术

光纤传感技术是在20世纪70年代发展起来的。它是以光波为传输媒介,通过光纤感知和传输外界被测量信号的新型传感技术,具有以下优点:

①光纤传感抗电磁干扰、抗辐射性能好,便于进行光电或电光转换,特别适于在易燃、易爆、空间受限及强电磁干扰等恶劣环境下使用。

②光纤工作频带宽,动态范围大,光信号传输衰减小,适合于遥测遥控,是一种低损耗传输方式。

③光纤本身体积小、质量轻,便于安装、运输。

光纤传感技术的原理主要有光强调制型测量技术、光波长调制型测量技术及准分布式光时域反射技术等。其中,光强调制型光纤传感器的基本原理是待测量引起光纤中的传输光光强变化,通过检测光强的变化实现对待测量的测量,如反射式光强调制传感器、透射式光强调制传感器、光模式强度调制传感器等。光波长调制光纤传感器的基本原理是利用传感探头的光频谱特性随外界条件变化的性质来实现的,如荧光型波长调制、基于长周期光栅的波长调制传感器等。准分布式光时域反射光纤传感器技术是将传感光纤沿场分布,并采用独特的探测技术对沿光纤传输路径上的场的空间分布和随时间变化信息进行测量或监控的技术[53]。

光纤光栅作为监测金属腐蚀的传感器,是腐蚀监测领域较为先进的研究方向。黎学明等[54]通过化学镀在光纤表面沉积导电金属膜层,再利用电化学修饰制备Fe-C合金膜层。利用金属膜层在腐蚀前后对光纤内传输光线散射作用强度的变化制备腐蚀监测传感器,为隐蔽、强干扰环境中的腐蚀监测提供新的解决思路。宋世德等[55]研发了一种基于布拉格光纤光栅的金属腐蚀监测传感器,建立了均匀腐蚀模型,大幅度提高了金属腐蚀的监测范围,可实现工程应用。蔡李花等[56]针对金属结构杂散电流腐蚀监测用的光纤传感技术进行较为系统的基础研究,通过化学镀与电镀复合法在裸光纤表面制备Fe-C合金膜,提出利用分形几何维数作为量化光纤腐蚀传感器腐蚀形貌的重要特征参数,对传感器自身的腐蚀状态作出一致性判断;提出利用统计质量控制方法对光纤腐蚀传感器进行性能评价,最后基于金属腐蚀的随机过程,利用马尔科夫随机理论建立了对金属结构腐蚀状态的预测模型,并通过比较测定法证实了马尔科夫模型预测金属腐蚀状态的可行性。

7.1.2　钢筋混凝土构筑物腐蚀监(检)测技术

7.1.2.1　钢筋混凝土构筑物腐蚀监测的意义

海港码头、跨海大桥、海底隧道以及海洋堤坝等海洋工程构筑物常常处于含盐量极高的海水、海风以及海雾环境[57-59],严苛的腐蚀环境给构筑物耐久性带来了巨大挑战。虽然海洋构筑物主要由耐久性极好的钢筋混凝土结构制成,但随着沿海基础设施建设大规模化以及服役环境苛刻化,腐蚀问题将会导致构筑物的维护与维修耗资巨大,给国民经济造成重大损失,甚至给人民生命安全带来隐患。按照位置的不同,沿海混凝土结构所处的腐蚀环境可分为海洋大气区的盐雾区、干湿交替的海水潮差区、浪花飞溅区以及海水全浸区的水下区。其中,由于氧气和水分充足,海水潮差区与浪花飞溅区的混凝土结构腐蚀最为严重[60]。

由于水泥水化会形成 pH 值高于 12.6 的高碱性环境,在此碱性环境中,混凝土结构中的钢筋表面会形成一层致密的钝化膜,钢筋处于钝化状态一般不发生腐蚀[61]。但随着结构服役时间延长,当外界环境中的氯离子侵入混凝土层到达钢筋表面并积累到一定程度时,钢筋表面的钝化膜可能会发生破裂,从而引发钢筋腐蚀[62]。当钢筋表面腐蚀进一步发展,腐蚀产物体积会膨胀并导致混凝土层产生裂缝,最终混凝土层会发生开裂、脱落,发生如图 7-6 所示的结构破坏[63]。海洋构筑物设计寿命达百年,深入研究钢筋混凝土中腐蚀机理以及规律性,研发可靠、高效的监测技术对提高海洋构筑物耐久性与安全性具有重要意义。

图 7-6　钢筋混凝土结构腐蚀破坏实例

7.1.2.2　钢筋混凝土构筑物监(检)测技术研究现状

钢筋混凝土结构中,钢筋所处内部环境较为复杂,使得传统腐蚀检测方法的应用存在一定的局限性。目前,常用钢筋腐蚀检测方法有剔凿检测法、钻孔取样法、半电池电位法、混凝土电阻率测量法和综合分析判断法等[64]。剔凿检测法和钻孔取样法能够较准确地反映钢筋腐蚀状况,但两者都会破坏结构的完整性。半电池电位法、混凝土电阻率测量法和综合分析判断法对结构破坏极小或无破坏,但三者只能定性地判断钢筋腐蚀状态。

钢筋腐蚀属于电化学过程,因此可利用电化学技术检测钢筋的腐蚀状况。用于检测钢筋腐蚀状况的电化学技术除上述半电池电位法以外,还有线性极化、交流阻抗、电阻探针、电化学噪声等[65]。按照监(检)测原理划分,其可分为三类:综合分析法、物理法与电化学法。

(1)综合分析法

综合分析法根据现场实测的钢筋直径、保护层厚度、混凝土强度、有害离子的侵入深度及其含量、纵向裂缝宽度等数据判断钢筋的腐蚀程度,基于这些参数可以建立钢筋锈蚀模型,从而综合分析钢筋混凝土结构的耐久性[66]。虽然综合分析法快捷、简单、经济,但是综合分析法得到的结果可靠性不高,只是一种定性分析,不能定量评估钢筋的腐蚀状态,并且不同学者的钢筋锈蚀模型相异,目前尚未形成可靠的数学模型,因而模型分析在实际中难以大规模应用。

(2)物理分析法

物理分析法主要通过测定钢筋引起电阻、电磁、热传导、声波传播等物理特性的变化来反映钢筋腐蚀情况,主要方法有回弹法、超声法、冲击回波法、雷达法、电阻率法与电磁感应法等。

①回弹法。

回弹法利用回弹仪测量混凝土结构挤压强度。使用回弹仪撞击构件表面,一部分能量以塑性变形或残余变形的形式被混凝土吸收,另一部分能量则反弹给回弹仪。混凝土碳化深度对回弹值有重要影响,一定条件下碳化深度与混凝土强度成反比关系,因而可以根据回弹值推断混凝土的碳化程度以及钢筋腐蚀情况。

②超声法。

超声法就是向混凝土结构发射超声波,当钢筋表面发生腐蚀时,声波在腐蚀缺陷处会发生绕射、散射或者反射现象,通过测量回波信号可以判断钢筋是否发生腐蚀以及腐蚀位置[67]。

③冲击回波法。

冲击回波法是通过在钢筋混凝土结构表面施加微小冲击产生应力波,当应力波经过腐蚀缺陷时,会产生来回反射并发生位移响应,通过接收应力波的位移响应并进行频谱分析可以判断混凝土结构中的缺陷深度和位置[68]。

④雷达法。

雷达法与超声法类似,不同之处在于雷达使用的是特定频率的电磁波来对混凝土结构进行测量。当电磁波传播遇到缺陷时,发射波的旅行时间、波形与振幅会发生相应改变,根据回波信号可判断混凝土中钢筋的缺陷位置以及大小[69]。

⑤电阻率法。

电阻率法是通过测定混凝土的电阻率来判断钢筋腐蚀倾向的技术。当混凝土结构非常密实且处于干燥状态时,内部电解质很少,钢筋也不会发生腐蚀。当混凝土密实度较低、湿度较大或者有害离子侵入时,混凝土内部离子迁移速度较快,能够显著加速钢筋的腐蚀。电阻率恰好能够反映混凝土内部的离子迁移能力,因而混凝土的电阻率是评估钢筋腐蚀的重要参数[70]。

⑥电磁感应法。

电磁感应法的基本原理是通过电磁感应测定钢筋的外形尺寸变化。当钢筋发生腐蚀时,其截面会明显变化,直接监测钢筋截面的变化可以直观地评估钢筋腐蚀状态,但电磁感应法测量的精度相对较低,只有当钢筋腐蚀到一定程度时才能测出明显的信号[71]。

(3)电化学法

①半电池电位法。

半电池电位法通过在混凝土表面测量钢筋混凝土的半电池电位来判断混凝土中钢筋的腐蚀状况[72]。半电池电位法的优点是操作简单且成本较低,是应用最早、最广泛的钢筋腐蚀监测技术。然而,通过半电池电位只能推断出钢筋发生腐蚀的可能性,不能确定钢筋的腐蚀速率,它是一种定性监测手段。ASTM C876-80 规定了混凝土中钢筋半电池电位的标准试验方法,其测量示意图如图 7-7 所示。根据 ASTM C876 标准,普通碳素钢钢筋的腐蚀电位为 -270mV(相对于 Cu/饱和 $CuSO_4$ 参比电极),评价判别标准见表 7-2[64]。

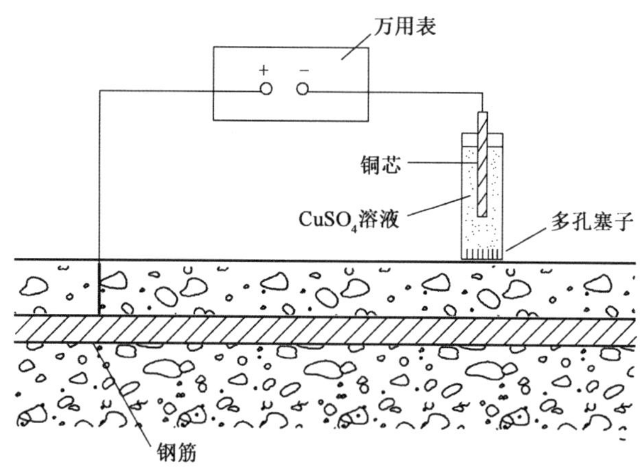

图 7-7　钢筋半电池电位测量示意图

钢筋半电池电位判断腐蚀状态的标准　　表 7-2

标准名称	电位(mV)	判别标准
ASTM C876	> -200	5%腐蚀概率
	-200 ~ -350	50%腐蚀概率
	< -350	95%腐蚀概率
《建筑结构检测技术标准》(GB/T 50344—2004)	≥ -200	无锈蚀活动性或锈蚀活动性不确定,锈蚀概率为 5%
	-200 ~ -350	钢筋发生腐蚀的概率为 50%,可能存在坑蚀现象
	-350 ~ -500	钢筋发生锈蚀的概率为 95%

②线性极化法。

通过对钢筋试样施加微小的直流电位(或电流)激励,可以测得钢筋的极化电阻 R_p,进一步依据 Stern-Geary 公式可以根据测得的极化电阻计算出腐蚀电流[70],由于钢筋通常处于钝化状态，所以 B 值取 52mV 比较合适。

线性极化法的优点是反应灵敏、操作简单、无损。但是 Stern-Geary 公式基于的假设是电极发生均匀腐蚀，在混凝土结构中，钝化态的钢筋表面发生的是点蚀，表面的电化学反应极不均匀，因此由 Stern-Geary 公式算出的腐蚀电流具有很大的误差。

③电化学阻抗谱法。

电化学阻抗谱不仅能够快速获取钢筋表面的钝化膜状态，也能用来研究混凝土保护层的变化[70]。氯离子侵入、碳化、碱集料的反应等都能通过电化学阻抗谱技术进行研究。电化学阻抗谱数据需要用等效电路进行拟合，常用的拟合电路如图 7-8 所示，其中 R_p 为极化电阻，R_s 为混凝土欧姆电阻，C_f 和 R_f 为钝化膜电容和电阻，C_{dl} 为双电层电容，W 表示 Warburg 阻抗。

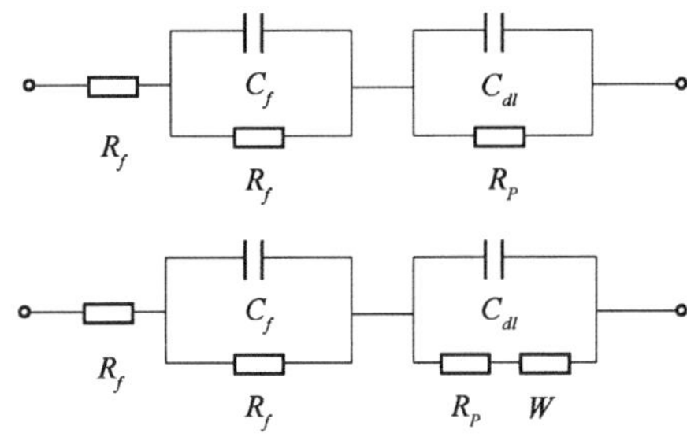

图 7-8　常用等效电路

④电化学噪声法。

电化学噪声法通过监测钢筋在不施加任何扰动的条件下所产生的电位波动与电流波动反映钢筋的动态腐蚀过程[73]。电化学噪声法适合于钢筋早期腐蚀监测，可以精准地监测局部腐蚀的萌发与扩展过程，并且不会对测试体系造成任何干扰。电化学噪声法的优点是测试简单、灵敏度高，但电化学噪声数据的处理较为复杂。

7.1.2.3　钢筋混凝土构筑物监(检)测传感器

传感器技术是现场钢筋混凝土检测的重要手段。随着混凝土结构大规模建设以及服役环境的严苛化，钢筋混凝土腐蚀检测的传感器技术得到了长足的发展。

(1)电位传感器

通过在混凝土结构中埋置参比电极可以测得钢筋的电位，从而获取钢筋的腐蚀状态。这种电位传感器关键在于选取可靠的参比电极。有研究表明，MnO_2 是一种可靠的参比电极，能够在碱性环境下满足电位稳定、耐久性等技术要求。

(2)电偶传感器

应用于混凝土结构中的电偶传感器由碳钢阳极和钝性金属组成。当电偶传感器处于混凝土的高碱性环境下时，碳钢电极受到氯离子侵蚀会导致钝化膜破损，同时电位降低，但钝化金属耐氯离子侵蚀能力较强，能够维持较高电位。因而一旦碳钢钝化膜发生破裂，电偶传感器就能够从碳钢电极监测到显著的阳极电流，进行腐蚀预警。

(3)电阻传感器

当钢筋发生腐蚀时，钢筋的截面会减小，导致钢筋的电阻发生变化。电阻探针就是通过测量腐蚀导致的钢筋电阻变化来监测钢筋的剩余截面积变化的[74]。通过电阻传感器可以计算钢筋的腐蚀速率，然而钢筋腐蚀速率较低，同时电阻传感器的灵敏度也不高，这会导致当电阻传感器监测到明显信号时，钢筋已经发生了严重的腐蚀，这不利于了解钢筋早期的腐蚀信息，也会导致腐蚀防护策略缺乏前瞻性。

(4)光纤传感器

混凝土中的pH值、氯离子、湿度等信息可以引起光信号波长的变化。将光纤传感器预埋进混凝土结构中,通过光纤光信号的变化可以监测混凝土结构中的环境变化。在圆钢筋上缠绕应力敏感光纤还可以测量腐蚀产物导致的体积膨胀,从而判断钢筋的腐蚀程度。与电阻传感器一样,只有当钢筋发生严重腐蚀时,光纤传感器才能监测到明显的信号。

(5)多功能传感器

多功能传感器技术就是将多种监测探头集成,形成具有多参数感知功能的钢筋混凝土腐蚀监测系统[75]。国内研究者近年来开发的多功能型传感器集pH探针、氯离子探针、钢筋电极、参考电极与对电极为一体,可以同时监测混凝土结构中的pH值、氯离子浓度以及钢筋腐蚀速率。目前,多功能型传感器已经在浙江宁波甬江水底隧道、厦门翔安隧道、港珠澳大桥、大亚湾核电站以及沪昆高速铁路等重大钢筋混凝土工程中应用。然而,集成度高对传感器而言是一把双刃剑,由于传感器系统集成度高,多功能型传感器往往体积较大,安装不便,且预埋式传感器一旦发生故障,易导致整个监测系统无法使用。

7.1.3 钢质埋地管道防腐监测技术发展现状

7.1.3.1 钢质埋地管道腐蚀监测的意义

钢质埋地管道是石油、天然气和水利基础设施资产的重要组成部分。由于我国的国土面积较大,埋地管道的铺设面积远高于其他国家。据统计,我国每年发生油气集输管道事故近五次,不仅对我国经济造成巨大的损失,也对水资源、土资源造成严重的伤害[76]。管道腐蚀问题是造成管道失效的最主要因素。埋地管道通常与土壤接触,土壤颗粒的间隙中常含有水和空气,水中所含的盐分使土壤具有离子导电性,使土壤成为一种典型的多项腐蚀环境[77-80]。由于埋地管道的耐腐蚀性通常较弱,因而抑制和监测管道外壁的腐蚀情况对保障埋地管线运输的安全性与稳定性尤为重要。

管道外壁通常采用防腐涂层作为保护手段[77-81]。防腐涂层可以将管道外壁与外界环境中的水、O_2和腐蚀性离子隔开,作为防止管道外壁腐蚀的第一道屏障。然而,实际生产应用过程中,涂层很容易遭受机械损坏,并经历各种形式的老化。一旦涂层出现破损点,破损点周围涂层就会发生起翘剥离。涂层与钢质管道界面处将会被腐蚀性介质填充,形成严重的局部腐蚀[82],如图7-9所示。为了防止由于涂层缺陷而导致的腐蚀问题,通过使用外加电流将暴露的金属表面电位移至保护电位范围内来抑制腐蚀[83]。虽然涂层和阴极保护系统理论上应该完好地保护埋地管道,然而在实际应用中阴极保护系统可能会由于各种原因而中断或停止工作。此外,在涂层缺陷处,阴极保护系统的有效性可能受到外界杂散电流或阴极屏蔽的显著影响,无法有效地抑制局部腐蚀的发生[81,84-85]。

图 7-9　埋地管道防腐涂层及碳钢基体损伤实例

7.1.3.2　传统监(检)测技术

对于埋地管线的外壁腐蚀问题,通常采用检测防腐涂层和阴极保护系统的完整性以及监测腐蚀发展过程这两种方法来进行评估[86]。过去的几十年中,多种不同的腐蚀监(检)测技术被广泛应用于实际埋地管道的生产运营过程中[76-87]。其主要包括以下几种。

(1)防腐涂层缺陷检测技术

埋地管道防腐涂层缺陷检测技术主要包括多频管中电流衰减法(Pipeline Current Map,PCM)、直流电位梯度法(Direct Current Potential Gradient Method,DCVG)和交流电位梯度法(Alternating Current Potential Gradient Method,ACVG)[88]。

①PCM 检测技术。

该技术通过发射机发射的信号电流在埋地管道周围产生电磁场,根据磁场分量测定管道信号。信号强度随距离增大而衰减,根据信号衰减程度分段评价管道防腐层绝缘电阻值来判断管道外防腐层的情况。有破损点时,信号会突然降低,进而确定破损点位置。

②DCVG 检测技术。

在埋地管道上施加直流电流时(如管道上的阴极保护电流),电流可以通过大地到达防腐涂层破损处。在涂层破损点附近,电压梯度会显示出明显变化。距离防腐涂层破损点越近,电压梯度越集中。然而,该技术不适用涂层破损点处的金属管线未与电解质接触的情况。另外,对于涂层剥离造成的阴极屏蔽及管道覆盖层导电性较差等情况,该方法的测量结果也可能出现较大偏差。

③ACVG 检测技术。

当向管道施加特定频率的交流信号时,管道周围的磁感线分布是以通电管道为圆心的无数个同心圆。在管道上方的某一水平面上,磁场强度在管道正上方最强,向两侧逐渐衰减。当涂层出现破损时,信号电流就会从漏点处流出,以破损处为中心形成一个球形电场,进而可以定位涂层破损的位置。该检测技术的弊端同 DCVG 检测技术。

(2)阴极保护系统有效性检测技术

管道间距极化电位检测方法(Close-Interval Potential Survey Method,CIPS)是管道阴极保护系统完整性的主要检测方式[89]。通过一根长导线将测试桩与管道相连,沿管路以小间距测量管地电压。整条金属管体可看作一个等势体,通过测量管路上任意一点的阴极保护电位得到整个管路的阴极保护电位分布,进而评判管道阴极保护的有效性。

(3)腐蚀速率监测技术

①腐蚀挂片法。

将试片置于和管道相同的腐蚀环境中,根据试片在腐蚀前后的重量变化推断管道的腐蚀速率,同时可依据试片的腐蚀情况推断出管道的腐蚀产物及腐蚀类型等。该方法在测量过程中需要将试片取出并清除其表面腐蚀产物,是评价埋地管道外壁阴极保护状态及管道腐蚀程度常用的监测手段。试片的位置和数量决定了监测数据的有效性及准确性。

②电阻法。

通过将电阻探针与阴极保护下的管道电连接,可以模拟管道上的涂层缺陷。然而传统的电阻探针通常只能反映管线的平均腐蚀情况,无法甄别管道外壁不同区域的腐蚀差异。场指纹法是一种改进的电阻测量技术。在被监测管段安装阵列电极,并通入恒定电流。当管壁厚度发生变化时,管壁上电场分布发生变化,通过监测电极间微小电位差的变化来判断管道内壁腐蚀缺陷的类型及程度,监测管道内腐蚀状态。该技术特点和优势非常明显,具有精度较高、温度适用范围广、安全性高等优点,但其研发和应用的时间不长,目前其理论和应用研究中仍存在一定的局限性,且费用较高。

③电化学方法。

管道腐蚀本质上是电化学反应。因此,可以利用与腐蚀反应的热力学和动力学基本相关的电化学参数来表示腐蚀过程的内在特性[90]。线性极化测量(Linear Polarization Resistance Method,LPR)是腐蚀速率测量的常用技术。然而,如果金属处于阴极保护下,其残余腐蚀速率,即施加阴极电位时的阳极电流密度可能与极化电阻无关。因此,LPR 技术不适用于阴极保护下管道的腐蚀速率测量。电化学阻抗谱技术可以避免阴极保护的影响,并且可以根据电化学阻抗谱结果获得与电解质(高频)、电荷传质控制反应(中频)和扩散控制反应(低频)相关的信息[91-92]。目前,电化学阻抗谱探头已被广泛应用于评估多相环境中的腐蚀和抑制行为。

7.1.3.3 钢质埋地管道先进监(检)测技术

(1)弱磁无损检测技术

弱磁无损检测技术(图 7-10)是一种基于材料磁特性、磁效应现象、磁信号处理和计算机技术等发展起来的检测技术[93]。埋地金属管道局部发生腐蚀减薄时,此处的管道金属量将会相应减少,其结果相当于该处介质被低磁导率的空气和土壤等物质替代,这必然对穿透该区域的地磁场产生影响,通过分析磁场强度的变化来判断被检工件内部和表面是否存在缺陷,就能够对埋地管道腐蚀类缺陷进行原位检测。然而,由于不同区域大地磁场具有差异性且部分检测区域存在周围磁场干扰,如高压线、交叉管道等,将会导致检测不准确。同时,检测仪器与被检管道的相对位置变化,如管道的埋深变化、仪器姿态变化等,也会影响磁场信号的准确性。

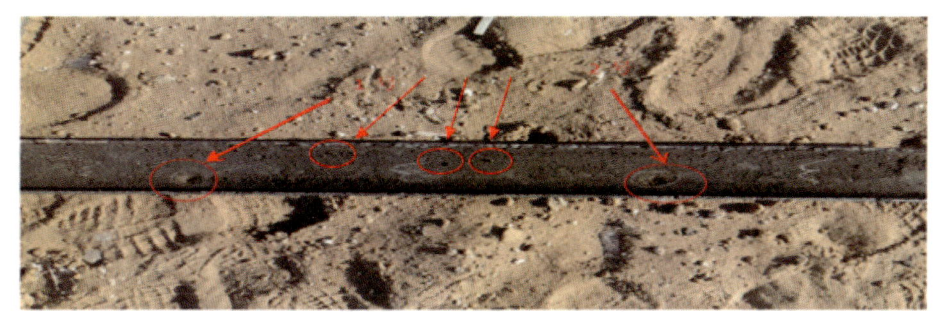

a)开挖现场

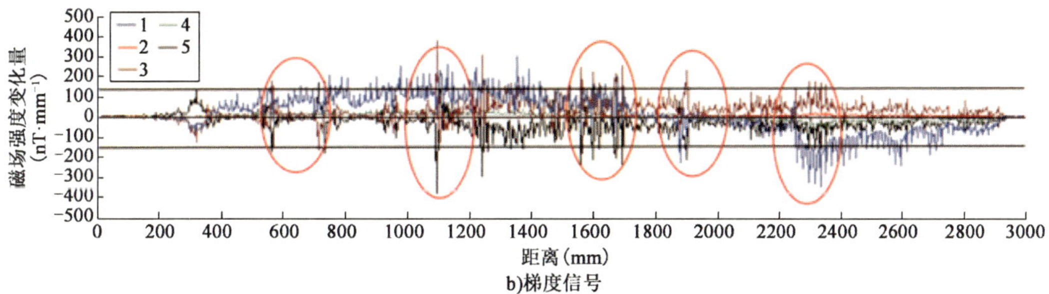

b)梯度信号

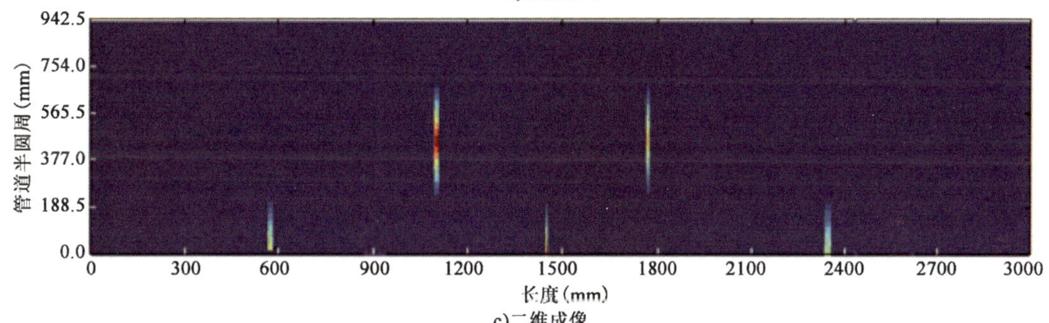

c)二维成像

图 7-10 弱磁无损检测技术

弱磁无损检测技术依据测量获取磁信号数据,通过去除干扰信号、判断损伤位置及类型的方法,依据式(7-18)对损伤程度 $G(G>0)$ 进行评估,G 越大表示损伤程度越高。

$$G=\sum_{i=x,y,z}\sqrt{\sum_{j=x,y,z}\left(\frac{\Delta \boldsymbol{H}_{ij}}{\Delta l_i}\right)} \tag{7-18}$$

式中:G——损伤程度大小的度量;

i,j——x、y、z 方向;

$\Delta \boldsymbol{H}_{ij}$——$i$ 方向排列的传感器之间的磁矢量 j 分量;

Δl_i——i 方向排列的传感器之间的距离。

探测运营中管道损伤引起的微弱空间磁场分布信号,经干扰去除、数据处理与分析,可以判断管道损伤的位置和类型,评估管道损伤状况。

(2)耦合阵列多电极监测技术

钢质埋地管道/有机涂层是一个复杂的体系,传统电化学方法使用大面积金属电极进行测试,所测得的结果是一个总体的平均值,不能得到有机涂层上缺陷的局部信息。耦合阵列多电极技术可以较好地监测金属的局部腐蚀过程。耦合阵列多电极是将多个丝状电极按一定的规则排列,相互绝缘并固定于环氧树脂中,每根电极均可看作独立的微小探头[93]。该技术可将大面积的涂层分成多个区域,分别测试涂层下各微小区域的电化学参数,可以反映埋地管道涂层的状态和涂层下钢材的腐蚀发展过程。

通常采用3种耦合阵列多电极传感器来进行埋地管道的外壁腐蚀监测。涂装完好涂层的传感器用于监测埋地管道涂层全生命期内的老化演变情况(图7-11)。电偶电流的强弱不仅可以反映涂层的破损和剥离情况,也可以反映涂层下钢制基体的损伤情况;在中心区域带有缺陷的涂层传感器用于监测带缺陷涂层的损伤演变规律,通过传感器表面的阴阳极电流分布可以有效评估围绕缺陷部位的涂层破损发展规律和破损区域的金属基体腐蚀行为;带有模拟剥离缝隙结构的传感器用于监测已发生涂层剥离缝隙区域内的金属腐蚀发展情况,进而评价剥离涂层下钢制结构的腐蚀状态。

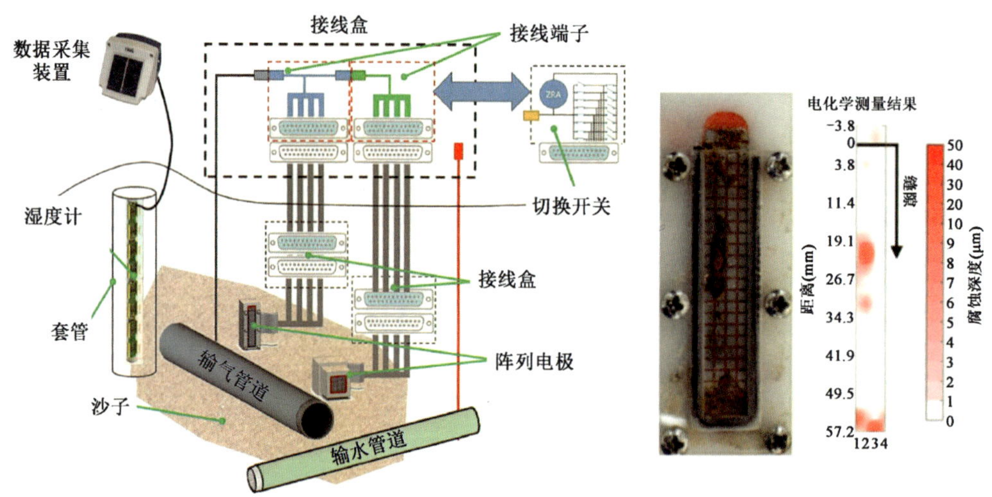

图7-11　耦合阵列多电极技术在埋地管道涂层监测中的实际应用

7.1.4　海底管道防腐监测技术发展现状

7.1.4.1　海底管道内壁腐蚀监测的意义

海底管道是海洋油气集输的命脉,作为最重要的海洋油气输运方式,它具有高效、节能、安全的优势。随着海洋钢制管道的广泛使用,管道失效问题愈发突出,严重影响经济社会活动,甚至威胁人类生命与财产安全。海底管道内壁常常处于CO_2、氯离子、H_2S等多种腐蚀性介质以及流动砂粒共同作用的气液固多相流环境中，流速较低时，管道底部由于颗粒沉积容易发生沉积物下腐蚀[94]。流速较高时，腐蚀性介质和流动颗粒会引发弯管与变径管段的冲刷腐蚀穿孔，而在管道焊接区域则容易发生异种金属接触导致的电偶腐蚀与焊缝优先腐蚀[95-96]，管道内外壁的温差则会导致管道湿气在顶部凝结而引发管道顶部腐蚀[97]，因而管道内壁腐蚀是海底管道流动性保障的最大威胁。深入了解海底管道内壁腐蚀机理，采取可靠手段对管道内壁进行健康监测是降低腐蚀风险、保障管道安全性的重要手段（图7-12）。

图7-12　腐蚀引起的海底管道损伤与腐蚀失效实例

7.1.4.2　传统腐蚀监（检）测技术

随着腐蚀监测技术的发展，先后出现了腐蚀挂片、电化学探针、电阻探针、电感探针、超声波检测、磁漏检测、涡流检测等多种监（检）测技术，它们各有其优缺点和适用范围。

（1）腐蚀挂片技术

海底管道内壁通常在旁路管道内安装腐蚀挂片，通过定期地取样称重进行腐蚀监测及定量评估，该方法广泛应用于海洋油气管道及回注水管道的腐蚀监测。

（2）电化学探针技术

①线性极化探针技术。

线性极化探针技术是管道内壁腐蚀在线监测的重要方法之一。

线性极化探针响应迅速，不需要累积腐蚀深度，对电极的几何尺寸和结构设计没有要求，不受温度波动的影响，但只能通过测量得到线性极化电阻，需要采用固定的Stern常数来计算腐蚀速率。在实际管道监测中，由于电极表面状态的变化会导致阴阳极动力学参数的变化，Stern常数也很难确定，通过线性极化法转换得到的腐蚀速率往往只是一个近似值。此外，长期腐蚀所产生的腐蚀产物在管道内 LPR 探针表面累积也可能造成较大的测量误差。

②电化学阻抗谱探针技术。

电化学阻抗谱测量时采用的扰动信号幅值较低,一般不会对电极表面造成不可逆的破坏,同时该方法以判断出电极反应包含的子过程,讨论其动力学特性,相比于线性极化法更适用于监测缓蚀剂的作用效果和吸附情况。相对于线性极化法,电化学阻抗谱法的测量时间较长,但能够获得更多的腐蚀信息。

③电偶探针技术。

电偶传感器可以综合考虑管道内的腐蚀环境变化,通过成对地使用可以用来评估管道内流质中腐蚀介质含量的变化,从而计算整条管道的平均腐蚀速率,但电偶传感器不能直接反映某点的即时腐蚀速率。同时,当管道内环境较为复杂时,在流质内含有多种腐蚀介质的情况下很难建立腐蚀监测模型。

④电化学噪声技术。

电化学噪声信号可以反映金属亚稳态点蚀的发生,通过在线监测得到噪声信号的暂态峰,可以分析电极表面点蚀坑萌发与消亡的过程,可以通过噪声信号分析管道内缓蚀剂的吸附和脱附情况。

由于噪声信号较为微弱,通常测试系统需要放在 Faraday 笼中进行噪声屏蔽,这在海底管道的监测中同样难以实现,流动的介质同样会对噪声产生较大的干扰。如果仅通过电化学噪声来实现腐蚀速率的监测可能会产生较大误差。

(3)电阻探针技术

电阻探针法在高温重油环境以及化学腐蚀所导致的金属损伤环境中具有很好的适用性。但是,传统的电阻探针通常只能反映管线钢的平均腐蚀情况,而对于管线内不同部位的局部腐蚀缺乏有效的甄别措施。

(4)电感探针技术

电感探针技术是由电阻腐蚀探针转化而来的,该技术是在传感器中埋设一个线圈,通过其感抗的变化来测定金属探针厚度的减少[98]。具有高磁导率强度的金属探针强化了线圈周围的磁场,因此金属探针厚度的变化将影响线圈的感抗。该技术是通过测量元件的腐蚀速率来间接反映介质对管路的腐蚀情况,是通过一段时间内的腐蚀减薄积累来计算腐蚀率的[99]。相比于电阻探针技术,电感探针技术也可以应用于电解质腐蚀体系和非电解质腐蚀体系,但它的敏感度比电阻探针高几个数量级,由于测量信号采用交流信号,所以抗干扰能力较强[100]。

(5)超声波检测技术

超声波检测管道腐蚀状态时将探头垂直向管道内壁发射超声脉冲,探头首先接收到来自管壁内表面的反射脉冲,然后超声探头会接收到来自管壁外表面的反射脉冲,这个脉冲与内表面反射脉冲之间的路程间距反映了管壁的厚度。这种检测方法是管道腐蚀缺陷深度和位置的直接检测,对管道材料的敏感性小,不仅不受壁厚限制,还能分辨管道的内外壁腐蚀、管道变形、应力腐蚀破裂和管壁内的缺陷,如夹渣等。但该方法一般只能用于液体管线,对于气体管道需要使用段塞法[101-102]。

(6)漏磁检测技术

漏磁检测技术在市场上运用的时间比较久,其相关技术比较成熟,设备相对稳定。其主要是通过漏磁通原理来对管道进行检测,判断其是否出现腐蚀或损坏,通常用于检测管道的体积型缺陷[102]。无论管道内输送介质为液态还是气态,都能使用该技术进行检测。在进行检测的过程中,对于管壁与传感器中的耦合介质没有要求。该技术在我国运用得比较多,其中,中国海洋石油集团有限公司就对漏磁检测技术展开了验证,将该检测技术运用到管壁变薄的管道检测中,得出的结论与真实情况吻合,证明该技术的有效性。

(7)涡流检测技术

涡流检测技术的工作原理是将比较微弱的电流输入涡流式检测器的初级线圈,由于电磁感应在管道上形成了相应的涡流,再通过次级线圈来展开相应的检测工作。当管壁上存在问题时,初级线圈上的磁通量就会出现异常,此时的磁力线也会随之改变,这样就会引起次级线圈的磁通量的失衡,最终形成相应的电压。如果管壁一切正常,那么这两侧之间的磁通量将会达到平衡状态,从而不会形成电压。因此,在判断管道状况时,可以通过监测电压的变化情况进行分析。该技术虽然具有一定的检测效果,但在使用时也有着许多局限性。通常,该技术在陆地的管道中使用比较广泛,而对于海底管道的检测,目前还没能实现全面覆盖[103]。这主要是因为其在进行数据采集过程中,信号的分辨率比较差,在传输过程中的速率也不能满足使用要求。同时,相关的检测工艺流程还存在一些不足,没有相应的规范和标准进行统一。其所能检测的产品规格的范围比较小,不能实现各种类型管道的检测。不仅如此,海底工作的难度比较大,其检测时的相关设施并不能全面满足海底作业。

7.1.4.3 海底管道先进腐蚀监(检)测技术

(1)电指纹监测技术

电指纹监测技术(Field signature method,FSM)是挪威奥斯陆大学提出的一种改进的电阻测量技术。该技术通过在管道上布置小的电极阵列,将管道分割成小的矩形分区,对局部电阻率进行测量。当管道的局部区域出现点蚀时,局部的电阻将显著增加并导致电压的下降,从而确定局部腐蚀的深度[104],如图7-13a)所示。该设备可以直接在已建成管道上进行安装,同时由于测量电极布置在管道外壁,而不会对管道的完整性产生破坏,尤其适用于高温高压并且需要清管的海底管线[105]。但是,电指纹监测技术的温度补偿元件距离测量矩阵较远,温度的波动可能会带来较大的测量误差。相比较传统的薄壁电阻探针,其测量分辨率和精度都相对较低。

(2)基于双环传感器管道腐蚀在线监测技术

双环传感器(Ring pair electrical resistance sensor,RPERS)管道腐蚀在线监测技术是在传统电阻探针的基础上发展起来的,它采用实际管道环形切片作为敏感元件和补偿元件,消除了几何因素和温差所带来的测量误差[106-107]。实际应用中,双环传感器是嵌入管道内部的一部分,如图7-13b)所示,腐蚀元件和温度补偿元件构成的双环传感器的内径与待测管道的内径相一致。与管道相同的几何构型使得监测得到的腐蚀信息更接近于真实的腐蚀情况。双环传感器可以实现管道全周向的局部腐蚀深度在线监测,其监测原理为将每个环形探针外表面等间距布置12个接线柱,环形探针被接线柱分为6个分区。通过向特定的接线柱输入激励电流,测量每个分区的电阻值,计算得到环形探针每个分区的腐蚀深度与腐蚀速率[108]。

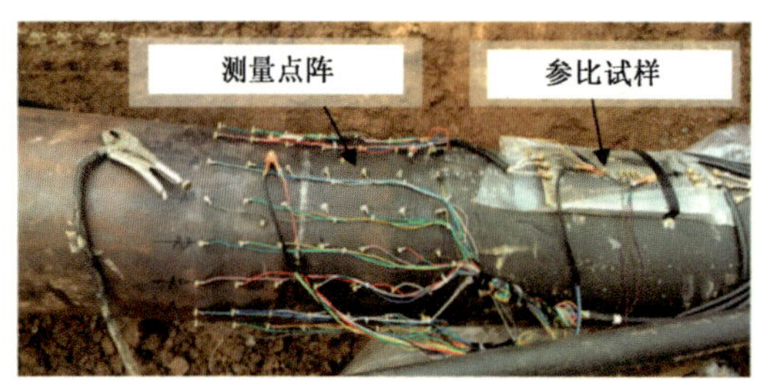

a)电指纹法管道监测

b)双环传感器

图7-13 电指纹法管道监测与双环传感器实物

与传统的侵入式腐蚀探针相比,双环传感器作为管路的一部分,不会破坏管路的整体结构。同时,传统的侵入式腐蚀探针只能监测管道的平均腐蚀或者某一固定位置的腐蚀速率,不能监测管道内的全周向局部腐蚀速率,而基于双环传感器的腐蚀探针可以在不破坏管道周向结构电化学完整性的前提下,实时监测全周向的局部腐蚀状态。

7.1.5 钢壳沉管外壁防腐监测技术发展现状

国际隧道协会(ITA)将沉管隧道定义为由若干节预制的管段,分别浮运到现场,一节一节地沉放安装于预先开挖的基槽,并在水下将其连接而成,如图7-14所示。基槽底面和隧道底部的空间事先用砾石垫层或向隧道下面喷砂、压浆,使空隙填充密实。在隧道管段正确就位后,要对隧道两侧进行回填,并在隧道的顶部覆盖一层保护层[109]。

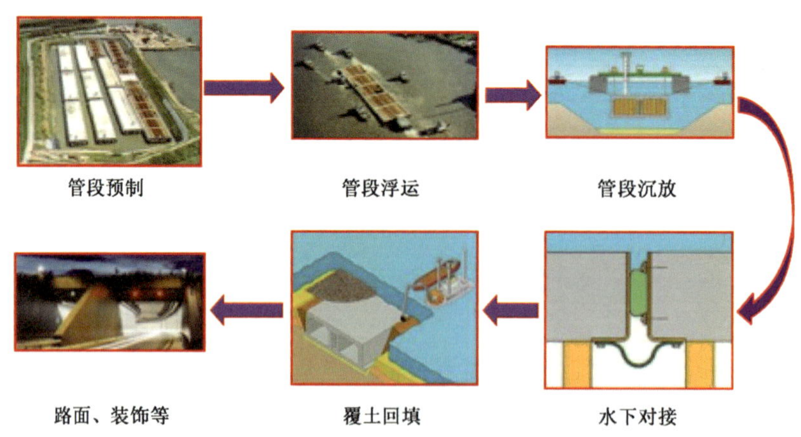

图7-14 沉管隧道施工示意图

自1910年美国底特律河建成世界上第一座水下沉管隧道以来，水下沉管隧道技术经历了不断发展完善的过程。截至2001年，世界上有近20多个国家采用沉管隧道技术修建了130多座水下隧道[110]。

穿越美国密歇根州的底特律河铁路隧道是世界上第一座沉管隧道，其采用钢壳式沉管隧道技术，于1910年建成，其后北美洲陆续建造了几十座钢沉管隧道。直至1942年建成了穿越荷兰鹿特丹马斯河的公路隧道，揭开了混凝土沉管隧道建设的序幕，也形成了沉管工法的两种主要类型，即钢壳式沉管隧道和混凝土沉管隧道。

钢壳式沉管隧道是双孔形断面的钢壳与混凝土复合结构，钢板焊接而成的钢壳起到外防水层作用，后浇筑的混凝土起到镇重抗浮作用。通常选择隧址附近的临水船坞焊接拼装钢壳管节，然后将钢壳管节下水并浮运到隧址附近，在浮态下分段分块平衡浇筑混凝土而形成钢混管节，再依次沉放到预先敷设刮平的砾石基槽，实施水力对接，采用导管灌注水下混凝土，封闭管节间的接头和回填基础[110-111]。

沉管隧道多修建于经济较为发达的沿海海域及内陆河流入海口，海水/海淡水交汇，季节环境变化较大，腐蚀环境复杂且变化明显，同时存在海泥冲刷与回淤的情况。此外，沉管隧道多数深埋泥面以下，跨越多个埋深的不同地质层，处于海水/海泥/抛石耦合的服役环境，腐蚀介质环境复杂多变。无论是混凝土沉管隧道还是钢壳混凝土沉管结构，在超长服役寿命的设计要求下均存在金属材料的腐蚀及防护问题。

对于混凝土沉管隧道，在海底暗埋环境下长期服役于混凝土内部的钢筋同样面临着腐蚀风险。钢筋混凝土的腐蚀监测及评估技术如第7.1.2节所述，此处不再赘述。对于混凝土结构的海底隧道的防腐耐久性监测已有较多的研究及工程应用。厦门翔安海底隧道作为我国大陆第一条海底隧道，其设计使用寿命100年，属于一级重要基础设施工程，其健康监测系统采用了多种类型的腐蚀监测传感器，监测了钢筋电极电位、电流密度、pH值、氯离子浓度、腐蚀速度等多种参数，并建立了隧道腐蚀监测数据库，收集了大量的长期耐久性腐蚀监测数据，为同类型海底隧道工程的选材、结构耐久性设计提供了数据支撑[112-113]。我国第一座软土地基沉管隧道——宁波甬江沉管隧道所设计采用的健康监测系统也同样包含了用于监测钢筋腐蚀的传感器及监测功能[114]。香港地铁沙中线（南北线）过海沉管隧道为混凝土沉管隧道，该工程通过双参比电极及多功能腐蚀监测传感器监测混凝土内部钢筋的腐蚀情况。其中，参比电极分别采用LD25型Ag/AgCl参比电极和MN15型Mn/MnO_2参比电极，腐蚀监测传感器采用的是带腐蚀速率探头的4A型多深度腐蚀监测传感器，该传感器类似于阳极梯传感器，能够在混凝土服役早期监测混凝土中的腐蚀介质，并配备钢筋腐蚀速率探头，可以通过线性极化电阻法测量钢筋在混凝土中的腐蚀速率。

针对钢壳混凝土沉管隧道，往往采用牺牲阳极阴极保护方法对钢壳外壁进行防腐保护。在海水/海泥/抛石共存的深埋环境下，牺牲阳极的电化学性能、保护电流分散能力、腐蚀产物溶解情况、长期服役性能及影响因素、使用年限等方面均存在较多的不确定性，且钢壳混凝土沉管钢壳外壁的防腐系统修复成本极高，因此有必要建立长效的腐蚀监测系统，在实际服役过程中对钢壳外壁防腐系统的工作状态进行全寿命周期监测和评估。

对于长期服役于海洋环境的钢质结构的腐蚀及阴极保护监测,通常采用电位监测的方法。对于钢壳混凝土沉管隧道外壁钢壳的腐蚀及阴极保护监测的研究和相关工程应用较少。日本东京港临港道路南北线钢壳混凝土沉管工程中,采用高纯 Zn 参比电极与 Pb/PbCl 参比电极作为电位监测传感器,监测钢壳沉管的外壁的阴极保护电位,从而判断牺牲阳极阴极保护系统的保护效果及工作状态。参比电极通过在钢壳混凝土沉管管壁开贯穿孔的方式安装于沉管壁厚外侧,单个监测截面设计安装 6 组参比电极[115],参比电极布置及结构形式如图 7-15 所示,其中钢壳侧面(安装牺牲阳极面)设计安装了两组高纯 Zn 参比电极;钢壳顶面和底面(未安装牺牲阳极面)设计安装了 4 组 Pb/PbCl 参比电极,Pb/PbCl 参比电极照片如图 7-16 所示。

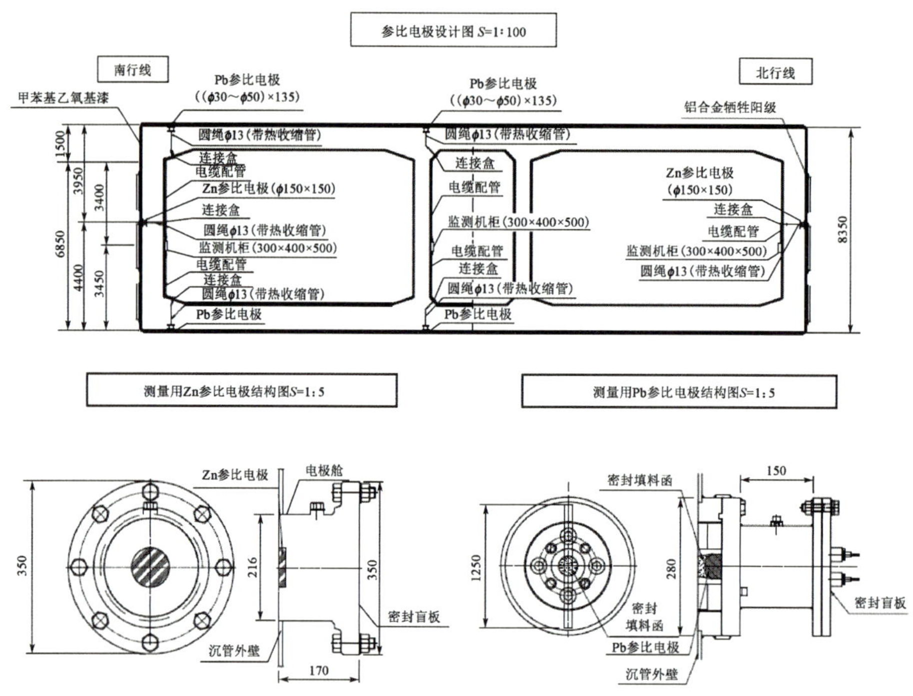

图 7-15　日本东京港临港道路南北线钢壳混凝土沉管防腐监测传感器布置及结构形式(尺寸单位:mm)

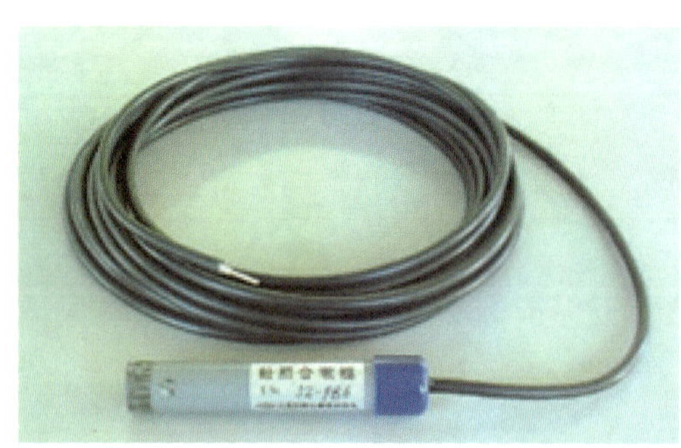

图 7-16　Pb/PbCl 参比电极照片

我国钢壳混凝土沉管隧道发展起步较晚,正在建设的深中通道项目为国内首个钢壳沉管隧道[116]。因此,国内鲜有针对钢壳混凝土沉管隧道钢壳外壁长期腐蚀监测的研究及应用。大连科迈尔防腐科技有限公司开发了一种适用于钢壳混凝土沉管隧道的监测装置,该装置能够在位更换,搭载参比电极、pH 传感器、温度传感器、含氧量传感器及离子选择性电极,通过装置的顶出结构、锁紧装置及密封结构可以实现监测探头的原位带压更换[117]。该方法通过传感器的原位带压更换解决了钢壳沉管隧道百年耐久性需求与现有传感器寿命有限的主要矛盾，为钢壳沉管隧道在不开挖的前提下实现对其外壁腐蚀监测系统的维修及延寿提供了创新性的解决方案。同时，该公司还公开一种可用于钢壳沉管隧道外壁钢壳厚度监测的超声波测厚探头的安装结构及安装方法，能够实现对钢壳外壁钢板的剩余厚度的全寿命周期监测[118]。

深中通道项目采用钢壳混凝土沉管隧道，为了确保钢壳沉管外壁在全寿命周期的阴极保护状态均处于设计保护范围内，以 E32 管节为典型监测对象，采用长效复合参比电极及复合缆一体化集成封装方式实现了钢壳沉管隧道外壁防腐监测的无损安装。详细实施案例见第 7.3 节。

7.2　钢壳混凝土沉管耐久性长寿命周期管理策略

从厄勒海峡大桥、昂船洲大桥等具有 120 年设计使用年限的工程的建设经验来看，普遍采用合理设计指标、严格控制施工质量、明确规定后期维护等措施来保障工程的耐久性。已经建设的东海大桥、杭州湾大桥、青岛海湾大桥、港珠澳大桥等多座跨海桥梁工程，设计使用年限均不低于 100 年，其中港珠澳大桥的设计使用年限为 120 年[119]。虽然上述工程均以钢筋混凝土结构为主体结构，采用海工高性能混凝土、规定最小保护层厚度、采取附加防腐蚀措施和严格施工管控的技术思路来实现工程耐久性，但其采用的工程全寿命周期耐久性管理策略是可以在钢壳混凝土沉管工程中沿用的；同时，在勘察、设计、施工、运营阶段配备相应的耐久性保障技术，能够满足钢壳混凝土沉管工程 100 年的设计使用寿命。

7.2.1　钢壳耐久性全寿期管理策略

钢壳混凝土沉管隧道是由多个钢壳混凝土管节和最终接头管节组成的，本体为全三明治结构，由钢壳作为管节与服役环境介质直接接触的工作面。作为重要的交通基础设施，其使用寿命通常要求不低于 100 年。在设计、施工及使用时，必须对钢壳实施防腐措施，以延长其设计使用寿命，确保其结构性能不会因腐蚀而下降，因此确保管节钢壳在全寿命周期内的耐久性极其重要。综上所述，钢壳混凝土沉管耐久性的全寿命周期管理应按照工程区域的腐蚀环境勘测分析、设计使用年限分析、耐久性设计、耐久性施工质量控制、营运期耐久性维护的策略执行，如图 7-17 所示。

7.2.2　钢壳耐久性运营期维护管理

钢壳混凝土沉管隧道耐久性的保障，不仅需要在设计、施工阶段就同步实施全寿命周期耐久性保障措施，更为重要的是，在持续时间更长的运营期内也要采用科学合理的维护、监/检测、评估、维修、延寿等一系列保障措施。钢壳混凝土沉管可采用图 7-18 所示的维护管理策略，以保障管节钢壳的耐久性[115]。

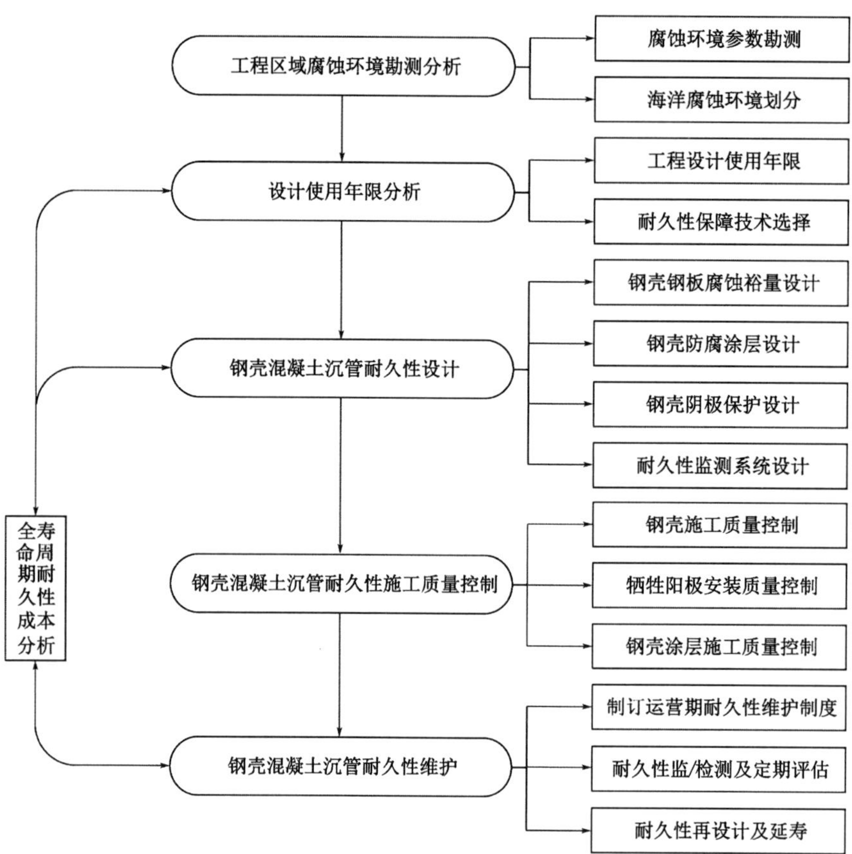

图 7-17　钢壳混凝土沉管隧道耐久性全寿期管理策略

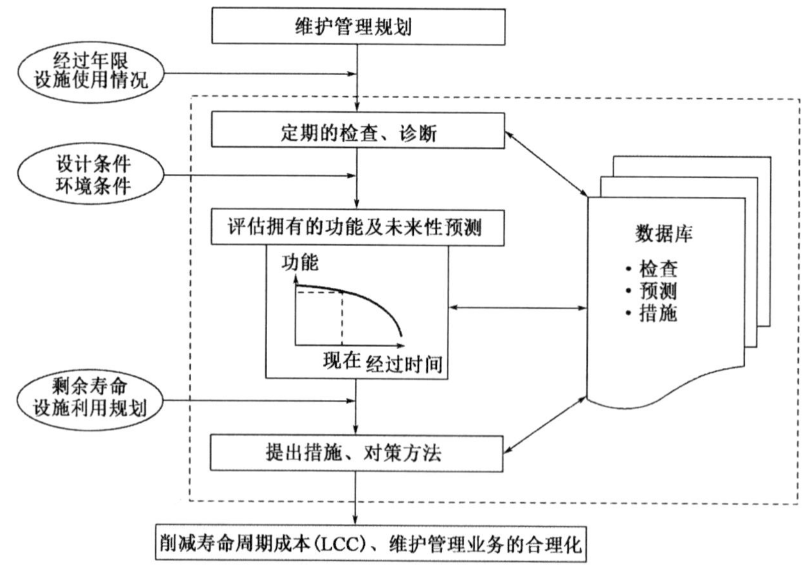

图 7-18　钢壳混凝土沉管隧道耐久性运营期管理策略

钢壳沉管隧道的维护管理必须是贯穿设计使用寿命的全寿命周期预防性维护。虽然提高结构、材料的维护管理等级是提升钢壳沉管耐久性最理想的方法，但会受到维护成本、使用环境及维护难易程度的影响。综合钢壳结构材质、功能、工况、维护维修措施、部件更换可行性等多个角度考虑，将钢壳沉管隧道的维护管理设定为三个等级（Ⅰ～Ⅲ），见表7-3[115]。

基于结构损伤劣化的全寿期维护管理等级设定　　表7-3

类　别	结构损伤劣化程度
维护管理等级Ⅰ（提前对策型）	通过提前实施高水准的损伤劣化措施，将损伤劣化控制在不至于无法满足设计使用期间所要求的性能的阶段
维护管理等级Ⅱ（预防维护型）	在发生轻微损伤劣化的阶段，通过实施多次的小规模措施，使其不至于无法满足设计使用期间所要求的性能，预防其功能下降
维护管理等级Ⅲ（事后维护型）	允许在能满足所需性能范围的情况下，产生一定程度的损伤劣化，通过在设计使用寿命内实施的1～2次大规模的措施来修复损伤劣化。属于事后维护

根据钢壳沉管隧道各主要结构的设计及特征，参照表7-3的维护管理等级设定，按照表7-4划分钢壳沉管隧道各结构全寿期内的维护管理等级及管理策略[115]。

钢壳沉管隧道各结构的维护管理等级　　表7-4

对象部位	设计规格	设计使用寿命（年）	维护管理等级	使用寿命期内的管理、措施、修补
管节本体	钢壳与混凝土混合结构	100	Ⅰ	如出现地震和地基沉降等影响，也有在使用寿命期内进行多次修补的情况
接头	耐久性橡胶组合结构	100	Ⅰ	如出现地震和地基沉降等影响，也有在使用寿命期内进行多次修补的情况
避难走道、风洞等	合成结构·组合结构	100	Ⅱ	假设会出现损伤时修补的情况
钢壳管节外侧	重防腐涂料与阴极保护联合法	100	Ⅱ	假设出现因实际工况变化超出设计工况所造成的阳极消耗量增加的情况。 对钢壳保护电位进行监/检测、评估
钢壳管节内侧	重防腐涂料	30	Ⅱ	假设会出现局部修补的情况
内装板防火材料	—	约30	Ⅲ	使用寿命参照日本国内公路隧道的业绩
铺装	铺装	10～15	Ⅲ	假设在使用寿命期内需要进行修补
排水槽	RC结构	20～30	Ⅲ	假设在使用寿命期内需要进行修补
附属设备	通风设备、照明设备、灭火设备、避难引导设备、机械设备、测量设备、显示板等	10～30	Ⅲ	假设在使用寿命期内需要进行修补

7.2.3　钢壳腐蚀防护管理、检查及诊断

钢壳沉管隧道钢壳的防腐保护效果是确保钢壳全寿期耐久性的关键。在海洋环境中长期

服役的钢质结构、钢筋混凝土结构普遍会因金属材料的腐蚀而发生结构损伤,造成设施的功能下降。尤其是钢壳混凝土沉管隧道结构,钢壳作为结构与介质直接接触的外层材料,相比于钢筋混凝土沉管结构更容易发生腐蚀,且运营期深埋于海底,防腐保护效果及腐蚀程度难以直观检测,维护和维修较为困难。因此,有必要在全寿命周期内对其防腐效果的测量、检测和诊断建立定期执行的保障机制,确保在钢壳防腐效果出现衰减且钢壳主体未发生不可逆腐蚀损伤前能够及时发现并得到有效处理。从钢壳防腐维护管理的角度对钢壳进行的检查与诊断可按表 7-5所示的 5 个阶段实施[115,120]。

以钢壳的防腐维护管理为目的的检查和诊断[115] 表 7-5

检查诊断的种类	实施内容	大致的实施时期
初次检查	把握初期情况 (普通定期检查诊断 + 详细定期检查诊断)	竣工时
日常检查	有无重大异常情况 (通过外观和测量值确认是否异常)	日常巡检时与监测数据日常查询时
普通定期检查及诊断	通过外观和电位测定进行检查诊断	使用寿命期内每年 1 次, 其后每 5 年 1 次
详细定期检查及诊断	通过电位测定、 等效暴露试验等进行测量诊断	每 10 ~ 15 年 1 次
异常时检查及诊断	通过电位测定、专用设备、 局部开挖等来确认功能是否下降的检查诊断	发生异常时实施

基于钢壳防腐检查结果,可按照表 7-6 的诊断依据判断钢壳因腐蚀导致的劣化程度,进而评价钢壳腐蚀劣化程度对其功能的影响。在基于检查及评估结果需做出改造、大面积维修等重大维修决策前,有必要进行进一步的检测及研判。

钢壳腐蚀状态的评估结果分类[115] 表 7-6

评估	设施状态
1	(1)设施的功能呈下降状态; (2)有必要尽快研讨修补及补强等应对措施; (3)有必要进行全面改造的规划
2	(1)如果放置不管,设施的功能可能会出现下降的情况; (2)有必要研讨预防保护的对策工程; (3)下次检查的交接事项
3	无法确认与设施功能有关的形变,属于有必要进行持续观察的状态
4	未发生异常,属于能充分保持功能的状态

对管节钢壳外壁防腐效果的判断一般通过电极电位测量的方法来测量评估钢壳阴极保护的效果。其阴极保护电位的评价标准见表 7-7。通常,在施加有效阴极保护时,钢壳在海水中的阴极保护电位至少为 -0.80V(相对于 Ag/AgCl/海淡水参比电极),在海淡水中至少为 -0.90V(相对于 Ag/AgCl/海淡水参比电极)。该电位差包含了电流通过钢/水界面双电层的

电压降,但未包含其在环境介质中的电压降。考虑到沉管外壳介于含氧环境(沉管运行初期)和可能的缺氧环境(未来海泥沉积积累效应),钢壳外壳的保护电位除了满足上述技术规范的规定外,还要增加极化幅度大于 100mV 的判据。此外,当采用 Ag/AgCl/海淡水参比电极在高电阻率介质中测量保护电位时,应注意对其测量电位数据进行修正。这是因为 Ag/AgCl/海淡水参比电极的测量数据取决于电解质中的氯离子浓度,进而取决于海水电阻率。如果已知氯化物浓度或电阻率明显不同于常规海水(氯化物浓度 3.5%,电阻率 30Ω · cm),应根据图 7-19 采用 Cu/饱和 $CuSO_4$参比电极修正 Ag/AgCl/海淡水参比电极的保护电位测量数值[31]。

钢壳阴极保护电位判断准则　　表 7-7

环境、材质	保护电位	
	最正电位 vs. Ag/AgCl/海淡水③	最负电位 vs. Ag/AgCl/海淡水③
海水	-0.80	-1.15①②
海淡水	-0.90	-1.15①②

注:①关于阴极保护最负电位,ISO 13174—2012、ISO 12473—2017、DNVGL-RP-B401 等国际标准均规定为 -1.10V,是涵盖了外加电流和镁合金牺牲阳极等可能产生极负电位情况下的指标。但是 DNVGL-RP-B401 5.4.2 特别说明"术语'过保护(over-protection)'只适用于保护电位比 -1.15V 更负的情况,这种电位不适用于铝基或锌基牺牲阳极阴极保护系统"。结合实际工程,建议 -1.15V 作为阴极保护电位上限参考。

②由于"增加了极化幅度大于 100mV 的判据",评价指标已突破了我国现行标准的限值,应经过试验论证结果作为佐证材料,说明增加了极化电位,对沉管钢壳结构和防腐蚀无不利影响或不足以影响结构的正常使用。

③考虑到沉管埋覆在较高电阻率介质中,保护电位存在欧姆降误差(阴极电位偏负、阳极电位偏正),所以现场测量值若出现超出上限的情况,应考虑相关措施消除欧姆降、测量电缆等影响因素。

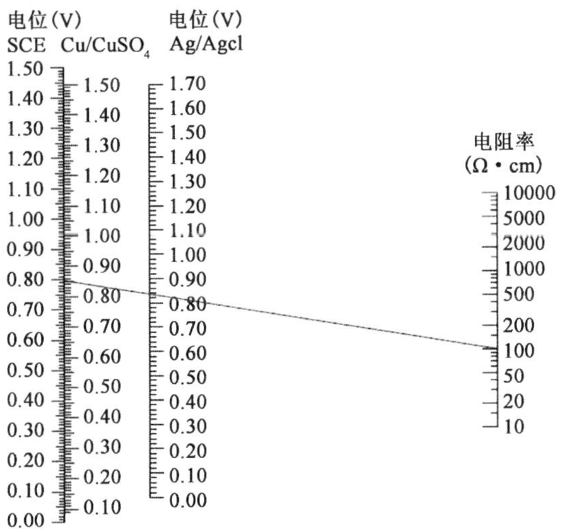

图 7-19　不同电阻率水中 Ag/AgCl/海淡水参比电极相对于 SCE 与饱和 $Cu/CuSO_4$电极的电位值

钢壳外壁的阴极保护电位可由预装或加装的阴极保护监测用参比电极进行测量,以确定钢壳阴极保护的有效性。由于钢壳沉管隧道具有较长的耐久性要求,且长期服役于海水/海泥/抛石耦合的介质环境,因此需要使用环境适用性更强、服役耐久性更长的参比电极。根据日本东京港临港道路南北线钢壳混凝土沉管隧道的工程案例，一般在钢壳贯穿预制安装高纯Zn参比电极和Pb/PbCl参比电极作为长期监测钢壳阴极保护电位的传感器。传感器的布置及结构形式如图7-15所示。为确认钢壳的阴极保护效果，需定期检查钢壳表面与参比电极之间的电位差，对其保护效果进行诊断，以防止在设计使用年限内出现阴极保护系统运行故障。钢壳在海水介质中，相对于高纯Zn参比电极的最小阴极保护电位为+250mV，相对于Ag/AgCl/海淡水参比电极的最小保护电位为-800mV。对于长期服役于厌氧环境且存在硫酸盐还原菌腐蚀风险的碳钢及低合金钢，其设计保护电位应比-800mV（相对于Ag/AgCl/海淡水参比电极）更负，宜规定为-0.90V（相对于Ag/AgCl/海淡水参比电极）。钢壳阴极保护系统运行状态的评估基准及等级划分见表7-8。

钢壳阴极保护系统运行状态的评估基准及等级划分（相对于高纯Zn参比电极）[115]　表7-8

评估等级	判断基准
1	（1）测定对象1/2以上的值都超过250mV； （2）阳极消耗异常，无法确认钢壳本体是否发生不可逆腐蚀损伤
2	—
3	—
4	（1）所有测定对象的值都小于250mV； （2）结构体的防腐状况正常

对钢壳沉管内侧防腐涂料效果的判断基准可参照表7-9进行。对沉管中的钢结构来说，以沉管隧道和竖井端部钢壳部分为典型对象，对其涂料的劣化状况和漏水进行判断并记录。如果发现漏水，判断其属于a类，有必要进行进一步详细检查。

管节钢壳内侧防腐涂层劣化的判断基准[115]　表7-9

判断	涂　料	典型图例	漏　水
1	（1）大范围内出现生锈和膨胀； （2）大范围内出现生锈剥落和裂缝； （3）缺损面积率达到10%及以上	劣化度：a类（缺陷面积率=10%）	（1）确认发生漏水； （2）确认有锈液
2	（1）出现大的锈及膨胀； （2）大范围内出现生锈剥落； （3）缺损面积率在0.3%以上、10%以下	劣化度：b类（缺陷面积率=3%）	—

续上表

判断	涂　料	典型图例	漏　水
3	(1)散布着锈和膨胀; (2)上层涂料剥落且散布着裂缝; (3)缺损面积率在0.03%以上、0.3%以下	劣化度：c类(欠陷面积率=0.3%)	—
4	(1)与初始状况相比,基本无变化,属于健全的状态; (2)缺损面积率小于0.03%	劣化度：d类(欠陷面积率=0.03%)	没有异常

7.2.4　沉管隧道全寿期防腐维护管理文件及记录

钢壳沉管隧道的设计要求使用年限至少为100年。为了避免长时间服役期内因运营单位及负责人员变更、系统维修改造、原始文件损坏等因素导致的沉管隧道耐久性关键技术参数及细节遗失,需要在工程设计、施工阶段收集耐久性相关文件及记录。

(1)设计文件及记录(包括但不限于)

①阴极保护设计标准、计算书、图纸、数据表;

②防腐涂层设计文件;

③阴极保护监测系统设计文件;

④耐久性相关结构设计文件;

⑤运行维修手册及使用说明;

⑥系统调试大纲。

(2)制造、安装文件及检验记录(包括但不限于)

①阴极保护系统制造、安装文件及检验记录;

②防腐涂料生产文件、检验记录;

③阴极保护监测系统制造、安装文件及检验记录;

④耐久性相关结构制造、安装文件及检验记录。

(3)完工验收文件及记录(包括但不限于)

①竣工验收文件及完工图纸;

②竣工验收检验记录;

③产品检测报告和合格证。

(4)运营期维修改造文件(包括但不限于)

①完工后运营阶段的变更;

②阴极保护监测数据记录;

③维修、维护记录;

④改造设计文件;

⑤所有扩建、新增的结构信息;

⑥其他需要记录的内容。

7.3 钢壳混凝土沉管外壁防腐监测系统实施案例——深中通道

深中通道工程是集“桥、岛、隧、水下互通”为一体的超大型跨海交通基础设施,总长约24km,包括两座人工岛,东侧岛长625m、宽100m;西侧岛长625m,宽175m;沉管特长隧道,全长约6.8km,下穿大铲湾水道、机场支航道、矾石水;伶仃洋航道桥主跨1620m、通航净空76m;横门西航道桥主跨580m、通航净空53.5m。

深中通道工程项目是世界级的“桥、岛、隧、地下互通”集群工程,是国家“十三五”重大工程和《珠三角规划纲要》确定建设的重大交通基础设施项目,是连接广东自贸区三大片区、沟通珠三角“深莞惠”与“珠中江”两大功能组团的重要交通纽带,是粤东通往粤西乃至大西南的便捷通道,是广东省重大基础设施建设中具有全局意义、长远意义、战略意义的项目[122](图7-20)。

图7-20 深中通道项目效果

深中通道沉管隧道由32个管节加一个最终接头“搭积木”连接而成,为世界首例双向八车道海底沉管隧道。其标准管节长165m、宽46m、高10.6m。采用钢壳混凝土组合结构形式,为国内首次应用、国际上首次大规模使用,并在世界范围内首次提出钢壳混凝土沉管100年服役寿命耐久性要求。

深中通道工程位于伶仃洋海域，该海域属于南海亚热带气候，由于位于珠江入海口，海水/海淡水交汇，丰雨季与枯雨季环境变化较大，腐蚀介质及环境复杂且变化明显，丰雨季海泥冲刷与回淤量大，台风期最大回淤强度超过5cm/d，水流、海泥冲刷严重。深中通道沉管隧道深埋在珠江入海口泥面以下，跨越了多个埋深的多种地质层，处于海水/海泥耦合作用环境。深中通道沉管钢壳采用目前行业内传统的腐蚀防护措施：预留腐蚀厚度 + 重涂装 + 牺牲阳极阴极保护。第一阶段为"涂层防护为主、牺牲阳极为辅"的联合防护；第二阶段为"牺牲阳极 + 钢管预留腐蚀厚度为主、涂层防护为辅"的联合防护。由此可见，沉管钢壳耐久性防护100年的实现，需要牺牲阳极保护作用跨越全寿命周期。在涂层老化及回填碎石块石环境的综合作用下，牺牲阳极电化学长期性能保障是世界性难题。钢壳混凝土沉管结构一旦安装回填完成，其钢壳外壁的防腐系统几乎是不可修复的，需要建立长效自感知监测系统，并在实际工程中对钢壳外壁防腐系统的工作状态进行监测和评估，但目前国内在钢壳混凝土沉管外壁腐蚀监测领域尚缺乏成熟的技术产品、工程应用案例及标准规范[122]。

综上所述，针对深中通道实体工程钢壳混凝土沉管外壁防腐健康监测的实际需求，开展了钢壳混凝土沉管外壁防腐健康监测系统的设计、实海验证及实体工程应用。

7.3.1　深中通道钢壳混凝土沉管外壁防腐监测实海试验

7.3.1.1　实海试验的背景及意义

深中通道项目在钢壳沉管预制完成后，需要将部分管节在船坞港池内坐底寄存一段时间。管节寄存的沉放工艺与实际隧址相似，先铺层1m厚的碎石基础，碎石粒径2 ~ 6cm，再用整平机整平，整平精度控制在 ±10cm。在港池内坐底寄存期间，管节底面直接与回填碎石面接触，为海水/海泥/抛石耦合作用环境，与沉管实际服役工况近似。

为了实现对钢壳混凝土沉管钢壳防腐健康监测系统的有效验证，利用管节寄存的窗口期，埋设沉管钢壳防腐监测传感器，搭建防腐监测系统，验证监测技术及钢壳阴极保护数值模拟结果，为钢壳沉管全寿期防腐监测技术在深中通道项目的实际工程应用奠定基础。

7.3.1.2　实海试验研究内容

(1)根据钢壳沉管(E32管节)的结构特征和所处环境特点，建立防腐监测系统，制订为期1年的监测实施方案，包括传感器布置、安装工艺、保护措施、远程数据传输等。

(2)重点实测E32管节底面阴极保护电位分布规律，结合腐蚀环境监测数据和阴极保护数值模拟技术，利用有限的传感器布置评估其整体保护状态，建立并验证监测指标及评估方法的适用性。

(3)基于E32管节沉放工艺及近似的环境特征，测试、比对多种参比电极在海水/海泥/抛石耦合环境下的性能，验证牺牲阳极输出电流监测传感器的适用性。

（4）研究海水水质参数及回淤工况变化对钢壳阴极保护及监测系统的影响。

（5）类比考虑沉管实际工况、施工特点及环境特征，提出耐久性监测系统的一般性设计方案，并通过本次实海试验验证监测系统软/硬件功能、传感器采集及数据传输稳定性、远程传输网络架构等，为实际工程应用奠定基础。

7.3.1.3 实海试验技术路线

实海试验所指定的监测方案执行以下 3 个基本原则：传感器布置位置最优化、传感器安装数量最少化、对钢壳原防腐体系破坏最小化。按照系统设计、结构设计、现场安装、系统调试及监测、数据分析、状态评估的主体技术路线组织实施，如图 7-21 所示。

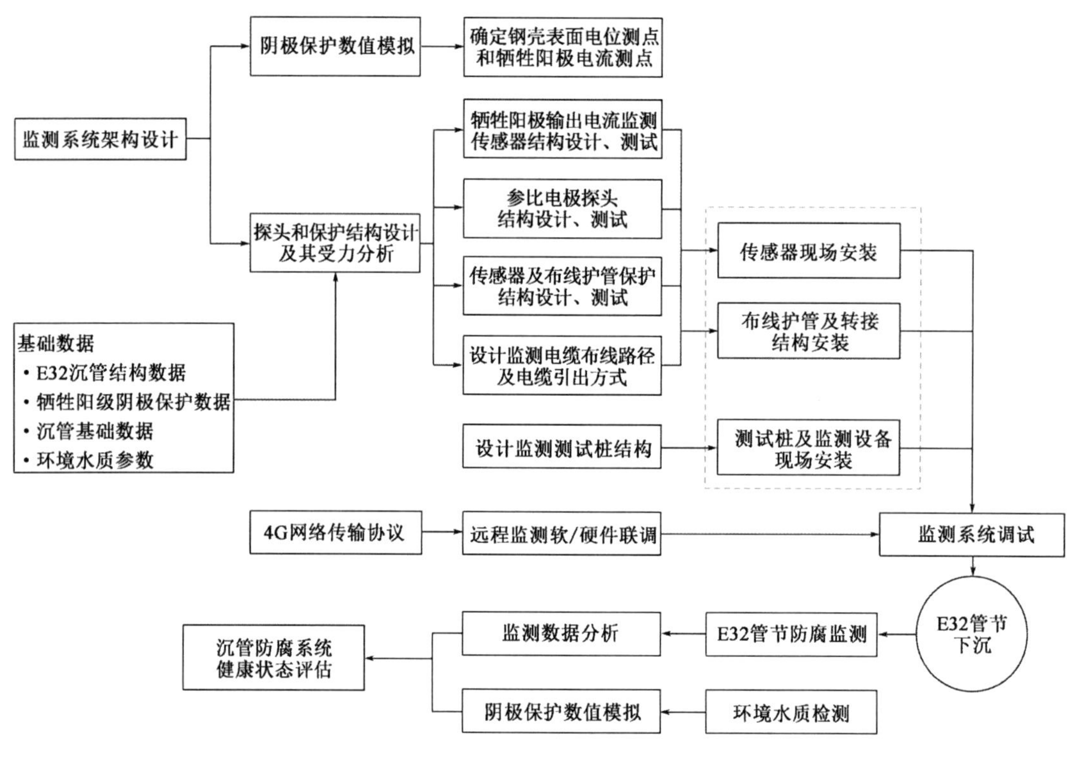

图 7-21 实海试验技术路线[122]

7.3.1.4 实海试验监测系统设计[122]

实海试验所采用的钢壳防腐监测系统分为 3 个子系统，分别为牺牲阳极输出电流监测、钢壳保护电位监测以及海水水质定期检测，详见表 7-10。其中，牺牲阳极输出电流监测传感器包含钢壳顶面阳极输出电流监测传感器 2 个、钢壳侧面牺牲阳极输出电流监测传感器 1 个，共计 3 个；钢壳保护电位监测传感器包含钢壳底面电位监测传感器 9 个、钢壳顶面电位监测传感器 2 个、钢壳侧面电位监测传感器 4 个，共计 15 个；海水水质定期检测使用 YSI 水质检测仪 1 台，可检测海水电阻率、海水温度、饱和含氧量、海水 pH 值等参数。

钢壳混凝土沉管外壁防腐监测系统(实海试验)组成　　表7-10

<table>
<tr><th rowspan="2">序号</th><th rowspan="2">子　系　统</th><th rowspan="2">参　　数</th><th colspan="2">传感器安装</th><th rowspan="2">作　　用</th></tr>
<tr><th>位置</th><th>数量</th></tr>
<tr><td rowspan="2">1</td><td rowspan="2">牺牲阳极输出电流监测</td><td rowspan="2">牺牲阳极输出电流</td><td>顶面</td><td>2</td><td rowspan="2">监测牺牲阳极输出电流能力、剩余寿命、警示极性逆转</td></tr>
<tr><td>侧面</td><td>1</td></tr>
<tr><td rowspan="3">2</td><td rowspan="3">钢壳保护电位监测</td><td rowspan="3">钢壳保护电位</td><td>底面</td><td>9</td><td rowspan="3">监测钢壳阴极保护电位分布及其保护状态</td></tr>
<tr><td>顶面</td><td>1</td></tr>
<tr><td>侧面</td><td>4</td></tr>
<tr><td>3</td><td>海水水质定期检测</td><td>海水电阻率、温度、含氧量、pH值</td><td>港池内</td><td>1</td><td>每半个月检测一次水质参数,检测钢壳所处腐蚀环境变化</td></tr>
</table>

(1)牺牲阳极输出电流监测系统

牺牲阳极输出电流监测系统由被监测牺牲阳极、牺牲阳极输出电流传感器、绝缘法兰与绝缘垫、阴极保护监测仪等组成。牺牲阳极电流监测系统构成示意图如图7-22所示。将牺牲阳极铁脚截断并做绝缘处理,将电流监测传感器串联至回路中,牺牲阳极与钢壳间的保护电流经短接钢筋引入传感器内部,电流监测传感器测量回路中的电流,从而实现对牺牲阳极释放电流的监测。该系统不仅能够监测牺牲阳极输出电流,还能监测电流方向,一旦监测到阳极极性逆转,系统自动报警(表7-11)。

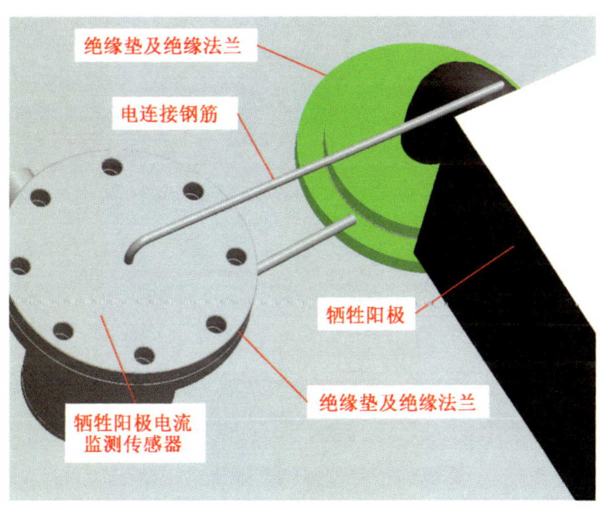

图7-22　牺牲阳极输出电流监测系统构成示意图

牺牲阳极输出电流监测系统技术指标　　表7-11

参数名称	指　　标	参数名称	指　　标
测量范围	-2～+2A(可调)	分辨率	1mA
测量精度	3mA	—	—

(2)钢壳保护电位监测系统

钢壳保护电位监测系统由被监测沉管结构、搭载多种参比电极的电位传感器(包含 Ag/AgCl/海淡水参比电极、高纯 Zn 参比电极、Ti 参比电极、Pt 参比电极等)、测量电缆、电阻率传感器、阴极保护监测仪、电阻率监测仪、工控机等组成。

为了实现对钢壳原防腐涂层的零损伤,将多种参比电极分别封装于漂浮式和磁吸式两种电位传感器中,用于钢壳底面电位监测以及钢壳顶面和侧面的电位监测。

钢壳底面漂浮式电位监测传感器结构如图 7-23 所示。为了保证参比电极能够尽可能贴近钢壳底面且不被沉管压坏,将钢壳底面电位监测系统设计为漂浮式结构,安装在沉管碎石垫层的垄沟内。综合考虑重力、浮力、体积等因素设计传感器结构形式,传感器采用非金属纤维增强复合材料(FRP)外壳,采用有机浮体材料作为浮力体,底部采用混凝土块作为配重,悬挂采用可调节长度的凯夫拉纤维绳。利用沉管碎石垫层的垄沟结构将传感器整体安装在碎石垄沟内,传感器安装高度略高于垄沟,在沉管下沉后,传感器在正浮力作用下贴在钢壳底面。

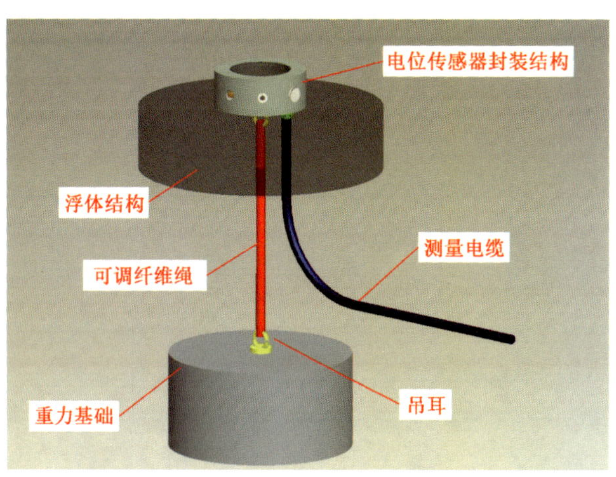

图 7-23 钢壳底面漂浮式电位监测传感器结构

钢壳顶面和侧面磁吸式电位监测传感器结构如图 7-24 所示。钢壳顶面及侧面磁吸式参比电极结构,采用非金属 FRP 外壳,底部磁铁嵌入参比电极封装结构,磁铁表面采用环氧涂层防腐,直接吸附在钢壳顶面及侧面的安装位置(表 7-12)。

钢壳保护电位监测系统技术指标 表 7-12

参数名称	指标	
类型与精度	Ag/AgCl/海淡水参比电极	测量精度为 ±5mV
	高纯 Zn 参比电极	测量精度为 ±15mV
	Ti 参比电极	试验率定
	Pt 参比电极	试验率定
耐水压	1.8MPa	

(3)海水水质定期检测系统

为了掌握实海试验港池内海水环境的参数变化,采用YSI水质检测仪定期检测实海试验港池内海水的电阻率、环境温度、pH值等参数,检测频率为15d/次,持续检测1年。

(4)监测系统数据架构

沉管钢壳防腐健康监测系统数据采集及实时远程传输系统主要包括传感器、数据采集模块、测试端、就地工控机、4G网络以及远程监测终端几个部分。传感器、数据采集模块及测试端的主要功能是实现监测参数采集、数据转换及就地数据测试;就地工控机的主要功能是实现对数据的实时采集、存储及数据远程发送,监测数据通过网线或4G网络传送至办公室的中控电脑,并可通过4G网络将其传输至PC(个人计算机)、手机等远程监测终端。上述监测装置集成在一个监测机柜中,整个系统能够实现远程实时数据采集、传输、存储及显示等功能,实现对沉管钢壳防腐系统的实时远程监测。

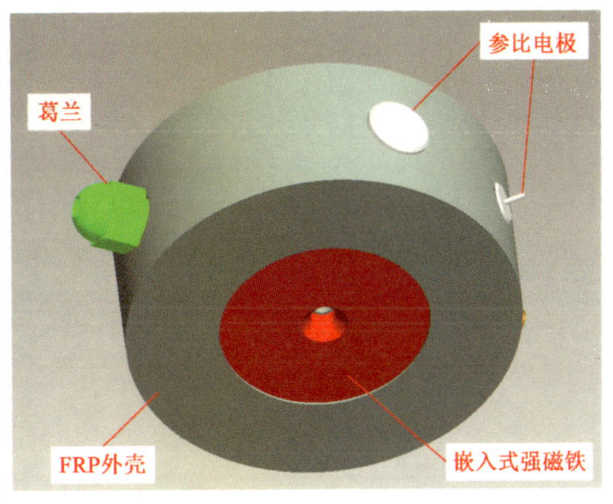

图7-24　钢壳顶面及侧面磁吸式电位监测传感器结构

(5)监测系统软件

为了满足沉管钢壳防腐监测系统的人机交互需求,试验开发一款适用于钢壳沉管防腐监测及评估的软件,软件实时监测界面如图7-25所示,主要功能如下:

①实时监测并显示钢壳保护电位、牺牲阳极输出电流等参数,并可定期将海水电阻率、海水温度、海水pH值等水质检测参数输入、记录在软件中;

②数据采集与分析、故障报警、过/欠保护预警、牺牲阳极极性逆转报警等高度自动化;

③对历史数据及日志能进行查询、分析,自动生成报表,软件监测数据查询界面如图7-26所示;

④办公区集中监控、多终端远程访问,可提供专家远程诊断。

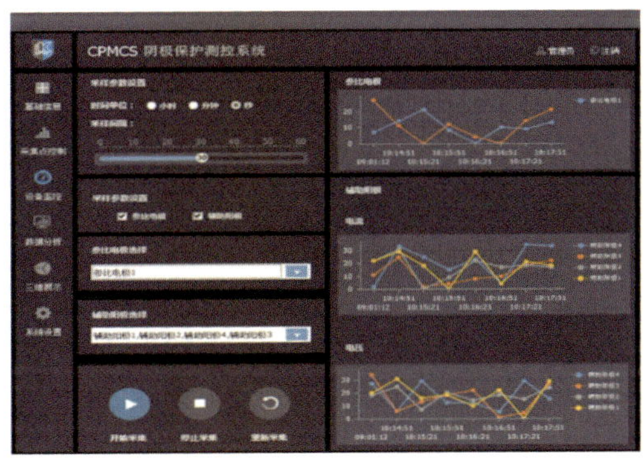

图7-25　软件实时监测界面(截图)

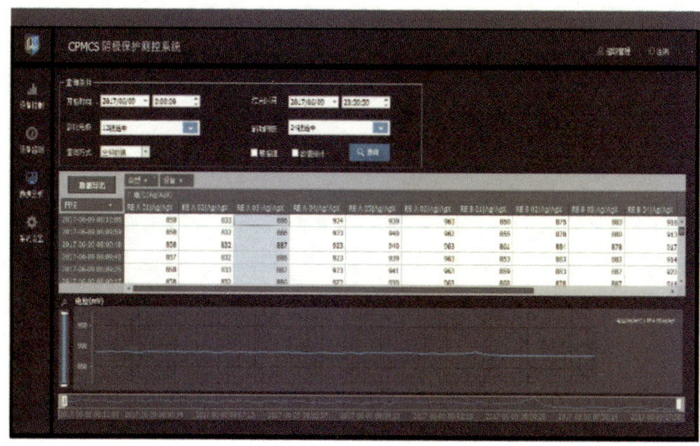

图 7-26　软件监测数据查询界面(截图)

7.3.1.5　钢壳防腐监测实海试验实施方案[123]

(1)监测传感器布置

根据钢壳沉管的结构及沉管施工方案,结合阴极保护数值模拟技术,确保监测准确性的同时减少传感器布置数量、提升传感器监测效率、优化传感器监测位置。以海水和堆石的理论电阻率为基础参数,对 E32 管节在港池内存放工况下的阴极保护电位分布进行初步数值模拟,并根据数值模拟结果,优化选择沉管电位监测传感器的布置位置。E32 沉管钢壳底面、顶面及侧面的防腐监测传感器平面布置见表 7-13。

(2)沉管钢壳底面电位监测传感器安装

沉管钢壳底面电位监测传感器设计为漂浮式结构,搭载高纯 Zn 参比电极、Ag/AgCl/海淡水参比电极、Ti 参比电极等多种电极。沉管钢壳底面电位传感器共有 9 套,分别安装在碎石垫层的垄沟内。漂浮式结构设计能够防止沉管下沉破坏传感器,且在沉管就位后传感器能够在正浮力的作用下贴近钢壳底面,传感器具有水密与绝缘结构设计,确保监测周期内参比电极长期稳定有效。

沉管钢壳底面、顶面及侧面的防腐监测传感器平面布置　　表 7-13

传感器类型	传感器平面布置图
沉管钢壳外壁底面电位监测传感器(传感器装在碎石垫层上,共 9 套——F1 ~ F9)	电位监测传感器 沉管碎石垫层 码头 电缆护管 码头

续上表

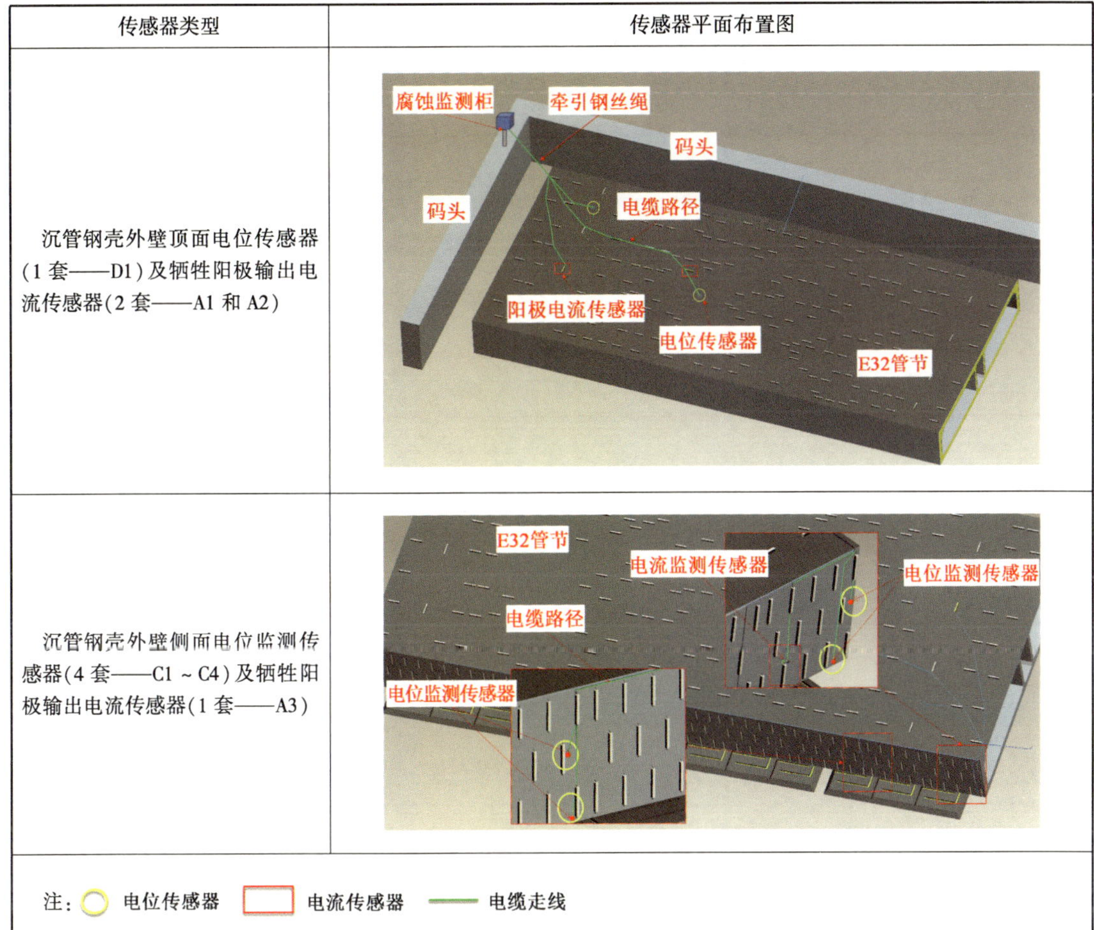

传感器类型	传感器平面布置图
沉管钢壳外壁顶面电位传感器(1套——D1)及牺牲阳极输出电流传感器(2套——A1和A2)	
沉管钢壳外壁侧面电位监测传感器(4套——C1～C4)及牺牲阳极输出电流传感器(1套——A3)	
注：电位传感器　电流传感器　电缆走线	

沉管钢壳底面漂浮式电位监测传感器的安装方案如下。

步骤①：在码头岸边安装锚固点及腐蚀监测柜，现场进行传感器、浮体结构的拼装（钢壳底面电位监测传感器在厂内完成封装、测试）。

步骤②：施工单位在港池底部铺碎石垫层。

步骤③：完成碎石垫层铺设后，由潜水员下水到传感器设计安装位置检查碎石垄沟底部情况并测量碎石垄沟的深度（碎石垄沟底高程到碎石垫层顶高程），按照垄沟测量深度调节漂浮式电位传感器纤维绳的长度，使拼装后电位传感器整体高度比垄沟深度长10cm；在潜水作业船的辅助牵引下，由潜水员将带有混凝土配重及浮力材料的电位传感器整体沉放至碎石垄沟的指定位置，再将电位监测传感器的测量电缆沿着碎石垫层垄沟铺设至沉管安装区域之外，安装示意图如图7-27所示。电位监测传感器测量电缆尾线牵引至码头上临时固定，待沉管下沉就位后完成电缆沿沉管本体的固定走线。

(3)沉管钢壳顶面与侧面监测传感器安装

沉管钢壳顶面及侧面监测传感器均在沉管下水前在预制厂内完成安装。

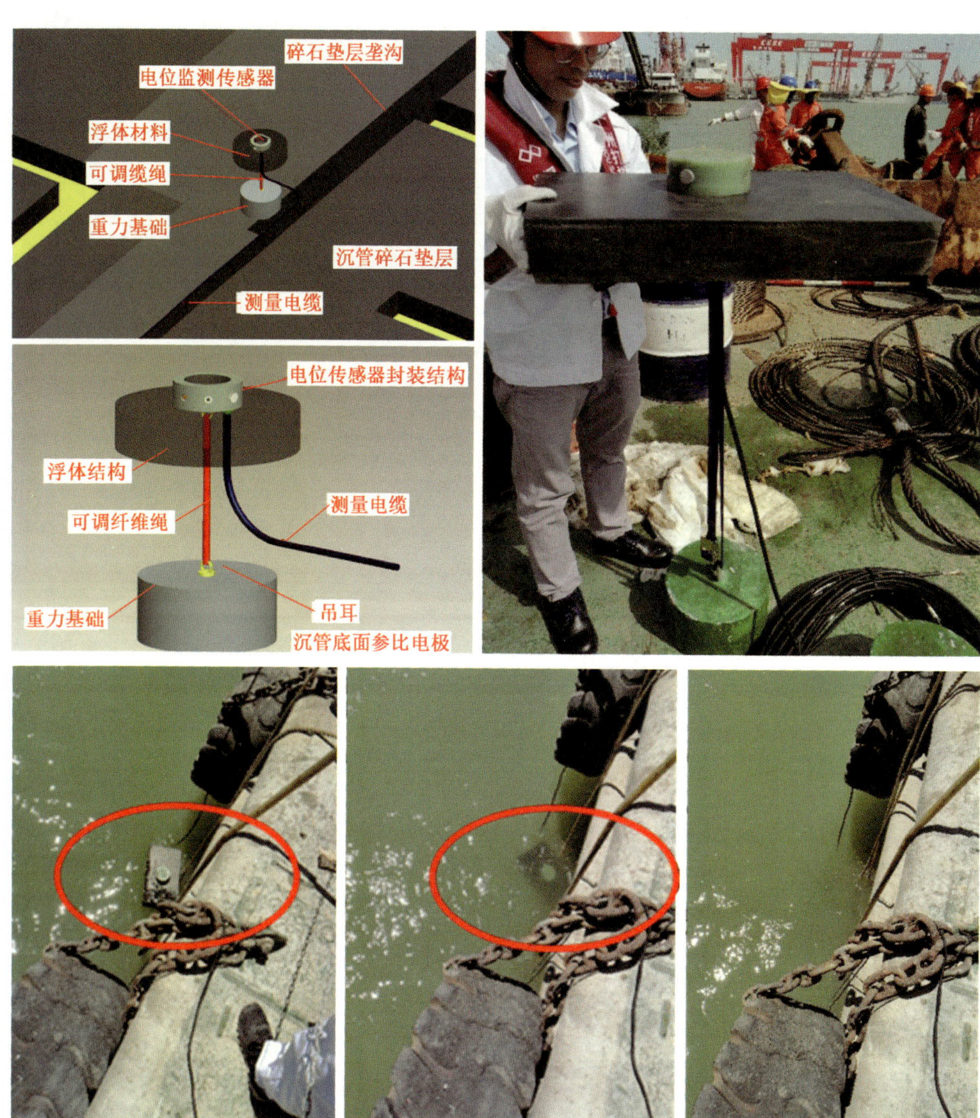

图 7-27　沉管钢壳底面漂浮式电位监测传感器安装

①电位监测传感器安装。

沉管钢壳顶面与侧面监测包含钢壳保护电位监测传感器及牺牲阳极输出电流监测传感器。因钢壳底面与垫层碎石接触,顶面及侧面均处于海水环境中,无须抗压结构设计。为避免焊接对钢壳涂层的损伤,沉管顶面及侧面电位监测传感器设计为采用强磁铁固定的电位传感器结构,如图 7-28 所示。安装时,直接将电位传感器吸附在钢壳顶面及侧面外壁的指定位置即可。

②牺牲阳极输出电流传感器安装。

牺牲阳极输出电流监测传感器安装示意图如图 7-29 所示。牺牲阳极输出电流监测传感器使用钢筋焊接固定在牺牲阳极铁芯附近，安装牺牲阳极电流监测传感器前，需对牺牲阳极铁脚进行改造，将牺牲阳极两侧铁芯截断并通过绝缘法兰与铁脚绝缘，用钢筋分别将牺牲阳极铁芯与传感器上法兰、牺牲阳极铁芯底座与传感器下法兰底座焊接，形成回路，传感器内部安装有电流监测板件，从而实现对牺牲阳极释放电流的监测。

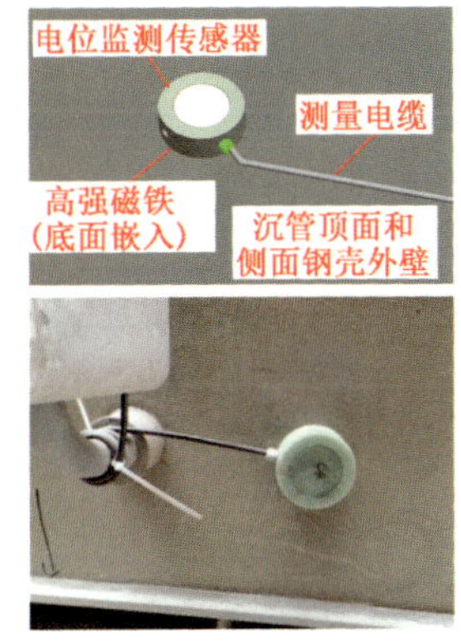

图 7-28　沉管钢壳顶面及侧面用磁吸式电位监测传感器安装

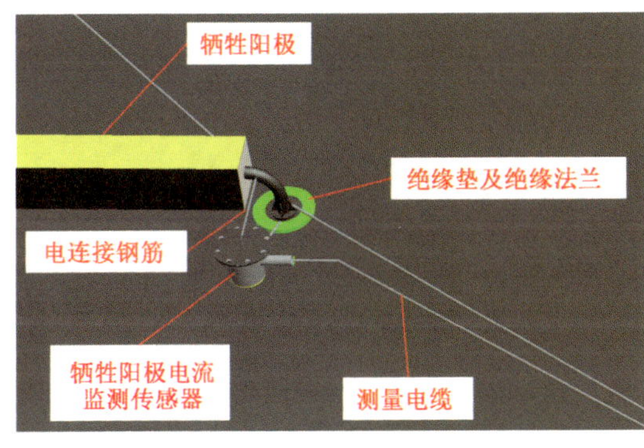

图 7-29　牺牲阳极输出电流监测传感器安装示意图

③零位接阴点安装。

沉管钢壳监测所用零位接阴点设置在靠码头一侧的端封门上，在端封门上焊接一个 M10 的螺栓，并通过接线端子将零位接阴电缆固定在该螺栓上。安装完成后，对其整体进行涂层涂装防腐。

(4)监测电缆走线及固定

沉管钢壳防腐健康监测系统测量电缆布线路径示意图如图 7-30 所示。在沉管下水前，使用索节将牵引钢丝绳一端固定在牺牲阳极铁脚上，作为测量电缆牵引的锚固点。钢壳所有监测传感器的测量电缆及零位接阴电缆在沉管下水后，按照图 7-30 所示路径汇总至锚固点处集中绑扎，再将测量电缆绑扎在牵引钢丝绳上，将其由沉管顶面牵引至码头上的监测机柜中。

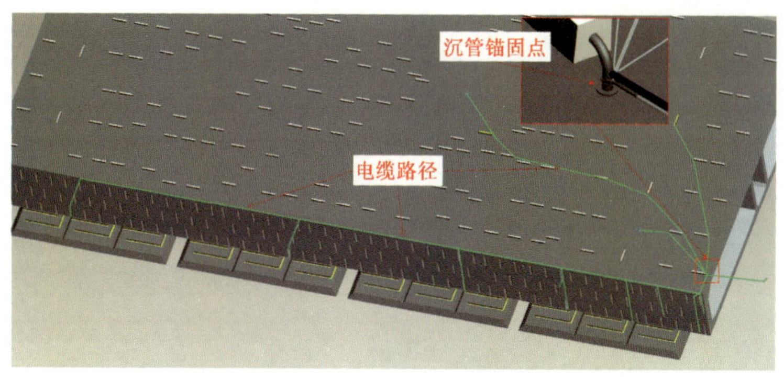

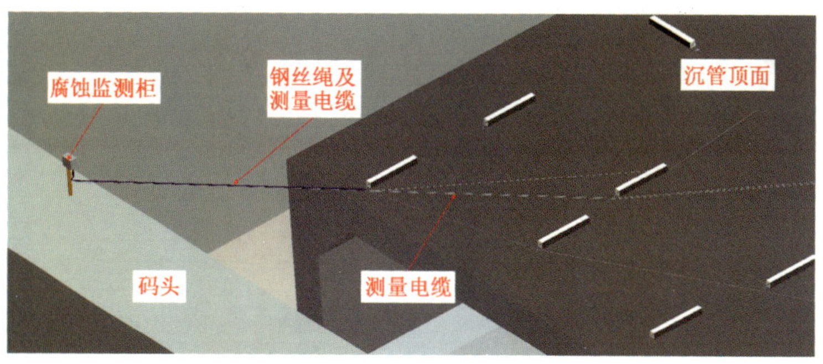

图 7-30　沉管钢壳防腐健康监测系统测量电缆布线路径示意图

(5)腐蚀监测柜安装

沉管沉放就位后,在码头沿岸安装沉管钢壳监测系统的监测机柜,如图 7-31 所示。监测机柜作为所有测量电缆汇总及端接,可便于系统调试及后期检测,其内部安装工控机、阴极保护监测仪、电阻率监测仪、远程数据传输等模块。

7.3.1.6　监测试验数据分析

利用钢壳管节在港池内坐底寄存的窗口期,对钢壳管节牺牲阳极阴极保护系统的保护效果进行了监测,监测周期内的监测数据如图 7-32 ~ 图 7-41 所示。

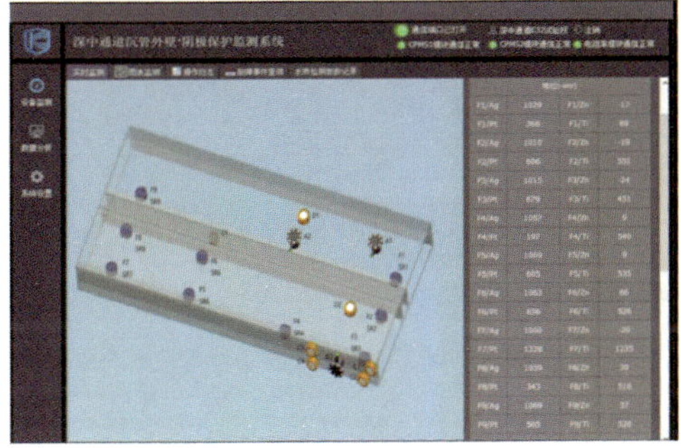

图7-31　沉管钢壳外壁防腐监测系统安装及界面

(1)牺牲阳极输出电流监测数据分析

图7-32是钢壳顶面及侧面安装的牺牲阳极输出电流监测传感器的监测数据曲线。由图可知,牺牲阳极的输出电流监测值基本在0~400mA的范围内变化,A1、A2、A3传感器所监测数据的平均值分别为71.6mA、112.1mA及126.9mA。传感器A1和A3的监测数据较为稳定,传感器A2的监测数据波动较大,且均存在部分牺牲阳极输出电流接近于零或为负值的情况,可能与所处港池内的海水环境及工况变化较大有关。

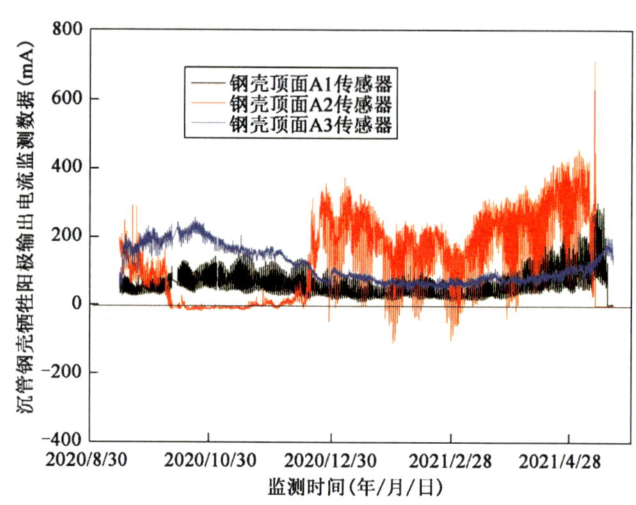

图7-32 钢壳牺牲阳极输出电流监测传感器的监测数据曲线

对图7-32所示曲线进行积分计算,得到图7-33中的钢壳顶面及侧面牺牲阳极输出电流监测数据曲线的积分曲线。其中,A1、A2、A3牺牲阳极输出的总电量分别为486.00A·h、760.44A·h、860.74A·h。结合深中通道项目牺牲阳极的设计计算,可以根据所设计牺牲阳极的输出能力及消耗率对牺牲阳极的实际工作状态进行评估。

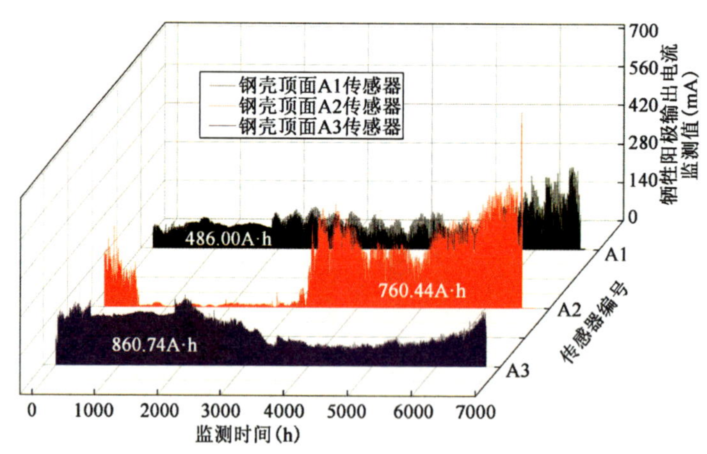

图7-33 钢壳顶面及侧面牺牲阳极输出电流监测数据曲线的积分曲线

(2)沉管钢壳顶面及侧面保护电位监测数据分析

沉管钢壳顶面及侧面保护电位监测传感器采用磁吸式安装结构,集成 Ag/AgCl/海淡水参比电极、高纯 Zn 参比电极、Ti 参比电极及 Pt 参比电极 4 种参比电极。监测周期内,钢壳顶面及侧面保护电位监测数据如图 7-34 ~ 图 7-37 所示。

①Ag/AgCl/海淡水参比电极。

图 7-34 为钢壳顶面及侧面 Ag/AgCl/海淡水参比电极测得的保护电位监测数据。由图可知,钢壳底面所安装传感器中 Ag/AgCl/海淡水参比电极测得的钢壳保护电位均处于 -1100 ~ -1000mV(相对于 Ag/AgCl/海淡水参比电极)电位区间内,监测电位数据稳定,波动较小。图中所标注 D1 传感器的电位波动是由沉管起浮后钢壳顶面电位传感器露出水面所导致的。

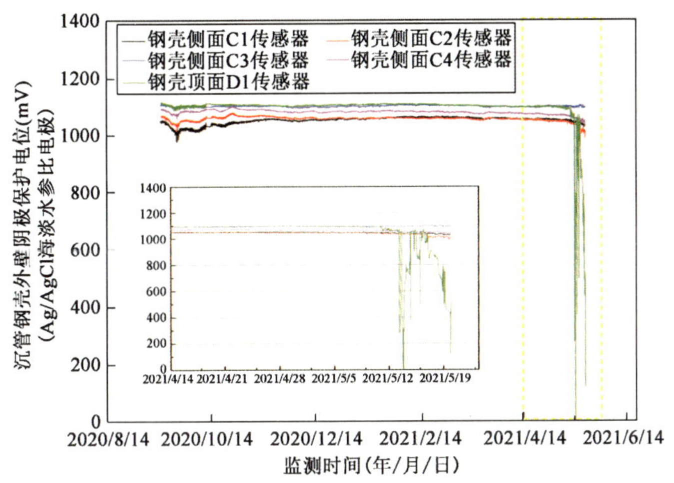

图 7-34　钢壳顶面及侧面保护电位监测数据(相对于 Ag/AgCl/海淡水参比电极)

②高纯 Zn 参比电极。

图 7-35 为钢壳顶面及侧面高纯 Zn 参比电极测得的保护电位监测数据。由图可知,钢壳底面所安装传感器中高纯 Zn 参比电极测得的钢壳保护电位均处于 -100 ~ +300mV(相对于高纯 Zn 参比电极,下同)电位区间内,监测电位数据基本稳定,与 Ag/AgCl/海淡水参比电极相比,电位波动较大。钢壳侧面安装的 C4 电位传感器在 2020 年 10 月 15 日左右开始出现电位正向偏移,可能是 C4 传感器布置于钢壳沉管侧面的底部,在监测期间传感器被回淤淤泥掩埋导致的。图中所标注 D1 传感器的电位波动为沉管起浮后钢壳顶面电位传感器露出水面所导致的,与Ag/AgCl/海淡水参比电极波动趋势相同。

③Pt 参比电极。

图 7-36 为钢壳顶面及侧面长效 Pt 参比电极测得的保护电位监测数据。由图可知,钢壳底面所安装传感器中,Pt 参比电极测得的钢壳保护电位监测数据波动较为剧烈,与 Ag/AgCl/海淡水参比电极和高纯 Zn 参比电极相比,电位监测数据波动较大。各个传感器的监测数据基本在两个均值区间波动,钢壳顶面的 D1 和钢壳侧面顶部安装的 C1、C3 传感器的电位监测数据在 -1400 ~ -1000mV(相对于 Pt 参比电极,下同)区间内波动,且波动较为剧烈。这是由于

Pt 参比电极对环境介质中的饱和溶解氧、金属离子等氧化性介质较为敏感，当其处于表层海水介质时极易受到氧化性介质的影响，导致自身的电位偏移；钢壳侧面底部安装的传感器 C2 和 C4 的电位监测数据在 2020 年 10 月 15 日左右开始出现正向偏移，偏移至 -550mV 左右，并在 -650 ~ -450mV 区间内波动，且波动幅度远小于其在 10 月 15 日前的波动幅度，同时远小于传感器 C1、C3 和 D1 的监测数据。结合高纯 Zn 参比电极监测数据分析，这可能是由于传感器 C2 和 C4 传感器布置于钢壳沉管侧面的底部，在监测期间传感器被回淤淤泥掩埋导致的，Pt 参比电极被淤泥掩埋后减少了与海水中氧化性介质的接触，使得 Pt 参比电极所监测的钢壳保护电位数据更加稳定。图中 D1 传感器在监测末期的电位波动为沉管起浮后钢壳顶面电位传感器露出水面所导致的，与 Ag/AgCl/海淡水参比电极和高纯 Zn 参比电极的波动趋势相同。

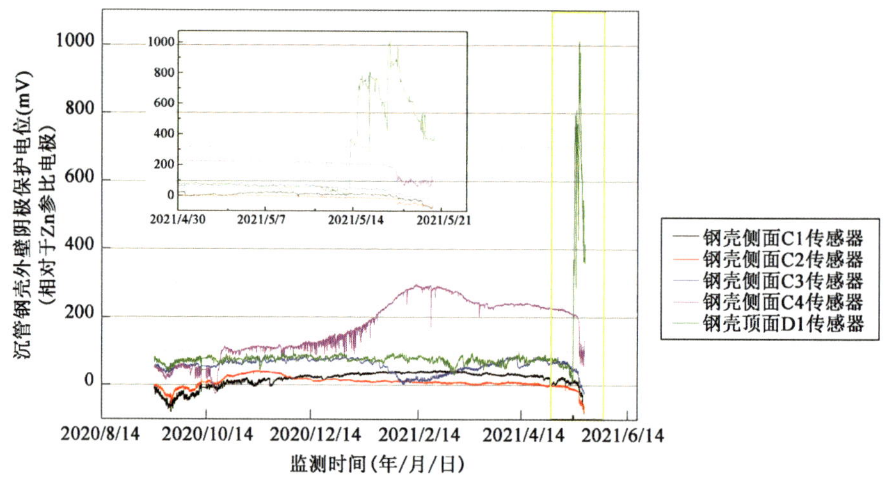

图 7-35 钢壳顶面及侧面保护电位监测数据(相对于高纯 Zn 参比电极)

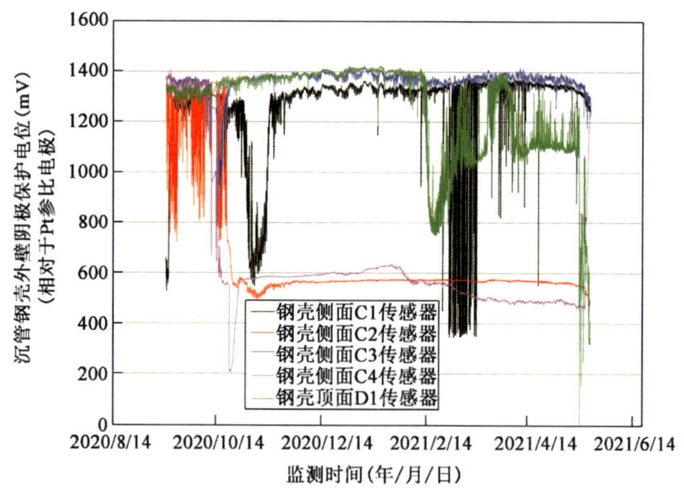

图 7-36 钢壳顶面及侧面保护电位监测数据(相对于 Pt 参比电极)

④Ti 参比电极。

图 7-37 为钢壳顶面及侧面长效 Ti 参比电极测得的保护电位监测数据。由图可知,钢壳底面所安装的传感器中 Ti 参比电极测得的钢壳保护电位监测数据波动较为剧烈,与 Ag/AgCl/海淡水参比电极和高纯 Zn 参比电极相比,电位监测数据波动较大,与 Pt 参比电极监测数据变化趋势相近。钢壳顶面的 D1 和钢壳侧面顶部安装的 C1、C3 传感器的电位监测数据绝大多数处于 -1400 ~ -800mV(相对于 Ti 参比电极,下同)区间内,且波动较为剧烈;钢壳侧面底部安装的传感器 C2 和 C4,其电位监测数据在 2020 年 10 月 15 日左右开始出现正向偏移,偏移至 -560mV 左右,并在 -600 ~ -500mV 区间内波动,且波动幅度远小于其在 10 月 15 日前的波动幅度,同时远小于传感器 C1、C3 和 D1 的监测数据。Ti 参比电极监测电位数据的变化趋势及变化时间点与 Pt 参比电极十分相似,原因是其与 Pt 参比电极同属于对氧化性介质敏感的易氧化惰性金属材料,且监测电位均在受到淤泥掩埋后变得更加稳定。图中,D1 传感器在监测末期的电位波动为沉管起浮后钢壳顶面电位传感器露出水面所导致的,与其他 3 种参比电极的波动趋势相同。

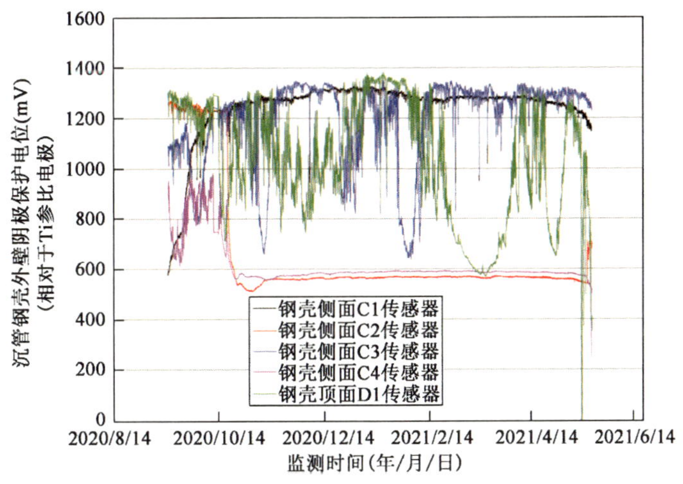

图 7-37 钢壳顶面及侧面保护电位监测数据(相对于 Ti 参比电极)

综合上述分析,钢壳顶面及侧面所安装的电位传感器及电流传感器功能正常,能够实现正常监测。钢壳牺牲阳极在监测期间均正常工作,输出电流监测数据受潮汐、降水、电阻率及海生物附着等工况影响而存在波动;所有电位监测传感器测得的钢壳各部位保护电位均在 -1.15 ~ -0.80V的设计保护电位区间内(相对于 Ag/AgCl/海淡水参比电极,下同),E32 管节钢壳在沉放港池后能够获得良好的保护效果。关于所选用的 4 种参比电极,Ag/AgCl/海淡水参比电极及高纯 Zn 参比电极在海水或海泥环境中服役时,监测数据准确且稳定,均能够满足钢壳沉管的防腐监测需求;Pt 和 Ti 参比电极在海水中服役时,均易受到环境介质的影响,导致监测电位数据剧烈波动,无法满足监测要求,但其在被海泥掩埋后,被动地与氧化性介质隔绝,监测电位数据稳定,且比其在海水中的电位正约 800mV 和 700mV 左右,相对于 Ag/AgCl/海淡水参比电极的电位分别约为 530mV 和 500mV,在该环境下可用于监测钢壳沉管的阴极保护电位。

在监测试验结束后，对钢壳侧面底部安装的C2和C4传感器进行潜水水下拆除，证实其已被淤泥完全掩埋。由此可进一步证实上述分析中对C2和C4传感器中Pt参比电极和Ti参比电极的监测数据发生电位突变的原因，即为淤泥掩埋，也说明Pt参比电极和Ti参比电极能够在海泥掩埋环境下用于监测钢壳沉管的阴极保护状态。

(3)钢壳沉管底面保护电位监测数据分析

钢壳沉管底面保护电位监测传感器采用漂浮式安装结构，同时集成Ag/AgCl/海淡水参比电极、高纯Zn参比电极、Ti参比电极及Pt参比电极。在实际安装过程中，碎石垫层的垄沟内已存在大量淤泥，因此，除了远离码头一侧安装的F7传感器外，其余安装在钢壳底面的所有传感器在监测初期即已处于淤泥环境中。在监测周期内，钢壳底面保护电位监测数据如图7-38～图7-41所示。

①Ag/AgCl/海淡水参比电极。

图7-38为钢壳底面安装的9个Ag/AgCl/海淡水参比电极测得的保护电位监测数据。由图可知，所有传感器上集成的Ag/AgCl/海淡水参比电极测得的钢壳保护电位均处于－1100～－1000mV(相对于Ag/AgCl/海淡水参比电极)电位区间内，钢壳底面各个位置的保护电位的数据及变化趋势基本一致，且数据稳定，波动较小。图中所有传感器在监测末期出现的电位数据正移均是由沉管起浮导致的。

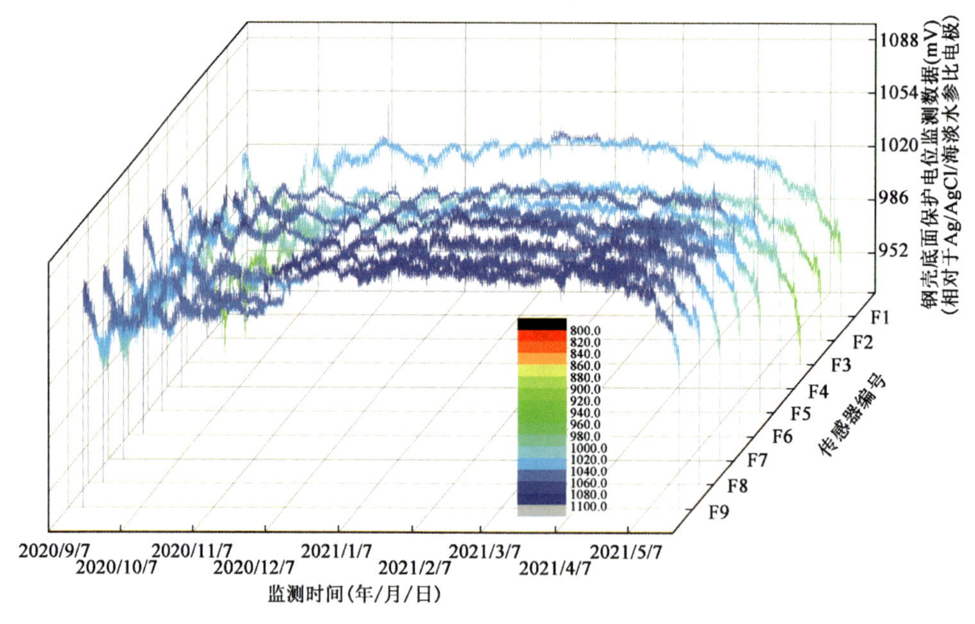

图7-38　钢壳底面Ag/AgCl/海淡水参比电极监测数据

②高纯Zn参比电极。

图7-39为钢壳底面安装的9个高纯Zn参比电极测得的保护电位监测数据。由图可知，所有传感器上集成的高纯Zn参比电极测得的钢壳保护电位均处于－50～＋70mV(相对于高纯Zn参比电极)电位区间内，钢壳底面各个位置的保护电位的数据及变化趋势基本一致，但

数据稳定性差于 Ag/AgCl/海淡水参比电极,波动相对较大。图中所有传感器在监测末期出现的电位数据正移均是由沉管起浮导致的,与 Ag/AgCl/海淡水参比电极变化趋势相同。

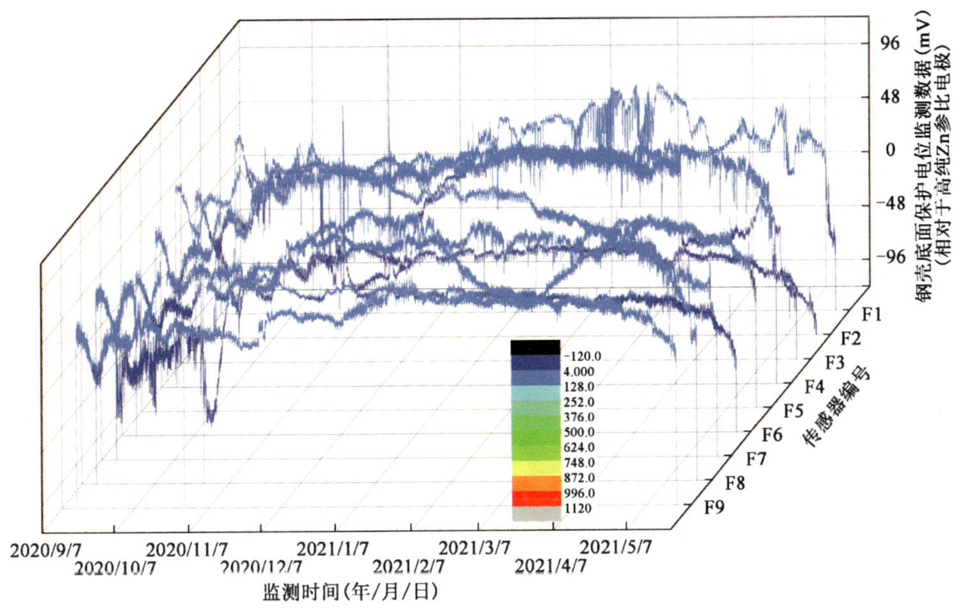

图 7-39　钢壳底面高纯 Zn 参比电极监测数据

③Pt 参比电极。

图 7-40 为钢壳底面 9 个 Pt 参比电极测得的保护电位监测数据。由图可知,除了监测初期的 F7 传感器外,其余所有传感器上集成的 Pt 参比电极测得的钢壳保护电位均处于 -350 ~ -600mV(相对于 Pt 参比电极)电位区间内,钢壳底面不同位置处的传感器之间存在一定的均值偏差,但数据变化趋势基本一致,且监测数据相对稳定,波动不大。图中所有传感器在监测末期出现的电位数据负移均是由沉管起浮导致的。

④Ti 参比电极。

图 7-41 为钢壳底面 9 个 Ti 参比电极测得的保护电位监测数据。由图可知,除了监测初期的 F7 传感器外,其余所有传感器上集成的 Ti 参比电极测得的钢壳保护电位均处于 -400 ~ -600mV(相对于 Ti 参比电极)电位区间内,钢壳底面不同位置处的传感器之间存在一定的初始偏差,但数据变化趋势基本一致,且监测数据相对稳定,数据波动不大,监测电位变化规律与 Pt 参比电极相似。图中所有传感器在监测末期出现的电位数据负移也是由沉管起浮导致的。

基于上述钢壳沉管底面的保护电位监测数据的分析,在钢壳沉管隧道服役的海水/海泥/抛石耦合的服役环境中,试验所选用的 4 种参比电极监测得到的钢壳阴极保护电位数值均较为稳定,监测试验期间钢壳底面各部位的保护电位均在设计保护范围内;Ag/AgCl/海淡水参比电极与高纯 Zn 参比电极所监测数据的变化趋势相似,且环境介质的改变对其监测电位数值影响不大,电位数据波动小,可用于钢壳表面阴极保护电位的精确测量;Pt 和 Ti 参比电极在钢壳底面海水/海泥/抛石耦合的服役环境下,其监测电位数据稳定,相对于 Ag/AgCl/海淡水参比电极,分别约为530mV和500mV,可作为长效参比电极用于钢壳沉管阴极保护电位的长期定性监测。钢壳沉管底面传感器在监测末期的监测数据均有明显突变,与管节起浮时间一致,在沉管起浮后,Ag/AgCl/海淡水参比电极和高纯Zn参比电极的监测数据均值整体正向偏移25mV左右;Pt和Ti参比电极均出现负向偏移,与管节起浮后电极所处淤泥掩埋的服役环境被打破有关,受海水中的氧化性介质影响,个别传感器偏移明显。

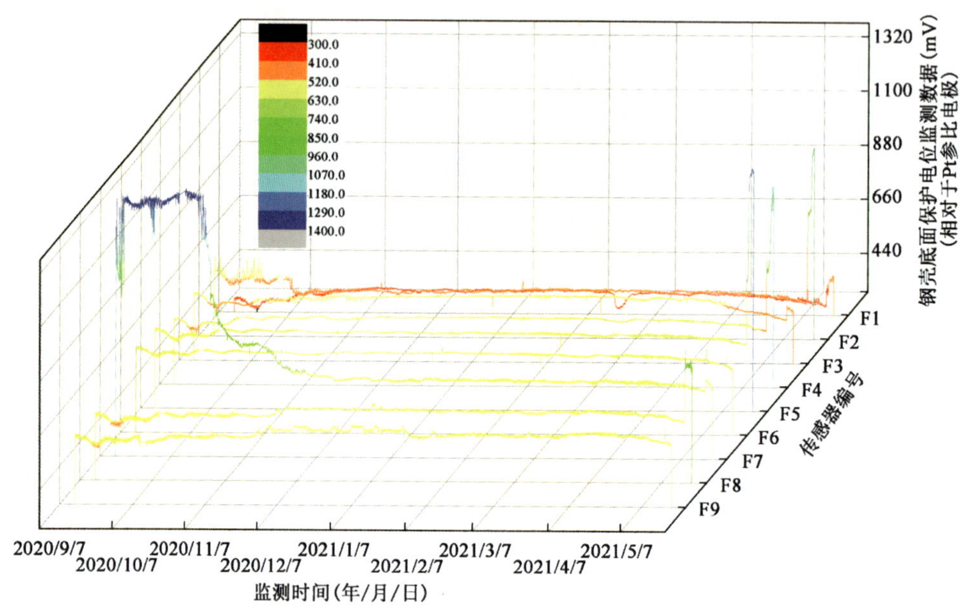

图7-40　钢壳底面Pt参比电极监测数据

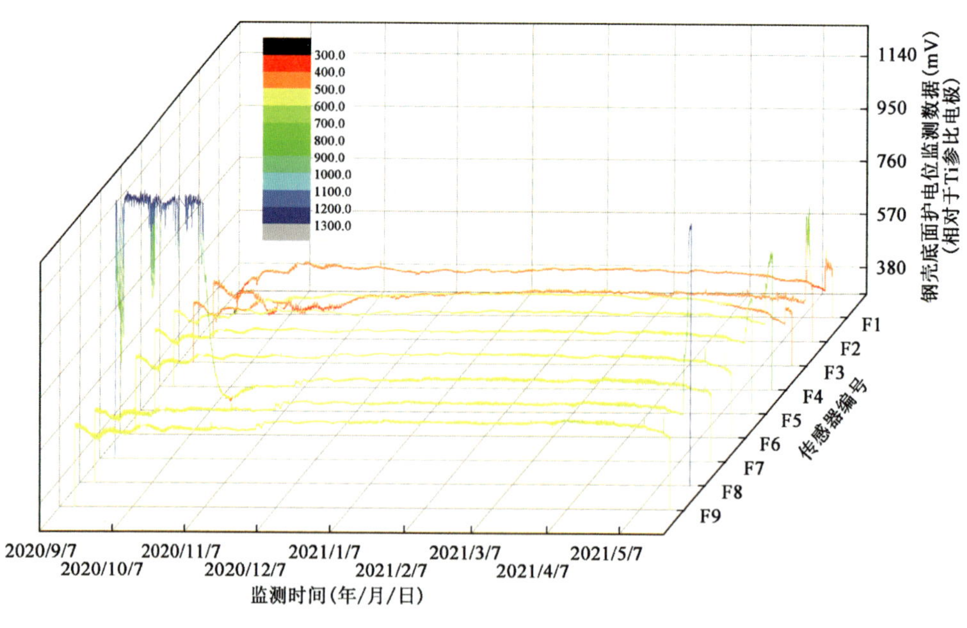

图7-41　钢壳底面Ti参比电极监测数据

综上所述,试验中所采用的4种不同参比电极均可用于钢壳沉管底面的阴极保护状态监测。虽然不同参比电极之间存在原始电位差,但其在沉管服役的海水/海泥/抛石耦合环境中均能够准确、稳定地反映钢壳表面的阴极保护状态,监测数据的整体趋势稳定,且相同传感器上的不同参比电极的测试数据具有相同的变化响应趋势,各个参比电极均能反映环境变化导致的管壳保护电位变化,且其中Ag/AgCl/海淡水参比电极和Pt参比电极相对于高纯Zn参比电极和Ti参比电极的测试灵敏度更高。

7.3.1.7　监测试验结论

深中通道钢壳沉管外壁防腐系统实海监测试验,创新地设计了磁吸式电位监测传感器及适用于沉管底面的漂浮式传感器,安装过程中基本实现了对钢壳防腐涂层系统的无损保护,同时简化了现场安装工艺。监测试验期间,监测系统的所有传感器功能正常,满足防腐监测的需求,且各个监测点位测得的钢壳保护电位均处于-1.15~-0.80V的电位区间内(相对于Ag/AgCl/海淡水参比电极),满足《深中通道工程沉管隧道钢壳耐久性防护技术标准》(QB/SZTD 01—2020)中规定的钢壳保护要求,试验管节在监测试验期间阴极保护状态良好。试验所选用的4种不同参比电极均能够在钢壳沉管服役的海水/海泥/抛石耦合环境中实现对钢壳阴极保护电位的准确、稳定监测,验证了钢壳长效自感知监测系统在实际工程中的可行性,实现了钢壳的腐蚀状况及防腐效果的远程实时监测,也为其在深中通道实际工程中的应用奠定了基础。

7.3.2　钢壳混凝土沉管外壁防腐健康监测系统设计

对深中管道钢壳外壁防腐健康监测系统进行系统化设计,实现对深中通道钢壳外壁防腐效果的实时监测,并能够准确、全面反映沉管管壳外壁的保护状态,监测参数包括钢壳外壁阴极保护电位、环境介质电阻率。监测系统具备钢壳保护电位、环境介质电阻率等参数的测量、存储、查询、显示、报警等基本功能,同时应具备远距离数据传输和基本的分析评估功能。原则上,在科学运营及维修保障的条件下,监测系统的耐久性不应低于工程设计使用寿命,以保障监测系统满足钢壳沉管全生命周期监测的要求[124]。

7.3.2.1　系统设计总体方案

从功能上划分,深中管道钢壳混凝土沉管外壁防腐健康监测系统由感知层、网络层及应用层组成;从硬件组成上由被监测沉管结构、监测传感器、复合电缆、监测机柜(包括阴极保护监测仪、电阻率监测仪、工控机、网络通信模块、人机交互触屏等)、零位接阴装置、零位接阴电缆等组成。

(1)感知层设计方案

感知层是钢壳防腐健康监测系统采集与分析的基础,主要用于长期原位采集监测电位及环境电阻率的监测数据,是监测系统感知的核心。感知层包括被监测钢壳、监测传感器、数据传输电缆、数据采集设备等。系统感知层应采用多种参比电极复合的长效电位传感器、高强铠装复合缆电缆、阴极保护监测模块及电阻率监测模块组成,实现监测数据的实时自动采集。

(2)网络层搭建方案

网络层功能基于4G移动网络及有线互联网实现系统钢壳防腐健康监测数据的远程传输,主要包括监测数据记录、存储、查询、网络管理等功能。网络层接收感知层的所有监测数据,通过无线网络或互联网将其传输至数据分析处理终端,交由应用层进行处理。网络层根据现场需求安装无线GPRS/4G网关或有线互联网网关,并设置相应的保护装置。利用网关采集各个监测传感器的实时监测数据,并发送到网络,最后通过互联网络传输至远程应用终端与数据库。

(3)应用层设计方案

应用层主要是钢壳防腐健康监测系统的系统应用软件和数据库。软件功能主要包括监测数据数据录入、数据分析处理与控制模块、监测评估与预警模块、数据管理模块。软件系统开发采用面向对象编程言语开发、模块化编程,系统开发便于技术升级及功能扩展。软件客户端运行环境满足计算机、手机及平板等多种终端,可实现对钢壳防腐信息的多途径实时监测。数据库基于成熟的商业数据库,如 Microsoft SQL Server、Oracle 等进行二次开发,建立科学的逻辑关系及调用算法,为工程钢壳防腐健康监测系统的维护管理提供一个良好的人机交互平台。

7.3.2.2 监测传感器设计

用于钢壳防腐健康监测的传感器需要能够及时采集并传输钢壳的阴极保护电位、环境电阻率及其变化,是监测系统感知层最核心的部分。钢壳外壁腐蚀监测传感器的设计分为功能设计、材料选择、结构设计三部分。

(1)传感器功能设计

基于深中钢壳沉管长寿期阴极保护电位的需求,按照短期精准测量、长期定性测量的监测原则,同时辅以对海水/海泥/抛石耦合介质环境的环境电阻率的监测,设计深中钢壳沉管隧道钢壳外壁的长寿期阴极保护监测系统传感器。

①短期监测电位传感器——设计使用寿命25~30年;

②长期监测电位传感器——设计使用寿命50~100年;

③长期服役环境介质电阻率监测传感器——设计使用寿命50年。

(2)传感器材料选择

结合深中通道钢壳混凝土沉管钢壳的实际服役工况、材质、防腐设计及施工工艺等诸多条件,选择四种固态参比电极集成封装成复合电位传感器,参比电极材质分别为粉压式Ag/AgCl/海淡水参比电极、高纯Zn参比电极、纯Pt参比电极、纯Ti参比电极。

①粉压式Ag/AgCl/海淡水参比电极。

粉压式Ag/AgCl/海淡水参比电极是将银粉和氯化银粉按照一定比例混合均匀后加入特定的模具中,在压力机上施加一定压力压制成型的。在高温烧结炉中缓慢升温,对电极芯进行烧结,之后再用砂纸对电极芯工作面逐级打磨、无水酒精除油,蒸馏水冲洗,最后放置在0.1mol的盐酸溶液中活化24h。粉压式Ag/AgCl/海淡水参比电极具有电位稳定性好、电极强度高、耐极化、寿命长等优点，在海洋工程阴极保护中得到广泛应用[9]，设计使用年限25～30年。

②高纯Zn参比电极。

高纯Zn参比电极是由纯度为99.999%的高纯度Zn制备而成的，属于不可逆电极。高纯Zn参比电极的制备过程是将高纯Zn棒料加工成圆柱状的Zn棒，与电缆电连接后整体灌胶密封，然后用砂纸对Zn电极工作面逐级打磨，无水酒精除油，蒸馏水冲洗，晾干备用[9]，设计使用年限25～30年。

③纯Pt参比电极。

惰性金属Pt表面电镀铂黑是制备标准氢电极的理想材料[10]。金属Pt直接在海洋环境中作为参比电极使用，属于类似第一类参比电极的准参比电极，并不是常见的使用方法。但由于钢壳防腐监测的百年耐久性及无法更换的实际需求，传统的高纯Zn和Ag/AgCl/海淡水参比电极难以保证自身的耐久性，无法全寿期服役，因此选择表面处理后的惰性金属Pt作为准参比电极，经初期校对后作为长期定性监测阴极保护电位的阈值传感器，为系统提供钢壳阴极保护不足的预警信号，设计使用年限50～100年。

④纯Ti参比电极。

利用惰性金属Ti制备准参比电极，需求及目的与Pt参比电极相同，同样是借助其在海洋环境中良好的耐蚀性，以满足钢壳百年耐久性的监测需求。此外，在前期研究中发现，金属Ti对环境介质中的O_2极为敏感，直接应用于海水环境中时，电极电位易受表层海水中饱和溶解氧及氧化性介质影响而剧烈波动，但其应用于钢壳服役的海水/海泥/抛石耦合的缺氧环境中时，Ti参比电极的相对电极电位较为稳定，经与传统参比电极校核后能够满足钢壳阴极保护监测的需求，设计使用年限50～100年。

⑤环境电阻率监测探头。

环境电阻率监测采用四电极等距法（又称Wenner法），测量原理如图7-42所示[126]，利用金属Pt制备四电极，测试钢壳服役的海水/海泥/抛石耦合环境下的介质电阻率，电阻率计算公式见式(7-19)[125]。

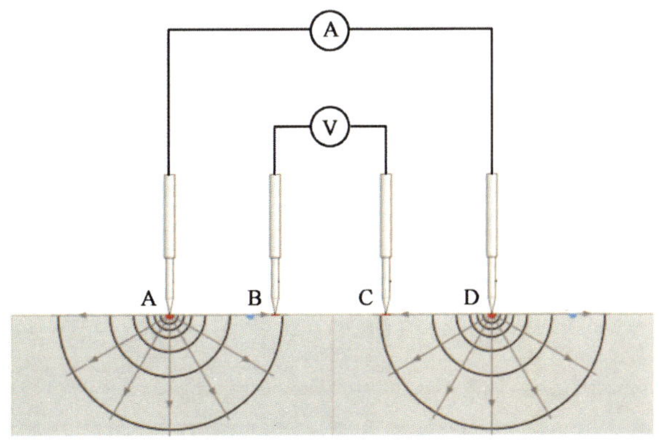

图7-42　四电极等距法测量原理

$$\rho = \frac{4\pi aR}{1 + \frac{2a}{\sqrt{a^2 + 4b^2}} - \frac{a}{\sqrt{a^2 + b^2}}} \tag{7-19}$$

式中：ρ——视在电阻率（$\Omega \cdot m$）；

R——所测电阻（Ω）；

a——电极间距（m）；

b——电极深度（m）。

综上所述，钢壳防腐健康监测系统传感器组成详见表7-14。选择固态Ag/AgCl/海淡水参比电极、高纯Zn参比电极、纯Pt参比电极、纯Ti参比电极4种集成作为复合参比电极，选择Pt电极作为环境电阻率测试电极材料。

钢壳沉管防腐健康监测系统传感器设计 表7-14

<table>
<tr><th>序号</th><th>传感器</th><th>参数</th><th>电极种类</th><th>功能</th><th>数量</th><th>作用</th></tr>
<tr><td rowspan="4">1</td><td rowspan="4">钢壳电位传感器</td><td rowspan="4">钢壳保护电位</td><td>Ag/AgCl/海淡水</td><td rowspan="2">短期定量电位监测</td><td rowspan="4">4组</td><td rowspan="4">监测钢壳阴极保护电位分布及其保护状态</td></tr>
<tr><td>高纯Zn</td></tr>
<tr><td>纯Pt</td><td rowspan="2">长期定性电位监测</td></tr>
<tr><td>纯Ti</td></tr>
<tr><td>2</td><td>环境电阻率传感器</td><td>环境电阻率</td><td>纯Ti</td><td>长期电阻率监测</td><td>1组</td><td>监测服役工况环境电阻率</td></tr>
</table>

（3）传感器结构设计

复合参比电极的封装结构形式如图7-43所示，电阻率监测传感器封装结构形式如图7-44所示。针对沉管钢壳底面的监测需求，在实现对钢壳底面外壁涂层零损伤的同时，还要保证传感器尽可能贴近钢壳底面且不被沉管自重压坏，更为重要的是在实际工程中要适应沉管的沉放工艺，能够实际快捷、简便地安装。设计方案在前期实海试验的基础上，将电位传感器和电阻率传感器整体集成封装在复合缆上，组成复合缆-电极一体化结构，整体铺设安装在沉管碎石垫层的垄沟内，可大大简化施工安装工艺，缩短海上作业工期。传感器采用精铸钛合金金属外壳，钢绞线铠装复合缆作为受力和信号传输单元，两者通过机械配合后内部高压注塑成一体，以实现传感器与电缆端接部位的密封。

针对深中通道钢壳底面防腐监测所研发的监测传感器具有以下特点：

①针对深中通道百年防腐健康监测的需求，选用Pt、Ti、高纯Zn和Ag/AgCl/海淡水4种参比电极制作成复合参比电极，可实现相互校核、比对；

②Pt、Ti两种参比电极属于惰性材料，其自身在海水/海泥/抛石耦合环境中化学性质稳定，几乎不会发生腐蚀，能够实现深中通道服役100年的钢壳防腐健康监测需求；

③基于前期实海试验研究结果，Pt、Ti两种准参比电极在海泥回淤掩埋后具有稳定的相对电极电位，通过与高纯Zn和Ag/AgCl/海淡水两种参比电极的换算和校核，能够满足钢壳保护电位的监测要求，可用于对钢壳长期耐久性的预警阈值监测；

④针对沉管钢壳底面无损安装设计的复合缆-电极集成系统,便于安装、无须钢壳外壁焊接、不伤害涂层,能够在实现钢壳防腐健康监测的同时,避免对钢壳底面涂层的伤害;

⑤复合缆上集成有环境电阻率测试探头,采用四电极等距法监测传感器周围海泥环境、海水/海泥耦合环境的介质电阻率,传感器电极材料为惰性金属 Pt。

图 7-43 复合参比电极的封装结构形式

7.3.2.3 复合电缆及电缆滚筒设计

针对沉管钢壳实际工程的 100 年监测需求,为保证监测系统数据监测及传输的有效性,定制化设计高强铠装多芯水密复合电缆作为传感器一体化安装的载体及数据传输电缆,采用加厚热塑性聚氨酯弹性体橡胶保护外层,设计镀锌钢绞线铠装作为复合缆的抗拉及抗压受力单元,以及 PE 内护套、XLPE 绝缘层、阻水胶、阻水带等多层保护材料。复合缆截面设计示意图如图 7-45 所示。复合电缆结构参数见表 7-15,复合电缆性能指标见表 7-16。

图 7-44 电阻率监测传感器封装结构形式

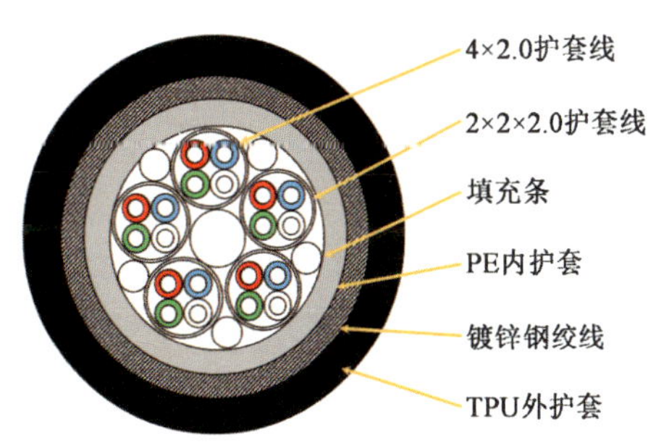

图 7-45 复合缆截面设计示意图

高强铠装复合缆监测电缆结构及参数 表 7-15

导体	导体外径	(1.80 ±0.03)mm
	导体材料	软裸铜线
	导体结构	7/0.60mm

续上表

绝缘	绝缘材质	挤包 XLPE 绝缘
	绝缘厚度	外径(3.0 ±0.2)mm
	绝缘颜色	红/蓝、黑/白
填充	进口阻水胶/阻水带	
铠装层	防护铠装层材质	ϕ2.2 镀锌钢绞线
	填充	阻水填充胶
	搭盖率	25%
	防护铠装层外径	(34.67 ±0.5)mm
内护套	内护套材质	PE
	内护套颜色	黑色
	内护套外径	(30.27 ±0.5)mm
外护套	外护套材质	TPU 护套
	标称厚度	3.40mm
	外径	(44.0 ±0.5)mm

高强铠装复合缆监测电缆性能指标 表 7-16

性　　能	指　　标
介质耐压	2.0kV,AC,5min 不击穿
导体直流电阻(20℃)	≤9.48Ω/km
芯线间绝缘电阻(20℃)	≥1000MΩ · km
电缆纵向耐水压	10.0MPa
电缆使用环境温度	-40 ~ +70℃
最小弯曲半径	静态 12.5 × D(D 为电缆外径),动态 20 × D
电缆近似重量	2800kg/km

复合电缆在安装、运输、寄存过程中,需要集中收集在电缆滚筒上,因此应针对性设计一种多用途的电缆滚筒。电缆滚筒示意图如图 7-46 所示,其相关参数见表 7-17。

电缆滚筒性能参数 表 7-17

性　　能	指　　标
总重量	5t
容缆量	900m
电缆外径	44mm
尺寸	2m × 2.5m × 2.5m
驱动模式	自动/手动
其他	侧面可悬挂绑扎 35m 电缆、自带荧光面,方便水下寻找

7.3.2.4　钢壳沉管防腐监测系统设计

(1)监测系统架构

钢壳沉管防腐健康监测系统主要包括以下几个部分:传感器、数据采集模块、测试端、就地工控机、4G 网络以及远程监测终端。传感器、数据采集模块及测试端的主要功能是实现监测参数采集、数据转换及就地数据测试;就地工控机即网络通信模块的主要功能是实现对数据的实时采集、存储及数据远程发送,监测数据通过网线或 4G 网络传送至办公室的中控电脑,并可通过 4G 网络将其传输至其他远程监测终端。监测系统架构示意图如图 7-47 所示。

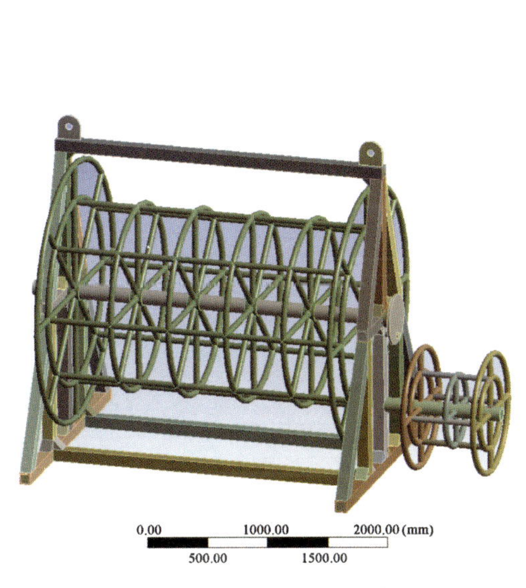

图 7-46　电缆滚筒示意图

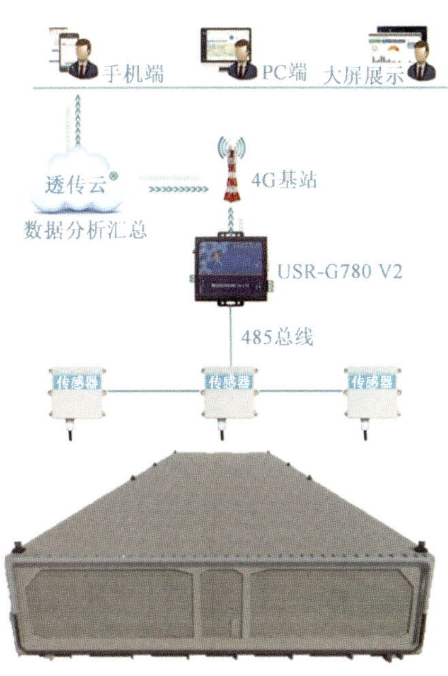

图 7-47　监测系统架构示意图

(2)数据采集模块

钢壳沉管防腐健康监测系统能够实现远程实时数据采集、传输、存储及显示等功能,由外部 220V 电源供电,另配有 UPS 电源,以防止突然断电造成监测数据丢失。数据采集模块可以实时监测钢壳在服役环境中相对于参比电极的电极电位,并将所测得的模拟电压信号经滤波放大后转换成二进制数字信号,传递给中央处理模块。处理后的监测数据可以通过带有触摸屏的工控机进行显示和操作,以实现人机交互。同时,将监测数据实时存储到数据库中,用于后续的调用及评估计算。一旦监测数据超过设计区间,即触发系统报警或预警,警报等级可根据评估规则进行分级预警。

数据采集模块与上述监测传感器是监测系统硬件选取的关键,其决定了系统数据的精度、取样周期、测量范围及监测信号的数量。深中通道钢壳沉管外壁防腐监测系统的数据采集模块测量范围为 $-2 \sim +2$V,最大通道数为 16 通道,测量精度为 1%,采样频率为 1s ~ 12h 连续可调。系统的硬件参数详见表 7-18。

E32 管节防腐健康监测装置主要参数 表 7-18

功　　能	参数名称	指　　标
处理器	中央处理器(CPU)	Intel ® i5-7500 3.4GHz Quad Core
	数字信号处理器(DSP)	TMS320F28335PGFA
存储	硬盘存储容量	SSD 128G
	SD 卡存储容量	TF Card 16G×3 用于数据独立记录
	记录形式	循环覆盖式
	存储时间	监测期内可认为无限期记录
内部通信	方式	RS485 半双工
	速率	115200bit/s
	应用层支持	Modbus RTU
外部通信	4G	TD-LTE Band 38/39/40/41 3GPP R9 CAT4 下行 130 Mbps,上行 35 Mbps FDD-LTE Band 1/3/5/8 3GPP R9 CAT4 下行 150 Mbps,上行 50 Mbps
人机交互	显示器	15″TFT LED 电阻触摸屏
	键盘鼠标	不锈钢一体化套装
电源	输入电压	AC220V,1Ph
功耗	标准模式	400W
电位监测	测量范围	−2～+2V
	测量精度	1%
	分辨率	1mV
	阻抗	>1GΩ
	采集周期	1s～12h(可调)
	通道数	配置使用 4 组共 16 个电位通道
环境电阻率监测	测量范围	1～3000Ω·cm
	测量方法	四电极法
	激励源类型	恒交流/恒直流(默认恒交流) (支持通信选择配置类型与交流频率)
	激励源电流	Max:5mA 限压限流
	采集周期	1s～12h(可调)
	通道数	配置使用 1 组
温度	存储温度	−40～85℃
	运行温度	−15～15℃
	温度系数	±0.1%/℃(典型值)
相对湿度	存储湿度	0%～95% 无冷凝
	运行湿度	5%～85% 无冷凝
机柜材质	外壳	SUS304 不锈钢
尺寸与重量	宽×高×深(mm)	600×1600×400(高度含底座)
	质量(kg)	150

(3)数据存储系统

钢壳防腐健康监测系统需要在整个服役期内采集多个测点位置的多组参比电极的监测数据及环境电阻率监测数据,采集数据的存储量较大,需要在系统内进行数据格式统一、记录、归档处理,并存储到计算机终端或中心。由于传感器种类多,实际采集到的监测信息可能由多个相对独立的监测数据采集系统以多个文件或多个数据库的形式存储,数据之间的相互关联及调用也需要有特定的算法及子程序来实现。因此,一方面需要合理设计监测数据库,方便监测数据间的调用和协同计算;另一方面需要进行多源信息和数据的集成及融合。

(4)数据处理、分析系统异常识别、评估及预警系统

①数据处理系统。

数据处理系统是钢壳防腐健康监测的核心,主要作用是对数据进行分类处理、汇总、显示、运算及备份等。数据处理系统按照时序采集各个传感器反馈的监测信息,以判断钢壳底面的阴极保护状态及效果,为后续评估及预测提供依据。钢壳防腐健康监测是在钢壳沉管隧道整个生命周期中持续进行的过程,通过对其服役周期的监测,可以获得钢壳全寿期内完整的防腐系统运行信息,准确地对钢壳的阴极保护状态、腐蚀倾向及发展趋势进行评估和预判,以确保钢壳沉管隧道的安全与可靠运营。

②数据分析系统。

数据分析是数据处理交互界面的核心,其主要任务是对采集到的数据进行分析,找出其变化规律或异常数据,综合其他数据及用户设置条件对结构的实际运行状态进行分析判断。

③异常识别、评估及预警系统。

根据钢壳结构防腐状态评价指标,对监测系统实际测量数据进行实时分析,归纳监测数据的变化趋势,揭示监测数据的内在联系和发展规律,给出极限状态预警及系统运行故障报警,结合钢壳阴极保护数值模拟技术对钢壳保护状态进行评估。

(5)人机交互系统

监测系统人机交互模块利用就地监测机柜内置的工控机、远程监测计算机、移动终端等设备实现用户与监测系统的交互,满足用户对监测系统运行状况实时监测分析的需求,实现对不同类型的历史数据进行查询及导出,可将监测数据图表化,用于对钢壳防腐监测数据的查询及分析,并具有形成周报、月报、年报、系统操作日志、报警信息及故障原因分析等交互功能。

7.3.2.5　监测软件功能设计

钢壳沉管防腐监测系统软件界面示意图如图7-48所示。

该软件主要功能如下:

(1)远程实时监测钢壳相对于不同参比电极的保护电位、服役环境介质电阻率等参数,并记录、存储在数据库中;

(2)监测数据采集与分析、故障报警、过/欠保护预警等功能;

(3)对历史数据及日志能进行查询、分析,监测数据可图表化显示并可自动生成报表;

(4)多终端远程监控、访问,可提供专家远程诊断。

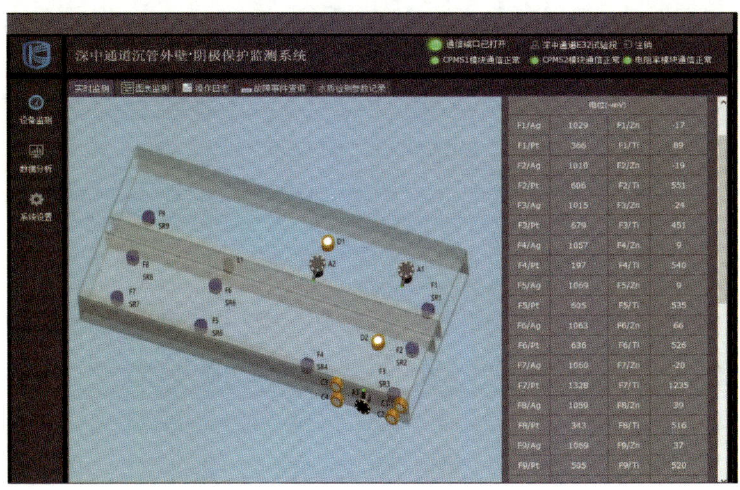

图 7-48 深中沉管防腐健康监测系统软件界面

7.3.3 钢壳混凝土沉管外壁防腐监测实际工程实施案例

7.3.3.1 监测对象

综合考虑深中通道项目实施进度、钢壳沉管永久防腐监测的需求以及项目整体实施的复杂性与经济性,实际工程项目选择临近东人工岛的第一节沉管,即 E32 管节作为永久防腐监测的监测对象。主要选择依据如下:

(1)整个深中通道钢壳外壁防腐设计采用相同的设计原则,且每个结构单元独立设计。E32 管节长约 124.13m、宽约 55.46m,共安装牺牲阳极 476 块。从监测沉管钢壳外壁整套防腐系统的风险角度来说,无论是管节几何尺寸,还是牺牲阳极设计数量,E32 管节均具有一定的代表性。E32 管节的防腐状态能够反映钢壳沉管隧道整体的防腐保护状态。

(2)E32 管节是深中通道项目具备施工窗口期且离东人工岛最近的管节,施工成本最低、工期满足要求、系统布线及供电可行。

(3)E32 管节也是实海试验中临时防腐监测示范应用的试验管节,管节初始保护状态及数据掌握全面,利于后续状态评估。

基于实海试验中对钢壳防腐监测系统示范应用的环境参数,采用基于边界元法的阴极保护数值模拟技术,对 E32 管节钢壳的保护状态进行了数值模拟,模拟结果如图 7-49 ~ 图 7-52 所示,反映了 E32 管节整体、管节侧面、管节顶面及管节底面的保护电位分布情况。表 7-19 为 E32 管节监测点处阴极保护数值模拟电位值与实测电位值对比表。模拟电位值为模拟计算试验期内 E32 管节顶面、侧面及底面传感器布置点处的阴极保护电位,同时与监测系统实测电位值(相对于 Ag/AgCl/海淡水参比电极)进行对比。由表 7-19 可知,各个监测传感器布置点位的阴极保护模拟电位值与监测系统实测电位值之间的最大偏差为 58mV,最小偏差为 3mV。

由数值模拟及监测系统实测的电位分布状态可知,E32 管节钢壳整体均处于设计保护电位区间内,管节钢壳的阴极保护状态良好。

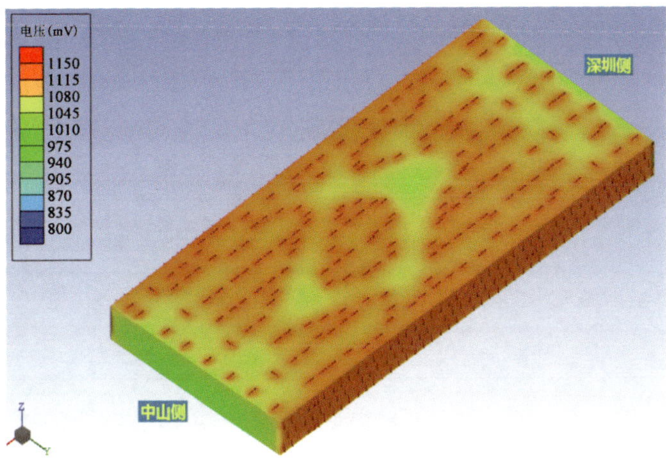

图 7-49　E32 管节整体阴极保护数值模拟电位云图

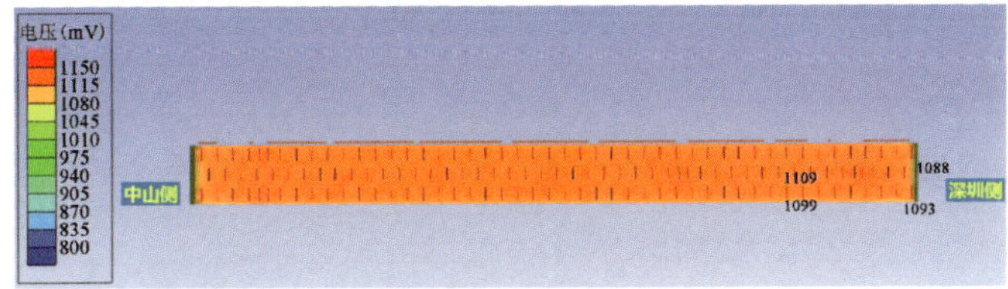

图 7-50　E32 管节侧面阴极保护数值模拟电位云图

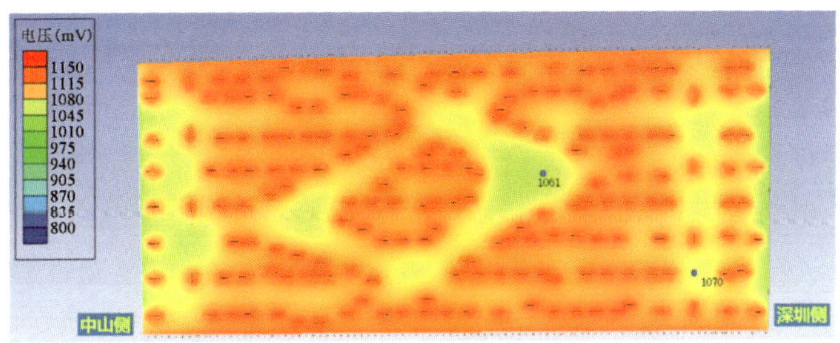

图 7-51　E32 管节顶面阴极保护数值模拟电位云图

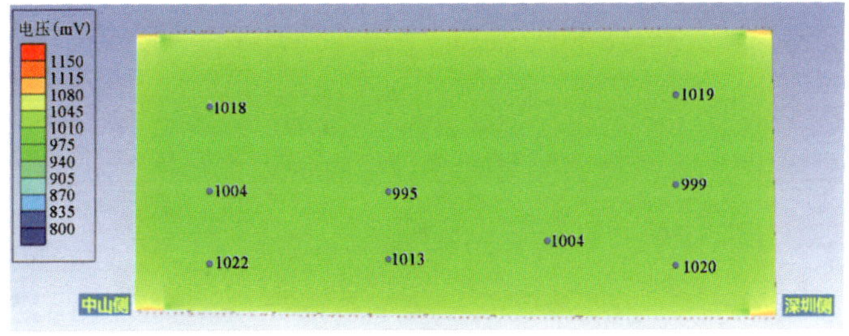

图 7-52　E32 管节底面阴极保护数值模拟电位云图

E32 管节监测点处阴极保护数值模拟电位值与实测电位值对比(mV) 表 7-19

传感器编号	D1	C1	C2	C3	C4	F1	F2
模拟值	1070	1088	1093	1109	1099	1019	999
监测均值	1106	1045	1061	1102	1086	1022	1004
差值	-36	43	32	7	13	-3	-5
传感器编号	F3	F4	F5	F6	F7	F8	F9
模拟值	1020	1004	1013	995	1022	1004	1018
监测均值	1009	1045	1052	1053	1050	1053	1061
差值	11	-41	-39	-58	-28	-49	-43

受限于钢壳沉管隧道的安装工艺,沉管钢壳底面是唯一没有安装牺牲阳极的表面。相对而言,钢壳外壁底面是整个管节防腐系统中最为薄弱的环节。基于金属腐蚀的"木桶理论",若沉管钢壳外壁的防腐系统出现系统性失效风险,导致沉管外壁的保护电位整体正移,那么钢壳底面将是最先发生腐蚀的结构面。选择 E32 沉管钢壳底面作为监测面,是钢壳沉管防腐监测的实际需求,在时效性方面也能在一定程度上起到预警作用。

综上所述,深中通道钢壳外壁防腐健康监测系统的监测对象选定为 E32 管节的钢壳外壁底面。

7.3.3.2 监测传感器布置

实海试验的研究结果为:对深中通道实际工程中的钢壳防腐监测系统的传感器布置进行了优化,一方面减少了钢壳底面传感器的数量,另一方面优化了传感器的布置位置,同时结合实际工程的安装施工工艺,简化了传感器安装工艺及工作量。实际工程钢壳防腐监测系统的传感器构成见表 7-20,传感器布置示意图见表 7-21。E32 管节钢壳外壁底面监测传感器设计安装 4 套电位传感器和 1 套电阻率传感器,所有传感器集成在 1 根高强铠装复合电缆上,在沉管沉放前铺设在碎石垫层的垄沟内。其中,每套电位传感器由 Ag/AgCl/海淡水参比电极、高纯 Zn 参比电极、Ti 参比电极、Pt 参比电极组成,实现数据相互核对、寿命互补。

深中通道 E32 钢壳混凝土沉管外壁防腐监测传感器构成 表 7-20

序号	子 系 统	参 数	传感器安装		作 用
			位置	数量	
1	钢壳保护电位监测	钢壳保护电位	底面	4	监测钢壳阴极保护电位分布及其保护状态
2	环境电阻率	海水电阻率	底面	1	监测服役工况环境电阻率

E32 管节钢壳底面防腐监测传感器布置示意图 表 7-21

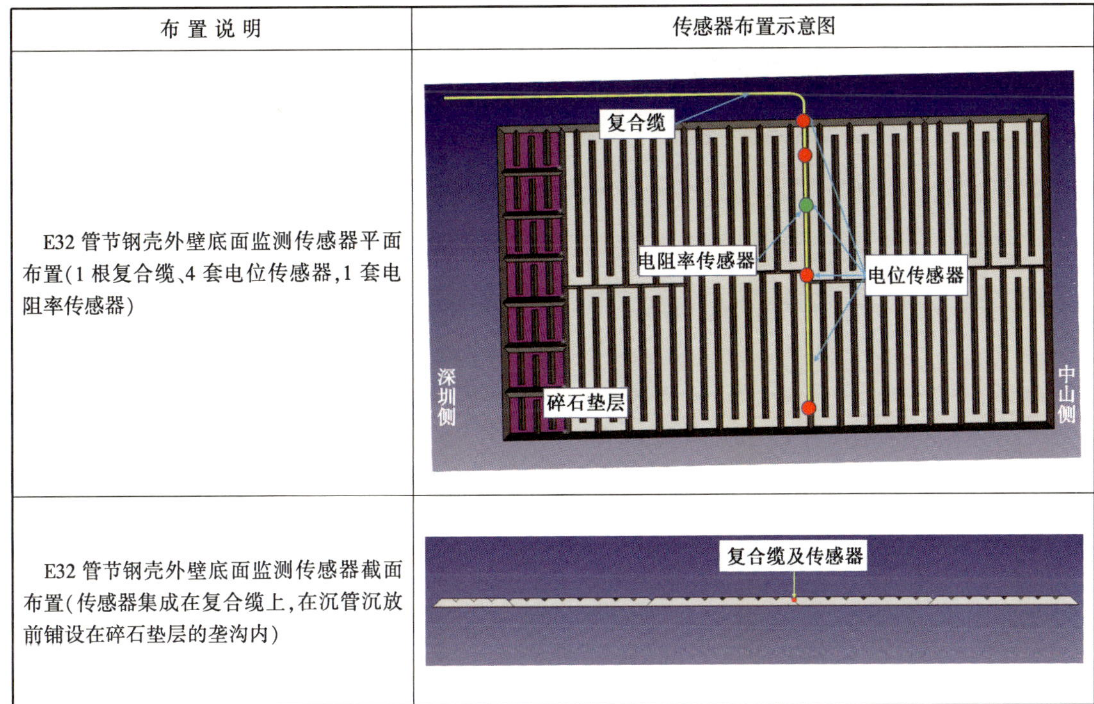

布置说明	传感器布置示意图
E32 管节钢壳外壁底面监测传感器平面布置(1 根复合缆、4 套电位传感器,1 套电阻率传感器)	
E32 管节钢壳外壁底面监测传感器截面布置(传感器集成在复合缆上,在沉管沉放前铺设在碎石垫层的垄沟内)	

电位传感器布置原则:底面 700μm 涂层段 2 个,底面 1000μm 涂层段 1 个,底面外侧 1 个。

7.3.3.3 监测系统安装

(1)监测系统整体布置

深中通道实际工程中,沉管钢壳防腐监测系统的安装布置示意图如图 7-53 所示。E32 管节钢壳底面电位监测传感器与电阻率监测传感器集成在高强铠装复合缆上,安装在碎石垫层的垄沟内(复合缆及电缆滚筒一次寄存),引出沉管沉放区域后沿着沉管侧壁向西岛岸侧铺设,达到暗埋段管节后,复合缆沿着挖泥边坡铺设至沉管顶面(复合缆及电缆滚筒二次寄存),最后沿着沉管顶面铺设至西岛陆域监测机柜处。复合缆及电缆滚筒两次水下寄存安装布置示意图如图 7-54 所示。

(2)监测系统海上安装

深中通道钢壳防腐监测实际工程中监测系统的海上安装过程如图 7-55 所示,具体安装过程总体说明如下:

①管节钢壳底面中间的碎石垄沟内安装 1 根复合缆,传感器集成在复合缆上实现一体化安装;

②为避免影响沉管下沉,采用二次水下寄存电缆滚筒的方式,利用施工窗口期铺设;

③E32 管节碎石垫层铺设完成并通过验收后,在垄沟内铺设复合缆,并将电缆滚筒一次寄存于碎石垫层边缘;

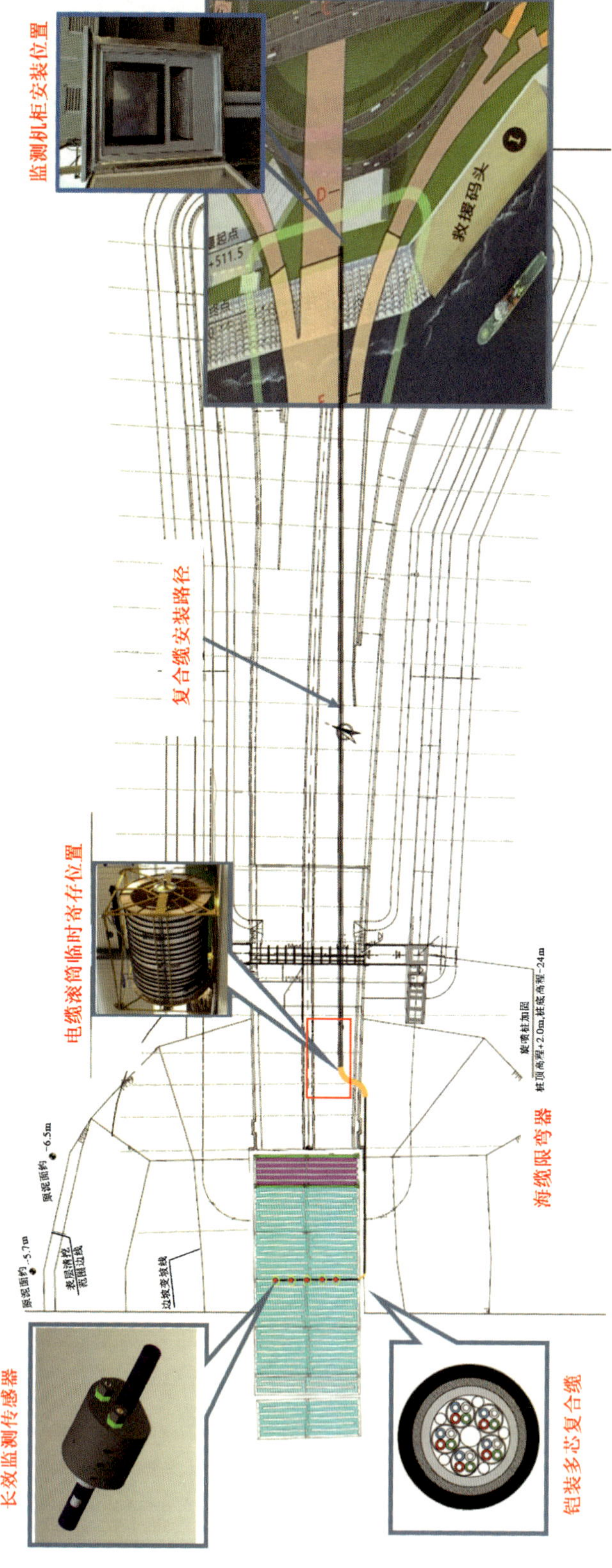

图7-53　E32管节实际工程钢壳防腐健康监测系统安装布置示意图

④E32 管节沉放完成后，将电缆滚筒及复合缆尾线起吊，沿沉管向暗埋段铺设，就位后电缆滚筒及尾线二次寄存于暗埋段沉管顶面，待暗埋段沉管施工完毕后铺设至岸上；

⑤为防止施工作业及施工船只损伤电缆，电缆滚筒寄存位置及电缆路径应规避海上施工作业区。

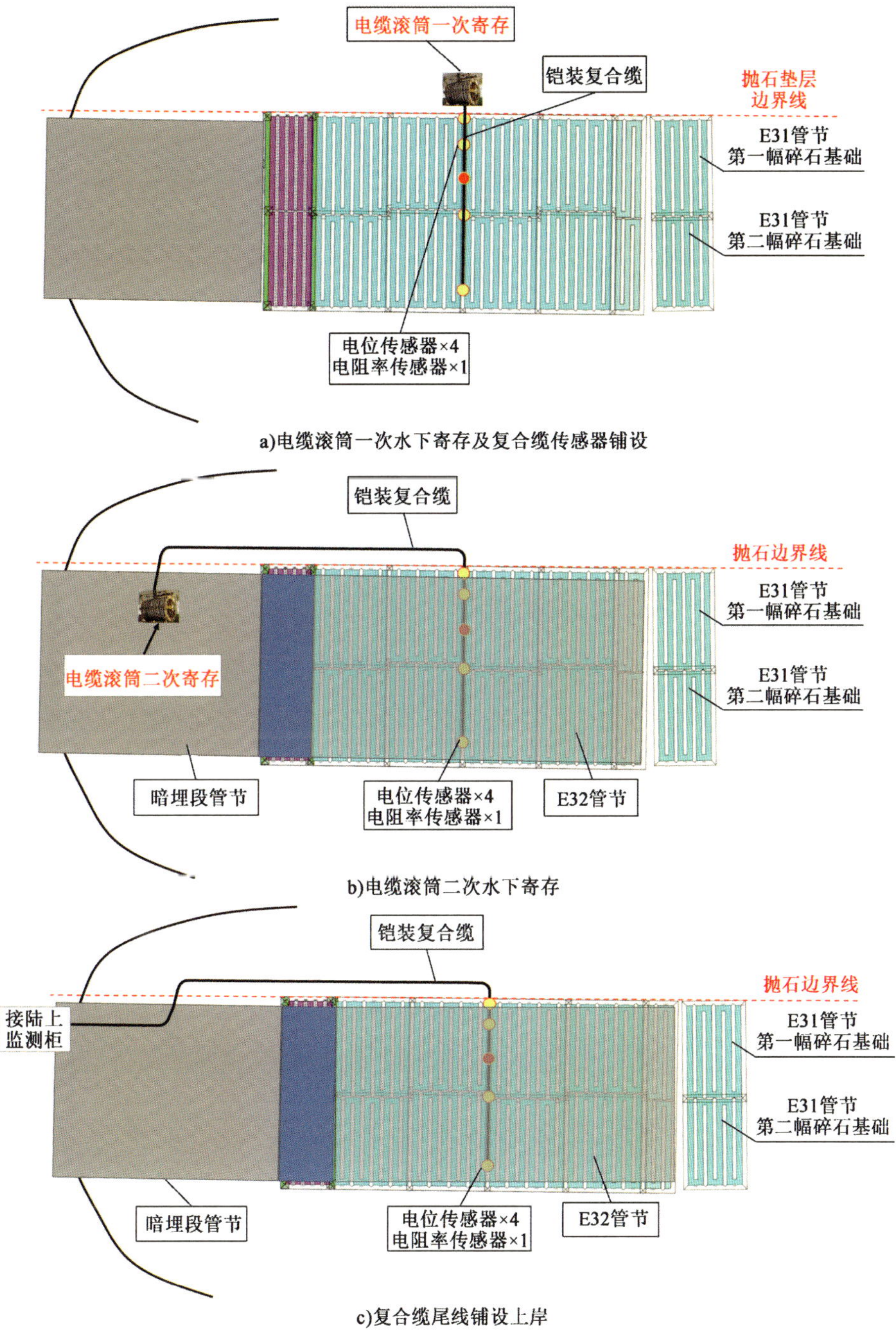

图 7-54　E32 管节钢壳防腐健康监测系统海上安装过程示意图

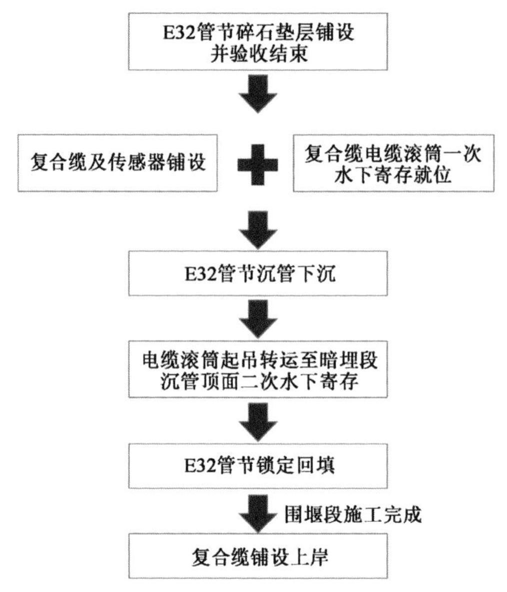

图7-55　E32管节防腐健康监测系统海上安装过程

为了最大限度减少对沉管施工的影响，一方面为了避免影响管节下沉及精确对接，另一方面为了避免复合缆在陆域沉管施工期贯穿止水围堰，复合缆及电缆滚筒海上两次水下寄存安装工艺过程，示意图如图7-56所示，安装过程如下：

①碎石垫层基础通过验收后，提前将复合缆及其电缆滚筒吊装上船，在施工船甲板上释放待安装复合缆长度及拟预留的35m复合缆固定绑扎；

②复合缆一次铺设长度标识，同时电缆滚筒预留35m长度绑扎在滚筒底部，滚筒起吊时放开；

③施工船在GPS定位辅助下预先在安装位置就位，电缆滚筒安装位置提前进行定位，高度方向上放置边坡底，平面方向上放置于设计的垄沟边（需GPS定位+潜水员配合）；

④现场采用人工及施工船吊机整体将复合缆及其电缆滚筒吊装下水的方式在施工船船舷侧吊装下水，电缆滚筒吊装至指定安装位置；潜水员按照设计路径将复合缆铺设至碎石垫层垄沟内，船上施工人员配合下放电缆，潜水员水下引导下放位置，直至放置完毕；其中，复合缆每间隔10m设置一个下放吊绳绑扎点，施工人员配合下放复合缆，施工船吊机吊装电缆滚筒及复合缆尾线下水；

⑤管节沉放、锁定回填；

⑥GPS定位+潜水员下水将电缆滚筒侧面预留的35m电缆限位解除，施工船吊起电缆滚筒的同时释放复合缆，将电缆滚筒及复合缆尾线吊起移动至暗埋段管节顶面（起吊电缆滚筒时，注意及时释放复合缆尾线，不要抽动已经放置好的电缆）；

⑦管节抛石回填。

a)复合缆装船、船只就位

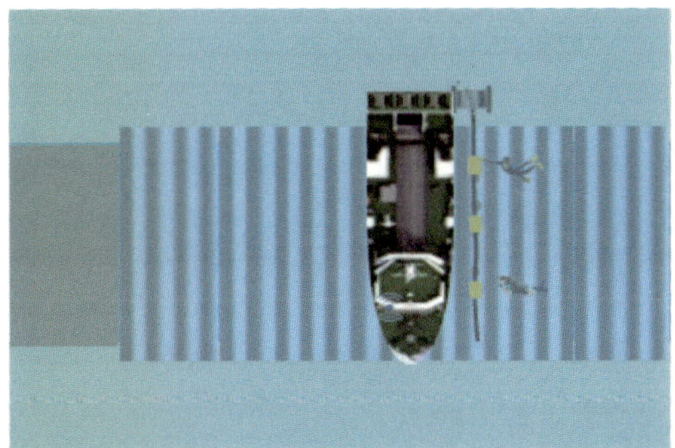

b)电缆滚筒及复合缆下沉

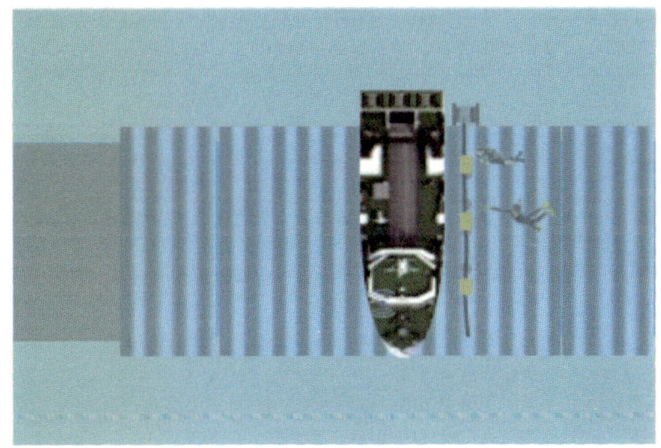

c)复合缆铺设至垄沟内

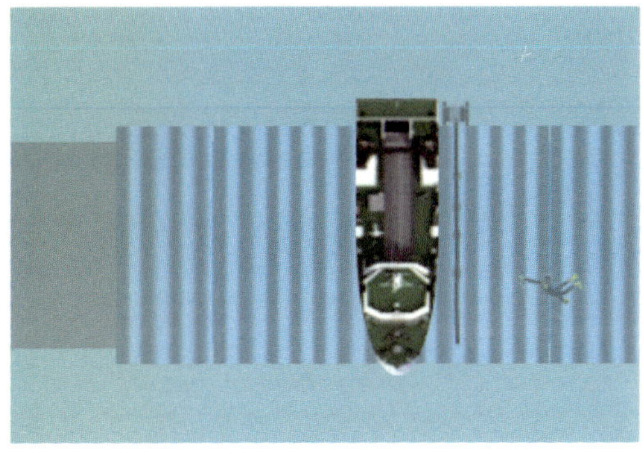

d)复合缆铺设及电缆滚筒一次水下寄存完成

图 7-56

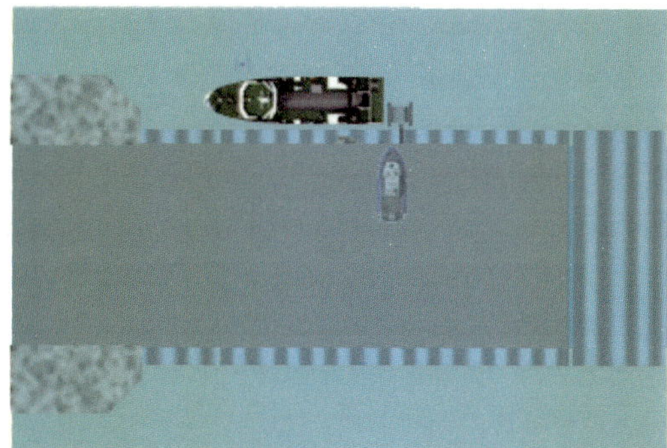

e)沉管结束、电缆滚筒起吊

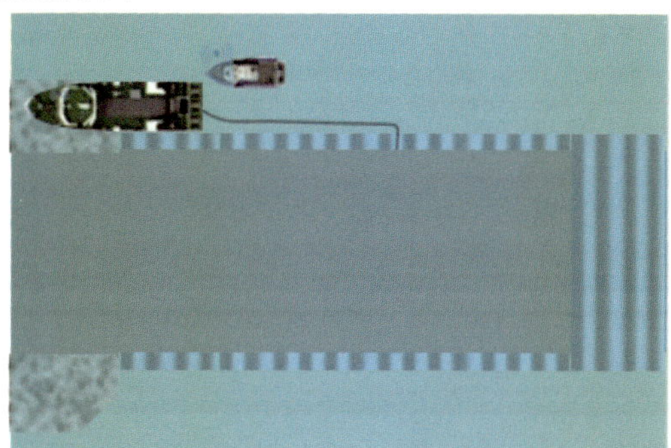

f)复合缆沿管节侧壁向暗埋段顶部铺设

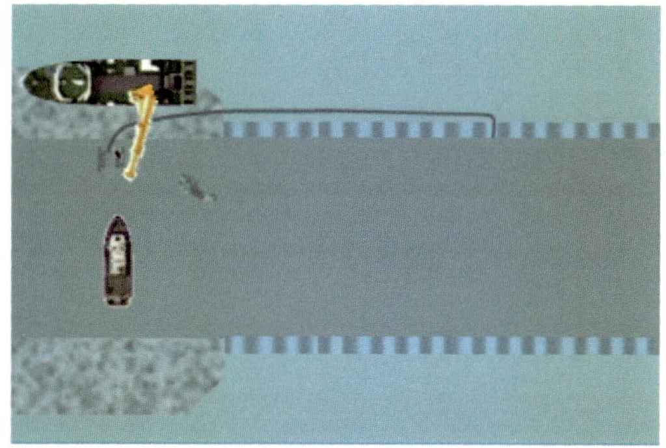

g)将电缆滚筒放置在沉管暗埋段顶面

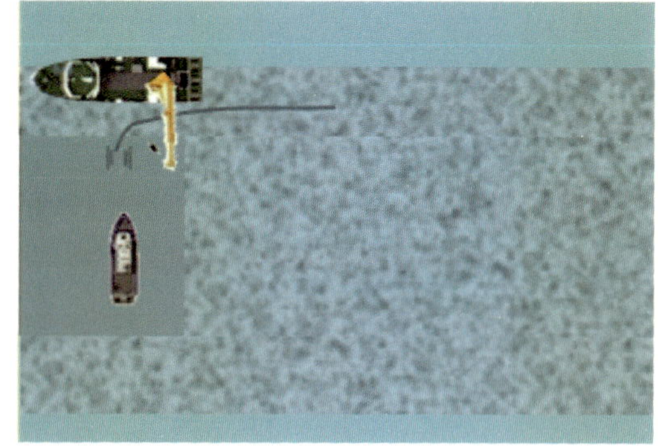

h)复合缆及电缆滚筒二次水下寄存、沉管锁定回填

图 7-56　复合缆及电缆滚筒海上两次水下寄存安装工艺示意图

深中通道钢壳防腐监测实际工程中，监测系统的海上安装过程照片见图7-57～图7-60。复合缆及传感器铺设照片如图7-57所示，复合缆及电缆滚筒海上两次水下寄存安装过程如图7-58～图7-60所示。

图7-57 复合缆及传感器铺设照片

图 7-58　复合缆及电缆滚筒一次水下寄存就位

图 7-59　复合缆及电缆滚筒一次水下寄存后吊装转运

图 7-60　电缆滚筒至暗埋段沉管顶面二次水下寄存

(3)监测系统陆上安装

步骤①:监测机柜安装。

在码头岸边安装电缆固定点及监测机柜,同时完成监测机柜上游供电的配电及取电工作。上游供电电缆采用埋地钢护管保护。

步骤②:零位接阴及其电缆安装。

待 E32 管节及陆域管节贯通后,从岸侧的监测机柜引出一根零位接阴电缆,进入沉管管节内部,沿着管节内部的电缆桥架铺设至 E32 管节内部,在适当位置的管节内壁焊接安装零位接阴装置,再将零位接阴电缆及零位接阴装置连接、密封,并测试其接触电阻,确保其小于 0.01Ω。

步骤③:复合缆尾线安装。

复合缆沿沉管顶面路径铺设至东人工岛,采用汽车吊配合完成吊装及复合缆在防波堤段的铺设,将电缆尾线末端从岛壁结构预埋的贯穿孔中穿入,引至陆域接线箱内,采用防水封堵材料对贯穿孔进行永久封堵。监测机柜至接线箱的电缆采用预埋钢管保护,完成接线后进行接线调试及系统试运行。

7.3.3.4　监测系统运行

结合深中通道项目实际工程进度,截至本书稿投稿阶段,监测系统尚未完成。

本章参考文献

[1] 化学工业部化工机械研究院. 腐蚀与防护手册:腐蚀理论、试验及监测[M]. 北京:化学工业出版社,1989.

[2] 庞喆龙,马新飞. 炼油装置在线腐蚀监测技术状况[J]. 石油化工腐蚀与防护,2008,25(1):62-64.

[3] 奚运涛,崔熙,张万里,等.基于多路超声回波特性的在线腐蚀监测技术[J].西安石油大学学报(自然科学版),2021,36(3):121-126.

[4] 宋诗哲.腐蚀电化学研究方法[M].北京:化学工业出版社,1988.

[5] 崔之健,史秀敏,李又绿.油气储运设施腐蚀与防护[M].北京:石油工业出版社,2009.

[6] 董亮,吴桐,吴昉赟,等.长效铜/饱和硫酸铜参比电极的研究进展[J].腐蚀与防护,2020,41(6):1-6.

[7] 张玲玲,杜敏,颜民.工程用参比电极的研究进展[J].腐蚀科学与防护技术,2006,18(6):433-435.

[8] 尚延杰.固体不极化电极的研究与制作[D].成都:成都理工大学,2020.

[9] 程聪鹏.深海用全固态银/卤化银参比电极的性能研究[D].青岛:中国海洋大学,2014.

[10] 曲本文,刘兴章,陈志强,等.国内参比电极现状简述[J].全面腐蚀控制,2017,31(6):25-27,34.

[11] 周伟舫.电化学测量[M].上海:上海科学技术出版社,1985.

[12] 何霖,许立坤,王均涛,等.热浸涂 Ag/AgCl 参比电极性能研究[J].腐蚀科学与防护技术,2009,21(5):482-485.

[13] 苗燕.深海用全固态参比电极的研究[D].重庆:重庆大学,2003.

[14] 王庆璋,郭润生.海水中银/卤化银固溶体参比电极[J].海洋与湖沼,1991,22(4):347-352.

[15] 中国海洋石油总公司.海上钢质平台阴极保护监测系统:QSH 3009—2003[S].北京:[s. n],2003.

[16] 董罡,徐建梅,罗望,等.海洋环境下用 Ag/AgCl 固体多孔电极的制备工艺与性能[J].腐蚀与防护,2019,40(12):871-877.

[17] 翁永基.硫酸铜参比电极内阻的讨论及石墨接界的研制[J].油气储运,1983,2(6):6-15.

[18] 翁永基.长效硫酸铜参比电极的研制[J].理化检验(化学分册),1987,23(4):198-199,211.

[19] 李孝莹,黄金钊,邹德龙,等.一种适用于阴极保护用的长寿命参比电极:中国,201720882835.5[P].2017.09.29.

[20] 过梦飞,宋立闽,黄慧明,等.双陶瓷罐埋地型铜/硫酸铜参比电极:200620085082.5[P].2007-06-27.

[21] FIIHO S E A,PANOSSIAN Z,ALMEIDA N L D. A new copper/copper sulfate reference electrode for external corrosion monitoring of buried pipelines[C]//JAN J M H,PETER V. NACE Corrosion cofererce and expo 2013. Orlando: NACE International, 2013: 2223.

[22] 郭庆茹,宫明,董仲智.微孔复合封端铜-饱和硫酸铜参比电极:01228669.9[P].2002-07-10.

7.3.2.4　钢壳沉管防腐监测系统设计

(1)监测系统架构

钢壳沉管防腐健康监测系统主要包括以下几个部分:传感器、数据采集模块、测试端、就地工控机、4G 网络以及远程监测终端。传感器、数据采集模块及测试端的主要功能是实现监测参数采集、数据转换及就地数据测试;就地工控机即网络通信模块的主要功能是实现对数据的实时采集、存储及数据远程发送,监测数据通过网线或 4G 网络传送至办公室的中控电脑,并可通过 4G 网络将其传输至其他远程监测终端。监测系统架构示意图如图 7-47 所示。

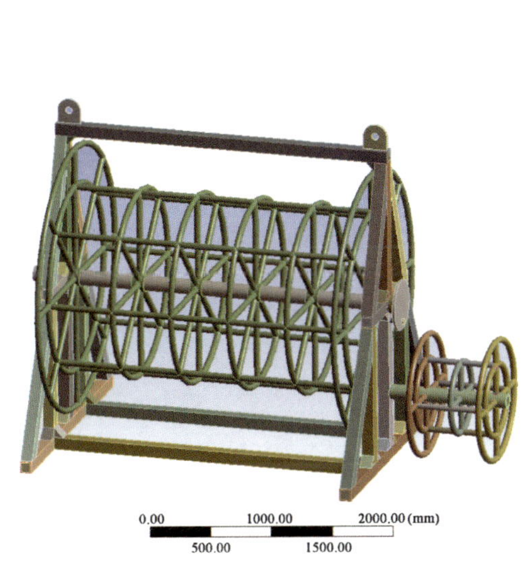

图 7-46　电缆滚筒示意图

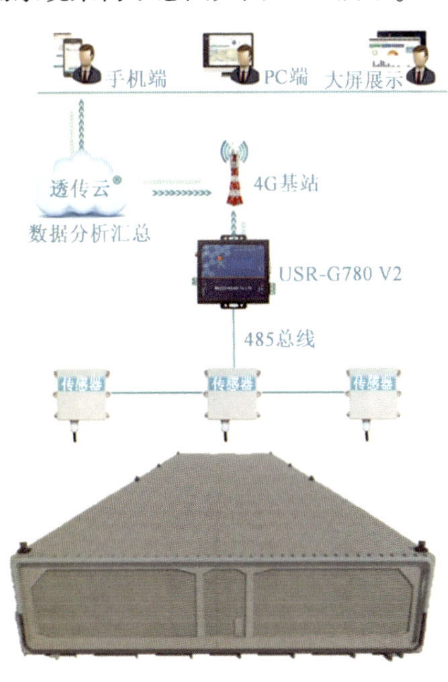

图 7-47　监测系统架构示意图

(2)数据采集模块

钢壳沉管防腐健康监测系统能够实现远程实时数据采集、传输、存储及显示等功能,由外部 220V 电源供电,另配有 UPS 电源,以防止突然断电造成监测数据丢失。数据采集模块可以实时监测钢壳在服役环境中相对于参比电极的电极电位,并将所测得的模拟电压信号经滤波放大后转换成二进制数字信号,传递给中央处理模块。处理后的监测数据可以通过带有触摸屏的工控机进行显示和操作,以实现人机交互。同时,将监测数据实时存储到数据库中,用于后续的调用及评估计算。一旦监测数据超过设计区间,即触发系统报警或预警,警报等级可根据评估规则进行分级预警。

数据采集模块与上述监测传感器是监测系统硬件选取的关键,其决定了系统数据的精度、取样周期、测量范围及监测信号的数量。深中通道钢壳沉管外壁防腐监测系统的数据采集模块测量范围为 -2 ~ +2V,最大通道数为 16 通道,测量精度为 1%,采样频率为 1s ~ 12h 连续可调。系统的硬件参数详见表 7-18。

E32 管节防腐健康监测装置主要参数　　表 7-18

功　　能	参 数 名 称	指　　标
处理器	中央处理器(CPU)	Intel ® i5-7500 3.4GHz Quad Core
	数字信号处理器(DSP)	TMS320F28335PGFA
存储	硬盘存储容量	SSD 128G
	SD 卡存储容量	TF Card 16G ×3 用于数据独立记录
	记录形式	循环覆盖式
	存储时间	监测期内可认为无限期记录
内部通信	方式	RS485 半双工
	速率	115200bit/s
	应用层支持	Modbus RTU
外部通信	4G	TD-LTE Band 38/39/40/41 3GPP R9 CAT4 下行 130 Mbps,上行 35 Mbps FDD-LTE Band 1/3/5/8 3GPP R9 CAT4 下行 150 Mbps,上行 50 Mbps
人机交互	显示器	15″TFT LED 电阻触摸屏
	键盘鼠标	不锈钢一体化套装
电源	输入电压	AC220V,1Ph
功耗	标准模式	400W
电位监测	测量范围	-2 ~ +2V
	测量精度	1%
	分辨率	1mV
	阻抗	>1GΩ
	采集周期	1s ~ 12h(可调)
	通道数	配置使用 4 组共 16 个电位通道
环境电阻率监测	测量范围	1 ~ 3000Ω · cm
	测量方法	四电极法
	激励源类型	恒交流/恒直流(默认恒交流) (支持通信选择配置类型与交流频率)
	激励源电流	Max:5mA 限压限流
	采集周期	1s ~ 12h(可调)
	通道数	配置使用 1 组
温度	存储温度	-40 ~ 85℃
	运行温度	-15 ~ 15℃
	温度系数	±0.1%/℃(典型值)
相对湿度	存储湿度	0% ~ 95% 无冷凝
	运行湿度	5% ~ 85% 无冷凝
机柜材质	外壳	SUS304 不锈钢
尺寸与重量	宽 × 高 × 深(mm)	600 × 1600 × 400(高度含底座)
	质量(kg)	150

[23] 过梦飞,宋立闽,黄慧明,等. 埋地型铜/硫酸铜参比电极:200620085083[P]. 2007-06-27.

[24] 蔺存国,许立坤. 铜/饱和硫酸铜凝胶参比电极:200610068457.1[P]. 2007-04-18.

[25] 张献军,张勇,邓玉发,等. 一种循环使用的参比电极:201320146536.5[P]. 2013-10-09.

[26] 马孝亮,常桂川,丁润华,等. 循环参比电极的研究[J]. 天然气与石油,2014,32(1):77-79.

[27] 刘玲莉,张立忠,杨雪梅,等. 一种阴极保护参比电极:200410049637.6[P]. 2005-08-17.

[28] 王梦城. 新长效铜-硫酸铜参比电极:200520127302.1[P]. 2006-12-13.

[29] 赵应龙. 特长效硫酸铜参比电极:200520099768.5[P]. 2006-12-27.

[30] 深圳至中山跨江通道工程耐久性保障技术研究—专题7 钢结构防腐蚀技术研究(钢壳沉管腐蚀与防护技术)[R]. 青岛:青岛双瑞海洋环境工程股份有限公司,2016.

[31] National Association of Corrosion Engineers. Corrosion Control of Steel Fixed Offshore Structures Associated with Petroleum Production: NACE RP0176—1994 [S]. Houston: [s. n.],1994.

[32] 梁义,魏世丞,孙虎元,等. 一种基于腐蚀电位的涂层腐蚀监测系统[J]. 腐蚀与防护,2011,32(9):725-727.

[33] 苗承武,卢绮敏. 我国天然气管道规划及管道防腐蚀技术[J]. 全面腐蚀控制,2003,17(4):1-5.

[34] 李荻. 电化学原理[M]. 北京:北京航空航天大学出版社,2008.

[35] LI C L, MA Y T, LI Y, et al. EIS monitoring study of atmospheric corrosion under variable relative humidity[J]. Corrosion science,2010,52:3677-3686.

[36] 付安庆,邢少华,张胜涛,等. 交流阻抗技术监测碳钢在海洋大气中的腐蚀[J]. 腐蚀科学与防护技术,2007,19(4):243-246.

[37] BERTOCCI U, HUET F. Noise analysis applied to electrochemical systems[J]. Corrosion, 1995, 51(2): 131-144.

[38] 胡会利,李宁,程瑾宁. 电化学噪声在腐蚀领域中的研究进展[J]. 腐蚀科学与防护技术,2007,19(2):114-118.

[39] 张涛,杨延格,邵亚薇,等. 电化学噪声分析方法的研究进展[J]. 中国腐蚀与防护学报,2014,34(1):1-18.

[40] 武俊伟. 腐蚀监测的电化学技术[EB/OL]. (2017-10-16)[2022-02-03]. http://www.ecorr.org/dhTJDAOHANG/fhjs/jishuyingyong/2017-10-16/167117.html.

[41] 常安乐,宋诗哲. 模拟海洋环境浪花飞溅区的金属构筑物腐蚀监检测[J]. 中国腐蚀与防护学报,2012(3):247-250.

[42] 邵梅. 基于小波变换的金属腐蚀电化学噪声信号分析研究[D]. 青岛:中国海洋大学,2007.

[43] 荣福凤,迟洁茹,赵永韬. 恒电量智能腐蚀监测系统的研究[J]. 现代仪器与医疗,2008,14(2):43-45,65.

[44] TAN Y J, YU S T. The effects of inhomogeneity in organic coatings on electrochemical measurements using a wire beam electrode: Part II[J]. Progress in Organic Coatings, 1991, 19(3): 257-263.

[45] 韩光哲,石博,李明启,等. 国内外丝束电极的发展现状及应用[J]. 全面腐蚀控制,2018,32(10):66-68,86.

[46] 余晓毅,徐云泽,朱烨森,等. 基于电阻-多电极联合测量的水线腐蚀行为[J]. 腐蚀与防护,2021,42(10):13-18,22.

[47] 李焰,李亚东,唐晓. 多电极耦合的非均匀结构局部腐蚀的测试系统及方法:107192665B[P]. 2021-09-24.

[48] 唐斌. 基于耦合多电极技术的局部腐蚀监测系统[D]. 沈阳:东北大学,2008.

[49] 刘盼,朱泽洁,胡露露,等. 基于以丝束电极为载体的高通量电化学信号的采集与分析研究[C]. 2018 年全国腐蚀电化学及测试方法学术交流会,2018.

[50] LI S Y, JUNG S, PARK K W, et al. Kinetic Study on Corrosion of Steel in Soil Environments Using Electrical Resistance Sensor Technique[J]. Materials Chemistry & Physics, 2007, 103(1): 9-13.

[51] FREEDMAN A J, TROSCINSKI E S, DRAVNIEKS A. An Electrical Resistance Method of Corrosion Monitoring In Refinery Equipment[J]. Corrosion, 1958, 14(4): 29-32.

[52] 陈凤琴. 自然环境腐蚀监测用电阻探针的设计与应用[D]. 哈尔滨:哈尔滨工业大学,2016.

[53] 董飒英,廖延彪,田芊,等. 光纤传感技术在腐蚀监测中的应用[J]. 分析科学学报,2004,20(5):546-550.

[54] 黎学明,张胜涛,黄宗卿,等. 钢筋腐蚀监测的光纤传感技术[J]. 腐蚀科学与防护技术,1999,20(3):169-173.

[55] 宋世德,李鹏,周卫杰,等. 一种基于光纤布拉格光栅的金属腐蚀传感器[J]. 光电子·激光,2015,26(10):1866-1872.

[56] 蔡李花. 金属结构杂散电流腐蚀监测的光纤传感技术基础研究[D]. 徐州:中国矿业大学,2012.

[57] 李小烜. 组合钢管板桩码头结构设计及耐腐蚀分析[J]. 中国水运(上半月),2021(3):75-77.

[58] 王黎明. 公路桥梁混凝土中钢筋腐蚀检测方法分析[J]. 全面腐蚀控制,2019,33(11):116-117.

[59] 张奇,侯冶琳. 海底隧道钢壳防腐重涂装技术[J]. 中国金属通报,2021(15):214-215.

[60] 胡杰珍. 海洋环境跃变区碳钢腐蚀行为与机理研究[D]. 北京:北京科技大学,2016.
[61] 石维. 钢筋混凝土界面局部腐蚀发展与抑制机理研究[D]. 武汉:华中科技大学,2014.
[62] 黄诚. 混凝土用钢筋腐蚀诱因及检测技术评价[J]. 山东冶金,2020,42(4):40-42.
[63] 刘国建. 严酷复合介质侵蚀下混凝土中钢筋腐蚀行为及机理[D]. 南京:东南大学,2019.
[64] 中华人民共和国住房和城乡建设部,国家市场监督管理总局. 建筑结构检测技术标准:GB/T 50344—2019[S]. 北京:中国建筑工业出版社,2020.
[65] SONG H W, SARASWATHY V. Corrosion monitoring of reinforced concrete structures-A review[J]. Int. Journal Electrochem. 2007, 2: 1-28.
[66] Lay S, Liebl S, Hilbig H, et al. New method to measure the rapid chloride migration coefficient of chloride-contaminated concrete[J]. Cement and Concrete Research. 2004,34(3):421-427.
[67] 王润. 基于超声波技术的在线腐蚀监测系统应用研究[D]. 青岛:中国石油大学(华东),2020.
[68] 耿豪劼,刘荣桂,蔡东升,等. 冲击回波法检测混凝土构件内部缺陷大小研究[J]. 混凝土,2021(11):150-154,160.
[69] 石绵靖. 关于结构混凝土耐久性无损检测技术研究[J]. 建筑与预算,2021(10):95-97.
[70] 卢爽. 基于内置多元传感器监测钢筋混凝土结构腐蚀状态研究[D]. 哈尔滨:哈尔滨工业大学,2010.
[71] 关伟光. 基于电磁感应的混凝土内钢筋的探测[D]. 秦皇岛:燕山大学,2017.
[72] ELSENER B. Half-cell potential mapping to assess repair work on RC structures[J]. Construction & building materials. 2001,15(2):133-139.
[73] XIA D, SONG S, BEHNAMIAN Y, et al. Review-electrochemical noise applied in corrosion science: theoretical and mathematical models towards quantitative analysis[J]. Journal of the Electrochemical Society. 2020,167(8):81507.
[74] XU Y, LI K, LIU L, et al. Experimental study on rebar corrosion using the galvanic sensor combined with the electronic resistance technique[J]. Sensors. 2016,16(9):1451.
[75] 董士刚,林昌健,胡融刚,等. 多功能传感器法原位监测混凝土结构中钢筋的腐蚀行为[C]//经济发展方式转变与自主创新——第十二届中国科学技术协会年会(第二卷). 福州:中国科学技术协会,2010.
[76] 杨德强. 油气集输管道腐蚀的防治与安全检测研究[J]. 全面腐蚀控制,2021,35(11):112-114.
[77] YAN M, WANG J, HAN E, et al. Local environment under simulated disbonded coating on steel pipelines in soil solution[J]. Corrosion Science. 2008,50(5):1331-1339.
[78] JING J, JIA W, WANG W, et al. Modeling influence of gas/liquid/solid three-phase bounda-

ry zone on cathodic process of soil corrosion[J]. Electrochimica Acta, 2009, 54(13): 3623-3629.

[79] AKKOUCHE R, RÉMAZEILLES C, JEANNIN M, et al. Influence of soil moisture on the corrosion processes of carbon steel in artificial soil: Active area and differential aeration cells [J]. Electrochimica Acta,2016:698-708.

[80] SONG F, SRIDHAR N. Modeling pipeline crevice corrosion under a disbonded coating with or without cathodic protection under transient and steady state conditions[J]. Corrosion Science,2008,50(1):70-83.

[81] YAN M C, WANG J Q, HAN E H. Electrochemical measurements using combination microelectrode in crevice simulating disbonded of pipeline coatings under cathodic protection[J]. Corrosion Engineering, Science and Technology,2013,42(1):42-49.

[82] PAPAVINASAM S, DOIRON A. External corrosion control of northern pipelines influence of construction conditions on the performance of coatings[C]//Atlanta:NACE Corrosion,2009.

[83] CHMILAR J F. NACE International standard practice SP0169 : control of external corrosion on underground or submerged metallic piping systems[C]//Houston:NACE International, 2009.

[84] SONG J. Chemical and electrochemical conditions on steel under disbonded coatings: the effect of previously corroded surfaces and wet and dry cycles[J]. Corrosion Science,2001,43(3):515-532.

[85] PERDOMO J J, SONG I. Chemical and electrochemical conditions on steel under disbonded coatings: the effect of applied potential, solution resistivity, crevice thickness and holiday size[J]. Corrosion Science, 2000,42(8):1389-1415.

[86] 沈功田,李光海,景为科,等.埋地管道泄漏监测检测技术[J].无损检测,2006,28(5): 261-265,271.

[87] 商同林.埋地管道腐蚀评价与维修方法[J].油气储运,2004,23(10):23-25.

[88] 张汝义,刘海俊,杜莎.埋地钢质原油集输管道检测技术探讨[J].油气田地面工程,2017,36(6):81-83.

[89] 李盛好.CIPS检测技术在埋地钢制压力管道检验中的应用[J].中国化工贸易,2019,11(23):160.

[90] TAN Y. Heterogeneous electrode processes and localized corrosion[M]. New Jersey: John Wiley Sons, 2012.

[91] JEFFERS K E, ORAZEM M E. Application of electrochemical impedance spectroscopy to characterize the time- dependent corrosion of steel in simulated soil environments[J]. Electrochemical Society Proceedings,2000,24:140-157

[92] CHEN Y, JEPSON W P. EIS measurement for corrosion monitoring under multiphase flow

conditions[J]. Electrochimica Acta,1999:4453-4464.

[93] 余方林,于润桥,廖连文,等.埋地管道非开挖弱磁腐蚀检测[J].无损检测,2019,41(7):39-44.

[94] WANG X, MELCHERS R E. Long-term under-deposit pitting corrosion of carbon steel pipes[J]. Ocean Engineering,2017,133:231-243.

[95] 罗睿,余世杰,袁鹏斌,等.316L 与 X65 在模拟流动地层水中电偶腐蚀行为[J].装备环境工程,2016,13(4):162-167.

[96] 邓洪达,曾顺鹏.复合管 X65/316L 在模拟产出水中的电偶腐蚀行为[J].腐蚀与防护,2015,36(8):727-730,737.

[97] ISLAM M M, POJTANABUNTOENG T, GUBNER R. Study of the top-of-the-line corrosion using a novel electrochemical probe[J]. Corrosion. 2017,74(5):588-598.

[98] 董绍华,王联伟.管道内腐蚀监测技术的现状及发展趋势[C]//中国石油石化数字管道信息化建设论坛暨燃气管网安全、经济、运营技术交流研讨会论文集.2009.

[99] 易铁虎.在线腐蚀监测技术在炼油装置中的应用[J].石油化工腐蚀与防护,2012,29(5):44-46.

[100] 阚子建.腐蚀监测技术在油气田的应用[J].盐科学与化工,2019,48(9):7-11.

[101] 李建波,胡正海,张莉梅,等.油气管道的腐蚀监/检测技术研究分析[J].全面腐蚀控制,2014,28(11):48-52.

[102] 洪政甫,文学,吴巍,等.油气管道的腐蚀监测、检测及安全评估[J].全面腐蚀控制,2004,18(5):34-36.

[103] 刘杰,付裕,高海宾,等.一种新型管道腐蚀监测技术及应用 Permasense 超声波腐蚀监测系统[J].全面腐蚀控制,2016,30(8):19-22,82.

[104] GAN F, WAN Z, LI Y, et al. Improved formula for localized corrosion using field signature method[J]. Measurement,2015, 63: 137-142.

[105] GAN F, TIAN G, WAN Z, et al. Investigation of pitting corrosion monitoring using field signature method[J]. Measurement,2016, 82: 46-54.

[106] 徐云泽.海洋管道内壁局部腐蚀的监测关键技术研究[D].大连:大连理工大学,2019.

[107] 黄一,徐云泽,王晓娜,等.基于双环电阻传感器的管道内壁腐蚀监测技术研究[J].机械工程学报,2015,51(24):15-23.

[108] XU Y, LIU L, ZHOU Q. An overview of major experimental methods and apparatus for measuring and investigating erosion-corrosion of ferrous-based steels[J]. Metals,2020, 10(2): 180.

[109] 黄明华.甬江水底隧道运行性能分析与健康监测系统设计实现[D].哈尔滨:哈尔滨工业大学,2008.

[110] 崔之鉴.交通隧道规划与设计[M].成都:西南交通大学出版社,2006.

[111] 王兴铎.水下沉管隧道的发展和施工技术[J].中国铁路,2001(5):48-50.

[112] 林茂.海底隧道腐蚀监测技术研究[J].福建建材,2021,7:24-26.

[113] 雷鹰,郑翥鹏.厦门翔安海底隧道钢筋腐蚀监测技术[J].工程力学,2016,33(5):1-10.

[114] 刘正根,黄宏伟,赵永辉,等.沉管隧道实时健康监测系统[J].地下空间与工程学报,2008,4(6):1110-1115.

[115] 深中通道沉管隧道管节钢壳的防腐维护管理规划[R].日本 CIVIC Consulting Engineers 株式会社,2021.

[116] 金文良,宋神友,陈伟乐,等.深中通道钢壳混凝土沉管隧道总体设计综述[J].中国港湾建设,2021,3(41):35-40.

[117] 一种腐蚀状态监测装置的在位更换方法及在位更换装置:110118721 A[P],2019-08-13.

[118] 一种超声测厚探头安装结构、隧道沉管及安装方法:202010084210.9[P].2020-06-12.

[119] 王胜年,李克非,范志宏,等.港珠澳大桥 120 年使用寿命的混凝土结构耐久性对策研究[C]//中国土木工程学会.第八届全国混凝土耐久性学术交流会论文集.2012:71-80.

[120] 中华人民共和国交通运输部.水运工程结构耐久性设计标准:JTS 153—2015[S].北京:人民交通出版社股份有限公司,2016.

[121] 大连科迈尔防腐科技有限公司.深中通道 E32 管节外壁防腐健康监测实体工程应用项目实施方案[R].大连:大连科迈尔防腐科技有限公司,2021.

[122] 大连科迈尔防腐科技有限公司.深中通道钢壳混凝土沉管 E32 管节外壁防腐健康监测试验方案[R].大连:大连科迈尔防腐科技有限公司,2021.

[123] 大连科迈尔防腐科技有限公司.深中通道 E32 管节外壁防腐健康监测试验现场安装及调试竣工报告[R].大连:大连科迈尔防腐科技有限公司,2021.

[124] 大连科迈尔防腐科技有限公司.深中通道沉管(E32)钢壳外壁全寿期防腐健康监测系统设计方案[R].大连:大连科迈尔防腐科技有限公司,2021.

[125] 全国建筑物电气装置标准化技术委员会.接地系统的土壤电阻率、接地阻抗和地面电位测量导则 第 1 部分 常规测量 GB/T 17949.1—2000[S].北京:中国标准出版社,2000.

附录 A　牺牲阳极安装后钢壳阴极保护电位检测

A.0　测量准备

牺牲阳极安装后的阴极保护电位试验需在深水坞中(部分沉管如果在港池内沉放,则相应管节的测量工作在港池内)实施。管节牺牲阳极安装完成后,在深水坞或港池中进行测量。测量前,钢壳及牺牲阳极需浸于水中3~5d或以上,以保证阴极极化。

A.1　测量电路

阴极保护电位检测线路示意图如图 A-1 所示。

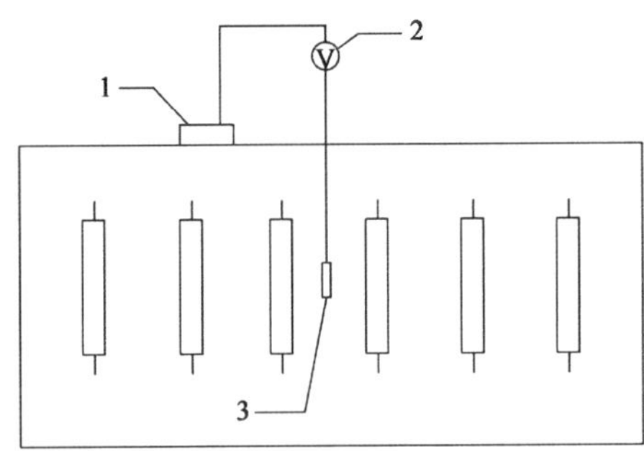

图 A-1　阴极保护电位检测线路示意图

1-与钢壳有电连接的结构;2-数字电压表,阻抗大于 10MΩ;3-Ag/AgCl/海淡水参比电极,可用携带式 Ag/AgCl/海淡水参比电极

A.2　检测要求

沉管在隧址下沉安装前,其顶部的牺牲阳极不具备全浸入水中的条件,检测方法如下:首先对侧面牺牲阳极浸水后进行电位测试;若测试结果满足设计要求,则不要求对顶部阳极浸水测试;若测试结果不满足设计要求,则沉管安装施工单位需对管顶部阳极浸没水中的工况再次进行测试。

具体检测要求如下:

A.2.1　检测前确保牺牲阳极累计浸没水中时间超过 3d。

A.2.2　阴极保护电位试验在沉管两侧随机共选取 6 个位置(当需管顶阳极浸入水中再测量保护电位时,则沉管两侧及管顶随机共选取 9 个位置)。

A.2.3　初定所检电位在 -0.8 ~ -1.15V(相对于 Ag/AgCl/海淡水参比电极)。

A.3　测量步骤

A.3.1　从与钢壳有电连接的结构物引出电缆,连接至数字电压表。

A.3.2 Ag/AgCl/海淡水参比电极通过电缆连接至数字式电压表，选定测量点，将 Ag/AgCl/海淡水参比电极依次置于测量点处，参比电极在距离钢壳 1m 范围内进行测量，参比电极需尽量靠近钢壳，但不可与钢壳直接接触，也不可与牺牲阳极接触。

A.3.3 将数字式电压表调至直流电压挡，读取不同测量点处的阴极保护电位。

A.4 检测时机

在水坞/港池进行测量，需保证检测条件可控。进行保护电位检测时，测量区域需浸于水中，保证牺牲阳极、钢壳、水形成回路，牺牲阳极发挥保护作用。测量用时约 1d。

附录 B　阳极检验项目、频次和技术要求

检验内容及频次　　表 B-1

序号	检验项目	检验阶段	检验技术要求	钢壳制造厂	第三方检验
				检验频次	检验频次
1	重量	安装前	NACE SP0387 第 3.3 节	阳极数量的 10%	抽检船厂检验数量的 5%
2	尺寸		NACE SP0387 第 3.4 节	阳极数量的 10%	抽检船厂检验数量的 5%
3	表面质量		NACE SP0387 第 3.9/3.10 节	阳极数量的 100%	抽检船厂检验数量的 5%
4	化学成分		沉管隧道总体设计及技术要求中关于牺牲阳极技术要求	每批随机抽 3 个样	每批随机抽 3 个
5	电化学性能		参考 GB/T 17848—1999	每批随机抽 3 个样	每批随机抽 3 个
6	接触电阻（牺牲阳极本体与铁脚之间）		试验方法按照 GB/T 4948—2002 的要求	每批随机抽 1 个	每批随机抽 1 个
7	内部缺陷检验（剖切）		NACE SP0387 第 3.11 节	每批随机抽 1 个（见证）	1 个（见证）
8	接触电阻（安装后）	安装后（在船厂）	≤0.01Ω	每个标段各测量 1 个管节，管顶及两侧面各 10 个（见证）	每个标段各测量 1 个管节，管顶及两侧面各 10 个（执行）
9	保护电位	安装后（桂山岛深坞或龙穴岛港池）	在船坞/港池，钢壳及牺牲阳极需浸于水中	每个标段各测量 1 个管节，随机选取 1 组	每个标段各测量 1 个管节，随机选取 1 组（见证）

注：1. 批次说明：每个管节所使用的铝合金阳极作为一个批次。

2. 对以上检验项目有质量异议的，钢壳制造厂、监理及业主将有权加大复验抽样检查比例。

检 验 技 术 要 求　　表 B-2

检验项目	检验依据	检验技术要求
重量	NACE SP0387 第 3.3 节	每只阳极净质量 375kg，毛质量 405kg； 单只阳极的质量偏差为 ±3%；总质量偏差为 0 ~ 2%
尺寸	NACE SP0387 第 3.4 节	(1) 上长 2290mm，下长 2310mm；上宽 230mm，下宽 270mm；厚度 250mm； (2) 允许偏差：长度 ±25mm，宽度 ±5%，厚度 ±10%，直线度 2%

续上表

检验项目	检 验 依 据	检验技术要求	
表面质量	NACE SP0387 第 3.9/3.10 节	(1)缩孔和冷隔。 缩孔(含凹坑):缩孔的深度不超过阳极高度的 10%; 冷隔:冷隔深度不超过 10mm;(阳极冷缩和表面重叠深度不能超过 10mm)。 (2)非金属夹渣:不超过阳极表面的 1%。 (3)没有对人员安全有危害的突出物。 (4)裂纹。 阳极表面不存在以下类型的裂纹: ①纵向裂纹; ②宽度大于 5mm 的横向裂纹; ③宽度小于 5mm 的横向裂纹,最多不超过 10 条; ④细小的裂纹团可以看作 1 条裂纹; ⑤宽度小于 0.5mm 的裂纹,不计数	
化学成分	沉管隧道总体设计 及技术要求中关于牺牲 阳极技术要求	(*wt*:%) Zn:4.0 ~ 6.0;In:0.015 ~ 0.030;Ti:≤0.03; Si:0.05 ~ 0.4;Fe:≤0.07;Cu:≤0.003; Sn:≤0.02;其他总杂质≤0.05;Al:余量	
电化学性能	参考 GB/T 17848—1999	在电阻率为 70 ~ 80Ω · cm 的海淡水中,实际电容量:≥2550A · h/kg;工作电位负于 -1.05V(vs. SCE)	
接触电阻 检验	试验方法按照 GB/T 4948—2002 的要求	≤0.001Ω	
内部缺陷检验 (剖切检验)	NACE SP0387 第 3.3 节	1/2 截面	气孔不超过总剖切表面的 2%,单个面的 5%;非金属夹杂不超过总表面的 1%,单个面的 2%;与铁芯连接处空隙不超过总铁芯周长的 10%,每个面上周长的 20%
	NACE SP0387 第 3.3 节	1/3 截面	气孔不超过总剖切表面的 2%,单个面的 5%;非金属夹杂不超过总表面的 1%,单个面的 2%;与铁芯连接处空隙不超过总铁芯周长的 10%,每个面上周长的 20%
	NACE SP0387 第 3.3 节	1/4 截面	气孔不超过总剖切表面的 2%,单个面的 5%; 非金属夹杂不超过总表面的 1%,单个面的 2%; 与铁芯连接处空隙不超过总铁芯周长的 10%,每个面上周长的 20%

附录 C　牺牲阳极的数量和使用年限核算

C.1　初始阶段

阳极块电阻：

$$R_{a(initial)} = p/2S_{(initial)}$$

阳极块平均换算长度：

$$S_{(initial)} = (L_{(initial)} + B_{(initial)})/2$$

式中：p——电阻率（Ω · m）；

$L_{(initial)}$——阳极块长度（m）；

$B_{(initial)}$——阳极块宽度（m）。

C.2　最终阶段

阳极块长度：

$$L_{(final)} = L_{(initial)} - 0.10 \times u \times \mathrm{L}_{(initial)}$$

式中：u——阳极利用系数 0.7 ~ 0.95，平均值取 0.82。

最终阳极块质量：

$$m_{(final)} = m_{(initial)} \times (1 - u)$$

式中：$m_{(initial)}$——初始阳极块净质量（kg）。

C.3　阳极块等效半径（最终）

阳极块体积：

$$V_{c(final)} = (dc/2)2 \times 3.14 \times L_{(final)}$$

阳极块体积：

$$V_{a(final)} = m_{(final)}/g$$

阳极块等效半径：

$$r_{(final)} = \{(V_{a(final)} + V_{c(final)})/L_{(final)} \times 2/3.14\} \times 0.5$$

式中：dc——阳极块高度（m）；

$L_{(final)}$——阳极块长度（m）；

$m_{(final)}$——最终阳极块质量（kg）；

g——铝合金密度取值为 $2.7 \times 10^3 kg/m^3$。

C.4　阳极块电阻（最终）

阳极块电阻：

$$R_{a(\mathrm{final})}=p/2S_{(\mathrm{final})}$$

$$S_{(\mathrm{final})}=(L_{(\mathrm{final})}+2r_{(\mathrm{final})})/2$$

式中：p——电阻率（Ω·m）；

$L_{(\mathrm{final})}$——阳极块长度（m）；

$r_{(\mathrm{final})}$——阳极块等效半径（m）。

C.5　阳极块的安装数量

阳极块总质量（最小）：

$$M_{\mathrm{amin}}=I_{\mathrm{c(mean)}}\times T\times T_{\mathrm{y}}/(u\times e)$$

式中：$I_{\mathrm{c(mean)}}$——运营时防腐蚀电流的所需值（A）；

T——设计寿命（年）；

T_{y}——年换算时间 8760（h/y）；

u——阳极利用系数 0.7～0.95，平均值取 0.82；

e——海泥中有效电容量，取值为 1500A·h/kg。

C.6　发生电流的计算值和阳极使用年限核算

初始阳极块发生电流：

$$I_{ai}=\frac{E_{0\mathrm{c}}-E_{0\mathrm{a}}}{R_{\mathrm{a(initial)}}}$$

初始阳极块发生总电流：

$$I_{\mathrm{at}}=I_{ai}\times nac$$

$$I_{\mathrm{at}}\geqslant I_{\mathrm{c}}$$

式中：$E_{0\mathrm{c}}$——防腐蚀电位 -0.8（V）（标准海水氯化银电极）；

$E_{0\mathrm{a}}$——闭合电路电位 -1.00（V）（标准海水氯化银电极）；

R_{a}——阳极块接水电阻（Ω）；

I_{a}——阳极块发生电流（A/pc）；

nac——阳极块设置数，$nac=M_{\mathrm{amin}}/M_{\mathrm{aunit}}$（块）。

初始阳极块发生电流 > 初期阴极保护电流需求值，因此，满足初始极化条件。

末期阳极块发生总电流：

$$I_{\mathrm{af}}=(E_{0\mathrm{c}}-E_{0\mathrm{a}})/R_{\mathrm{a(final)}}$$

$$I_{\mathrm{at}}=I_{\mathrm{af}}\times \mathrm{nac}$$

$$I_{\mathrm{at}}\geqslant I_{\mathrm{c}}$$

末期阳极块发生电流，末期阴极保护电流需求值，因此，满足防腐保护终期极化条件。

最初选择的阳极规格和净质量不能满足以上初期和终期极化条件的判别式，须另选阳极规格并重。

附录 D 牺牲阳极铁脚与牺牲阳极支座接触电阻

D.1 测量方法

通一恒定的直流电,测定牺牲阳极铁脚-牺牲阳极支座的电压降,计算牺牲阳极铁脚与阳极支座之间的接触电阻。

D.2 测量电路

测定牺牲阳极铁脚与牺牲阳极支座的接触电阻电路如图 D-1 所示。

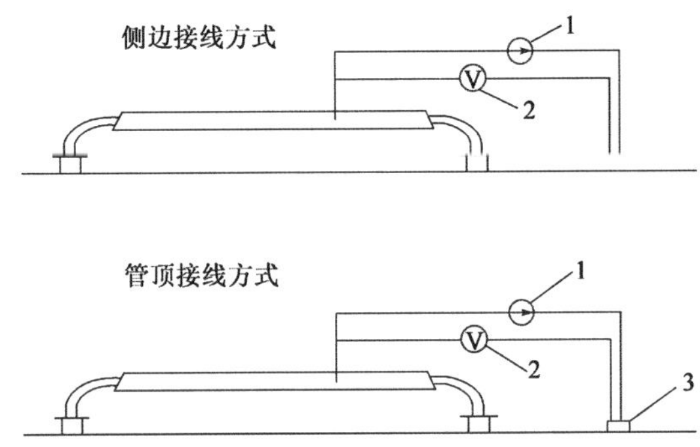

图 D-1 牺牲阳极铁脚与牺牲阳极支座的接触电阻测量线路

1-直流恒流电源,可显示电压、电流;2-数字电压表,阻抗大于 10MΩ;3-钢壳顶面排气孔等与支座有电连接的钢结构物

D.3 检测时机

单块牺牲阳极安装到位后即可测量。

D.4 检测数量

管节管顶及两个侧面各测量 10 处,共 30 处。

D.5 测量步骤

D.5.1 将直流恒流电源稳定于某一固定电流 A(如 4 ~ 10A)。

D.5.2 将数字电压表调至毫伏档,读取牺牲阳极铁脚与牺牲阳极支座之间的电压降 U。

D.6 数据处理

牺牲阳极铁脚与牺牲阳极支座的接触电阻 $R = U/A$。依据技术协议,牺牲阳极安装后的接触电阻不大于 0.01Ω。

其中,R 为牺牲阳极铁脚与牺牲阳极支座的接触电阻;U 为牺牲阳极铁脚与牺牲阳极支座之间的电压降;A 为直流恒流电源显示电流读数。